中国铝业集团有限公司　编

中国铝业集团有限公司年鉴

The Yearbook of Aluminum Corporation of China

(2020)

CHINALCO

方志出版社
Publishing House of Local Records

图书在版编目（CIP）数据

中国铝业集团有限公司年鉴．2020 / 中国铝业集团有限公司编．-- 北京：方志出版社，2021.9

ISBN 978-7-5144-4812-2

Ⅰ．①中… Ⅱ．①中… Ⅲ．①铝工业—企业集团—中国—2020—年鉴 Ⅳ．① F426.32-54

中国版本图书馆 CIP 数据核字（2021）第 202893 号

中国铝业集团有限公司年鉴（2020）

编　　者：中国铝业集团有限公司
责任编辑：张　颢

出 版 者：方志出版社
地址　北京市朝阳区潘家园东里 9 号（国家方志馆 4 层）
邮编　100021
网址　http：//www.zgfzcb.org
发　　行：方志出版社图书经销中心
电话　（010）67110500
经　　销：各地新华书店
排　　版：北京欣成信印刷科技有限公司
印　　刷：北京欣成信印刷科技有限公司

开　　本：889mm × 1194mm　1/16
印　　张：27.5
字　　数：701 千字
版　　次：2023 年 9 月第 1 版　2023 年 9 月第 1 次印刷

ISBN 978-7-5144-4812-2　**定价**：180.00 元

《中国铝业集团有限公司年鉴（2020）》编纂委员会

编辑部

撰稿人

（按姓氏笔画排序）

编辑说明

《中国铝业集团有限公司年鉴（2020）》是中国铝业集团有限公司（简称中铝集团或集团）的第16卷年鉴。

在中铝集团年鉴编纂委员会领导下，年鉴编辑部（设在集团办公室）负责年鉴的编纂工作。本卷年鉴以马克思列宁主义、毛泽东思想、邓小平理论、“三个代表”重要思想、科学发展观、习近平新时代中国特色社会主义思想为指导，坚持辩证唯物主义和历史唯物主义的立场、观点和方法，本着对历史负责、对后人负责的态度，全面、客观、系统地记述集团及所属企业2019年的发展变化和新经验、新做法、新成果，汇辑2019年集团的重要事件、文献和统计资料等，力求全景展现集团2019年工作全貌，方便读者查阅，起到鉴史作用。

本卷年鉴涉及时间跨度为2019年1月1日至2019年12月31日。

本卷年鉴文内出现“集团”一律专指中铝集团。

本卷年鉴主要内容包括以下7个篇目：

1.“影像篇”收录了集团2019年重大事件、重要活动在内的影像资料。

2.“大事记”收录了2019年集团的大事、要事。

3.“文献篇”收录了2019年中铝集团年度工作会议工作报告等重要文献。

4.“综述篇”收录了2019年集团概况，以及综合协调与文档管理等方面的工作综述。

5.“企业篇”记述了2019年集团所属企业的生产经营、管理改革、科技创新、党建与企业文化建设、履行社会责任等内容。

6.“荣誉篇”收录集团及所属企业2019年度获得国家级、省部级、集团级的综合性荣誉称号。

7.“附录”收录集团所属企业规范简称、主要指标表、主要指标数据对比图，全国氧化铝、电解铝、铝加工材、铜矿山、电解铜、铜加工材历年产量等统计数据。

目　录

【影像篇】

【大事记】

【文献篇】

【综述篇】

【企业篇】

【荣誉篇】

【附　录】

Contents

SNAPSHOTS

MAJOR EVENTS

DOCUMENTS

OVERVIEW

ENTERPRISES

LIST OF HONORS

APPENDICES

2020

中国铝业集团有限公司年鉴

The Yearbook of Aluminum Corporation of China

【影像篇】

Snapshots

CHINALCO

上级关怀

2019 年，国家有关部委、相关省（直辖市、自治区）党委和政府的领导到中铝集团及所属企业调研指导，鼓舞广大干部员工抢抓机遇，奋发有为。

8 月 13 日，国务院国资委党委书记、主任郝鹏（左）在中铝瑞闽调研，深入生产一线考察

2 月 17 日，时任国务院国资委主任、党委副书记肖亚庆（前排左）在东轻调研，并参观东轻展览馆

3月24日，云南省委书记、省人大常委会主任陈豪（前排右）在金鼎锌业调研

7月5日，广西壮族自治区党委书记、自治区人大常委会主任鹿心社（前排左二）在广西分公司考察

9月16日，宁夏回族自治区党委书记、人大常委会主任石泰峰（右二）在宁夏能源调研

7月1日，广西壮族自治区人民政府主席陈武（前排中）深入广西华昇200万吨氧化铝项目施工现场，协调解决项目建设难题

12月4日，广西壮族自治区政协主席蓝天立（前排中）在广西华昇调研

12月26日，贵州省总工会到中铝贵州企业送温暖慰问

3月27日，中央第十巡视组组长周建新（右二）参观中铝展厅

11月25日，中央主题教育第十二巡回督导组在中铝瑞闽调研

合作交流

2019 年，中铝集团高层积极参加国际多边、双边高层论坛，加强对外交流互访，推动伙伴间命运共同体建设。

11 月 6 日，集团党组书记、董事长姚林参加第二届中国国际进口博览会开幕式

11 月 7 日，集团党组书记、董事长姚林在全球铝产业贸易和金融发展论坛上致辞

11 月 18 日，集团党组副书记、总经理余德辉（右）会见加纳总统府幕僚长

7 月 10 日，集团党组副书记、董事敖宏（前排左二）在上海出席中国国际铝工业暨上海国际工业材料展览会开幕式期间观看了中铝集团展厅

10月11日，集团党组成员、副总经理张程忠（右二）出席中国国际矿业大会，与代表们交流

11月6日，集团党组成员、副总经理冯贵权在中国国际进出口博览会中外合作论坛上致辞

7月5日，集团纪检监察组组长、党组成员许质武（前右）代表集团向中组部深化国企改革专题研讨班考察组赠送铝版画

9月4日，集团党组成员、副总经理刘建平（右）会见刚果（金）代表团

3月22日，集团党组成员、副总经理卢东亮（前右）会见俄罗斯能源集团董事会主席

5月7日，集团党组成员、总会计师叶国华（前右）会见法国客人

11 月 6 日，中国国际进口博览会上的中铝集团签约仪式

2 月 20 日，中铝集团与普洛斯集团签署战略合作协议

6 月 22 日，中铝集团与国家工业信息安全发展中心签署战略合作协议

党的建设

2019年，中铝集团党组坚持全面从严管党治党，狠抓党建责任落实，促进了党建与业务工作的深度融合。

3月27日，中央第十巡视组巡视中铝集团党组工作动员会现场

6月6日，集团“不忘初心、牢记使命”主题教育活动启动

7月1日，集团举办纪念中国共产党成立98周年暨劳模工匠事迹报告会

7 月 5 日，中组部深化国企改革专题研讨班学员在中铝集团考察

4 月 11 日，中央党校（厅局班）学员在中铝集团调研

8 月 29 日，葛洲坝集团到中铝集团开展党建工作交流活动

集团开展了庆祝中华人民共和国成立70周年系列主题活动。

图①“为祖国送祝福”活动

图② 党建工作情景模拟剧比武

图③ 重温入党誓言

领导调研

集团党组持续完善领导班子成员基层联系点制度，党组成员深入企业、走进工厂，倾听基层员工心声，解决改革发展难题。

11 月 7 日，集团党组书记、董事长姚林前排（前排右三）到中铝国贸调研

5 月 10 日，集团党组副书记、总经理余德辉（前排右一）在十二冶慰问了荣获省部级劳动模范的员工

2月13日，集团党组副书记、董事敖宏（前左二）在中铝瑞闽慰问蓝园项目建设人员

6月28日，集团党组成员、副总经理张程忠（前排左二）在长沙院调研

3 月 4 日，集团党组成员、副总经理冯贵权（前排中）在包头铝业调研

9 月 18 日，集团纪检监察组组长、党组成员许质武（左二）在驰宏锌锗调研

12 月 19 日，中铝集团党组成员、副总经理刘建平（中）在中铝瑞闽调研

11 月 21 日，集团党组成员、副总经理陈琪（左二）在平果铝调研

5 月 24 日，集团党组成员、总会计师叶国华（右）在昆明铜业调研

8 月 24 日，集团党组成员、副总经理卢东亮（前排右三）在贵州分公司猫场矿调研

改革发展

2019 年，中铝集团围绕国有资本投资公司改革试点，加强组织治理，深化改革改制，优化布局结构，增强发展后劲。

10 月 24 日，集团召开干部大会，中共中央组织部有关负责同志宣布中铝集团董事长、党组书记调整的决定

10 月 24 日集团干部大会后，集团领导集体合影。由左到右分别为：党组成员、总会计师叶国华，党组成员、副总经理刘建平，党组成员、副总经理冯贵权，党组副书记、董事敖宏，党组书记、董事长姚林，原党组书记、董事长葛红林，党组副书记、总经理余德辉，党组成员、副总经理张程忠，纪检监察组组长、党组成员许质武，党组成员、副总经理卢东亮。

6 月 28 日，集团成功发行有色行业供应链优化 ABS

1 月 20 日，中铝智能、中铝信息揭牌成立

1月24日，华中铜业二期高精度铜板带箔项目主体生产线建成投产

2019年，广西华昇一期200万吨氧化铝项目全部子项开工建设，图为热电站烟囱项目土建工程开工仪式现场

7 月 27 日，贵州分公司“退城进园”项目（合金化部分）第一条生产线投产仪式

2019 年投产的东南铜业生产阴极铜 32 万吨，创同规模同类型企业投产首年最高产量纪录

科技创新

2019 年，中铝集团重视科技创新，推进产业升级，可持续发展能力得到了增强。

4 月 4 日，集团召开 2019 科技工作暨成果产业化推广会，表彰在科技工作中做出突出贡献的单位和个人

12 月 10 日，集团举办第三届创新创意大赛决赛。左图为决赛开幕式，右图为冠军队合影

4 月 22 日，集团参加北京市未来科学城青年学术论坛

4 月 2 日，铝工业节能环保技术国家地方联合工程中心落户沈阳院

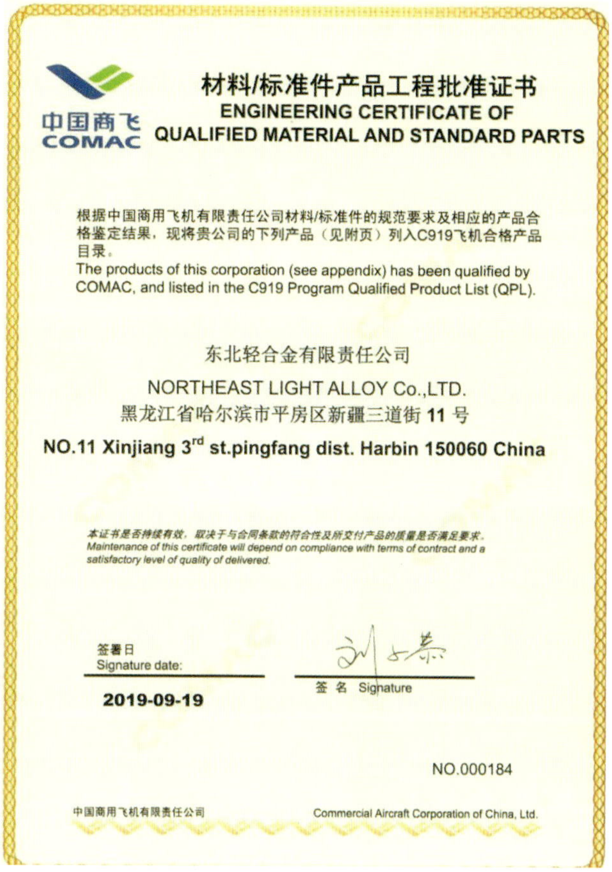

中国商飞 COMAC

材料/标准件产品工程批准证书
ENGINEERING CERTIFICATE OF QUALIFIED MATERIAL AND STANDARD PARTS

根据中国商用飞机有限责任公司材料/标准件的规范要求及相应的产品合格鉴定结果，现将贵公司的下列产品（见附页）列入C919飞机合格产品目录。
The products of this corporation (see appendix) has been qualified by COMAC, and listed in the C919 Program Qualified Product List (QPL).

东北轻合金有限责任公司
NORTHEAST LIGHT ALLOY Co.,LTD.
黑龙江省哈尔滨市平房区新疆三道街 11 号
NO.11 Xinjiang 3rd st.pingfang dist. Harbin 150060 China

本证书是否持续有效，取决于与合同条款的符合性及所交付产品的质量是否满足要求。
Maintenance of this certificate will depend on compliance with terms of contract and a satisfactory level of quality of delivered.

签署日 Signature date: 2019-09-19

签名 Signature

NO.000184

中国商用飞机有限责任公司 Commercial Aircraft Corporation of China, Ltd.

东轻成为国内唯一的机翼壁板铝材合格供应商

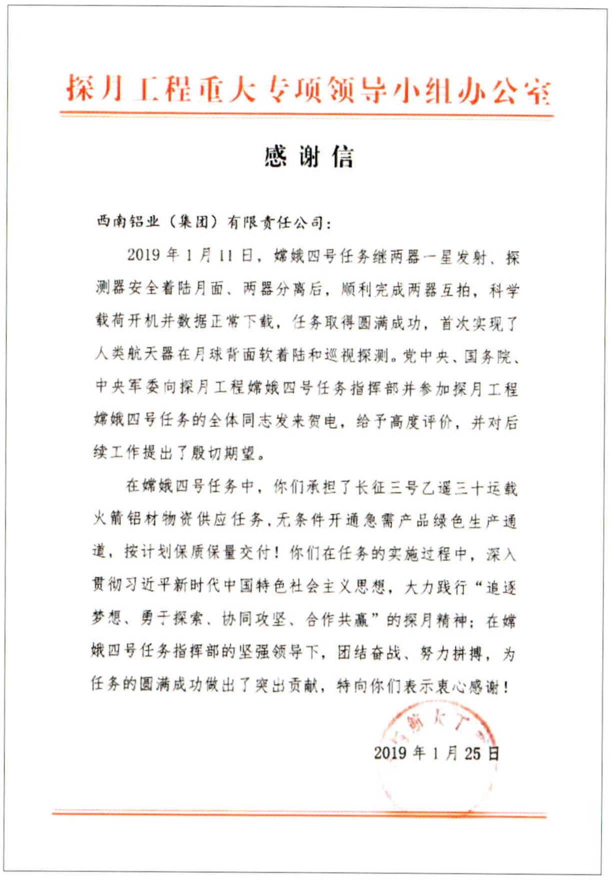

探月工程重大专项领导小组办公室

感谢信

西南铝业（集团）有限责任公司：

2019 年 1 月 11 日，嫦娥四号任务继两器一星发射、探测器安全着陆月面、两器分离后，顺利完成两器互拍，科学载荷开机并数据正常下载，任务取得圆满成功，首次实现了人类航天器在月球背面软着陆和巡视探测。党中央、国务院、中央军委向探月工程嫦娥四号任务指挥部并参加探月工程嫦娥四号任务的全体同志发来贺电，给予高度评价，并对后续工作提出了殷切期望。

在嫦娥四号任务中，你们承担了长征三号乙遥三十运载火箭铝材物资供应任务，无条件开通急需产品绿色生产通道，按计划保质保量交付！你们在任务的实施过程中，深入贯彻习近平新时代中国特色社会主义思想，大力践行“追逐梦想、勇于探索、协同攻坚、合作共赢”的探月精神；在嫦娥四号任务指挥部的坚强领导下，团结奋战、努力拼搏，为任务的圆满成功做出了突出贡献，特向你们表示衷心感谢！

2019 年 1 月 25 日

探月工程重大专项领导小组办公室致信感谢西南铝为嫦娥四号任务圆满完成做出突出贡献

“中铝造”全铝车身的吉利英伦新能源整车成功下线

云铝股份“绿色、节能、优质食品包装铝箔”生产线

社会责任

环境保护

2019年，中铝集团坚持“绿水青山就是金山银山”的理念，自觉履行环境保护主体责任，坚决打好环保攻坚战，守护碧水蓝天。

再生铅项目超低排放集烟系统

热电超低排放改造

烧结法生产氧化铝系统节能减排核心设备——熟料窑

云南铝业荣获“国家环境友好企业”，是有色金属行业唯一获此殊荣的企业

贵阳院青年志愿者参加春季义务植树活动，用行动践行“绿水青山就是金山银山”的环保理念

云铜营销志愿者服务队开展“保护母亲河”主题活动

员工权益

2019 年，中铝集团坚持以人为本，保障员工基本权益，构建和谐稳定的劳动关系。

4 月 21 日，中铝集团 2015—2018 年入职大学生员工座谈会

集团推动实施“六大人才计划”，青年人才“飞跃计划”参培学员合影

中国铜业开展青年职业生涯导航活动

西南铝开展工伤保险政策解析培训

组织开展员工文体活动

帮扶困难员工家庭

社会公益　2019年，中铝集团助力扶贫攻坚，参与社会公益事业，在社会责任领域荣获多个奖项。

中铝集团“大型有色金属集团基于管理模块和负面清单的社会责任管理”获2019年全国企业管理创新成果一等奖

中铝秘鲁矿业荣获中国有色金属工业境外资源开发战略“功勋企业”奖

由中国铝业筹建的中铝几内亚农业技术培训基地揭牌

2019年，集团层面投入扶贫资金3490万元，湖北阳新县、青海海晏县、西藏察雅县实现脱贫摘帽

基层党组织开展捐资助学活动

企业志愿者在社区开展益民活动

2020

中国铝业集团有限公司年鉴

The Yearbook of Aluminum Corporation of China

【大事记】

Major Events

2019 年中铝集团大事记

1 月

1 月 2 日 中铝集团召开 2019 年安全环保质量攻坚战誓师大会。会议通报了集团 2018 年安全环保质量攻坚战情况，对 2019 年安全环保质量攻坚战作出部署。

1 月 4 日 第二届有色金属工业境外资源开发战备功勋企业和人物颁奖典礼在北京举行。中铝秘鲁矿业获境外资源开发战略“功勋企业”奖。第十届全国人大常委会副委员长顾秀莲向获奖企业颁发奖状。

1 月 8 日 由中铝材料院承制的首批新能源汽车白车身样车在北京举行交车仪式，标志着中铝集团实现了由汽车零部件研发到独立总装汽车车身的跨越式发展。

1 月 15 日 国家人力资源和社会保障部网站发布了 2018 年享受国务院政府特殊津贴人员名单。中铝集团 6 名专业技术人才和 2 名高技能人才获批享受国务院政府特殊津贴。

是日 国家人力资源和社会保障部公布《关于授予职业技能竞赛优秀选手全国技术能手称号的决定》（人社部发〔2019〕10 号），授予 506 名在中国技能大赛中取得优异成绩的选手“全国技术能手”称号。贵州分公司员工王庆云、罗朋、许健，西南铝员工朱雪兵、何希家荣获“全国技术能手”称号。

1 月 17 日 中铝集团通报表彰首批 13 名“中铝大工匠”，中铝矿业王永伟等 13 人荣获首批“中铝大工匠”称号。

1 月 19—21 日 集团召开一届二次职工代表大会暨 2019 年工作会议，总结 2018 年工作，部署 2019 年工作。中国有色金属工业协会会长陈全训出席会议，对集团 2018 年取得的成绩表示祝贺。

1 月 20 日 中铝智能科技有限公司与其全资子公司——中铝信息科技有限公司举行揭牌仪式，开启集团打造智能产业新平台、助力高质量发展的新征程。

1 月 24 日 华中铜业二期高精度铜板带箔项目主体生产线建成投产，生产的高精度铜板带箔是国家鼓励发展的市场紧缺和替代进口的基础材料。

2 月

2 月 17 日 国务院国资委主任、党委副书记肖亚庆一行到东轻调研。

2 月 20 日 中铝集团与普洛斯集团在中铝大厦签署战略合作协议，双方将在资本运作层面寻求全方位合作，在项目投资层面共享资源、共同发展。当日，中铝开投与普洛斯隐山资本共同设立轻量化物流智能装备专项基金。

2 月 26 日 中华全国总工会在北京表彰

2019年全国五一巾帼奖状（奖章）和全国五一巾帼标兵岗（标兵）。广西分公司韦春庆、青海分公司胡志梅获“全国五一巾帼标兵”称号，凉山矿业动力车间变电站班获“全国巾帼文明岗”称号。

3月

3月6日 中铝集团工会举办“三八红旗手”表彰大会。10人荣获2019年度中铝集团“三八红旗手”称号，32人获“三八红旗手”提名奖。

3月11日 自然资源部发布2019年第9号公告，广西稀土钟山—富川花山稀土矿区南矿段稀土矿等40个矿山地质环境保护与土地复垦方案通过审查。

3月18日 国家市场监管总局发布《关于公布2018年工业产品生产许可证获证企业名单的公告》，山铝环境新材料和长城铝业两家企业的水泥产品获得2018年全国工业产品生产许可证。

3月20日 中铝集团与航天科技集团在中铝大厦签订年度型号铝材集中采购框架协议。中铝集团铝加工事业部、航天科技第一研究院物流中心分别代表双方签署协议。

3月22日 中央政治局委员、中央书记处书记、中央政法委员会书记郭声琨到西南铝调研。

3月27日 中央第十巡视组巡视中铝集团党组工作动员会召开，开启为期两个半月的巡视工作。

4月

4月2日 铝工业节能环保技术国家地方联合工程研究中心揭牌仪式在沈阳院举行。

4月3日 工信部新能源汽车材料生产应用示范平台项目启动，中铝材料院、中铝瑞闽签约新能源汽车材料生产应用示范平台联合体，获得国家资助项目启动资金1300万元，用于汽车用铝合金板材示范线平台建设、板材开发与批次稳定性控制等关键技术研发，以及技术路线图规划和数据库服务。

4月4日 在国务院国资委研究中心组织召开中央企业智库联盟第三届理事会会议上，中铝集团荣获“十佳理事单位（2018年度）”称号，集团《关于建设具有全球竞争力的世界一流企业的研究》课题荣获“中央企业智库联盟2018年度重点课题优秀研究成果”二等奖。

4月10日 中铝物流集团中部国际陆港有限公司铝矿石运输列车因制动失效，在其专用铁路新中站避难线脱轨颠覆，造成4名职工和2名村民不幸遇难。

4月12日 中国企业高管培训发展联盟第四届年会公布了2018年度中央企业人才培养荣誉评选结果，中铝集团经营管理人才“合金计划”“锋刃计划”“飞跃计划”人选培训项目获评“2018年度优秀管理培训类项目”，中铝大学刘成海教授的《重温党的光辉战斗历程》课程获评“2018年度央企名师名课”。

4月17日 由中国工程院院士、华东理工大学副校长钱锋，中国工程院院士、中南大学教授桂卫华及工信部原材料司、中国科学院、东北大学、中南大学等专家组成的调研组到集团调研。

4月19日 中国稀土行业2018年第一批企业信用等级评价结果揭晓，江苏稀土、广西稀土被评定为AAA级信用企业，将在品牌评价、推荐、奖励申报等方面享受中国稀土行业协会给予的优先支持。

4月23日 在庆祝五一国际劳动节暨“全国五一劳动奖”和“全国工人先锋号”表彰大会上，

山西新材料有电解二厂电解三车间电解一工区、广西分公司氧化铝厂溶出车间生产丙班、西南铝熔铸厂熔铸二部均热发送班和西南铜业电解分厂艾萨工区 4 个集体荣获“全国工人先锋号”称号。

4 月 27 日 首期中铝集团“工匠计划”高技能人才管理提升培训班在清华大学开班，集团 38 家成员企业的首席技师、集团级技能大师工作室领衔技能大师以及部分优秀班组长 50 人参加培训。

4 月 28 日 中铝集团召开 2019 年劳动模范和先进集体表彰大会，王鹏等 45 人和中铝山东氧化铝厂等 29 个单位被授予 2019 年劳动模范和先进集体荣誉称号。

5 月

5 月 3 日 东方财富网发布了 2018 中国上市公司 500 强榜单，中铝集团 5 家企业上榜，分别为中铝股份、云南铜业、中铝国际、云铝股份和驰宏锌锗。5 家企业按营业收入分别位列第 54 位、199 位、283 位、411 位和 467 位。

5 月 14 日 中稀东洋永磁电机项目正式签约落户常熟市国家高新区，由中国稀有稀土股份有限公司、东洋电机制造株式会社和北京铃洋科贸有限公司合资建设。这一项目充分结合东洋电机制造的技术优势、中铝集团的材料供应优势和铃洋科贸的市场开拓优势，生产销售大功率稀土永磁电机。

5 月 16 日 西南铝代表中铝集团参加第二届中国西部国际投资贸易洽谈会，展出了涵盖航空航天、交通运输、电子信息、包装印刷四大类近百件展品。

5 月 17 日 国家标准化管理委员会批准发布 33 项国家标准样品，集团成员企业主持研制的赤泥化学成分标准样品等 7 项国家标准样品获批发布。

5 月 25 日 全球第二大指数公司富时罗素公布纳入其全球股票指数系列的 A 股名单，中铝集团所属中国铝业、驰宏锌锗、云南铜业、云铝股份 4 家上市公司位列其中。

5 月 28 日 中铝集团向国务院国资委端系统顺利报送“三重一大”数据，标志着集团“三重一大”决策运行系统成功上线。

是月 赤峰云铜员工徐立立在全国第十届残疾人运动会上两度打破 79 公斤级举重世界纪录。

6 月

6 月 6 日 中铝集团党组召开“不忘初心、牢记使命”主题教育动员大会。中央“不忘初心、牢记使命”主题教育第三十二指导组组长王炳华出席会议并讲话。

6 月 10 日 共青团中央等 21 个单位联合下发《关于命名 2017—2018 年度全国青年文明号的决定》（中青联发〔2019〕5 号），中铝集团青海中铝铝板带有限公司生产部铸轧工区生产一班、东北轻合金有限责任公司技术中心研发部两个青年集体荣获“2017—2018 年度全国青年文明号”称号。

6 月 22 日 中铝集团与国家工业信息安全发展研究中心签署战略合作协议，双方将进一步深化在工业信息安全技术研究、两化融合、工业互联网发展等方面的合作，共同推动在有色金属行业领域工业信息安全防护技术的研发与应用，开创国家级研究机构与中央企业合作的典范。

6 月 25 日 中铝集团举办第三届降碳节，发布 2018 年度社会责任报告、降碳报告，表彰集团 2018 年度社会优秀案例、降碳优秀案例、降碳好新闻，联合降碳伙伴单位代表围绕“产业升级与低碳发展”降碳主题开展研讨。

是日 国务院国资委党委召开庆祝中国共产党成立98周年暨中央企业“两优一先”表彰大会，中铝集团3个集体获得先进基层党组织表彰，3人获得优秀共产党员、2人获优秀党务工作者表彰。

6月26日 国家发改委、国家能源局联合发布《关于规范开展第四批增量配电业务改革试点的通知》（发改运行〔2019〕1097号），确定84个项目作为第四批增量配电业务改革试点，中铝矿业项目获准列入。此前，包头铝业工业园区项目纳入了第一批增量配电业务改革试点范围。

6月28日 中铝商业保理有限公司主导发起的“德邦—中铝商业保理供给侧改革1号资产支持专项计划”在上海证券交易所成功发行，产品规模为10.04亿元。ABS的成功发行是继中铝集团发行央企供给侧结构性改革租赁债权ABS后，在深化供给侧结构性改革的再一次创新尝试，对于中央企业深化改革降杠杆、提质增效、创新运用金融工具加快结构调整、优化产业升级具有示范意义。

7月

7月1日 中铝集团在总部隆重召开纪念建党98周年暨“不忘初心、牢记使命”劳模工匠事迹报告会。耿家盛、徐鸿、贾春成等在会上作了事迹报告。

是日 人力资源和社会保障部印发《关于授予职业技能竞赛优秀选手全国技术能手荣誉的决定》，中铝集团共有7名优秀高技能人才获得“全国技术能手”称号。

7月2日 中铝集团党组书记、董事长葛红林出席2019年夏季达沃斯论坛，参加了李克强总理与中外企业家见面交流会，与南非彩虹矿业创始人兼执行主席帕特里斯·莫特赛比开展矿业合作探讨。

7月5日 中组部“深化国有企业改革，完善国有资本投资运营体制”专题研讨班到中铝集团实地考察并座谈交流。

7月10日 财富中文网发布了2019年《财富》中国500强排行榜，中铝集团共有5家上市公司上榜，中铝股份、云铜股份、中铝国际、云铝股份和驰宏锌锗5家企业分别排名第52位、189位、264位、386位和438位。

是日 第十五届中国国际铝工业展在上海新国际博览中心开幕。中铝集团应邀参展，主要展示包括高端铝合金材料、轨道交通用铝、铝制新氧家居、铝燃料电池、新型包装用铝、铝拓网平台等特色产品。

7月16日 中铝集团取得惠誉国际评级有限公司授予的“A-”主体国际信用评级，评级展望为“稳定”，是惠誉所评全球有色金属行业企业的最高级别。

7月22日 财富中文网与全球同步发布了最新《财富》世界500强排行榜，中铝集团以453.84亿美元营业收入，位列世界500强第251位。这是集团自2008年以来连续第12年上榜。

7月26日 中国质量协会、中华全国总工会发布《关于2018—2019年全国质量奖个人奖推选结果的公告》（中国质协字〔2019〕134号），驰宏锌锗徐成东荣获“中国质量工匠”称号。

7月30日 国家标准化管理委员会发布《关于下达2019年度第三批国家标准样品研复制计划项目的通知》，中铝集团又有10项国家标准样品研复制计划项目（其中研制项目 9 项、复制项目 1 项）被批准立项。

是日 中债资信评估有限公司发布定期跟踪评级报告，提升中铝集团主体信用等级至 AAA-、评级展望为“稳定”，为中铝集团 2013 年参与中债资信评级以来的最高评级。

8月

8月5日 中国企业联合会、中国企业家协会联合表彰 2018—2019 年度全国企业文化优秀成果。中铝资本申报的《打造“四优”特色金融服务文化做产业金融服务品牌领跑者》和包头铝业申报的《深挖企业文化金矿萃取高质量发展力量》分获一、二等奖。

8月9日 中国对外经济贸易统计学会发布《中国对外贸易 500 强企业排名报告（2018 年度）》，云铜股份排名第 197 位，比 2018 年上升 33 个名次。

8月13日 国务院国资委党委书记、主任郝鹏一行到中铝瑞闽马尾厂区调研。福建省委副书记、福州市委书记王宁，福建省委常委、常务副省长张志南，国务院国资委秘书长彭华岗陪同调研。

8月21日 《工程新闻纪录》（ENR）杂志公布了 2019 年度全球承包商 250 强和国际承包商 250 强榜单。中铝国际再上双榜，列 2019 年度国际承包商 250 强第 209 位；列 2019 年度全球承包商 250 强第 74 位，较上年前进 13 位。

8月29日 中铝集团与重庆市政府在渝签署《中铝高端制造集团股份有限公司发起人协议》，由中铝集团和重庆市按照 65% 和 35% 的持股比例共同组建中铝高端制造，注册资金 150 亿元。中铝集团旗下的铝加工板块核心资产将注入中铝高端制造。

是日 中国质量协会对全面质量管理推进 40 年来做出突出贡献的 3 名功勋人物、14 名卓越企业家、89 名杰出推进者及 269 家杰出推进单位进行表彰。广西分公司、青海分公司获“全面质量管理推进 40 周年杰出推进单位”称号。

是日 国务院国资委发布《中央企业社会责任蓝皮书（2019）》，收录了中铝集团《用好“活标本”增强“免疫力”》责任管理案例。

9月

9月1日 中国企业联合会、中国企业家协会发布 2019“中国企业 500 强”“中国制造业企业 500 强”“中国 100 大跨国公司”榜单，中铝集团在 3 个榜单中分别排名第 66 位、第 20 位和第 12 位。这也是中铝集团连续第 17 次入围“中国企业 500 强”，连续第 15 次入围“中国制造业企业 500 强”，连续第 9 次入围“中国 100 大跨国公司”。

9月4日 中铝集团成功发行了 5+N 期境外永续债券 7.5 亿美元，票面利率 4.1%。这是集团发行的第一支境外永续债券，此次债券发行重新定价了中铝集团的收益率曲线，提升了中铝集团的国际形象和国际影响力，为集团收益定价及在国际债券市场上的后续融资奠定了良好的基础。

9月4—6日 由国际铝土矿、氧化铝及铝行业协会（IBAAS）联合贵阳院主办的第八届 IBAAS 国际会展在贵阳召开。会议主题为“氧化铝、电解铝、铝加工、节能环保及智能制造等技术进步——聚焦中国”。

9月5日 中铝集团与上海银行共同签署战略合作协议，上海银行拟为中铝集团提供总额 300 亿元人民币授信支持，双方将进一步深化在供应链金融领域的合作。

9月8日 标普道琼斯指数公司宣布将1099家中国A股上市公司纳入标普新兴市场指数BMI，中铝集团旗下中国铝业、中铝国际、云南铜业以及云铝股份成功入选。至此，中铝集团旗下A股上市公司中，中国铝业已经被国际三大指数全部纳入，云南铜业、云铝股份已被纳入富时罗素和标普道琼斯两大指数，驰宏锌锗被纳入富时罗素指数。

9月10日 中稀东洋永磁电机有限公司在江苏常熟举行投产仪式，标志着中稀东洋第一期20万千瓦永磁电机生产线正式投产，集团稀有稀土产业向下游发展迈出新的一步。

9月12日 工信部发布第四批绿色制造名单，中铝山东有限公司、云南驰宏锌锗股份有限公司入选绿色工厂名单，中铝广西国盛稀土开发有限公司生产的稀土湿法冶炼分离产品（REO）入选绿色设计产品名单。

9月17日 中央政治局委员、中央书记处书记、中央政法委书记郭声琨到东南铜业调研。

9月21日 第十六届中国—东盟博览会、中国—东盟商务与投资峰会在广西南宁开幕，中铝集团应邀参展。位于国际经济合作展区的中铝集团展台，运用现代化多媒体技术和传统实物展品相结合的方式，立体展示了中铝集团在高端铝材研发生产和铝材料轻量化应用方面的新成果。

是日 中央企业先进集体和劳动模范表彰大会在北京人民大会堂召开。中铝集团4个集体获得“中央企业先进集体”称号、8名个人获得“中央企业劳动模范”称号。

9月27日 全国民族团结进步表彰大会对近五年为民族团结进步事业做出突出贡献的单位和个人进行表彰。包头铝业职工于金山（蒙古族）被评为“全国民族团结进步模范个人”。

9月29日 中铝集团直属党委在中铝大厦举办“我和祖国共成长、我与中铝共奋进”为祖国送祝福主题活动。

是日 中央“不忘初心、牢记使命”主题教育第十二巡回督导组组长卢纯，督导组成员秦海卫、李慧一行到中铝集团进行督导，对集团党组第二批“不忘初心、牢记使命”主题教育活动采取的新举措给予高度评价。

10月

10月9—11日 2019（第二十一届）中国国际矿业大会在天津梅江会展中心举行。中铝集团作为主参展商之一应邀参加大会。

10月14—16日 2019年中国技能大赛——“中国铝业杯”第十三届全国有色金属行业职业技能竞赛决赛在广西分公司举行。来自全国41个代表队的210名选手参加了铝电解工、设备点检员和机修钳工3个工种的技能比拼。

10月15日 2019年中国国际铅锌周暨第二十二届中国国际铅锌年会在昆明开幕，本届铅锌周由中国有色金属协会主办、中铝集团特邀协办，以“创新驱动与高质量发展”为主题，旨在增进全球铅锌企业之间的交流合作，推动产业创新与高质量发展。

10月16日 财富中文网发布2019年“最受赞赏的中国公司”榜，中铝集团排名39位，较2018年上升了8个名次。

10月19日 中铝集团与重庆市政府联手打造的中国铝业集团高端制造有限公司在重庆市举行揭牌仪式，标志着我国有色金属行业规模最大、实力最强、技术领先、世界一流的高端制造航母正式启航。

10月24日 中铝集团召开中层以上管理人员大会。中共中央组织部有关负责人宣布了中央关于中国铝业集团有限公司董事长、党组书记调整的决定：姚林任中国铝业集团有限公司董事长、党组书记，免去其鞍钢集团有限公司董事长、党委书记职务；免去葛红林的中国铝业集团有限公司董事长、党组书记职务。

10月27日 中国驻几内亚大使黄巍到中铝几内亚博法项目现场调研工程建设情况，称赞亚博法项目工程建设在几内亚地区彰显了“中国速度”。

10月29日 鉴于中国铝业2019年以来保持强劲发展势头，国际评级机构惠誉给出了“A-”的全球有色金属行业最高评级。

10月30日 在全国有色金属标准化技术委员会成立20周年纪念大会上，中铝集团多名标准化工作者受表彰。东轻吕新宇、西南铝李瑞山、郑州研究院张树朝3人获“有色金属标准化终身成就奖”，西南铝杜恒安等4人获“有色金属标准化20年突出贡献奖”；东轻郭瑞获“2019年度有色金属标准化工作特殊贡献奖”，中铝集团科技管理部宋江红等10人荣获“2019年度有色金属标准化先进工作者”称号。

是日 国家标准化管理委员会公布了第五届全国有色金属标准化技术委员会（SAC/TC243）及轻金属、重金属、稀有金属、粉末冶金及贵金属5个分技术委员会组成名单。中铝集团23名专家当选为新一届全国有色金属标委会委员。

11月

11月6日 在第二届中国国际进口博览会上，中铝集团所属企业与来自秘鲁、澳大利亚、俄罗斯等国家的14家供应商集中签署了采购协议，签约商品涵盖铜精矿、铝土矿、煤炭等大宗商品，均为中铝集团主导产品铜锭、氧化铝、铝锭等产品的生产原料，签约金额约26亿美元。

11月7日 由中铝股份与上海期货交易所共同主办、中铝国贸集团承办的“和衷共济——全球铝产业贸易和金融发展论坛”在上海举行。中国有色金属工业协会党委书记、会长陈全训，上海期货交易所党委副书记、总经理王凤海，中铝集团党组书记、董事长姚林出席论坛并致辞。

11月8日 中铝集团在总部召开党组中心组（扩大）学习会议，中铝集团党组书记、董事长姚林传达学习党的十九届四中全会精神，并就学习贯彻落实全会精神作出安排部署。

11月12日 人民日报社“金台书声”读书会在中铝集团举办。该活动是人民日报社首次与中央企业合办。

11月12—15日 由中国有色金属工业协会主办、中铝集团特邀协办的2019年中国国际铝业周在青岛举行。中铝集团党组书记、董事长姚林在致辞中指出，面对贸易保护主义的冲击，应更加积极地顺应经济全球化的大潮，促进生产要素全球流动，筑牢相互协作、优势互补、深度融合的全球产业链，打造命运共同体，推动铝工业高质量发展。

11月13—17日 第十届中国—东盟矿业合作论坛暨推介展示会在广西南宁举行。其间，中国稀有稀土等单位联合承办了中国—东盟及“一带一路”沿线国家矿业合作企业家对话会。

11月17日 全国人大常委会副委员长、九三学社中央主席武维华在中国驻几内亚大使黄巍以及几内亚议会议员丹巴·法迪加、艾娃·克鲁斯、阿里·卡巴等陪同下视察了博法项目。

是日 《企业社会责任蓝皮书——中国企业社会责任研究报告（2019）》于11月17日正式发布，中铝集团社会责任发展指数综合得分85.6分，位列中国企业300强指数排名第15名、国有企业100强指数排名第12名、金属行业第1名。

是日 中国社科院企业社会责任研究中心组织编写的《企业社会责任基础教材（第二版）》及《分享责任——企业社会责任基础教材配套案例集》面向社会公开发行。“中铝集团：基于管理模块和负面清单的社会责任管理”案例被收录配套案例集。

11月18日 中铝集团董事长姚林在集团总部会见国际铝业协会秘书长罗恩·奈普，双方就充分加强沟通合作，促进全球铝行业健康发展等事宜进行深入探讨。

11月21—22日 第十二届国际跨国公司领袖圆桌会议在北京举行。其间，中铝集团荣获“新中国成立70周年跨国公司杰出贡献奖”。

11月27日 中铝集团在总部召开安全生产工作电视电话会，深入贯彻落实习近平总书记、李克强总理重要指示批示精神和11月22日国务院召开的全国安全生产电视电话会议精神，部署在全集团开展为期3个月的安全生产集中整治。

11月29日 中铝集团党组召开党的十九届四中全会精神专题研讨会。集团党组成员围绕打造全球有色金属产业排头兵、国家战略性矿产资源和军工材料保障主力军、行业创新和绿色发展引领者的战略定位，聚焦深入推进国有资本公司试点改革、深化供给侧结构性改革等进行研讨交流。

11月30日 中铝环保参加第七届中国（国际）建设环境友好型社会成果展览会暨2019中国国际生态环境技术与装备博览会，重点展示了赤泥制作路基材料、赤泥制作陶粒砂、铝灰制作尖晶石和铝镁复合料、土壤修复药剂、新型除镁剂等产品。

12月

12月2日 中铝资本控股有限公司在全国银行间市场成功完成了首期10亿元超短期融资券的市场化发行，票面利率3.35%，发行期限270天，创同期中央企业AA+评级产融平台的最优发行利率。

12月10—12日 集团党组书记、董事长姚林参加中央经济工作会议。

12月10日 在中国建设工程鲁班奖（国家优质工程）表彰大会上，中铝国际及所属企业承建的3个工程项目荣获鲁班奖。

12月11日 国家知识产权局公布了2019年度国家知识产权示范企业名单，云铝润鑫、云铝泽鑫和滇中有色被确定为2019年度国家知识产权优势企业。

12月13—14日 中铝集团召开2019年度改革创新与发展战略研讨会，与会人员围绕改革创新、转型发展等进行了交流和讨论。

12月15日 中铝几内亚博法项目首艘运输矿石货轮回国工作正式启动。中铝几内亚博法项目自9月1日起试生产，10月6日正式采矿，12月10日，两台皮带输送装船机安装调试就位，达到装船所需全部条件。

12月16日 在中国企业改革发展峰会暨成果发布会上，中铝集团《基于市场竞争的国有大型有色金属集团的战略转型》成果荣获优秀成果二等奖。

12月18日 由人民日报社主办的第五届中国品牌论坛在北京举行，其间发布了“中国品牌发展指数”与“中国品牌发展（企业）指数100榜单”。中国铝业以758.98分的成绩位居榜单63位，是有色金属行业唯一入选的企业品牌。

12月20日 中铝集团举办“中铝大讲堂”，特邀中共中央党校（国家行政学院）科学社会主义教研部副主任、博士生导师倪德刚作党的十九届四中全会精神专题讲座。

是日 中铝集团召开党组中心组（扩大）学习会议，传达学习中央经济工作会议精神，研究部署贯彻落实措施。

是日 第二届中国有色金属工业年度经济论坛在北京举办，表彰了10位“中国有色金属工业年度经济人物”以及10家“中国有色金属工业绿色发展领军企业”。中铝集团党组成员、副总经理刘建平荣获“中国有色金属工业年度经济人物”，驰宏锌锗获“中国有色金属工业年度绿色发展领军企业”荣誉称号。

12月 中铝集团对口帮扶的西藏昌都、湖北阳新、青海海晏均实现脱贫摘帽。

是月 中国铜业、云铜集团、云南冶金、金鼎锌业先后取得新营业执照，4家企业工商登记全部变更，中国铜业与冶金集团实现全面融合，完成千亿资产重组和员工队伍融合。

2019年 集团有25家企业通过了国家高新企业认定，其中15家为首次认定通过。截至2019年底，集团拥有高新技术企业90家，居全国有色金属行业第一。

【文献篇】

Documents

团结就是力量　合作实现共赢

——在全球铝产业贸易与金融发展论坛上的致辞（摘要）

集团党组书记、董事长　姚　林

（2019 年 11 月 7 日）

在第二届中国国际进口博览会召开之际，我们在这里隆重举办全球铝产业贸易与金融发展论坛，这是一次体现更加开放、交流、共赢的盛会，也是全球铝产业深化战略合作的宝贵契机。

中铝集团作为中央直接管理的国有重要骨干企业和有色金属行业龙头企业，在习近平新时代中国特色社会主义思想和党的十九大精神指引下，坚持“科学掌控上游，优化调整中游，跨越发展下游”的发展思路，做强做优铝、铜、铅锌、稀有稀土四大核心产业，加快发展工程技术、工服物业、资本金融、贸易物流四大协同产业，积极培育环保节能、创新开发、海外发展、智能科技四大新兴产业，形成了高质量发展的新格局。中铝集团已连续 12 年跻身世界 500 强，成为全球第一大氧化铝供应商、第一大电解铝供应商，铜业综合实力位居全国第一，是亚洲规模最大的铅锌企业，业务遍布全球 20 多个国家和地区，资产总额 6400 亿元，年营业收入超过 3000 亿元，生产经营呈现良好发展态势。

在世界经济形势复杂多变、主要经济体增长放缓、经济全球化遇到严峻挑战的新形势下，我们与上海期货交易所联合举办本次论坛，特邀国内外专家学者及各界朋友，围绕促进全球铝产业高质量发展这一主题，共同研讨如何应对挑战，趋利避害，化危为机，进一步促进产业贸易与金融合作共赢。衷心希望各位嘉宾见仁见智，贡献真知灼见，共同开创全球铝产业的美好未来。

新时代新征程，中铝集团将以习近平新时代中国特色社会主义思想为指导，坚决贯彻落实党中央重大决策部署，带头践行新发展理念，紧紧抓住国有资本投资公司试点改革的重要机遇，聚焦有色金属主责主业，打造全球有色金属产业的排头兵，国家战略性矿产资源和军工材料保障主力军，行业创新和绿色发展引领者，加快建设具有全球竞争力的世界一流企业。

团结就是力量，合作实现共赢。让我们携起手来，拥抱变化，共享未来，为全球铝产业可持续发展做出更大的贡献！

携手开创铝工业更加美好的明天

——在中国国际铝业周上的致辞（摘要）

集团党组书记、董事长　姚　林

（2019 年 11 月 14 日）

当前，全球铝工业发展面临的形势复杂多变，经济下行压力加大，结构调整任务艰巨，不稳定不确定因素明显增多。铝工业走过的风风雨雨告诉我们，发展的道路不会一帆风顺，阳光总在风雨后。面对贸易保护主义的冲击，我们应更加积极地顺应经济全球化的大潮，促进生产要素全球流动，铸牢相互协作、优势互补、深度融合的全球产业链，打造命运共同体，推动铝工业高质量发展。

创新驱动引领发展

创新是铝工业高质量发展的新引擎。目前，我国氧化铝工艺技术和装备制造能力达到世界领先，电解铝的电耗和排放达到世界先进。铝工业既是创新驱动发展的贡献者，也是受益者。近年来，中国铝工业加快结构优化、转型升级步伐，特别是科技创新成效显著，促进了行业整体科技水平迈向世界一流。

作为中国铝工业的排头兵，中铝集团拥有覆盖铝工业全产业链的科研、设计、建设和运营管理的技术和人才，我们非常高兴为全球伙伴提供一流的技术、管理和服务。我们将充分发挥科技创新的驱动优势，大力推进智能工厂建设，推动互联网、大数据、人工智能与铝产业深度融合，建成越来越多的智能工厂、智慧铝业。我们希望与越来越多的企业、高校和科研院所强强合作，合力攻克关系铝工业长远发展的关键共性技术，加快推进新材料新产品的产业化应用，引领铝工业高质量发展，履行好全球铝企业共同的社会责任。

开放合作协同发展

开放是当代中国的鲜明标志，唯有开放才能进步，唯有合作共赢才能走得更远。在刚刚闭幕的第二届中国国际进口博览会上，中铝集团与 12 个国家的 14 个战略合作伙伴签订了 26 亿美元的采购合同，进一步彰显了我们高水平开放合作的意愿。

我们坚定地认为，当前全球最好的投资机会在中国。中国是世界第二大经济体，有 14 亿人口的大市场。中国政府坚持对外开放的基本国策，坚持打开国门搞建设，催生了许多新的战略机遇和发展平台。我们愿与更多全球同仁携手，实施国际产能合作，共同推动人力资源、供应管理、技术研发等共享中心建设，进一步丰富资源供应链、产业发展链、产品应用链，把铝工业的生态圈做大。推动新业态和传统产业的融合，提高产业集中度，增强抗风险能力，提升产业整体竞争力。通过优势互补，开放合作，互利多赢，共享全球铝产业健康发展的丰硕成果。

打好底色绿色发展

践行“绿水青山就是金山银山”理念，是实现可持续发展的必然要求，也是中国铝工业高质量发展的底色。近年来，中铝集团一方面致力于打造青海和云南的水电铝材、广西的核电铝材产业集群；另一方面，投入上百亿元，加大环保提标改造、矿山复垦、生态修复的力度，一大批工厂实现了超低超净排放，形成了60余项达到国际领先或先进的环保技术成果，打造了中铝环保节能集团，为铝工业的高质量发展提供了“绿色方案”。

我们倡议，全行业积极行动起来，共同应对环境承载压力过大的问题，突出绿色发展理念，坚决防止违法违规产能死灰复燃，坚守超低超净排放的底线，从矿山、氧化铝、电解铝、铝加工全产业链固本强基，加快推进资源全面节约和循环利用，开发更多更好的高效节能技术，努力建设绿色矿山、打造绿色工厂、推进绿色制造、生产绿色产品、发展绿色产业，提升中国铝工业的核心竞争力。只要国内外铝业同人需要，中铝愿意毫无保留地提供全方位的解决方案。

拓展运用共享发展

铝是节能的、绿色的、轻便的，是高端制造产业的基础原材料，是人民美好生活的必备新元素。感谢中国有色金属工业协会，近十年来一直倡导拓展铝的应用，我们不仅见证了铝模板、铝家具、铝天桥等一大批铝基新材料新产品的快速发展，而且看到了汽车、高铁、大飞机轻量化蕴藏的无限潜力。

中国的铝消费仍然会保持较快增长态势，中国的大市场仍是支撑全球铝工业发展的压舱石。我们愿意与科研机构、业界同行携手，更好地推动产、学、研、用一体化发展，积极引领铝消费，不断扩大高品质供给，共享铝时代的机遇。

中国国际铝业大会是中国铝工业面向世界高水平开放的窗口，是展示“中国机遇”和“中国方案”的重要平台。我们真诚与全球同人广泛合作，携手开创铝工业更加美好的明天。

深化改革　对标赶超　把中铝发展好

——在集团2019年改革创新与发展战略研讨会上的讲话（摘要）

集团党组书记、董事长　姚　林

（2019年12月14日）

一、深入学习贯彻落实中央经济工作会议精神

中央经济工作会议12月10日至12日在北京举行。习近平总书记作重要讲话，总结2019年经济工作，分析当前经济形势，部署2020年经济工作。

会议确定2020年经济工作的总体要求是：以习近平新时代中国特色社会主义思想为指导，全面贯彻党的十九大和十九届二中、三中、四中全会精神，坚决贯彻党的基本理论、基本路线、基本方略，增强“四个意识”、坚定“四个自信”、做到“两个维护”，紧扣全面建成小康社会目标任务，坚持稳中求进工作总基调，坚持新发展理念，坚持以供给侧结构性改革为主线，坚持以改革开放为动力，推动高质量发展，坚决打赢三大攻坚战，全面做好“六稳”工作，统筹推进稳增长、促改革、调结构、惠民生、防风险、保稳定，保持经济运行在合理区间，确保全面建成小康社会和“十三五”规划圆满收官，得到人民认可，经得起历史检验。

会议确定，2020年要抓好以下7个方面重点工作。一是坚定不移贯彻新发展理念。二是坚决打好三大攻坚战。三是确保民生特别是困难群众基本生活得到有效保障和改善。四是继续实施积极的财政政策和稳健的货币政策。五是着力推动高质量发展。六是深化经济体制改革。七是有效开展对美经贸斗争。

党中央特别强调，2020年的经济工作以稳为主，说明宏观经济形势错综复杂，国际环境不确定性在增加、难度在增加，国际上的共识是经济下行压力大。在这样的大背景下，稳中求进，体现了宏观判断。在这样的形势下，作为基础原材料行业，把握宏观经济形势非常重要。我们是在高速增长、高投资拉动的背景下成长起来的，不自觉地就会有思维惯性，认为今天不好明天就会好，明天不好后天也会好，但未来可能不是这样的，这是整体形势的变化。大家要结合自己的工作认真思考，大的趋势上可能有变化，对待这种变化，要不断审视，不能惯性思维。

会议强调要坚持巩固、增强、提升、畅通的方针，以创新驱动和改革开放为两个轮子，全面

提高经济整体竞争力，加快现代化经济体系建设。这对我们有很强的针对性和重要指导意义，要落实到中铝集团的各项工作中，加快创新和改革的双轮驱动。党的十九届四中全会对国资国企改革提出了新要求，我们要按照党中央决策部署，认真思考我们的工作，接好“天线”，全面贯彻落实中央要求，扎实做好下一步工作。

二、关于改革创新与发展战略的几点思考

（一）要一张蓝图绘到底

大家对改革非常期盼，对发展非常渴望。改革方面，大家提得比较多的是放权、机制再活一些。发展方面，提得多的是投资。当然，站在不同角度，不同单位的诉求不同，大家比较有共识的是三句话，即“科学发展上游，优化调整中游，跨越发展下游”。中铝制定的战略是成立时就确立的，这些年来发展中可能有的符合，有的不完全符合，见仁见智，每个时代都有当时的背景。我们回顾过去最重要的是为了更好地面向未来，要一张蓝图绘到底，在今后的工作中进一步实践好、实现好，这是我们这一代人的任务，要着力抓好落实。

（二）既要统筹兼顾又要各司其职

要有统筹兼顾、各司其职的安排，这也是改革的目标和任务。关于发展的问题，不统筹兼顾，再认识清楚也没有用，没有实力是走不上去的。

如何统筹兼顾？就是要把自己回归市场主体。总部、板块、实体企业，都是市场主体，都要明确自己的定位，而不是你靠我、我靠你。大家都要把自己放在市场主体的角度来评价我们的统筹，在各司其职的同时，统筹兼顾集团整体发展。每个单位都要先回答清楚市场主体这个问题，各司其职，各自算好账。大家都放到市场主体位置去评估一下自己，然后找到统筹兼顾的立足点，否则非但不是高质量发展，甚至是不可持续发展。

（三）战略要坚定，战术要灵活

很多人讲到集团发展战略，大家都认为战略对，但定力不足，起得早，动得晚，动作慢。我们的战略是对的，可能在某个时间点某件事没实施好，那是因为当时有其背景，我们不去评论，不管什么原因，肯定是我们在执行战略的能力上出了问题。这个能力不是单指主观能力，而是指广义的能力，比如财力、体制能力，可能离实现战略目标差了一点。我们要把这个差距找出来，如果找不出来，也许我们还是很勤奋，做了很多事，但再过十年，发现战略目标还是没达到。所以，客观冷静分析的态度非常重要。

战略上要保持定力。大家公认在战略上的就要坚持住，在战术上要更加深入、灵活。

如何实现战术上的灵活？党的十九大报告提出，推动经济发展质量变革、效率变革、动力变革，提高全要素生产率。这对中铝集团非常有指导意义，要结合当前的工作，把质量变革、效率变革、动力变革作为行动指南，落到实处。

一是加快质量变革。对企业来讲，大到发展质量，小到产品质量，都涉及质量变革，这是根本。走高质量发展之路，有一整套内涵，要有全方位支撑，否则就是喊口号，要踏踏实实地做，把内涵一条一条对上去。这个方向共识没有问题，干劲上还要再加把劲。关于发展质量，要重点关注我们的投资回报，项目的投入产出，运营效率等，这是根本。我们在行业里能不能拿出有影响力的科技成果？中铝在行业的科技实力怎么样？是不是领先？这些都是发展质量的内涵，要去丰富和充实。高质量发展就是一篇大文章，包含很多段

落，关键要怎么去实现，实现要靠效率变革和动力变革。

二是加快效率变革。实现效率变革，关键要靠改革。在中央经济工作会上，习近平总书记强调，要充分发挥国有资本投资公司和运营公司的功能。国务院国资委批复了中铝集团国有资本投资公司试点改革方案，这是很重要的机遇。要按照中央提出的要求，合理定位，各司其职，哪些职能应该集中，哪些职能应该放权，要有个合理的分配。总体的架构，就是“三横三纵三个全覆盖”。

权好放，重要的是权责要一致，有多大权力承担多大责任，干不好要追责。改革的目的，就是把资产人格化的缺失尽可能补上，使大家更好地负起责任来。

放权和事中事后监督要同步，不能一放了之。行政体系可以放权，但从党的领导角度不能失控，要把方向、管大局、保落实，这是集团需要强化的职能。集团将来主要负责的业务大体包括战略管控、资本运营、国企改革、合规管理、审计、业务协同、管党治党等，并不是说要有这些部门，而是指相关业务。集团设置哪些部门、负责哪些业务、干到什么程度，部门内部业务处室的设置和人员配备，这个有难度，需要做细致的工作。

板块是产业发展的主体，要明确定位，权责对等。面对市场的是板块，板块要接受市场的检验。怎样接受市场检验？集团以什么为评价？就是在相同的产业内进行评价，在不同的产业间比较优劣，进行布局调整。鉴于采购和销售等都已经统一集中到板块层面，实体企业就是成本管理。

关于机制的改革，要注重市场化评价基础上的激励约束并重，这是原则。我们有些方面的管理还是粗放，比如，制定一个不需要奋斗就能完成的指标，完成就嘉奖，这不是激励，这是福利，指标必须是有挑战性的，完成了挑战性指标，就要兑现奖励。我们要看到，技术人员激励不足导致人才流失，管理人员激励不足导致动力不足，这些问题需要解决。要完善分配机制，坚持激励约束并重原则，激励多于处罚。要改革机制，就要大胆地想、勇敢地试，在推进市场化的分配机制过程中，允许政策有变化，甚至有反复，有时可能认为政策过头了会改回来，这都是正常的。今后，集团还要研究分红机制，否则集团总部每年想方设法筹资用于板块和企业的投资，而一些项目的投资回报率不高，导致总部负担越来越重。

三是加快动力变革。未来宏观经济不是传统的靠投资拉动的模式。我们所处的行业大部分产能是过剩的，仅靠要素投入的发展走不太远。特别是铝铜等大宗商品与投资的相关性比较高，要慎重对待，下一步要在依靠创新拉动方面做文章。

一方面，要依靠创新发展。另一方面，要加强资本运作。

加快集团的质量变革、效率变革、动力变革，关键还要靠党建的保障作用，通过全面从严管党治党，进一步发扬中铝在这方面的好传统。中央对中铝党建工作的肯定，既是激励，更是压力，我们要认真思考如何把压力转化为动力，而且要做得更好，下一步会有具体部署。

三、把全要素对标作为重要的工作方法

我们自己总是讲“方向”，在实际工作中，方向可以把握，方法也可以想出来一些，但是只有通过对标之后，才能发现有些方法可能是不对的。工作方法最重要的一条，就是全要素对标。

一是市场化对标找差距。我们自己跟自己比，

可能是有进步的，但是放到市场里去比，是不是先进的，没有对标，说不清，大家要用好对标的方法。我们还远远没到华为进入“无人区”的程度，不对标，就是在回避问题和差距。如何带领企业前进，最好的办法就是对标。现在我们国内企业间交流的环境很好，可以到同行业企业交流、学习、对标。我们要抓住这个机会，抓紧进行全要素对标。

二是自觉对标和推动对标相结合。现在集团各企业分布广，什么样的企业都有，这本身就是对标的好氛围。比如，连城分公司6项指标第一，虽然因为电价问题导致效益不好，但是这6项指标是实打实干出来的，可以进行内部对标，信息更多更准，有利于各企业之间对标交流，取长补短，对内拉齐。

三是赶超指标要量化。对标的目的就是量化，要通过对标，设立具体的赶超目标。通过对标，能量化的全部量化，做到追有指标，赶有目标，否则容易在战略上徘徊，战术上没有分寸，十年之后回头看还是有问题。

四、切实做好防风险工作

习近平总书记反复强调要做好防风险工作，对中铝集团来说尤为重要，我们一直处在比较危险的状态，这些年我们开疆拓土做得很好，之后经历了困难时期的磨炼，稳步好转。同时也要看到，我们还很脆弱，这个脆弱就是风险。我们有了一些基础，也有建设具有全球竞争力的世界一流企业的更大目标，这时候更要冷静，要在干事创业的同时，把防风险作为重要考量，不能一往无前，不能盲目发展。

一是做到合规经营。合规管理是我们走向国际化非常关键的环节，既然我们确定了国际化一流企业的目标，合规就是基础。我们现在内部还有一些漏洞。从企业管理角度，就是要把合规抓好，这也是对利益相关方负责。

二是防范经营风险。要时刻有抵抗经营风险的意识，办法就是提高效率、管住资金，一切以现金为王。比如，考核不能仅仅考核利润，同时必须考核现金流，每个单位的主要领导都要牢牢盯住。现在，金融业中小银行的风险是很大的，企业财务公司风险也很大，我们在这方面要有所警惕，对于一些企业财务公司开出的电子承兑汇票要慎重。经营风险中还有环保风险，一定要牢牢守住环保底线。

三是防范投资风险。要吸取历史教训，防止投资风险。防风险的问题，要成为各级领导在各自工作中都要考虑周全的问题。防风险不是分析出风险就完事，而是分析之后要有应对措施，要想办法防范化解风险，不要轻易说不行。

千里之行，始于足下。我们要在2020年工作中紧紧抓落实，要积极尝试一些新做法，践行新理念，改革创新不怕错，就怕不向前走，错了就改，将来集团的部门就是不断地评价审视工作，大家都这样做，一定能成功。我坚信国有企业一定能搞好，我们有党建的独特优势，有这些年来在市场上风风雨雨的磨炼，凭什么搞不好？国外跨国公司的体系也是很庞大的，只不过他们抓住了经营中的一些关键环节，比如品牌等，而且一抓几十年。我们只要把不足补上来，把好的东西坚持下去，肯定是能做好的。中铝集团的干部员工热情非常高，我们是经历过困难的企业，这是非常难得的，向死而生，死过一回了还怕什么，关键是要总结经验，继续战斗，把2020年工作落实好，把中铝发展好。

对标世界一流　建设世界一流

——在中铝集团一届二次职代会暨 2019 年工作会议上的讲话（摘要）

集团党组书记、董事长　葛红林

（2019 年 1 月 19 日）

第一部分
关于 2018 年的工作

2018 年是贯彻落实党的十九大精神的开局之年，是集团进入高质量发展的起步之年，是实施“十三五”规划承上启下的关键之年，也是国际国内各种挑战和不确定因素明显增多的一年。一年来，广大干部员工认真学习贯彻习近平新时代中国特色社会主义思想和党的十九大精神，在党中央的坚强领导下，在中组部、国资委的正确领导下，围绕确定的五大工作任务，坚持改革创新转型升级工作总基调，全面从严治党，发挥政治优势；全面深化改革，加快三大变革；全面精准管理，加快提质增效；深化加减乘除，加快转型升级；打好安全环保质量三大攻坚战，励精图治、创新求强，为建设具有全球竞争力的世界一流企业而奋斗，展现了新作为，创造了新业绩。

一、全面从严治党，发挥了政治优势

6 月 6 日，习近平总书记在中央纪委《关于中铝集团起死回生扭亏脱困的调研报告》上做出了重要批示，给予了充分肯定，强调好的经验要总结推广，国企、央企总结经验很重要，特别是党建的经验。党和国家领导就贯彻落实习近平总书记重要批示精神做出了 11 次批示。8 月 13 日，王沪宁在中央企业工作简报刊发的《党建是中铝扭亏脱困的法宝》上再次批示：“请陈希、坤明同志阅，可以总结一下，并适当宣传报道。”8 月 14 日，陈希同志批示：我们要按照沪宁同志的批示要求，总结中铝集团党建工作的成功经验，并与中宣部一道对其进行适当宣传报道。中央广播电视总台和《人民日报》《经济日报》《光明日报》等中央媒体到集团进行了集体采访并作了系列报道。7 月 4 日、10 月 9 日、10 月 10 日，集团党组分别在全国组织工作会议上、全国国企改革座谈会上、国资委纪念国企党建工作会议两周年大会上进行了经验交流。

党组深入贯彻落实新时代党的建设总要求，把总书记重要批示精神转化为全体党员干部的理想信念和自觉行动，践行“党建是搞好央企的重要法宝”理念，聚精会神抓好铸魂、强基和品牌“三项工程”，进一步提高了党建工作质量。

优化党建工作考核方案和细则，推动向基层末端延伸，做到“双百分”考核全覆盖。层层制定《党建工作责任清单》，完善主体责任、一岗双责、党员责任三张清单。制定《党务公开工作实施细则》《标准化党支部管理办法》等6项制度，进一步健全党建工作责任体系。抓实基层党组织书记、纪委书记述职述廉评议考核，实现党建责任层层传递、工作有效落实。

全面推进党支部标准化建设，规范“三会一课”，严格落实“企业专职党务工作人员按职工总数1%比例配备，党组织活动经费按上年度工资总额1%提取”，集团标准化支部达到80%以上。夯实了全面从严治党基础。

巩固了“不敢腐”的态势。一是紧盯党组重大决策执行情况、“三大攻坚战”、形式主义官僚主义突出问题开展监督检查，确保党组决策部署落地生根。

完善了“不能腐”的机制。在央企率先制定了《禁止与干部亲属所办企业发生业务往来暂行规定》，首批发布“禁止交易名单”85家。

强化了“不想腐”的自觉。创新季度警示教育大会形式与内容，将法律法规宣贯与制度规定解读相结合、将案件查办与三大攻坚战督察等点面相结合，营造了“不想腐”的生态。

党组坚决贯彻新时代党的组织路线，健全完善素质培养、知事识人、选拔任用、从严管理、正向激励“五大体系”，着力培养忠诚干净担当的高素质干部。

二、全面深化改革，加快了三大变革

集团上下围绕加快质量变革、动力变革、效率变革，深化内部改革，推进外部重组，取得了一系列新突破。

一是推进了重点领域的深化改革。集团被国务院批准为国有资本投资公司试点，为加快行业整合重组，增强集团控制力、影响力和抗风险能力创造了条件。中铝股份126亿元的债转股项目获证监会核准批复。中铝国际成功在上海证交所主板挂牌上市，融资10亿元，成为A+H有色工程技术第一股。云铜股份非公开发行募集资金21亿元。

二是推进了关键环节的深化改革。完善了绩效化、市场化、差异化激励分配机制，在中铝资本、中铝材料院试行了市场化工资总额分类管理机制。制定了高端人才市场化激励政策，探索建立了协商谈判引入、薪酬市场对标、契约管理退出的“市场化引进人才”激励约束机制。采取市场化的方式组建三大平台经营管理团队。研究制定了集团所属科技型企业分红激励实施办法（试行），进一步完善了科技人员激励政策。启动企业年金并顺利完成国资委、人社部审核备案，当年启动当年完成。

三是推进了重塑性的改革。铝板块的内部体制及重组改革取得新突破，实现了炭素业务专业化管理；山西中润和山西华兴、遵义氧化铝和电解铝完成了一体化整合。中铝环保、中铝开投、中铝海外3个平台有序推进了相关资源整合。智能产业平台挂牌。中国铜业重组云冶后，确定了一体化管理和整合相关资产业务的实施方案。

三、全面精准管理，加快了提质增效

集团上下围绕生产过程、财务金融、资本运作、投资项目、营销物流、内部协同、安全稳定7个方面，连续4年推进精准管理，扭转了管理粗放的坏习惯，取得了实效。集团连续4年超额完成国资委考核目标，2016—2018年任期的国有资产保值增值率超过 100%。氧化铝、电解铝、铝加工产量、铝基合金产量为历史最好水平，氧化铝粒度、原铝交流电耗、原铝液 99.70 以上率、供电标准煤耗等指标大幅度改善。

推进产业布局优化和产品结构调整，加快核心产业向资源、能源及物流优势区域转移。

四、深化“加减乘除”，加快了转型升级

集团上下认真学好用好总书记的治国理政科学方法，毫不动摇、一以贯之地推进“加减乘除”，加快了转型升级步伐。

一是通过加减并用，深化了供给侧结构性改革。对失去竞争力的产能做减法， 4 年来累计关停氧化铝产能 124 万吨、电解铝产能 156 万吨、炭素产能 36 万吨、煤炭产能 30 万吨。同时，云南的水电铝材、广西沿海的铝基地、内蒙古和山西的铝电基地、福建沿海的铝铜基地，以及贵州铝产业和赤峰铜产业的退城进园等战略布局落地，一批产业集群已经形成，加快了新旧动能转换，提升了整体竞争力。

二是通过乘除并举，实现了创新引领发展。加快推广应用新型保温铝电解槽技术等一大批行业领先的科技成果，加快从原料到材料、从材料到部件、从部件到产品的三大转变，高附加值铝合金产量跃居国内同行业前列。完成国资委三年“处僵治困”目标的 110%。

五、全面强基固本，推进了三大攻坚战

按照三大攻坚战誓师大会的部署，重点督办 10项工程 37 个标志性项目，夯实了基层和基础管理。

一是实施了安全环保质量三大攻坚战。在央企中率先建立了高标准并与国际接轨的安全精准管理体系。在有色行业率先颁布了碳资产管理暂行办法。启动建设质量品牌行动计划。

回顾过去，通过广大干部员工的顽强拼搏，我们实现了战略发展的 4 件“大事”，经营业绩的 5 个“连增”，历史包袱的 6 项“减少”。

四件“大事”：

一是集团“4+4+4”的战略格局基本形成。

二是集团获批国有资本投资公司试点。

三是集团成功重组整合云冶集团，成为全球最大的有色金属企业。

四是铝铜的沿海和海外战略取得重大进展，开启了全球化战略布局新征程。

五个“连增”：

一是实现了服务国家战略的“四连增”：关键铝材保供成本 4 年降幅 10% 以上，4 年新增产品规格上百种，实现了第三代铝合金整体向四代的跨越发展，满足了国家重大工程和战略需求，年年新贡献。

二是实现了股东增值的“四连增”：从 2014 年的巨额亏损，2015 年并表利润大幅减亏，2016 年的并表利润为正，2017 年的净利润为正，到 2018 年的归母净利润为正，年年上台阶。

三是实现了企业增效“四连增”：从 2014 年的亏损王、2015 年大幅减亏、2016 年扭亏为盈、2017 年经营利润 58.5 亿元，到 2018 年经营盈利超过 100 亿元，年年有提高。

四是实现了员工增收的“四连增”：从 2014 年 的 59133 元、2015 年 的 65129 元、2016 年 的 70817元、2017年的81736元，到2018年的88580元，4 年增长了 49.8%。完成了企业年金建立，年年有增收。

五是实现了业绩考核的“四连增”：从 2014

年的D，2015年的C，2016年进入B级行列，2017年B级排名更靠前，到2018年有望更加接近A，年年有进步。

六项“减少”：

一是减少了债务规模。我们坚决贯彻中央关于“三去一降一补”的要求，推进“泰山工程”，化解了外汇债务风险，为集团赢得了15+N年的发展机遇，资产负债率下降19个百分点，在央企中下降幅度最大。

二是减少了历史包袱。我们坚决贯彻中央关于“新官要理旧账”的要求，以对长远发展负责的态度，加快了历史包袱的处置，扫清了不少发展障碍，解决了不少过去心有余而力不足的难事，累计消化历史因素94亿元以上，为未来发展奠定了基础。

三是减少了亏损企业。我们坚决贯彻中央关于“处僵治困”的要求，全面完成47户“僵尸”特困企业治理目标任务，减少亏损企业104户，减少亏损额95亿元，亏损面降低22.5个百分点。

四是减少了管理层级。我们坚决贯彻中央关于瘦身健体提质增效的要求，减少法人户数168户，完成参股企业处置16户，管理层级从7级压缩至4级，内耗少了，效率快了，管理顺了，走在了央企前列。

五是减少了社会职能。我们坚决贯彻中央关于分离国有企业办社会职能的要求，下属企业办社会职能实现全面移交，一批老企业轻装上阵，走在了央企前列。

六是减少了环保欠账。我们坚决贯彻中央关于三大攻坚战的要求，关停了一批隐患多、污染重的落后产能，投入65亿元开展了隐患治理和超低排放、脱硫脱硝等清洁生产改造，在主导产品产量和经营业绩大幅提升的同时，大气主要污染物排放总量连年下降，二氧化硫和氮氧化物的排放总量分别减少了30%以上，走在了有色行业前列。

总结2018年的工作，我们也清醒地看到：

党建工作存在上中下的温差和偏差。有的基层党组织的战斗堡垒作用发挥不够。复合型国际化干部紧缺。党风廉政建设压力传导不够，“四风”问题时有发生，腐败还有滋生的土壤。

生产经营工作存在不少短板和薄弱点。有的企业由盈返亏，有的企业加剧了亏损，有的企业生产指标出现劣化。有的企业环保治理不力，被曝光、被处罚。有的企业安全生产不力，工亡事故频发。有的企业现场管理不力，设备故障不断。有的企业质量管控不力，造成重大经济损失。上述这些问题，教训深刻，我们要举一反三，痛下决心，决不“二过”。

第二部分
关于建设世界一流企业的战略选择

集团贯彻总书记培育具有全球竞争力的世界一流企业要求，连续两年聚焦主题，召开改革创新与发展战略研讨会，2017年明确了战略目标和“两步走”战略安排，2018年围绕12个专题，对标世界一流、建设世界一流，认识再提升，共识再凝聚，目标更清晰。

一、建设世界一流企业是党中央对中铝集团的战略要求

习近平总书记在党的十九大报告中强调，要加快国有经济布局优化、结构调整、战略性重组，

促进国有资产保值增值，推动国有资本做强做优做大，培育具有全球竞争力的世界一流企业。总书记为新时代国企深化改革和高质量发展指明了目标方向，提供了根本遵循。

集团党组深入学习贯彻落实习近平新时代中国特色社会主义思想和党的十九大精神，确立了新时代中铝的“两步走”战略：第一步，在第一个“一百年”，跻身全球有色金属行业的世界一流企业行列；第二步，在2035年前，成为具有全球竞争力的世界一流有色金属企业。围绕战略目标和战略安排，确定了“科学掌控上游，优化调整中游，跨越发展下游”的三大发展方略，加快了四大核心、四大协同、四大战略性新兴产业的打造，即铝、铜、稀有稀土、铅锌四大核心产业，工程技术、资本金融、贸易物流、工服物业四大协同产业，以及环保节能、创新开发、海外发展、智能制造四大新兴产业。加快从过去的一铝独大转变为多极支撑。

新时代新征程，我们要按照既定的战略部署，对标世界一流，建设世界一流，以更高目标、更强动力、更好成效，回报习近平总书记对中铝集团的关心厚爱。

我们心中始终有一个“大有色”梦。从1999年6月28日，国务院批复同意组建中国铝业集团公司、中国铜铅锌集团公司、中国稀有稀土集团公司，也就是大家常说的“三大集团”；到2001年2月23日，国务院批复成立中国铝业公司；再到2017年12月16日，中国铝业公司改制更名为中国铝业集团有限公司，转眼间我们已经走过了18年的风雨历程，正值风华正茂，圆梦“大有色”、建设世界一流企业正当其时。

对标世界一流，我们清醒地看到，在资源掌控力和市场话语权方面，我们不及力拓、必和必拓、淡水河谷等老牌能源矿产巨头。在精深加工、高端制造等方面，我们不及美铝分拆后的奥科宁克等跨国企业。我们要以差距为导向，加快赶超世界一流。

新时代，新梦想，新作为。21世纪是有色金属大显身手的时代，也是中铝集团建设具有全球竞争力的世界一流企业的时代，在前进的路上，我们有困难，但是我们更有克服困难的优势。

二、建设世界一流企业的主攻方略

世界一流并非遥不可及，集团上下按专业、按板块、按领域，全面对标世界一流，各个板块和各项指标都紧盯一流、赶超一流，从单项冠军迈向全能冠军，一步一个脚印，早日将建设世界一流变为现实。

一是坚持党建法宝，办中国特色的世界一流。中国特色的世界一流企业，特就特在坚持党的领导、加强党的建设，特就特在道路、理论、制度、文化自信上，特就特在其实现途径、行动指南、根本保障的内在联系上，特就特在统一于中国特色社会主义伟大实践上。我们要树牢“四个意识”，坚定“四个自信”，坚决做到“两个维护”，自觉在思想上政治上行动上同以习近平同志为核心的党中央保持高度一致，始终牢记总书记的重要批示，践行总书记的科学方法，落实总书记的系列重要讲话，筑牢中铝的“根”和“魂”。要始终牢记党建搞得好不好决定着企业经营状况，促进党建和生产经营的深度融合，建设具有中国特色社会主义的世界一流企业。

二是坚持战略定力，把世界一流蓝图绘到底。万丈高楼平地起，建设世界一流企业不是一朝一夕一蹴而就的，需要持续不断和坚定不移地拼搏。中铝走到今天，不能忘记初心，不能忘记经历的苦难，要吸取过往的经验教训，保持战略定力，登高望远，始终把建设世界一流作为不懈追求，用世界眼光去认识政治形势、把握经济走势，用战略思维洞悉行业发展趋势，谋划中铝未来，既要干成近期能见效的大事、好事；又要着眼长远、着眼根本，干成打基础、做铺垫的实事、潜功，一张蓝图绘到底，不达目标不罢休。

三是坚持化危为机，统筹国际国内两个大局。2019 年国际经济形势不会太好，国内宏观经济形势不容乐观。尽管世界经济整体保持增长，但危机的深层次影响仍未消除，经济增长新旧动能转换尚未完成，各类风险加快积聚。我们要沉着应对中美贸易摩擦，以及单边主义和贸易保护主义带来的不确定性因素影响，增强预见性，及时采取对策，化危为机。从竞争链来看，贸易摩擦将演变到科技和金融摩擦，我们要积极应对新一轮科技革命和产业变革引发的深刻变化，集中力量尽快打造成功若干杀手锏，攀登行业科技高峰，不断提升竞争力，引领行业，让行业跟着中铝走。要更加注重海外中铝建设，加快“走出去”和“引进来”步伐，增强内外融合度，提升全球竞争力，增强国际影响力和话语权。

四是坚持底线思维，做好应对不利情况准备。建设世界一流不会一帆风顺。新常态就是变化快，我们不仅要直面全球复杂多变的政治经济大气候，而且要积极应对行业此起彼伏的频繁异动，既要严防看不见的“黑天鹅”，也要严防看得见的“灰犀牛”。要有预见性地引领行业发展，改变跟着感觉走和逆来顺受的老套路，要采取机动灵活的应对措施，减少市场价格波动的影响，增强企业逆周期发展的能力。当前和今后一个时期，特别要打好安全环保质量三大攻坚战，加快补欠账，坚决遏增量，牢牢守住风险底线，为建设世界一流打下坚实的基础。

五是坚持履职尽责，履行好政治经济社会责任。世界一流企业，就要尽到一流的责任，对内，我们要履行好政治责任、经济责任和社会责任，引领行业贯彻落实创新、协调、绿色、开放、共享的新发展理念。对外，要对一切利益相关方肩负起应尽职责，就是要对股东负责，对客户负责，对员工负责，对社会负责，对环境负责。在“走出去”的全球化经营中，要围绕打造“命运共同体”，创新商业模式，共建“责任共同体”，共享“利益共同体”，实现与所在国经济、社会、文化和环境的协调发展，在全球市场中塑造负责任、有担当的世界一流企业形象。

世界一流不是等得来、喊得来的，而是拼出来、干出来的。在这个千帆竞发、百舸争流的时代，我们绝不能有半点骄傲自满、故步自封，绝不能有丝毫犹豫不决、徘徊观望。对标世界一流、建设世界一流，是一场接力赛，需要一棒接着一棒跑下去，每一代人都要为下一代人跑出一个好成绩，今天的我们必须风雨兼程，与时间赛跑，接续奋斗，跑赢对手，不负新时代，奋进新时代，再攀新高峰。

第三部分

关于 2019 年的工作

2019 年是中华人民共和国成立 70 周年，是决胜全面建成小康社会第一个百年奋斗目标的关键之年。2019 年中铝集团的主题是“创新求强”，我们已经从扭亏脱困起死回生转向改革创新转型升级，步入建设世界一流的高质量发展阶段，更需要创新求强。

2019 年总体来看，发展环境稳中有变、稳中有难。国内外形势错综复杂，挑战风险增多，经济下行压力加大，行业走势分化，对困难和矛盾要有充分估计。

2019 年集团工作的总体要求是：以习近平新时代中国特色社会主义思想为指导，坚持改革创新转型升级的总基调，落实中央经济工作会议精神，贯彻新发展理念，贯彻“巩固、增强、提升、畅通”的八字方针，按照高质量发展要求，加快推进“4+4+4”发展战略，坚持从严治党，坚持深化改革，坚持加减乘除，坚持高水平开放，坚持精准管理，坚持打好三大攻坚战，励精图治、创新求强，实现股东增值、企业增效、员工增收，提高员工的获得感、幸福感、安全感，为建设具有全球竞争力的世界一流企业努力奋斗，以优异成绩庆祝中华人民共和国成立 70 周年。

2019 年集团工作的七大任务是：

一、坚持从严治党，不辜负总书记勉励和厚望，促进党风企风更加好转

深入学习贯彻习近平新时代中国特色社会主义思想和党的十九大精神，落实新时代党的建设总要求和各项任务。

（一）加强党的全面领导

一是加强政治建设，提升引领力。坚持以政治建设为统领，把习近平新时代中国特色社会主义思想列入中心组学习重要内容、中铝党校必修课程、党建研究重点课题，开展“不忘初心、牢记使命”主题教育和新中国成立 70 周年系列纪念活动，深化“五新”大讨论，把学习教育成效体现在提高政治站位、坚定维护核心、增强过硬本领上。

二是加强“三基”建设，提升组织力。推进集团标准化党支部建设，2019 年标准化党支部要达到 90% 以上。举办集团党务干部业务技能大比武，建立 100 名基层党建工作专家库。推行企业党务公开制度和党员积分制管理，严格党员管理。

三是加强品牌建设，提升影响力。深化“两带两创”，推进党建与业务深度融合。构建中铝品牌体系，建立中铝品牌管理架构，开展“十百千”中铝文化经典语录征集活动。开展选树“中铝榜样”系列活动，深化创新创意大赛、合理化建议、创新工作室的经验做法。

四是加强群团建设，提升凝聚力。完善具有中铝特色的劳动竞赛管理模式，广泛开展技能竞赛，加强共青团辅助青年人力资源开发的职能。要进一步做好内外新闻宣传工作，各部门各单位要防范好社会舆情风险。要讲好中铝的故事，让员工对中铝更加自信，让社会对中铝更加了解，汇聚更多正能量，提升中铝的形象。

（二）推进全面从严治党

要深入贯彻中纪委三次全会精神，把“两个维护”作为根本政治任务，履行好政治监督责任。

一是坚定推进纪检监察体制改革。落实中央纪委监督体制改革要求，细化中铝集团落实监督体制改革的具体方案，实现监察全覆盖，加强纪检监察干部队伍建设，一体推进“不敢腐”“不能腐”“不想腐”机制建设。

二是强化对重点领域及关键少数的监督。狠抓落实中央八项规定精神不放松，深入整治形式主义、官僚主义。要有力削减存量、有效遏制增

量，把握运用好“四种形态”和“三个区分开来”，提升执纪综合效果。

三是高质量推进巡视巡察工作。深化政治巡视，紧扣三大攻坚战、压降“两金”等常规巡视、专项巡视、机动巡视，探索巡视巡察上下联动，发挥好纪律监督、监察监督、巡视巡察监督作用，与审计、财务、法律监督等密切结合，及时发现问题线索，形成监督合力。

（三）锻造全面过硬的干部队伍

贯彻新时代党的组织路线，着力做好干部的培育、选拔、管理、使用工作，建设忠诚干净担当的高素质干部队伍。

一是选优配强各级班子。围绕集团战略需要，抓好各级领导班子优化调整配备，增强整体功能。统筹干部资源，以实践实干实效为导向，考准考实考细干部，注重选拔具有专业能力、专业精神的领导人员。

二是提高干部专业化能力。持续推进经营管理三大人才工程能力提升工程，对优秀人才进行全方位评价和培育，开展调整补充工作，重点推进重点工程和项目专业历练、挂职锻炼、跨企业交流等工作。紧紧围绕集团战略定位和中心工作开展干部教育培训，着力增强干部推动企业高质量发展的能力。

三是严管厚爱广大干部。贯彻落实好集团《激励广大干部新时代新担当新作为的实施细则》，充分调动各级干部的积极性、主动性、创造性，做到严管厚爱。严管就是要体现在政治意识、大局意识、核心意识、看齐意识上，反映在讲纪律、守规矩上。厚爱就是要体现在干部的获得感上，体现在荣誉激励、职务激励、物质激励、特殊激励等方面。要经常性地与干部谈心交流，及时为大家排忧解难。

二、坚持深化改革，贯彻总书记的三大变革要求，推进国有资本投资公司试点

集团获批国有资本投资公司试点，是党中央、国务院对中铝集团的信任，也是对中铝集团改革创新转型升级的鞭策。集团上下要肩负央企使命，推进改革试点，加快三大变革。

一是贯彻好“八字方针”。习近平总书记在中央经济工作会上强调，“巩固、增强、提升、畅通”，是当前和今后一个时期深化供给侧结构性改革的八字方针。落实到中铝，巩固，就是要巩固“加减乘除”和安全环保质量三大攻坚战成果；增强，就是通过国有资本投资公司试点改革，增强板块和实体企业的活力；提升，就是提升“4+4+4”的整体水平，加快形成高质量发展新格局，增强集团盈利能力和可持续发展能力；畅通，就是要畅通集团管控，畅通板块经营，畅通实体企业生产，通过精准管理，实现产、供、销、财等要素的优化配置和高效运行。

二是做好试点的顶层设计。要以服务国家战略、优化国有资本布局、提升产业竞争力为目标，深化改革举措，进一步厘清集团、板块和实体企业功能定位，形成分级架构、三级管控的组织结构和管控体系。通过开展投资融资、产业培育和资本运作等，发挥投资引导和结构调整作用，培育核心竞争力和创新能力，提升集团的控制力、影响力。

三是不断激发活力和动力。要建设专兼职相结合的董、监事队伍，完善公司治理结构。实施

授权经营，完善决策制度体系，最大限度地释放板块和实体企业的活力。强化正向激励，积极开展中长期激励，合理选择员工持股、股权激励、收益权激励等多项中长期激励工具。“双百企业”综合性改革试点要迈出实质性步伐。

三、坚持“加减乘除”，践行总书记的科学方法，加快新旧动能转换

过去 4 年，我们实施“加减乘除”，啃掉了不少硬骨头，尝到了甜头。面对留下的更硬的骨头，无论多么坚硬，也要去攻克，坚定不移推进第二轮“加减乘除”，在践行新发展理念、履行社会责任、培育全球知名品牌形象等方面，加快成为全球有色金属行业的领军企业。

一是保持战略定力，加好新动能。要落实“4+4+4”战略产业格局，选好项目、建好项目、投好项目，实现基地化建设，集群化发展，紧凑型的流程，终端化的产品，加出新的利润增长点。要牢牢守住投资回报的底线、安全环保质量的红线，确保干一个成一个盈一个，加快高质量的转型升级。

二是敢于啃硬骨头，减掉旧动能。坚定不移地实施区域产能布局调整，对于不具备发展条件的高成本地区和排污总量严控地区，加快压减产能、转移产能，充分利用国家和地方政府处僵治困的支持氛围，抢抓机遇，果断出清，消灭亏损源。

三是打造好“杀手锏”，做强新动能。进一步激发科技人员的首创精神，加大对有功人员的物质和精神奖励，尽快研发出一批工艺技术和产品的“杀手锏”，提升全球核心竞争力。

四是加快内外重组，做优新动能。要充分发挥国有资本投资公司的平台优势，加快推动行业重组整合，向“大有色”迈出更大的步伐。

四、坚持高水平开放，落实总书记关于“一带一路”的要求，加快实施“海外＋沿海”战略

建设世界一流，就要推进“海外＋沿海”战略，加快“走出去”，融入“一带一路”，在主导资源配置、引领技术发展、具有话语权和影响力三个方面成为全球有色金属行业的领军企业。

一是加快海外基地创效和建设。建成的要加快投产创效，在建和拟建的要加快建设步伐。要结合国内产能退出和存量资产盘活，积极推进氧化铝、电解铝、铝加工、铜冶炼等国际产能合作，加快向境外资源能源富集区域转移。

二是加快沿海基地建设和投产。充分利用沿海港口优势布局氧化铝，建立与境外铝、铜资源的产业链接。

三是加快做大国际工程和贸易。要立足传统工程技术优势业务，扩大冶建、有色冶金，以及矿产资源开发、深加工等业务领域的市场推广和开发，争取落地一批海外重大项目。

五、坚持精准管理，落实总书记关于“三严三实”的要求，创建一流的企业管控

肩负建设世界一流的重任，重中之重的要练好内功，夯实基础管理，成为行业的领军企业。

一是从严要求，提升精准化管理水平。各企业要高标准严要求地练好内功，抛弃粗放式管理陋习，夯实基层基础管理，加快向精准化管理转变。要开展创建一流工厂活动，基础管理要升级，生产指标要优化。

二是对标一流，各项指标再上新台阶。对标世界一流，加快落实，继续开展问题清单整改工作。

三是依法治企，风险防控再上新台阶。要深入落实法治建设第一责任人职责，全面向各级子企业延伸，层层落实责任。高度重视规章制度的贯彻执行，坚持用制度管人、管事、管资产，充分发挥其作为企业“内部法”的作用。

要不断缩小风险敞口，防范好风险和管控好风险。

六、坚持打好三大攻坚战，落实总书记关于央企的三大责任要求，安全环保质量再上新台阶

解决安全环保质量方面存在的问题，是我们当前重中之重的当务之急，痛中之痛的紧迫之急。我们要痛下决心，加快扭转当前的被动局面。

一是提高政治站位。我们要进一步学习和贯彻落实好总书记关于安全环保质量方面的一系列重要要求，将其转化为安全发展、绿色发展、高质量发展的成效，一步一个脚印，久久为功地抓落实，做履行社会责任的表率，做高质量发展的排头兵。

二是实施好“十大工程”。各板块和企业要针对誓师大会上确定的“十大工程”，紧急行动起来，动态查问题，层层定清单，层层抓整改，做到不达目标不罢休。

三是不断逼近更高目标。集团上下要咬住誓师大会上确定的三大目标，即不安全不生产，企业生产安全工亡事故为零；不达标排放不生产，污染物排放达标率及固废处置合规率100%；不合格不出厂，管控质量指标达标率100%。通过我们的努力，积小胜为大胜，久久为功，不断攀登新高峰。

七、坚持“四更一好”，落实中央关于“开门红”的要求，确保生产经营再创新业绩

在中央经济工作会上，中央明确要求，今年一季度实现“开门红”。这是在当前国内经济下行压力加大、国际经济形势不确定性加大的情况下，中央提出的明确要求。作为央企责无旁贷，要坚决落实，夺取“开门红”。

一是状态更好，把命运掌握在自己手里。我们从2015年的“三讲”，讲忠诚、讲尽责、讲拼搏；2016年的“四讲”，讲忠诚、讲尽责、讲拼搏、讲实效；2017年的“四要”，状态要好、节奏要快、力度要大、办法要多；到2018年的“四再”，状态再好、节奏再快、力度再大、办法再多。正是因为干部作风的不断转变和提升，促进了党风企风的明显好转，促进了企业的扭亏脱困转型升级。

我们追求的目标在提高，上级的要求在提高，群众的期盼在提高，无论外部市场环境如何变化，我们都要把命运牢牢掌握在自己手中。

二是跑赢自己，只能前进不能倒退。各板块和企业要分清楚影响生产经营业绩的客观与主观的因素，要用主观努力抵消客观的不利，要迎难而上，用跑赢自己来跑赢对手、跑赢市场，只能前进不能后退。所谓跑赢自己，就是主观努力要比上年好，生产要更稳，事故要更少，消耗要更低。三是牢记“三增”，履行好央企三大责任。实现股东增值、企业增效、员工增收，是履行好央企三大责任的具体体现，三者存在着互相联系的辩证关系。我们要努力改善员工的工作和生活条件，不断提高员工8小时外的获得感、幸福感和安全感。

抓住机遇　乘势而上
全力开创集团改革发展新局面

——中铝集团一届二次职代会暨2019年工作会议工作报告（摘要）

集团党组副书记、总经理　余德辉

（2019年1月19日）

一、2018年工作回顾

2018年是中铝集团发展史上值得特别铭记的一年。在党中央、国务院的坚强领导下，在中组部、国务院国资委的正确领导下，集团认真贯彻落实习近平新时代中国特色社会主义思想和党的十九大精神，以及全国国有企业党的建设工作会议、全国国企改革座谈会等工作部署，坚持改革创新转型升级总基调，全面从严治党，全面深化改革，全面精准管理，深化“加减乘除”，励精图治，创新求强，党建工作得到习近平总书记亲切勉励，经营改革发展创出新业绩，为推动高质量发展奠定了坚实基础。

（一）党建引领唱响品牌

坚持充分用好党的建设这个重大法宝，全面从严治党，通过“两带两创”、“双百分”考核、正风肃纪，使党风企风持续好转，筑牢了集团改革发展根基。

2018年6月6日，习近平总书记在《中央纪委关于中铝集团起死回生扭亏脱困的调研报告》上作出了“好的经验值得总结”的重要批示。集团在全国组织工作会议上作了交流发言，在全国国企改革座谈会上进行了书面交流。中央广播电视总台、《人民日报》等中央媒体，对集团党建工作经验进行了集体采访并进行了系列报道。集团的政治地位和荣誉明显提升，有现任全国人大代表3名、全国政协委员3名，其中全国政协常委1名。东轻“党建+”模式被中组部选做典型案例。

2018年，集团经营态势继续向好，市场竞争力明显提升，行业引领作用更加突出，保障国家战略的能力不断增强。一是经济效益再创新高。国资委考核指标全面完成，考核排名持续进步。消化历史因素后全年实现利润总额50.1亿元，同比增加29.6亿元，创2008年金融危机以来最好水平；资产负债率63.88%，低于央企平均水平；净资产收益率2012年以来首次实现由负转正。二是主要指标持续优化。坚持全面对标，10项主要技术经济指标有6项优于行业平均水平。三是运营质量显著提升。四是员工收入连年增长，人均年收入从2015年的6.5万元，提高到2018年的8.9

万元，实现四连增。

2018年，集团大力实施内外部重组整合，资本运作实现重大突破，集团行业影响力和话语权大幅增强。一是行业重组实现突破。与云南省人民政府签署合作协议，重组云南冶金集团和亚洲储量最大的铅锌矿，成为近年来全球有色金属行业最大规模的重组项目。二是资本经营亮点频现。通过重点实施149亿美元外汇债转永续债的“泰山工程”，深入推进“丰收项目”等一系列资本运作项目，使集团资产负债率降低了19.6个百分点，负债率降至63.52%，在央企中降幅最大。全年贡献利润74.2亿元，其中“泰山工程”48.1亿元，引起企业和金融界特别关注和赞赏，丰收项目成为法治化、市场化债转股成功范例，获得注资126亿元。通过中铝股份、云铜股份增发和中铝国际成功回归A股，获得市场资金150多亿元。三是内部整合加速推进。“牡丹工程”取得重大进展，累计盘活资产150多亿元，2018年贡献利润16.4亿元。中铝科学院50%股权回购、环保业务整合、炭素资产整合、苏研院股权重组、中铝财务公司股权多元化、中国商飞增资等项目顺利落地。合并重组遵义铝业和遵义氧化铝，实现铝土矿、氧化铝、电解铝一体化管理整合。

2018年，集团坚决落实供给侧结构性改革要求，深化“三去一降一补”，强化激励约束，抓住政策机遇处置历史遗留问题，为可持续发展创造了条件。一是改革整体谋划全面加强。深入研究全面深化改革的目标路径，得到国资委大力支持，集团被纳入第三批国有资本投资公司试点，为加快行业整合重组、优化布局结构、提高资本经营效率提供了平台。二是瘦身健体目标超额完成。实施供给侧结构性改革年度工作方案，在前三年对落后产能做减法的基础上，2018年对竞争力不强的73万吨氧化铝产能实施阶段性弹性生产，对52万吨电解铝和25万吨炭素生产线实施关停。47户“僵特企业”治理任务全面完成，减亏48.46亿元，亏损面降至9.8%。集团整体管理层级从7级压缩至4级，减少法人户数168户，超额完成国资委下达的三年目标。累计分流安置员工24534人，完成三年目标的110.5%。集团瘦身健体、处僵治困的做法成效，在国家发展改革委、国务院国资委组织的有关会议上进行了经验交流。三是企业历史包袱大幅度减轻。39户企业办社会职能全面实现剥离。移交“三供一业”项目178项，完成率99.96%，走在央企前列。四是薪酬激励导向作用突出。激励政策注重向创效一线和科研人员倾斜。

2018年，集团坚持对标世界一流、建设世界一流，战略管理更加科学，产业布局明显优化。一是发展战略更加完善。坚持“科学掌控上游，优化调整中游，跨越发展下游”的战略思路，确定了“4+4+4”的高质量发展新格局。编制了创建世界一流企业总体规划，从战略目标方向、战略产业格局、战略执行力三个维度，加强顶层设计，不断提升战略管理能力。二是“两海战略”成果丰硕。与几内亚政府签署了Boffa项目矿业协议并获得采矿权，集团在海外第一个规模为1200万吨的铝土矿基地项目正式开工。与几内亚铝土矿项目配套的广西华昇200万吨氧化铝项目开工。秘鲁铜矿全年实现利润14.98亿元，二期扩建项目开工，成为南美中资矿业公司中盈利能力最强的企业。三是发展项目加快建设，推进布局优化结构调整。

2019年，集团坚持向精准管理要效益，靠产品和服务质量创品牌，实施创新驱动提质增效，行业排头兵作用更加突出。一是“三大攻坚战”

成效良好。在主导产品产量明显提升的同时，二氧化硫、氮氧化物排放量同比分别下降12.33%和9.62%。广西分公司入选工信部绿色制造名单。集团10类17项质量达标率100%，改善收益6.6亿元，10个单位获集团质量奖，冶金级氧化铝粒度等指标居国内最好水平。二是创新驱动作用凸显。集团氧化铝工艺技术和装备制造能力达到世界领先，电解铝电耗和排放指标达到世界先进，自主创新关键技术全球领先。中国稀有稀土磁材首次出口，进入国际高端市场。山东企业高纯铝生产用氧化铝、洛阳铜加工新一代电子信息用高强高导铜合金等实现替代进口。拥有有效专利5356件，高新企业82户，均居行业第一。三是财务管理创造价值。中债资信将集团主体信用等级由AA调升至AA+。集团平均发债成本低于AAA级同期债券估值。

总结回顾一年来的工作，我们得益于做到了“五个坚持”：坚持党建引领，坚持战略导向，坚持板块协同，坚持攻坚克难，坚持对外合作。

在总结工作成效和经验的同时，也不能忽视存在的问题：一是安全环保形势仍未得到有效扭转，承包商工亡起数上升，环保事件时有发生，有的还被中央电视台曝光。二是生产经营性利润占比不高，实现利润中资本运作占相当比例。成本费用率仍然偏高，降本增效潜力尚待挖掘，产品竞争力有待提升。三是资本金不足，处理历史问题过程中侵蚀了归属权益，制约了可持续发展，增大了经营风险。四是“两金”居高不下，逾期账款清收成效不明显，应收账款、库存同比分别增加29.1亿元和35.3亿元，流动资产周转率同比下降0.27次/年。五是建设项目投资回报不平衡，有的外部建设条件尚未落实，有的施工质量消缺进展缓慢。这些问题，需要我们今后下大力气研究和解决。

二、2019年工作安排

2019年是中华人民共和国成立70周年，是决胜全面建成小康社会第一个百年奋斗目标的关键之年，也是中铝集团启动国有资本投资公司试点改革之年，2019年的主题是“创新求强”。

察势者智，驭势者赢。做好2019年的各项工作，集团上下务必增强全局观念，找准主要矛盾，从长期大势看待和认识当前形势，从问题的本质把握当前形势，下好先手棋，打好主动仗，做好应对各种矛盾风险挑战的准备。

实现高质量发展，我们要积极应对世界经济增长放缓、贸易保护主义和单边主义影响扩散、国际金融市场不确定性增加、经济下行压力进一步加大的严峻挑战。要科学研判有色金属市场供应增长放缓，短期需求趋稳、远期需求承压，铜铝铅锌价格波动幅度和频率加大，特别是铝价不容乐观的行业市场形势。要着力破解盈利基础脆弱、布局不合理、结构不平衡、发展不充分与建设世界一流企业目标的主要矛盾，加快解决安全、环保、质量方面存在的短板和弱项，增强抗风险能力。

建设世界一流企业，我们要牢牢把握我国发展仍处于并将长期处于重要战略机遇期，利用好国家推动制造业高质量发展、推动先进制造业和现代服务业深度融合为集团加快推进“4+4+4”高质量发展格局带来的战略机遇。紧紧抓住以“巩固、增强、提升、畅通”为方针的供给侧结构性改革，有利于有色金属过剩产能加快出清，促进有色行业规范、健康运行的良好机遇。着力用好集团党风企风发生根本性好转、可持续发展能力和盈利能力大幅增强、国有资本投资公司试点改革等契机，为创建世界一流企业赢得的宝贵契机。

尽管我们前进的道路上还存在不少困难，但不管形势如何变幻，我们坚定战略目标、奋进新时代的信心决心不会变。毕竟集团有了这几年的工作基础，有了一个清晰明确的发展战略，有了一支敢打敢拼、战则能赢的干部员工队伍，我们将保持战略定力，久久为功，一张蓝图绘到底。

我们必须按照集团确定的“两步走”战略安排，坚定 “科学掌控上游、优化调整中游、跨越发展下游”的战略思路，通过资本运作、产融结合、业务协作，重塑产业链、供应链、价值链，让核心产业焕发新的生机，让协同产业发挥新的优势，让新兴产业成为新的支柱，发挥产业之间的协同效应，加快推进“4+4+4”高质量发展新格局，努力将集团打造成为全球有色金属行业的领军企业。

我们必须用足用好国有资本投资公司试点的政策机遇，坚持目标导向和问题导向相结合，在质量变革、效率变革、动力变革上实行全面的重整性改革。进一步明确集团战略定位，充分发挥资本运作平台的功能，加快内外部重组整合，优化管控体系，激发各层级活力和动力，为建设具有全球竞争力的世界一流企业提供体制机制保障。

2019 年工作总体要求：以习近平新时代中国特色社会主义思想为指导，坚持改革创新转型升级的总基调，落实中央经济工作会议精神，贯彻新发展理念，贯彻“巩固、增强、提升、畅通”的八字方针，按照高质量发展要求，加快推进“4+4+4”发展战略，坚持从严治党，坚持深化改革，坚持“加减乘除”，坚持高水平开放，坚持精准管理，坚持打好三大攻坚战，励精图治、创新求强，实现股东增值、企业增效、员工增收，提高员工的获得感、幸福感、安全感，为建设具有全球竞争力的世界一流企业努力奋斗，以优异成绩迎接中华人民共和国成立 70 周年。

2019 年工作目标：

经营目标：集团全年实现营业收入 3500 亿元，确保利润 58 亿元，力争 66 亿元，资产负债率控制在 65% 以内，成本费用率控制在 100% 以下。

改革目标：国有资本投资公司试点启动实施，产业重组进度加快，授权经营体系改革基本落实，组织架构和管控模式得到优化，板块和实体企业经营活力充分释放。

管理目标：重大及以上安全生产事故、环境污染事件、职业病危害事故为零，不发生重大群体性上访事件。

为确保以上目标的完成，重点抓好以下五项工作：

（一）布局结构再优化

结构优化是高质量发展的关键条件，服务国家战略、提升产业竞争力是国有资本投资公司试点的重要目标。我们要实施第二轮“加减乘除”，有序推进结构调整和布局优化，尽快使集团成长为国内国际资源配置的领军企业。做强做优核心产业、积极发展协同产业、加快培育新兴产业、稳步推进资本运作。

（二）改革创新再提速

发展出题目，改革做文章。坚定不移向改革创新要活力、要动力、要效益，有效提升集团的资源配置效率和国际化经营能力，加快创建世界一流企业步伐。自上而下推进体制机制改革、试点先行深化三项制度改革、持续巩固优化瘦身健体成果、创新科技体制机制激发活力。

（三）经营业绩再登高

效益好、业绩优，是高质量发展的重要体现。要把良好的经营业绩作为推进国有资本投资公司试点、实现资本优化配置和资产保值增值的基础。持续降本增效、优化考核评价、强化精准管理。

（四）风险管控再加强

实施分级架构、三级管控，在突出授权经营的同时，必须强化监管，按照放管结合原则，创新风险管控体系建设。继续打好三大攻坚战、未雨绸缪严控运营风险、发挥监督工作协同效应。

（五）党建融入再深化

全面实施综合性改革，必须强化党的领导，加强党的建设，筑牢企业发展的“根”和“魂”，把党建优势转化为竞争优势和发展优势。深度融入提升党建工作引领力、聚焦监督强化党风廉政建设、培育文化展现集团新风貌。

【综述篇】
Overview

集团概述

一、基本情况

中国铝业集团有限公司（简称中铝集团或集团）成立于2001年，总部设在北京，是国家授权的投资管理机构和控股公司、中央管理的国有重要骨干企业。主要从事矿产资源开发、有色金属冶炼加工、相关贸易及工程技术服务等业务，是全球最大的有色金属企业，氧化铝、电解铝产能均居全球第一，铜业综合实力居全国第一，铅锌锗综合实力亚洲第一、世界第四，稀土产业占据行业主导地位。

2019年，中铝集团深入学习贯彻落实习近平总书记重要指示批示和党中央决策部署，深化供给侧结构性改革，坚持改革创新转型升级总基调，全面精准管理，深化“加减乘除”，实现利润总额50.62亿元，同比增加0.23亿元，经营业绩实现了“五连增”，创2008年金融危机以来最好水平，全面完成国务院国资委考核目标，行业影响力和全球有色金属领域话语权大幅增强。

截至2019年底，中铝集团注册资本252亿元，资产总额6544亿元，从业人员14.5万人，所属519家企业分布在23个省、直辖市、自治区，拥有6家境内外上市公司。连续12年入选《财富》世界500强企业，2019年排名第251位。

2019年中铝集团主要产品产量产能一览表

表1

序号	名称		产量	产能
1	氧化铝	（万吨）	1719	2026
2	电解铝	（万吨）	613	701
3	铝加工材	（万吨）	186	215
4	自发电装机容量	（兆瓦）	436	9610.23
5	铜精矿	（万吨）	30	30
6	精炼铜	（万吨）	112	128
7	铜加工材	（万吨）	29	47.7
8	铅精矿含铅量	（万吨）	11.5	10.3
9	锌精矿含锌量	（万吨）	36.6	33.3
10	电铅	（万吨）	9.8	16.4
11	电锌	（万吨）	59.3	62.4
12	稀土矿	（万吨）	0.11	0.35
13	稀土分离产品	（万吨）	1.35	1.43
14	稀土磁材	（万吨）	0.17	0.3

说明：1. 电解铝和发电量中含广西华磊的数据；2. 稀土分离产品产量剔除了代加工的数据

二、领导班子

中铝集团领导班子成员一览表

表 2

姓名	职务	2019 年职务变动
姚　林	党组书记、董事长	10月24日任
余德辉	党组副书记、总经理、董事	—
敖　宏	党组副书记、董事	—
张程忠	党组成员、副总经理	—
冯贵权	党组成员、副总经理	—
许质武	纪检监察组组长、党组成员	—
刘建平	党组成员、副总经理	—
陈　琪	党组成员、副总经理	—
卢东亮	党组成员、副总经理	—
叶国华	党组成员、总会计师	—

说明：1. 表内为截至 2019 年 12 月 31 日的领导班子成员；2.2019 年 10 月 24 日，葛红林离任集团党组书记、董事长

三、主要指标

2019 年，中铝集团实现营业收入总额 3568 亿元，同比增加 18.86%。有色金属原矿产量 4262 万吨，比 2018 年增长 13.5%。氧化铝产量 1719.1 万吨，比 2018 年增长 14.0%；电解铝产量 613 万吨，比 2018 年增长 38.3%；铝加工材产量 185.9 万吨，同比增长 4.2%；精炼铜产量 111.5 万吨，比 2018 年增长 63.9%；铜加工材产量 28.6 万吨，同比增产 0.1%；稀土分离产品产量 1.35 万吨，比 2018 年减产 16.2%。

中铝集团主要经济指标一览表

表 3

项目	2018 年	2019 年	同比（%）
资产总额　（亿元）	6413.14	6544.11	2.04
所有者权益（亿元）	2146.91	2366.24	10.22
营业收入　（亿元）	3002.00	3568.17	18.86
利润总额　（亿元）	50.39	50.62	0.46
净利润　（亿元）	29.55	30.25	2.37
归属于母公司所有者的净利润（亿元）	7.46	18.88	153.08
技术开发投入(亿元)	46.01	63.5	38.01
利税总额　（亿元）	151.51	167.27	10.40
应交税金总额(亿元)	108.38	120	10.78
全员劳动生产率（万元 / 人·年）	29.97	27.57	−8%
净资产收益率　（%）（不含少数股东）	1.44	1.34	下降 0.1 个百分点
总资产报酬率　（%）	2.91	3.1	上升 0.2 个比百分点
国有资本保值增值率　（%）	130.18	113.6	下降 16.58 个百分点

四、改革发展

新兴产业现代化格局初步形成。2019 年，中铝环保完成了北京铝能清新等 7 家企业的重组，中铝智能开展集团全级次企业统一共享系统建设和混合云平台搭建，中铝开投拓展打造了“中铝绿萝美巢”绿色环保家居、“开投烯铝”铝空气电池金属新能源等品牌，中铝海外完成几内亚等 7 国法律及政策指引研究和一批重点项目研究。

整体改革有序推进。国有资本投资公司试点改革方案获得正式批复，优化完善了“三横三纵三个全覆盖”新型管控模式。修订集团党组“三

重一大”决策实施办法和董事会、总经理办公会决策权限管理办法，划清了公司治理主体的权责边界。制定了《“总部机关化”问题专项整改实施方案》，完成了立行立改清单全部9项任务。中铝股份管理改革试点单位从3家扩大到12家，审批事项由73项压减为31项。西南铝“双百企业”改革试点进展顺利。

经营机制加快转换。中国铜业实现了对铜产业和铅锌产业的集中管理，明确了管理层级。推进中铜重组后的管理融合，将原中铜和云冶总部的36个部门整合为16个新部门，压减部门56%，优化人员34%。中铝股份以负面清单模式托管云铝股份，经济效益大幅提升。中铝萨帕等企业开展混合所有制改革。构建了竞争力评价体系，将市场竞争力评价结果与板块经营业绩考核联动，增强了考核的科学性。

财务管理创效显著。集团首次开展了国际主体信用评级，取得了“A-”的全球有色金属行业最高级别，国内信用评级连续两年上调至AAA-。中铝股份的国际、国内评级分别调升至A-、AA+，中国铜业获国内AAA主体评级，中铝资本获国内AA+主体评级。集团整体融资成本下降，节约年化财务费用超过3亿元。

资本运营再上台阶。重点推进铝加工高端制造资本运作，成功签约并挂牌成立了中铝高端制造集团，整合了集团铝加工资产。解决了十多年没有解决的西南铝债转股股权问题。完成了对云铝股份、昆明有色院、原云南冶金下属辅业资产及业务与中铝股份、中铝国际、中铝资本、中铝环保等板块的同质化整合。

瘦身健体完成目标。建立法人户数控制的长效约束机制，集团控股企业法人户数总体减少14户，处置参股企业27户，关停了山东华宇和山西华圣40万吨电解铝产能。持续推进“三供一业”项目移交及收尾工作，完成改造移交“三供一业”项目169个。持续推进厂办大集体改革专项工作，厂办大集体企业由57户降至6户，职工安置率达74%，超额完成国资委下达目标任务。

五、重大项目

加快布局推进云南绿色水电铝一体化基地建设，云南文山水电铝、鹤庆二期项目复工建设，增强了集团绿色发展能力。与几内亚Boffa项目配套的广西华昇一期氧化铝项目按期完成各项节点目标。广西华磊、贵州华仁、华云二期、东南铜业世界单系统规模最大铜冶炼生产线、赤峰云铜搬迁等重点项目实现达产达标。驰宏锌锗建成毛坯技改项目并实现当年达产达标，成为全球最大的原生锗生产企业。中国稀有稀土推进稀土、稀有产业协同高效发展，广西、四川稀土资源整合初见成效。

积极融入国家“一带一路”，推进“两海”战略，几内亚Boffa铝土矿项目办理完成25项建设许可，外部条件全部落实到位，采矿场建成投用，首船铝土矿已装船返航。几内亚氧化铝项目前期研究进展顺利。中国铜业刚果金火法冶炼项目建成投产，秘鲁矿业二期项目完成总进度的93%。

集团“三重一大”决策运行系统、国资监管数据共享交换平台等一批信息化项目上线投用，集团人力资源管理信息化系统、财务管控信息化平台实现集团总部、板块及企业的全覆盖。中铝智能科技发展有限公司、中铝信息科技有限公司挂牌成立，开始运营。信息化管运分离改革取得实效，构建了集团“1+4”云平台，制定了“混合云”的建设方案。集团与国家工业信息安全发展研究中心签订战略合作协议，进一步推进双方在有色金属高端制造、工业互联网融合发展等领域的合作。2019年，集团被工信部授予“安全感知与评估技术有色金属行业分中心”。

六、重大创新

科技驱动成效显著。高新技术企业总数增至90家，稳居有色金属行业第一名。中铝集团主导和参与的国家和行业技术标准数量位列中国企业500强第五名。突破一批“卡脖子”关键技术。铝电解废阴极资源化技术开展工业试验。精细氧化铝开发再添新产品，PVC专用沸石产品指标达到国际先进水平，无炭渣阳极技术攻关取得阶段性成果。锂离子电池软包装铝箔取得“零”的突破，实现进口替代。开发出国际先进水平的新一代高强高导Cu-Cr-Ti系列合金，打破了国外垄断。研发用于生产发动机活塞的新型铝合金产品，填补了国内空白。加快高端材料进口替代，不断提升关键铝合金材料自主可控能力，圆满完成了嫦娥四号、长征五号、北斗导航等重点工程的材料保障。

七、党建工作

党建基础更加牢固。在习近平总书记对中铝集团党建作出重要批示一周年之际，召开党建工作会议，落实“六提升三转化”工作措施，以高质量党建引领高质量发展。深入开展主题教育，派出6个指导组全过程严督实导，建立每日早督会机制。开展“不忘初心我奋斗、牢记使命我担当”主题大讨论，举办了党务人员技能比武、建党98周年劳模事迹报告会等主题活动。优化“双百分”考核体系，考核指标精简40%。创新开展“两带两创”“党员双提升”活动，表彰了40个优秀创新创效项目。推进党支部达标升级，标准化党支部达标率达到90%。集团党组在国务院国资委党建考核中获A级，党组中心组学习做法在中央企业宣传思想工作会上交流发言。

干部人才队伍更加过硬。出台《集团党组管理领导人员管理规定》等一系列制度文件，选人用人突出问题得到有力整治。坚持重大政治理论集中轮训，实现企业中层及以上干部全覆盖。分类分级开展精准化培训，举办了15期932名经营管理人才“合金”“锋刃”“飞跃”三大计划人选轮训班。开展科技人才“钻石”“明星”计划人选摸底调查，推进技能人才“工匠计划”，2人入选中央企业“百名杰出工匠”，新聘任“五级技师”2179名，新建集团级技能大师工作室15个。

党风廉政建设更加扎实。集团党组全面配合中央巡视，立行立改存在的问题。纪检监察体制改革稳步推进，明确了纪检监察组内设机构、人员编制和工作机制。召开警示教育大会5次，持续整治形式主义、官僚主义，集团层面会议次数同比减少33%，正式发文同比减少29%。建立巡视巡察上下联动机制，对17家单位开展两轮政治巡视，对187家所属企业开展巡察。

八、履行社会责任

中铝集团社会责任管理模块和负面清单实现业务板块全覆盖。举办了第三届降碳节和主题论坛，社会责任发展指数连续3年排名金属行业第一名，社会责任报告连续6年获评五星最高评级。

投入上百亿元，加快矿山复垦和环保提标改造，建成国家级绿色工厂5家、国家级绿色矿山试点单位14户。绿色水电铝产能比例达37%，清洁能源发电装机容量达18%，主要污染物二氧化硫、氮氧化物、化学需氧量、氨氮排放量连续5年削减，2019年同比分别下降9%、22%、53%和44%。

加大扶贫工作力度，定点扶贫资金同比增长4倍，定点帮扶的湖北省阳新县，西藏自治区昌都市卡若区、察雅县，青海省海晏县全部实现脱贫摘帽。开创了央企助力地方脱贫攻坚新模式，被国务院国资委作为经验推广。深入开展爱心助学捐款活动，建立1000万元中铝爱心助学金。

社会责任绩效数据一览表

表4

序号	指标	2019年
1	人身伤亡事故（起）	10
5	新增职业病数（例）	0
6	新建项目环保总投入（亿元）	30.06
7	工业固体废物综合利用率（%）	31.82
8	重复用水率（%）	97.09
9	重大环境污染事故数（起）	0

撰稿／陈一新

综合协调与文档管理

一、重要会议和重大活动

2019年，中铝集团共组织召开各类大型会议11次。组织召开董事会7次、董事会专门委员会9次、党组会53次、总经理办公会49次、领导专题会270次，形成各类会议纪要748期。

集团先后组织战略合作签约活动6次；安排上级部委及有关省市领导重要调研或来访活动7次；安排中央企业、地方企业及民营企业领导人来访与会见活动63次；安排集团领导前往有关省、市、自治区及中央企业拜访活动35次；集团主要领导开展各类工作调研活动87次。

二、政务督查及政务信息

2019年，中铝集团继续探索创新督查工作的方式方法，研究开发了蓝信督办系统，进一步提高了督查任务的办理效率。持续加强督查队伍建设，组织开展了督查工作培训会，通过面对面授课和交流研讨相结合的方式，进一步提升了督查队伍业务水平和工作能力。

对集团工作会议报告和领导讲话精神，改革工作任务，董事长办公会议、总经理办公会、领导专题会议等重要会议决策事项，及时在督查系统上建账督查，有效促进了各项决策和重点工作的贯彻落实。对领导重点批示事项、外部董事赴集团所属企业调研所提意见建议等工作开展了专项督查，有效促进了批示和意见的落地。2019年共发起督查任务861件，截至年底办结808件，办结率93.8%。对集团3532件请示件进行了督查，截至年底办结3424件，办结率96.9%。

2019年，集团在中央企业信息工作报送考核中位列第32名，连续10年保持中央企业信息工作先进单位和有色行业信息工作第1名。在发改委重点联系企业信息工作报送中排列第1名，在发改委信息工作考核中连续8年保持先进单位行列。2019年共编发《中铝信息》53期、《信息快报》256期，为集团领导和所属部门、下属单位提供信息服务。

三、文档及保密管理

减少纸质文件印刷数量、提高公文运转效率工作取得初步成效。一是完善电子收发文系统，推广电子收发文。二是建立集团党组和主要板块党委发文流程。三是精减部门简报类及发文数量，配套建立部门发文、简报发文系统。全年减少20%纸质文件印量。审核集团发文1000余件，完成综合信息平台电子发文和纸质文件共2300余件。指导抚钛破产档案处置，以及中铝国贸接收稀土集团档案等，得到国家档案局领导认可，作为先进经验进行交流。上报的《讲档案故事，让档案说话，变“死档案”为“活宝库”》，荣获国家档案局《全国企业档案工作管理创新优秀案例》优秀奖。

开展了多种形式保密培训教育。一是组织中铝集团总部员工赴国家保密教育基础保密轮训。二是组织新员工和借调、交流人员培训和考试。三是赴中铝资本等多家单位进行相关培训。四是在集团总部和各在京单位举办了保密教育专题展览。强化了集团信息系统基础建设。分别在集团联网计算机、集团涉密电脑安装定密和加密系统。与国家保密技术服务中心建立了工作联系，保障了集团涉密文件销毁工作按时按需完成。

四、外事活动

2019 年，集团积极开展对外合作交流，全力服务国家总体外交。协调安排集团领导外事会见近 50 次，其中包括会见几内亚国务部部长、秘鲁驻华大使、澳大利亚外资审查委员会主席、蒙古国矿业和重工业部部长等外国政府代表，以及力拓集团、必和必拓、俄罗斯铝业联合公司等同业公司高管。集团领导先后出席第二届中国国际进口博览会、夏季达沃斯论坛、国际铝业协会理事会等重要多边活动。集团领导出访 9 次。

集团高度重视外事访问管理，全年共审核因公出国（境）团组 780 个、2703 人次，较 2018 年增加 26%（2018 年 619 个团组、2147 人次），共审核办理 65 个邀请来访团组。

集团坚决贯彻落实外交部有关文件精神，全面梳理外事规章制度，确保外事制度符合中央最新规定。强化新政策宣讲，解读新规定推出的创新性举措和政策利好，确保新政策及时落地。

五、信访工作

2019 年初，集团对矛盾纠纷和信访问题进行了全面深入的排查摸底，坚持以问题为导向，适时采取走访、座谈等方式开展调研，对苗头性、倾向性信息进行广泛的收集整理，共排查出信访突出问题 53 项，涉及企业 22 家，涉及人数约 9356 人。其中企业改革改制方面的问题 8 个，劳动保障方面的问题 25 个，其他有关合同纠纷、农民工工资、工程款拖欠、拆迁补偿等问题 20 个。同时，对排查出的问题建立台账，逐一落实了包案领导和工作人员，制定化解方案、稳控措施和应急预案。对可能越级上访的重点群体、重点人员，特别是农民工工资问题，逐人逐案落实到责任单位和包案领导，发现问题及时协调涉事单位，抓紧解决，切实把各类矛盾纠纷化解在萌芽状态。

2019 年，集团总部层面共受理员工群众来信来访来电 301 批件次 990 人，总批件数同比增加 95.5%，人次同比增加 101.2%；进京上访共计 29 批次 175 人次，人次同比增加 173.4%，主要是普朗项目工程款结算纠纷。接访率、来信来函受理率和信访事项受理率均达到 100%。

撰稿 / 凡青平

人力资源管理

一、人力资源管理改革

推进人员分流安置。针对相关板块关停企业及改革实际，根据集团整体效益预判和各板块对人员分流安置成本的测算，集团认真落实关于人员分流安置的各项政策规定，支持关停企业及相关改革企业实施人员分流安置。2019 年，共分流安置 3999 人。

实施技能操作人才强基工程。继续推进“五级技师”制度和高技能人才培养，2019 年度新聘任“五级技师”2647 名，其中首席技师 7 人、特级技师 46 人、一级技师 422 人、二级技师 923 人、三级技师 1249 人；年度新培养高技能人才（技师、高级技师）653 人，其中技师 409 人、高级技师 244 人。新建“丁晓亮技能大师工作室”等 15 个集团技能大师工作室。

规范劳务派遣用工管理。按照集团《关于进一步规范劳务派遣用工管理的指导意见》要求，集团人力资源部门督促相关企业按照整改计划和整改方案实施整改。截至 2019 年末，通过“转、留、包、退”规范整改措施，劳务派遣用工人数较 2017 年末累计减少 4762 人，完成三年目标（2018—2020 年计划减少人数 7230 人）的 66%。

推进退休人员社会化管理。加强组织保障，2019 年集团调整“推进退休人员社会化管理领导小组”并实行“双组长”负责制。印发集团《关于推进退休人员社会化管理的工作方案》，召开启动视频会，进行政策培训，组织企业开展摸底调查，结合属地政策出台情况制定实施方案。集团在国资委召开的部分央企座谈会上介绍经验，共接待中石油等 8 家央企交流学习。印发《关于开展违规向退休人员发放统筹外补贴问题自查情况及规范整改的工作方案》，明确退休人员统外费用分类处理原则。

二、绩效与薪酬福利管理

持续完善利润总额考核挂钩机制。结合集团对利润总额目标分为确保目标与奋斗目标的考核要求，研究制定工资总额奖惩与考核目标的挂钩机制，区分目标奖惩工资、利润奖惩工资并分类制定挂钩办法，完善集团《年度考核方案》。

进一步完善领导人员薪酬管理。重新评价板块和实体企业生产经营规模，测算调整板块及实体企业领导人员薪酬标准。分档设置领导人员副职的业绩薪酬兑现系数、合理拉开薪酬兑现差异。印发板块事业部、实体企业《领导人员薪酬标准确定与业绩考核挂钩方案》（中铝人字〔2019〕74 号、75 号）。

做好骨干员工精准激励。按照“确定关键岗位、核定骨干员工、细化考核方案、强化薪酬激励、动态考核调整”原则，全面推行工资总额分配向骨干员工，特别是向一线生产操作、科技人员倾斜的激励政策，2019 年安排专项单列工资 2.18 亿元，激励骨干员工 2.62 万人。

做好员工福利保险管理。完善企业年金配套制度，制定《企业年金基金受托人业绩考核规定（试行）》（中铝人字〔2019〕441 号）。调整京外实体企业统建补充医保方案，报销水平不变，适度提高缴费。京外实体企业 2018 年度补充医保报销共计 3872 万元，参加 2019 年度京外企业统建补充医保共计 69 户，缴费 4325 万元。

三、人才开发与培训

实施经营管理人才锻造工程。紧紧围绕《经营管理“合金”“锋刃”“飞跃”三大人才计划行动方案》，2019 年集团举办了 15 期 932 名三大人才计划人选轮训班，进一步提升了年轻干部能力素质。以实际行动落实“扶贫必扶智”精神，邀请集团对口扶贫地区 17 名干部免费参加三大人才计划培训，促进了企地交流。精心选派 55 名领导干部参加中组部调训班次学习，在上海交通大学举办 2 期 118 人的集团部门副职级以上干部改革创新能力提升培训班，提升领导干部引领高质量发展能力。

实施科技人才高端引领工程。开展了“钻石计划”“明星计划”人选摸底调查，推荐“钻石计划”初步人选 42 人、“明星计划”初步人选 204 人。组织实施首席工程师换届选拔工作，通过选聘新一届共 22 名首席工程师，发挥对科技创新和人才培养的引领带动作用。组织开展国家重大人才计划和人才荣誉人选对象选拔推荐，向相关部门推荐了 15 个人选对象。

实施技能操作人才强基工程。推进清华大学班组长岗位管理能力在线学习项目，2019 年集团有 1393 名班组长完成在线学习并通过认证考试。在清华大学举办 50 名“工匠计划”高技能人才管理提升培训班，在中铝大学及分校举办 6 期 540 余名班组长综合管理技能培训比武，促进技能人才综合素质提升。2 名高技能人才入选中央企业“百名杰出工匠”，成为集团新时代产业工人的学习典范。

开展党务干部能力提升培训。聚焦“不忘初心，牢记使命”主题教育，组织开展了 80 期 8400 余人次党员理论学习和党性教育专题培训班，8 期 600 余人次党务干部、基层党支部书记党建业务能力提升专题班，为加强党的领导和党的建设发挥了积极促进作用。征集了 164 份优秀管理案例、797 名内训师、204 份优秀操作技法，进一步完善了中铝党校（大学）教学资源库，提升了核心能力。

撰稿／胡　瑛

经济运行与财务管理

一、创新预算引领生产经营再上台阶

创新预算管理，深化业财融合。一是加强预算精细化管理，季度分解、月度监督。通过财务双例会工作制度，在时间和空间两个维度上推进全年经营目标。二是优化了集团考核方案，实现考核指标体系的“简化 + 优化”，考核评价的针对性、导向性、操作性和客观性更强。三是推行《竞争力评价机制》，建立对标企业库和对标指标库。

二、“固本强基”助力提升经营质量

针对集团经营短板，财务系统牵头开展了为期 2 ~ 3 年的“固本强基”专项工作，重点围绕降本增效、债务管控、亏损治理和“两金”压控开展专项管控工作，夯实集团转型升级成果，提升经营质量。一是以成费比为统领，全面实施低成本策略，集团分层制定了三年降本增效工作方案。2019 年，集团成费比为 99.72%，较考核指标低 0.06 个百分点，通过深入开展降本增效，对冲了价格下滑带来的不利影响。二是以应收账款和存货为重点，以逾期应收账款和呆滞存货为难点，以内部往来款清欠为突破点，全面开展“两金”压控工作。2019 年，集团应收账款周转率 17.25 次，存货周转率 6.07 次，较 2018 年分别提升了 0.86 次和 0.28 次，“两金”增幅低于营业收入增幅 11 个百分点，增速较 2018 年降低了 1.5 个百分点，逾期应收账款清理清收 84.7 亿元，呆滞库存盘活处理 1.69 亿元。三是强化“自由现金流”理念，加强债务管控。2019 年底，集团资产负债率控制在 64.5% 以内，较 2018 年下降了 2 个百分点，较央企平均水平低 1 个百分点，完成了国资委“降杠杆减负债”的阶段性目标。四是围绕减少亏损企业及亏损额开展亏损治理工作，落实高质量发展要求，深化“处僵治困”工作成果，“一企一策”开展亏损企业治理。2019 年，集团整体亏损面为 15.4%，亏损企业 82 户；剔除云冶集团后的亏损面为 13.9%，同比下降了 0.7 个百分点，亏损企业 58 户，同比减少了 6 户。

三、重塑资金生态降本增效

2019 年，集团抢抓机遇，组织开展首次国际主体信用评级，最终取得了“A-/ 稳定”的评级结果，系目前惠誉所评全球有色金属行业的最高级别。部分板块国内、国际评级同步获得调升，集团整体的融资环境得到明显改善。集团总部及主要板块的贷款成本从基准或上浮 5% 降至基准下浮 10%，中长期债券发行利率下降 1 ~ 2 个百分点；在消化云冶集团并入影响的基础上，集团全年整体平均融资成本同比下降约44Bps，年化节约财务费用超过6亿元，集团整体长短期融资比例调整至7 ∶ 3左右。

四、强化财务风险管控

加强海外项目财务风险管控，按照国有资产评估制度对西芒杜项目进行价值评估，化解了项目减值风险。推动力拓增加特殊分红38亿元，年内合计获得分红79.9亿元。促使国开行力拓分红存量资金收益提升方案落地，年增加收益1800万美元（约合人民币1.2亿元）。全面清理集团与第三、四、五类银行合作情况，进一步加强了账户和结算的集中管理，整体账户监控率达到70%以上。加强金融衍生业务管理，强化汇率套期保值计划管理，防范金融衍生业务风险。

五、持续提升财务管理水平

一是主动推进重点难点工作。国有资本收益创新高，2019年共收取国有资本收益16.4亿元，较上年增加13.4亿元。精心组织集团2020年国资预算申报，获得注资5亿元，及时补充了集团资本金。二是推进高端制造项目，成功签约并挂牌成立了中铝高端制造集团，引进增量权益资金52.5亿元。完成中国铜业清产核资，协助推进C3项目收尾工作，完成新立钛业挂牌处置。三是加强税收政策跟踪分析，积极争取税收优惠。四是财务信息化建设稳步开展。2019年，财务管控信息化平台一期项目用半年时间完成在云冶集团推广实施，实现了财务月报的账表一体化取数，完成中国铜业整合后的首次大合并决算工作。会计信息质量进一步提高，集团决算工作获得国资委、财政部的通报表扬，月报工作获得财政部的通报表扬。

六、有效推进民企清欠专项工作

集团2019年先后5次组织全级次企业开展摸排工作，秉持“核实清楚，无分歧欠款应付尽付，有分歧欠款加快清理”的原则，对照合同逐户逐条梳理款项，主动联系对方核实账目及账户信息，确保清欠无死角，建立了民营企业应付账款长效管理机制。各级企业严格按照时间节点完成了“零拖欠”的任务目标。集团民企清欠专项工作获得国资委通报表扬。

撰稿／高　苏

重大投资项目与管理

2019年，集团投资项目与管理工作紧紧围绕战略目标，以“十三五”规划为引领，坚持“科学掌控上游、优化调整中游、跨越发展下游”发展思路，积极推进结构调整转型升级重点项目，着力构建高质量产业发展新格局。

一、重大投资项目管理

（一）完善投资管理制度体系

制定非主业投资备案管理办法，明确非主业投资方向和原则，加强非主业投资项目管理。建立集团重点固定资产项目库，制定项目库管理规定，加强项目谋划储备。召开集团投资管理专题培训班，加强集团投资管理制度宣贯，推动制度落地执行。

（二）加强投资项目全过程监管

完善集团重点项目情况月度通报机制，将项目关键建设条件落实、过程管控、达产达标、竣工验收等纳入集团监督管控范围，每月在集团内部通报各专项工作进展和存在的主要问题，分析原因，明确工作要求，督促整改。定期组织召开集团季度投资分析会和月度投资调度例会，以问题为导向，梳理重点项目进展，协调解决项目推进过程中的重点难点问题。将集团决策的11个重点项目55个关键节点纳入建设项目里程碑节点控制系统监管。集团战略发展部联合有关板块事业部投资管理部门对云南文山铝业、中铝科学院二期等重点项目开展现场综合大检查，邀请有色质监总站对广西华昇、鹤庆二期等项目进行专项检查。

（三）完善项目竣工验收管理

形成了包含专项验收节点的集团年度竣工验收计划，每月跟踪通报验收进展，督促项目按计划验收，做好已完工项目验收工作，2019年集团完成32个项目的整体竣工验收。

（四）建成一批重大投资项目

赤峰云铜环保升级搬迁改造项目位于赤峰经济开发区马林有色金属产业园区，建设规模为2条20万吨高纯阴极铜，总投资约56亿元，2017年9月开工建设，2019年5月第一条线投料，10月第二条线投料。

中铝瑞闽高端电子和环境友好型包装材料智慧工厂项目位于福建省福州市闽台蓝色经济产业园，建设规模为年产29万吨铝板带材，其中合金板3万吨、带材26万吨。主要产品包括罐体、罐盖及拉环料，3C产品合金带材，汽车用冷轧卷坯，PS/CTP版基，建筑合金带等，总投资约14亿元，2017年4月开工建设，2019年6月建成。

中铝瑞闽汽车轻量化用铝合金板带材生产线项目位于福建省福州市闽台蓝色经济产业园，建设规模为年产10万吨铝带材，主要产品包括汽车用铝板材、铝合金带材及家电用合金带材等，总投资约10亿元，2017年12月开工，2019年6月建成。

中铝宁能阿拉善左旗贺兰山200兆瓦风电项目位于内蒙古阿拉善盟南部、贺兰山西侧，建设规模为200兆瓦装机容量，总投资约14亿元，2018年9月开工建设，2019年底并网发电。

二、海外发展及项目进展

2019年，集团境外资产总额2190亿元，占总资产33%，境外营业收入321亿元，占总营业收入的9%。

（一）秘鲁特罗莫克铜矿二期扩建项目

该项目计划总投资13.19亿美元，扩建后年产铜精矿含铜提高至30万吨（前6年）。项目建成后，可大幅降低集团铜矿山生产成本，提升项目整体竞争力，缓解国内铜精矿供应短缺局面。2019年，项目建设稳步推进，其中部分产能已进入试生产阶段。

（二）几内亚博法铝土矿项目及其配套港口项目

集团积极响应国家“一带一路”倡议，实施全球化发展布局，不断提升可持续发展能力。2018年9月，几内亚博法铝土矿项目正式开工，一期建设1200万吨铝土矿产能。2019年持续推进几内亚博法铝土矿项目及其配套港口项目，已具备基本出矿条件。

（三）刚果（金）40万吨粗铜冶炼项目

集团下属云铜集团与中国有色矿业集团有限公司在刚果（金）合资建设年处理40万吨铜精矿（干）粗铜冶炼项目开工，项目总投资约3.3亿美元，2019年11月建成投产。

三、建设项目招投标管理

2019年，集团结合“不忘初心、牢记使命”主题教育活动，持续深化“一个服务平台、两级管理决策、三重监督管理”招投标管控要求，压实各层级管理监督责任，加强招投标过程管控，为建设项目招投标营造风清气正的阳光环境。

（一）完善招投标管控体系建设

2019年，集团先后制修订了招标投标管理和监督办法、电子招标投标管理规定3项招投标管理制度，细化各层级监督、管理职责，规范电子招投标业务行为，强化集团招投标管控力度。

（二）做好中央巡视发现问题整改

根据集团党组关于中央巡视组反馈意见整改要求，着眼深层次问题和共性问题，研究制定整改措施、方案，即知即改、立行立改。理清各层级管理职责，压实板块监管责任、实体企业主体责任。加强招投标制度宣贯，对督察专员组人员进行专业培训。通过建立长效机制、强化监督检查、压实管理责任，深化巩固整改成效。

（三）推进电子招投标平台建设

完善集团电子招投标平台功能、应用，并成功对接中国招标投标公共服务平台，做到招投标信息实时发布，实现集团工程建设项目招投标百分之百上网、公开招标，获得国家权威机构“三星”认证，为集团高质量发展提供助力。

撰稿／孙建勋

深化改革

一、国有资本投资公司试点改革

2019年，集团以推进国有资本投资公司试点改革为契机，不断深化内部改革，增强改革的牵引力。

在赴7家国有资本投资公司试点企业调研的基础上，起草了集团国有资本投资公司试点改革方案。8月23日，集团向国务院国资委正式上报了《关于报送国有资本投资公司试点改革方案的请示》，9月17日获得国务院国资委批复。

适应国有资本投资公司以管资本为主的试点改革需要，对优化集团管控模式进行了探索实践。形成了"三横三纵三个全覆盖"新型管控模式改革思路，为实施管控体制改革奠定了基础。"三横"，即横向上建立集团总部资本层、板块公司资产层、出资企业运营层三层管控体制，清晰各层面的功能定位。"三纵"，即纵向管理上，加强集团总部投资运营、财务产权、运行评价等穿透管理。"三个全覆盖"，即围绕"三横、三纵"核心业务，实现"全面保障、全面合规、全面监督"，构建全方位保障体系。

制定集团2019年深化改革任务台账，包括推进综合性改革、深化管理改革创新、强化资本运作、完善市场化经营机制、推进瘦身健体、加强党的建设等6个方面54项具体工作任务，协调组织推进。至年底共完成50项。

做好"总部机关化"问题专项整改工作。对"总部机关化"问题立行立改清单任务进行了分工，明确了主责部门、时间期限，制定印发了《中铝集团"总部机关化"问题专项整改实施方案》，得到国务院国资委改革局肯定。至年底，完成了立行立改清单全部9项任务。

集团指导西南铝、华中铜业两家"双百企业"深入开展"双百行动"，扎实推进"双百行动"综合改革实施方案各项任务。

集团向中财办、国务院研究室、国家审计署、国资委报送集团关于优化产业结构、推进国有资本投资公司试点改革及"双百行动"、完善国有企业法人治理机构等研究成果。5篇改革发展信息在国资委相关工作简报刊登，其中在《国企改革简报》刊登3篇，在中央企业中排名第一。

二、瘦身健体

2019年集团全面完成国资委下达的各项瘦身健体及改革目标任务，包括如下几方面：

（一）剥离国有企业办社会职能工作

2019年，集团"三供一业"所有项目按照国资委要求完成协议签订和职能移交工作，整合云南冶金后，新增云南冶金下属17户企业、2万余户家属区居民、52 个项目，在集团统一部署下完成移交，教育、消防、医疗、市政设施改革均已完成。截至 2019 年末，集团退休人员由企业管理的 14.2 万人，已完成社会化管理的 8000 人。

（二）压减工作

2019 年集团持续开展法人户数压减和管理层级管控工作。集团在 2019 年初有控股子公司 573 户，包含云南冶金集团新增的 129 户，法人层级最高到 7 级。截至 2019 年 12 月 31 日，集团共计 563 户控股企业，年内压减了 28 户，新增了 18 户（包括新设和收购），净减少了 10 户。处置参股企业 27 户。累计完成各企业“中铝”字号清理 29 户。

（三）推进厂办大集体改革

通过改制、关闭撤销、人员整合等方式，2019 年集团厂办大集体企业关闭 2 户，全部大集体户数由 57 户降至 6 户，厂办大集体在职职工安置完成 3366 人，在职职工安置率达到 72%，完成国资委下达目标任务。

三、处僵治困

2019 年集团进一步加大了“僵尸特困”企业治理工作力度，处僵治困工作成效显著，对扭亏无望、无市场竞争力的企业，坚决市场出清。47 户“僵尸特困”企业人员安置工作已全部完成。2019 年集团关闭撤销了 3 户企业，破产清算 6 户企业，基本完成了市场出清相关工作，较 2015 年同期减亏超 40 亿元。35 户持续经营的企业中有 29 户企业达到了“基本完成”的治理要求。国资委财务监管局抽查的 12 户挂牌督办“僵尸特困”企业均取得了“主体完成”和“基本完成”的治理结论。

四、混合所有制改革

集团 2019 年继续深化推进混合所有制改革，截至 2019 年底，集团全级次混合所有制企业共计 77 户，引入非公资本 238.76 亿元。中铝萨帕特种铝材（重庆）有限公司 2018 年获批成为国家发改委第四批混改试点企业，改革工作 2019 年正在持续推进。集团指导中铝材料院有限公司、浙江中铝汽车轻量化有限公司等企业开展混合所有制改革、项目跟投及员工股权激励工作，成效显著。

撰稿 / 王德国 张立眉

资本运营

一、兼并重组

2019年，中铝集团按照中央及国资委的要求，继续加快“加减乘除”，围绕发展战略，实施内外部并购重组整合，通过转让控股权等方式处置无效低效资产，集团整体竞争力持续增强。

（一）推进铝加工对外合资合作，组建中铝高端制造

中国铝业集团高端制造股份有限公司宣告成立。集团以现有铝加工全部优质资产及现金出资持有65%股份，重庆市政府指定企业将以现金出资持有35%股份，共同出资150亿元组建具有国际竞争力的集研发、制造、应用和营销为一体的世界一流铝基新材料应用解决方案提供商。高端制造项目将加快中铝集团实现下游跨越式发展，成为企地融合的典范。

（二）实施完成西南铝“红旗项目”

通过“减资回购＋同步增资”的方案，实现西南铝原股东中国华融、中条山及江西铜业退出，中铝集团同步增资及西南铝资本公积转增注册资本，保持西南铝注册资本不变。“红旗项目”解决了西南铝原股东因诉求不一而影响西南铝投资和发展等重大决策问题，为实现集团铝加工事业跨越发展、中铝高端制造集团成立奠定了基础。

（三）助力四大平台，推进平台建设和业务整合

中铝环保与长沙院、长勘院成立新公司，通过增资方式获得铝能清新的控股权，五大业务中的大气治理、资源综合利用和生态修复三大业务已做实；中铝海外成立工程服务公司，做实“1+4+N”战略布局中的“1”，为海外平台建立后勤保障；中铝开投成立交通轻量化、铝空气电池、有色电商项目公司，为中铝开投走出去奠定基础；中铝智能通过增资方式获得九力科技、华成科技的控股权，为“4+4+4”提供战略保障。

（四）推进完成云南冶金同质化资产整合

对云南冶金业务及资产进行了全面梳理分析，实施同质化资产整合。已开展昆明有色院、云南冶金财务公司，以及其他辅业资产业务与中铝国际、中铝资本、中铝资产等板块相关业务，与集团其他板块业务开展同质化整合工作。

（五）完成中国铜业“高山项目”前期准备工作

2019年5月，中国铜业启动出售秘鲁铜业少数股权项目。经集团相关决策会议审议同意，项目有序推进。

（六）启动与中国宝武等意向投资方的合作谈判，正式启动对外转让中铝铁矿西芒杜铁矿石项目控股权

中铝铁矿（股权结构为中铝集团75%、宝武集团 20%、中港湾 2.5%、中铁建 2.5%）与力拓集团共同持有西芒杜铁矿 3 号、4 号区块 85% 的资源权益（双方持股比例为 47 : 53）。

（七）启动转让东方期货股权项目

严格遵守监管部门“两参一控”规定，会同中国铜业制定了上海铜业恢复行使对东方期货的控制权和公开挂牌转让控股权方案，积极与中国黄金等潜在受让方进行协商洽谈。

（八）持续推进阳光保险对价资产划入中铝集团事宜

对价股权划入方案为等值的一揽子或者单支中国诚通持有的上市公司股权。

（九）推动中铝环保整合集团内部环保业务

包括云南冶金环保资产、中铝环保与郑州研究院合作、长城检测股权整合以及中铝能源配售电业务整合等事项。将集团内各单位的碎片化环保节能资源和社会优质资源整合进入中铝环保平台。

二、资本运作

（一）确定了集团合理持股比例

根据国务院国资委《关于确定国有股东所控股上市公司合理持股比例的意见》相关要求和规定，结合集团控股上市公司持股比例、未来资本运作规划、相关板块及上市公司意见，明确了集团控股的 7 家境内外上市公司合理持股比例，明晰了未来集团控股上市公司资本市场运作审批权限。

（二）制订“昆仑计划”

为加大集团所属上市公司市值管理力度，发挥上市公司投融资功能，结合新进入中铝集团的云铝股份、驰宏锌锗及中铝高端组建等情况，集团初步确定了未来三年资本市场“6+2+X”计划，即“昆仑计划”，为集团控股上市公司和拟上市公司未来三年开展资本运作确定了方向。

（三）云铝股份完成定向发行工作

2019 年 5 月 13 日，云铝股份定向发行项目顺利通过证监会审核。2019 年 10 月中旬，取得证监会批文。2019 年 12 月 17—18 日，非公开发行方案顺利实施，共发行 5.21 亿股，发行价格为 4.1 元 / 股，募集资金 21.376 亿元，其中外部投资者认购 8.5 亿元。

撰稿 / 张立眉

科技创新

一、科技创新、专利申请与专利授权

（一）优化科技创新体系建设

近年来，为了推进创新驱动发展战略的深入实施，聚焦创新型国家建设，党和国家出台了一系列规范和鼓励科技创新活动的政策。集团及时组织学习贯彻政策精神，制定相关落实措施。

一是优化科研管理，扩大自主权。自 2018 年国务院印发 25 号文件《关于优化科研管理提升科研绩效若干措施的通知》以来，科技部、国家发改委、财政部等多部委积极推动相关工作，出台了一系列政策。2019 年 3 月，集团在学习领会国家政策精神的基础上，结合实际工作需要，印发了《关于落实科研自主权有关政策的通知》。2019 年 7 月对集团层面的科技项目管理办法进行了修订，进一步简化了项目管理流程，落实科研自主权。

二是推进科技创新市场化改革，加大科研人员激励。为适应国有资本投资公司试点改革要求，按照集团“管运分离、经费统筹、规划引领、项目竞争、市场运作”的改革思路提出了科技管理体制改革的初步方案。郑州研究院、昆明冶金研究院和长沙华恒园参加了国资委中央科技型企业股权和分红激励工作试点，郑州研究院和长沙有色院入选国资委百户科技型企业深化市场化改革专项行动。为了进一步加大科研人员激励，集团在科技发展基金项目预算中增加了绩效部分，中铝股份继续推行“风险抵押、收益分享”激励政策。

三是加强科研诚信建设，优化科技创新生态。为深入贯彻中共中央办公厅、国务院办公厅印发的《关于进一步加强科研诚信建设的若干意见》和《关于进一步弘扬科学家精神加强作风和学风建设的意见》等文件精神，集团将科研诚信机制写入新修订的科技发展基金项目管理制度，进一步敦促研发人员规范科研行为，不断优化科技创新生态。

（二）推动国家高新技术企业认定

连续 3 年推进高新技术企业认定工作，2019 年组织了 23 家企业开展认定工作并通过公示，已通过认定 10 家，高新企业数量累计达到 90 家，稳居有色金属行业第一名。2019 年集团原有 82 家高新技术企业享受政策减免税 49379 万元，比 2018 年增长了 135%。

（三）提升专利数量与质量

全年共申请专利 1372 件，其中发明专利 552 件；获专利授权 885 件，其中发明专利 182 件。截至 2019 年，集团已累计拥有有效专利 6787 件，其中发明专利 2990 件，国际专利 184 件。集团在全面提升专利意识与创造、保护、运用能力等方面积极开展工作，开办了3期专题系列讲座，受众达800人，集团专利数量和质量有了一定提升。集团在2019年度国家知识产权示范企业考核中被评为优秀，位列央企第六位。

（四）标准制修订取得新突破

2019年集团开展各类技术标准项目187项，其中国际标准3项、主导国标49项、行标85项、团体标准7项、企业标准43项。集团主导和参与的国家和行业技术标准数量位列中国500强第五名。2019年集团承担的国家标准和行业标准制修订数量与2017年国家标准体制改革前相比，增幅分别高于行业28.9%和185%，继续领跑行业。集团是有色行业和中央企业中率先实施企业标准自我声明公开的企业，受到国家市场监管总局标准创新司、工信部科技司、全国有色标委会等上级部门的肯定。

（五）研究部署科技发展规划编制

启动了集团“十四五”科技发展专项规划的研究和编制工作。组织17位首席工程师、27家中央研究院分院、分技术中心以及专业骨干企业，开展重大需求建议征集工作，并按矿山、氧化铝、精细氧化铝、电解铝、铝加工、铜冶炼、铜加工、铅锌、稀有稀土、能源、环保、智能制造与装备12个领域组成规划编制组，开展专业规划研究和编制工作。

二、科技研发与成果产业化应用

2019年，集团开展各类科技计划项目和课题1000余项，科技投入50亿元。全年获得国家科技进步二等奖1项，中国专利奖优秀奖2项，有色金属行业科技进步一等奖8项。一批重大技术取得突破，世界最大的10米级铝合金整体环件和第四代新型超高强铝合金等产品，在“庆祝新中国成立70周年大型展览”上以实物或图片形式展出，彰显了集团自主创新取得的丰硕成果。

（一）发挥科技资源优势，攻克一批关键核心技术

云冶完成了国家科技支撑计划——滇东北复杂铅锌资源安全高效利用关键技术及产业化示范项目，建成了破碎矿体安全高效采矿示范工程和2000吨/日铅锌复杂矿及共伴生资源高效选矿综合回收示范工程；贵州猫场铝矿地下开采综合技术解决了安全高效开采、地压控制、废石充填等多项技术难题，采场回收率从60%提升至70%以上；遵义超高硫铝土矿浮选脱硫—湿法氧化技术解决了氧化铝生产过程中硫、碳等杂质的影响，为我国高硫铝土矿的高效利用提供了技术解决方案；中铝股份实施了无炭渣阳极技术等重大关键技术研发。

中铝萨帕开发高速等温挤压技术，轨道交通型材生产效率提升111%，铝模板型材生产效率提升54.8%；7050、2124等典型航空用高附加值产品成品率由35%提高到50%以上；开发出国际先进水平的新一代高强高导Cu-Cr-Ti系列合金，突破了非真空条件下大规格铸锭制备、带材加工等技术难题；在超高纯稀土粉体材料研发方面，完成了16种稀土分离的实验室小试和中试；在钇稳定氧化锆陶瓷制备方面，完成了小型实验，搭建了扩大试验装置并完成了水热水解法扩大实验；完成了“大型高效节能稀土金属清洁生产技术”项目立项工作。

（二）推进节能减排，应用一批技术成果

氧化铝生产系统降碳碱技术在中铝矿业和遵义铝业取得实效，碳碱下降12%以上；持续推动

"FHEST 技术"、智能打壳、阴极炭块、干式防渗料等技术推广应用，"FHEST 技术"推广三年来，累计实现节电 3.47 亿千瓦时，创效 1 亿多元，折合节约标煤约 11 万吨，减排二氧化碳 26 万吨；"地下空间智能化全息探测技术与装备"已推广应用于长沙坪塘地下矿山、凡口铅锌矿、湘西溶洞探测等 10 多个矿山，直接经济效益超 1000 万元。

开发的薄型 3104 罐身料技术已经投入应用，供货量达 7.7 万吨，手机、平板电脑用高表面高性能铝合金实现销售 500 余吨；中铝铝箔与中铝材料院共同开发了与进口产品品质相当的铝塑膜用铝箔，获得 3 家下游企业批量采购。

（三）服务产业结构调整，开发一批新产品

全年开展 29 项精细氧化铝项目，完成 10 余项新产品开发或产业化示范。铝液合金化方面开发出 6061 合金棒、ZR6001 锻造棒材、ZRD102 高导热铸造合金、YF66 手机材棒料等 14 种铝合金产品；制订了 4 家电解铝企业合金化行动计划；布局开展了 5G 通信用高导热铸造铝合金等 6 项新材料、新技术研发。

东轻开发的动车组宽幅薄壁挤压材产品获得用户认可；西南铝开发的 6016、5754 铝合金汽车板、商用车厢铝合金型材和板材为汽车轻量化提供了多种新产品；东轻首次开发了以 6 系合金为芯材的四层复合板，形成批量化供货。云冶开发出锌铝锑系列 3 种牌号的合金、锌铝硅稀土合金、纳米氧化锌、高纯锌、高纯镉等新产品。在稀土永磁材料方面，建成年产 500 吨的高性能磁体生产线，批量生产适用于电动汽车、伺服电机、高端手机等的 45UH、48SH 和 50SH 高性能磁体。

（四）发展绿色经济，推进固废资源化综合利用

建成国内外首条年处理 4000 吨铝电解废阴极的资源化利用示范线，于 2019 年 10 月投入工业试验。铜冶炼资源综合利用突破一批关键技术研究，实现了 13 种金属的产业化回收，年直接效益 3000 余万元。氧化铝两组份赤泥综合利用技术既可解决赤泥固废堆存问题，又能实现赤泥资源化，可为氧化铝生产实现固废零排放提供技术支持，已进入半工业试验阶段。

（五）履行央企政治责任，服务国家战略

2019 年集团承担配套科研项目 25 项，固定资产投资项目 2 项，组织完成了 3 个配套科研项目的验收、2 个大飞机专项和 1 个配套科研项目的审计等工作。以 7050、2124 等重点牌号为突破口，与多家主机厂开展合作，完成 7050、2124 厚板、7050 锻件等材料自主保障准入工作。2019 年集团 A 品销量同比增长 11%，再创历史新高，荣获航空工业集团、兵器工业集团、航天科工防御技术研究院等用户单位的优秀供应商称号。

积极拓展民机铝材国际市场，按照民用航空材料的要求开展了过程控制、风险评估、产能分析等系列工作，2019 年累计向空客、赛峰、安东诺夫、马达西奇等公司交付产品，进一步扩大了民用航空材料国际市场份额。

三、节能工作

集团持续深入开展节能管理工作。经上报国资委同意，确定了集团第六任期（2019—2021 年）节能考核指标，并将指标细化分解为各板块事业部 2019—2021 年的节能考核目标。

集团通过积极推进节能科技成果转化，主要产品能耗均呈现下降趋势。中铝股份持续推广新型稳流保温铝电解槽节能技术（FHEST 技术），原铝液交流电耗由2018年的13226.97千瓦时/吨降低至13161.45千瓦时/吨，下降了0.50%。

集团不断完善节能监测报表管理工作，开发了“节能信息化平台”系统，实现了数据收集、自动汇总、审核报送所有流程的信息化。集团组织开展了2019—2020年重点节能技术应用典型案例评选和推广工作，开展重点节能技术案例征集和“能效领跑者”遴选，逐步推广优秀节能案例，充分发挥了节能新技术在经济转型、绿色发展和生态文明建设中的示范引领作用，推动了重点节能技术的广泛应用。

四、质量工作

2019年，集团坚持以质量攻坚战为抓手，通过盯指标、补短板、抓现场、促管理等措施，开展了“户户有标杆”“提标提质”等9个标志性项目，实现了国资委跟踪3项、集团管控13项、集团跟踪4项以及质量整改决议中确定的7项质量指标，达标率均为100%，质量指标收益3.5亿元左右，集团质量事件损失万元产值同比降低93.9%。集团连续两届荣获中央企业全面质量管理知识竞赛“最佳组织企业”称号，成功举办集团首届QC成果发布赛。中铝瑞闽首次获得“全国质量标杆企业”称号。

撰稿/夏 忠

安全生产及环境保护

一、安全生产

在集团党组的领导下，结合中央巡视组和“不忘初心、牢记使命”主题教育指导组反馈意见，突出精准攻坚，坚持目标导向和问题导向，较好地完成了任务，集团未发生重大及以上生产安全事故。

（一）安全管理进一步从重视到重“实”

集团党组将安全生产纳入“不忘初心、牢记使命”主题教育，进行专项调研并在党组民主生活会上向中央主题教育指导组进行了汇报；中央巡视组和中央主题教育指导组给集团反馈了安全工作意见。集团认真制定了相应整改方案和措施，修订了集团事故管理办法，制定了集团安全生产奖励规定。集团每月召开安全环保攻坚战例会，分析、督促各板块攻坚任务。

（二）精准管理体系进一步完善

2019 年，集团修订并完善了职业健康安全环保精准管理体系（CAHSE）规范和考评标准，颁布了 CAHSE 审核指南，对 21 家实体企业进行了审核；中铝股份、中国铜业组织了 CAHSE 审核师培训；中铝股份、中铝国际、铝加工事业部、中铝资产等板块对所属实体企业进行了全面审核。

（三）安全培训教育进一步加强

2019 年，集团首次印发了《企业四级安全教育培训纲要》，各板块事业部按照四级安全培训要求，组织所属企业编制了针对性的安全培训教材。发动全员积极参与全国安全生产月安全知识竞赛活动，获央企第三名；组织全员参加应急管理部普法竞赛和总决赛，获央企第五名和总决赛组织奖。组织举办了有色金属行业安全环保技术培训班，对 71 名实体企业分管安全负责人强化培训；举办安全执行力培训班，对板块事业部及实体企业 80 名安全经理进行专题培训。持续通过“早安中铝”在每个工作日分享员工亲身经历的安全事件，提高员工安全防范意识。

（四）安全管控能力进一步提升

规范改进了领导包保班组做法。继续深入开展班组“安全、干净”劳动竞赛，并将承包商纳入竞赛范畴。创新了“536”标准化班会模式，规范固化班前会、班后会和班组安全活动日的步骤和主要内容，在西南铜业召开现场会进行了推广。开发了“中铝集团日常危害辨识风险评估表”“事故警示行动计划”等系列安全工具，在班组得到广泛运用和认同。中铝股份开展“两查两抓”（查隐患、查违章，抓班会、抓培训），防控基层安全风险。

继续深化承包商管控。坚持落实承包商安全管控“七步法”“两个刚性措施”“建设项目八不准”等措施，集团组织制定了建设项目通用安全协议模板。全面开展了承包商安全专项排查整治，板块所属企业均对承包商进行了“负面清单”管理。因发生工亡事故，将6家承包商列入了集团负面清单，3年内不准中标集团项目。

以事故为资源深刻汲取教训。集团、板块事业部每发生一起工亡事故，均及时召开安全警示教育大会。年内，责令18名企业党政主要负责人作出公开检查，14名企业分管负责人停职3个月，14名企业二级单位厂长免职，14名科级管理人员撤职。

二、环境保护

2019年集团未发生一般以上突发环境事件；主要污染物年累计排放量同口径同比均实现下降，二氧化硫、氮氧化物、化学需氧量和氨氮累计排放量同口径同比分别下降10.32%、4.31%、40.77%和13.08%。

（一）提高政治站位，增强绿色发展理念

集团党组把学习贯彻习近平总书记生态文明思想作为重大政治任务，深入学习习近平总书记生态文明思想，将其作为“不忘初心、牢记使命”主题教育的重点内容之一。专题研究并决策部署集团重大生态环境事项共29次。专题听取集团环保工作汇报并提出要求。2019年10月集团新一届党组成立，第一次党组中心组学习会第一项内容就是学习习近平总书记关于生态文明建设的重要讲话，会议明确提出，贯彻落实新发展理念，“在思想上要有新升华，在行动上要有新作为，在技术上要有新突破”。

2019年增编了《习近平关于社会主义生态文明建设重要论述摘编》；组织2次全级次环保法规政策培训；评选出“6·5”环境日优秀摄影书画作品22个。通过多种形式宣贯习近平总书记生态文明思想和“绿水青山就是金山银山”的理念，进一步强化了全员绿色发展意识。

（二）强化责任担当，认真落实中央生态环保督察工作要求

一是进一步排查治理。按照中央生态环境保护督察工作要求，集团对突出环保问题进行了全面排查，按照“一事一卷”的原则，完善了环保档案，并按月督促问题整改进展。二是系统梳理总结。集团有关部门、板块事业部召开了中央生态环境保护督察配合保障工作预备会、工作部署会等，系统梳理了集团2013年以来的环保工作和各部门配合保障工作职责分工。三是坚决整改中央环保督察等反馈的问题。2016年以来中央生态环境保护督察及“回头看”反馈地方政府意见中，涉及集团的生态环境问题已全部完成现场整改。

（三）全力攻坚克难，深化末端提标改造

2019年，集团聚焦敏感区域和重点企业，投入30多亿元治理突出环境问题。

一是实施锅炉超低排放改造。先后完成了9台火电锅炉脱硫超低排放改造、9台锅炉除尘超低排放改造、8台锅炉脱硝超低排放改造。二是开展工业炉窑污染治理。在国家未强制要求氧化铝企业执行特别排放限值的情况下，主动探索对氧化铝行业的焙烧炉、熟料窑进行超低排放改造。完成了13台熟料窑和16台焙烧炉的除尘超低排放改造、3台熟料窑和4台焙烧炉氮氧化物超低排放改造。三是深化无组织排放治理。积极开展堆场防风抑尘设施改造，并对原燃物料堆场实施棚化，

加装喷淋装置。累计新建105个“棚化”设施。四是加大废水治理力度。完成了中州铝业热电厂工业废水综合整治等一批废水治理项目。五是规范固（危）废管理。赤峰云铜新建了南库区中和渣场；中铝瑞闽建成了一套含油硅藻土再生蒸馏无害化处理装置；山东铝业氯碱厂建成盐泥中盐的回收改造项目。

（四）调整优化产业布局，源头减少污染排放

一是淘汰落后产能，优化产业布局。淘汰了4.5万吨碳素阳极系统、25兆瓦燃煤热电机组；新建了风电装机容量1400兆瓦、光伏发电装机容量200兆瓦项目。二是大力发展绿色新兴产业。中铝环保已开工10个环保提升改造项目，2019年实现营业收入9.1亿元。三是源头管控，减少污染排放。中铝股份已启动环保领先战略，提出了“一企一策”方案。中国铜业自2019年9月开始，实施环保治理提升“四个一批”项目，在项目决策阶段，加强了论证，确保所选工艺、设备能实现预期环保目标。

（五）严格生态环保监管，完善环保长效机制

一是完善环保规章制度体系。修订了突发环境事件应急预案，建立了统一领导、分级负责的应急工作机制。二是强化环保督察工作。集团对历年来生态环境部交办、挂牌督办、中央媒体曝光以及其他重要环境隐患进行专项核查。三是加大环保问责力度。对2019年以来受到环保部门行政处罚事项全部进行调查，并对相关的70余名责任人员进行了追责和经济处罚。

撰稿 / 赵寅宇

市场营销

一、2019 年市场回顾与评述

（一）铝

1. 电解铝

2019 年，国内电解铝行业亏损逐渐收窄，4 月份之后基本实现全行业盈利。

尽管行业盈利状况有所好转，但整体表现仍以“弱”字为主，主要表现在：一是价格低，成本支撑弱。铝价年内高点 14560 元 / 吨，全年均价约 13900 元 / 吨，与 2018 年相比下降 300 ～ 400 元 / 吨。之所以能够实现行业盈利，主要原因是成本重心的下移。二是产量降，消费出口弱。统计显示，国内电解铝产量累计约 2975.5 万吨，较 2018 年下降 50 万吨左右。三是需求走低，复产有限。需求方面，房地产、汽车、电网等铝消费主要领域延续低迷走势。与 2018 年底行业生产情况相比，2019 年中国电解铝行业复产规模相对有限。

2. 氧化铝

2019 年，我国氧化铝价格整体呈现前高后低的趋势。全年中国氧化铝产能增长速度明显放缓，矿石供应紧张和环保趋严而导致的减停产和技改，造成运行产能下降。根据阿拉丁数据显示，进出口供需总体平衡。同时全国氧化铝平均成本同比降低 103 元 / 吨，但氧化铝价格降幅更大，导致企业平均理论利润下降。

（二）铜

2019 年行业主要风险仍来自中美贸易战长期拉锯，全球经济减速，以及中国经济结构转型的放缓。铜有一定基本面支撑价格，因铜原料端偏紧以及精铜库存偏低。铜的冶炼端供应在增加，而终端需求增长缓慢，消费偏淡。全年，铜呈震荡下跌走势，LME 3 月铜下跌 8.1%，国内铜价下跌 5.5%。

铜供应方面，2019 年可谓扰动不断。首先加工费 TC 自年初起一路下行，最低达到 50 美元 / 吨，离长单 benchmark 的高位几乎腰斩。矿山惜售，冶炼厂盈利艰难。由于废七类的禁止进口、废铜用量骤减、铜精矿需求增加，尽管整体金属呈平衡状态，但是矿端短缺一直贯穿全年。不过，在四季度随着 Cobre Panama 和 Grasberg 地下矿项目产能提升，力拓旗下 Oyu Tologoi 地下矿投产的预期，铜矿供应增速增加，TC 出现上升回暖，冶炼厂采购压力逐渐减小。2019 年末，以及未来 1 ～ 2 年国内冶炼产能受硫酸、铜精矿紧张及环保影响增速将放缓。

铜需求方面，2019 年相对平稳。电网、房地产行业对铜的需求平稳，汽车、空调行业对铜的需求继续下行，总体铜终端消费依旧偏弱，符合预期，并未成为影响市场波动的主要因素。

精铜平衡一览表

表 1

	年度	2018	2019	2020
中国	产量	883	916	911
	净进口	347	313	285
	需求	1187	1218	1196
	平衡	43	10	0
全球	产量	2359	2353	2352
	需求	2355	2347	2335
	平衡	4	7	17

（三）稀有稀土

2019 年，中国稀土行业以六大集团为首的稀土龙头企业逐步完善产业链结构，战略结构逐步向下游延伸，提升稀土产业链整体水平。行业运行整体平稳，下游应用产业保持平稳增长。

产品价格波动幅度加大，继续呈现结构性分化。2019 年，产品价格波动幅度加大，轻重稀土价格继续呈现结构性分化趋势。中国稀土行业协会发布的稀土价格指数从年初的 131.9 到年末的 133.6，年内最高为 165.8、最低为 122.9，振幅 34.9%。据中国稀土行业协会统计，下游行业保持平稳增长，其中，磁性材料保持 5% 左右的增长；汽车尾气净化用量 10% 左右的增长；储氢材料受锂电池冲击，保持平稳；抛光材料保持 3%—4% 的增长；LED 和长余辉荧光粉保持增长，三基色荧光粉则延续下降走势。

稀土产品出口“量价齐跌”，竞争激烈。海关统计数据显示，2019 年稀土出口总量在 45458 吨，同比下降 13%；出口金额 39768 万美元，同比下降 17%；出口均价 8748 美元 / 吨，同比下降 4%。同期，中国进口稀土产品数量 97140 吨，同比下降 11%。虽然我国稀土产品出口数量同比下降，但在国外项目扩产、国际经济增幅未明显加快的大背景下，稀土产品出口整体依然处于高位水平，尤其 4 月份，出口到美国的稀土产品数量同比增加 47.6%。

海外稀土项目逐步开发，中国供应份额面临挤压。随着中国加强对稀土行业的管理，国际稀土生产由中国作为主要供应地向多元化供应格局发展。对世界稀土市场影响较大的国外矿山主要是美国芒廷帕斯矿和澳大利亚 Mount Weld 稀土矿。芒廷帕斯矿产能 2 万吨 / 年，并逐步向 4 万吨 / 年拓展；Mount Weld 稀土矿产能 2.2 万吨 / 年。此外，自 2004 年起，陆续有来自我国各地的个体投资者前往缅甸开发稀土矿产资源，主要生产离子型稀土矿，年产量超过 1 万吨。冶炼分离方面，澳大利亚莱纳斯公司在马来西亚的产能 2.2 万吨 / 年的生产线逐步扩产，有消息称其将在澳大利亚投资新的分离工厂，以及在美国与蓝线公司共同投资设厂。

稀土行业发展趋势发生变化。从矿石原料看，由于国家战略管控，加之国内稀土矿开采环保标准日益提高，稀土矿产资源获取由国内转向国外的发展趋势明显。从产品结构看，产品市场广阔，下游深加工材料发展趋势平稳增长，稀土材料应用由初级产品向高价值产品发展的趋势明显。从市场分布看，面向战略性新兴产业的磁性材料、催化材料、储氢材料发展加速，抛光材料、发光材料趋于稳定，储氢材料趋于下降，市场由中低端市场迈向高端市场发展的趋势明显。

二、2019 年营销业绩及举措

2019 年，集团以参加进口博览会为契机，通过与资源出口国的贸易合作，实现了生产要素的全球自由流动和资源优化配置，促进了资源国的经济发展。在本届进博会上，中铝集团所属企业与来自墨西哥、秘鲁、蒙古国、澳大利亚、俄罗斯、智利、印度尼西亚、瑞士、加拿大、新加坡、日本、韩国等国家的 14 家供应商集中签署了采购协议，签约商品涵盖铜精矿、铝土矿、煤炭等大宗商品，均是中铝集团主导产品铜锭、氧化铝、铝锭等产品的生产原料，签约金额 190 亿元。

（一）铝

1. 创新经营管理模式，推进物商平台建设

根据集团党组关于“4+4+4”战略部署，积极推进商贸物流管理改革，不断完善大采购、大营销、大物流运营机制，积极探索物商平台运营机制，形成了按“集成营销 + 事业部制”运营模式为基础的物商平台构建初步思路。

2019 年初，推进完成了青投经营管理服务的来料加工模式的运营，为集团优化经营管控模式、推进营销管理改革，实践“集成营销理念”，趟出了一条新路，为锻炼三大平台协同运作、摸索物商平台建设思路，积累了宝贵经验。

2. 持续优化贸易策略，增强销售创效能力

规范营销行为，降低经营风险。进一步规范企业的营销行为，确保买断业务、内供业务的有效衔接和顺畅运行。加大对企业地销氧化铝、铝锭、铝液产品的检查力度，对销售过程中存在的问题及时督促企业进行整改，有效防范经营风险。

加强市场研判，维护市场稳定。保持与阿拉丁、安泰科、百川资讯等市场研究机构的沟通，借助各种媒体平台，积极向市场传播正能量，维护了市场价格稳定，进而提升了集团销售盈利能力。全年外采 218 万吨氧化铝，保障内部企业生产需求的同时确保外部合同稳定执行，有效提高了氧化铝市场价格。为遏制氧化铝现货市场价格下行的局面，全年共执行了 6 次最低限价管理，提高了集团氧化铝整体营销盈利能力。

推进优质优价，提高产品效益。利用高品质氧化铝生产线的质量优势，提升市场竞争力。对中铝山东开发的适合生产优质铝锭（3N 铝）使用的高品质氧化铝 G1 销售价格进行上浮，通过优质铝产品将效益传导至下游加工企业。同时，积极推进中铝山东高品质氧化铝替代进口氧化铝用于生产高级铝液的工作。包头铝业、青海分公司合计每月采购 0.8 万吨山东高品质氧化铝，年用量 10 万吨，用于替代进口氧化铝来生产 3N 高级铝和 4N 以上高纯铝产品。

加强战略合作，推进产品及技术合作。加强与深圳前海联合交易中心合作，从 5 月份开始，将部分非冶金用氧化铝业务通过前海联合交易中心现货交易平台进行运作，助力氧化铝现货交易价格机制建立，进一步拓展了与深圳前海联合交易中心的合作，提高产品的市场影响力。积极推进氧化铝期货上市工作，10 月中旬已向上海期货交易所递交品牌注册材料，进入相关审核程序。组织召开与中国石化商务暨技术合作交流会，对拟薄水铝石产品的应用、使用情况进行现场沟通交流，初步建立双方企业的长效沟通机制，实现稳定原料保障和降低采购成本的目标。

3. 积极推进采购改革，提高保供降本能力

采取灵活策略，促进采购降本。积极捕捉市

场机会、实施灵活有效的采购策略，依托直供渠道，发挥平台优势，加强与重点供应商的战略合作，积极组织并不断优化合谈统签，短期采取“抢抓时点、避峰抓谷、分区施策”的采购策略，中期采取“以量换价、加强谈判”的采购策略，促进了大宗物资采购降本工作。

加强进口铝土矿管理，保障企业生产。规范进口铝土矿的采购行为，按照集团谈判、调度、配置、结算、库存、物流“六统一”的原则，精细操作，组织中铝国贸、中铝山东、中州铝业、山西华兴等单位与澳洲力拓集团、印尼哈利达、印尼拉曼、几内亚赢联盟、英国阿鲁法等公司进行矿石合同谈判，保持了澳矿资源成本没有明显上涨，印尼和几内亚资源涨幅低于市场平均水平，有效地保障了内部企业生产经营。同时，按照中铝股份进口铝土矿库存统一调度的思路，协调内部企业之间调整进口矿库存超百万吨，在中铝股份进口矿使用量上涨 80% 的情况下，为集团节约库存资金占用 10 亿元。

深化采购体制改革，推动采购平台建设。2019 年，持续推进采购专业化平台建设，全方位推动采购管理改革，不断扩大集中采购和战略采购规模，增加集中采购品种，优化考核方式，进一步提高了供应保障和降本能力。中铝物资于 2019 年 1 月 1 日起全面运营，对集团采购业务实行集中统一管理。2019 年将公务车、计算机、国产轴承、低压电器、电线电缆类、橡胶类、除尘材料类、炉料类、钢材类、阀门、机械密封、办公用品、打印机及耗材、耐火材料、铸造辅材、劳保用品等品种纳入集中采购范围。在主要原燃料采购降本考核标杆方面，实行以企业当地市场价为基础的“一企一杆”，做到了降本测算标准化、可衡量、公正客观。

4. 推进物流资源整合，提升降本增效能力

进一步扩大内部物流整合范围，优化新整合物流企业运作方式，降低物流成本。

物流整合加速推进。加大中铝集团内部物流整合工作的力度，在铝板块、铜板块和铝加工板块同时积极推进各项物流整合工作，完成了对中州企业的物流整合工作；云铝物流党委管理模式整合方案已报中铝股份审批；中铜物流整合已完成项目建议书及合资公司章程起草，双方各自履行内部审批程序；西南铝物流整合资产评估工作已完成。

业务拓展稳步提高。中铝物流在稳定运输、仓储、配送等传统物流服务的基础上，积极拓展煤炭、矿石、石油焦、液碱等采购物流和港口代理服务业务，努力延伸物流产业链。1—12 月累计完成物流作业量 8022 万吨，同比增长 24%，累计营业收入 65 亿元。

服务能力持续提升。充分发挥物流平台优势，横向联络，纵向协调，优化路径和流向，成功解决了实体企业在特殊时期的供销难题，妥善完成了各项保供任务。尤其在进口铝土矿疏港和发运保供方面，中铝物流充分发挥平台作用，通过公铁两大途径、从国内十大港口，实现向河南、山西两省六大企业同时组织进口矿发运。截至年底，进口矿累计疏港量达到 1777 万吨，在保运保供的基础上，为氧化铝企业直接降低物流费用 1155 万元。

持续推进物流降本。坚持不断改进物流作业方式，提高物流仓储管理水平，提高工作效率，全方位降低产品吨物流成本。2019 年氧化铝、电解铝物流费用比 2018 年同口径降低 9897 万元，同

口径降低率为2.15%。持续推进氧化铝“去包装化”发运工作。截至2019年底，“去包装化”发运量累计68.69万吨，同比增加30%，实现创效801.35万元，同比（502.98万元）增加59%。

5. 规范内部交易秩序，推进内部市场发展

2019年，集团拟定了《中国铝业集团有限公司内部市场交易问题反馈和处理管理规定》草案。扩大内部交易品种和范围，进一步完善定价机制。2019年，完成4次内部市场交易产品和工业服务目录的更新工作。2019年集团内部市场交易目录共有23大类1888项，较2018年末增加了92项，集团内部市场交易金额约944亿元，环比增加12.2%。其中，板块内发生的内部市场交易金额612.5亿元，板块间发生的内部市场交易金额331.5亿元；中铝股份发生的内部市场交易金额465亿元，占比49%。

6. 加强信用管理和监督检查，积极清收逾期账款

缩减信用规模，降低授信风险。按照“满足营销需求，严审信用额度、严控经营风险”和从严、从紧的原则批复了各单位2019年信用额度，适度减少了对第三方的授信额度，将第三方信用总量由46.92亿元调减至37.5亿元，减少20%。引入第三方资信服务，企业在授信评估时添加第三方资信公司出具的授信客户征信报告，客观地评价授信客户的资信情况。使用征信软件实时监控客户资信、法律诉讼等情况，做到及时预警。

加强监督检查，落实风控责任。组织开展信用管理检查。充分利用与审计部协同检查的时机，对销售流程、信用管理和期货管理上的风险控制环节进行了全面的调研，对检查出的具体问题与企业进行了沟通，并提出了相应的整改建议。开展了融资性贸易业务全面排查，2019年集团无新增融资性贸易业务。对以前的存量业务，建立风险处置台账，逐级压实责任，层次落实任务。

加强逾期清收，建立奖惩机制。建立清收专题会周周开制度，加强督促力度。对逾期账款进行详细分类，排查梳理，建立“0831”清收目标，推进逾期清收。印发了《关于建立逾期账款清收奖惩机制的通知》。截至2019年底，中铝股份营销类第三方逾期账款余额12.7亿元，比年初下降1.88亿元。全年无新增逾期账款。

加强期货管理，遏制套保风险。根据国资委要求，加强金融衍生业务管理，研究草拟了套期保值止损机制和保证金限额机制方案。进一步规范结构化期货交易行为。每日对各板块期货新建和持仓头寸、结算和浮动盈亏等情况进行监控，确保中铝股份期货交易的合规和风险可控。坚持按规定开展套期保值计划审批工作，并对期货从业人员就市场展望、交易策略、套期保值应用、风险管理等方面进行培训，提高从业人员素质。

（二）铜

1. 原料采购——市场研判能力稳步提升

中铜国贸对2019年原料市场做出准确预判并进行管控，确立了“国内原料优先、确保海外供应长单增量、适时增加现货补充、利益最大化”的采购原则，积极开拓海外矿山客户，全年签订长单总量较2018年增加84%，原料采购总量较2018年大幅增长，市场研判能力、原料采购能力的稳步提升，为中国铜业新增产能释放和全面完成年度目标提供了原料保障。

2. 产品销售——把握市场机会的能力稳步提升

立足铜产品销售目标任务，锁定产销平衡目标，统筹长单、零售、交仓3条途径，保量保利润。

根据全年生产计划，制定年度销售方案，加强市场分析研判，合理选择渠道销售，以长单签订量锁定基本销量和升水，合理利用区域差异和品牌优势，加大零售力度，拓展利润空间，确保了销售利润目标的实现。

3. 开拓市场——研发市场的整体能力逐步提升

深入分析宏观经济走势对有色金属基本面的影响，并延伸至单一品种；实时掌握市场前沿信息，择机开展期现联动、套期保值业务；完成保值主体从云铜股份到中铜国贸的切换；开展铜、黄金、白银和其他商品品种及外汇汇率的保值策略研究与实施；研究制定并实施昆铜、华中铜提质增效保值方案；套期保值取得较好经营效益。

4. 采购与物流——统筹协调能力稳步提升

发挥集中采购优势，统一标准，“一品一策”，分类实施，提高效率，规范采购；分析市场和供求关系，探索“先使用后付款、零库存”的采购模式，降低资金占用，为各企业减负。2019 年，开展了燃油、电缆、煤炭等九大品类 2916 种型号共计 2.62 亿元的集中采购工作，采购成本节约 1000 万元以上。

（三）稀有稀土

1. 服务国家战略，增强行业影响

积极履行国家大型稀土企业集团战略职责，认真学习贯彻习近平总书记 5 月 20 日视察稀土企业时的重要指示精神，从促进国家稀土产业持续健康发展的大局出发，结合中铝集团、中国稀有稀土产业发展战略规划，对稀土行业发展提出建议，履行中铝集团作为骨干央企和国家大型稀土企业集团的政治责任，提升自身的行业引领力和影响力。

2. 优化中稀国贸运营管控模式，实现扭亏为赢

深入推进中稀国贸业务模式以及相关改革措施，聚焦稀土主业做大做优，提升工作效率；做好稀土矿、氧化物、金属、磁材业务发展布局，加强协同协调，确保信息通畅和业务流畅；强化防范风险，确保依法合规。

3. 强化内外部协同，助力稀土市场稳定运行

在年初市场低迷期，对外加强与其他重点企业集团沟通、协调，并重点就稀土市场形势进行了交流，维护中重稀土产品市场稳定，体现稀土作为国家战略资源的价值；对内统筹协调企业生产营销工作，加强市场研判，基本实现了对市场节奏的掌控，有效保障经营业绩。

4. 加强市场分析和研判，强化信息交流和业务协同

注重搜集经济形势、市场环境、政策变化等外部信息，通过碰头会、月例会分析国内外经济形势、政策以及行业市场等环境、资源供给等经济因素对企业生产经营管理的影响；定期召开营销专题会，研究下一步营销策略，强化各单位间信息交流和业务协同，共享市场信息、预防营销风险，顺势而为；加大销售力度，平衡好生产和销售，降低库存及“两金”。

5. 强化营销学习，提升营销人员理论素质

为加强营销队伍建设，切实提高营销相关人员市场营销理论知识水平，提高市场开发和客户服务能力，增强中国稀有稀土在市场中的竞争能力，组织中国稀有稀土各级次企业营销采购相关人员自学市场营销专业知识，并对学习成果进行考试。通过学习和考试，提高了员工自主学习的自觉性和积极性，提升了员工素质和能力，激发了员工的干劲和热情。

6. 维护开拓重要客户，出口金额同期增长

加强对国内外重要客户的走访和沟通，就中国稀有稀土经营能力、国际稀土市场状况及发展趋势、稀土前沿技术状况、业务合作前景等方面进行了交流与合作会谈，巩固了与信越、日本钇公司等日本客户的合作。全年稀土产品出口金额较2018年同期增长73%。

7. 做好信用管理，控制营销风险

根据各单位月度信用风险管理报告，对信用风险问题进行分析，并下发通知强化问题整改及信用风险管控工作，纠正违反中国稀有稀土规章制度的行为，不断提升信用管理能力和水平。截至年底，完成压降逾期账款3718万元，与年初相比，压降比例63%，超额完成全年压降任务。

撰稿 / 谢东辰　肖天勇　赵世伟

资源获取与开发

截至2019年底，中铝集团及其所属企业拥有及合作的矿业权共计494处，其中采矿权194处、探矿权200处。按矿种，铝土矿155处、铜矿65处、铅锌矿87处、稀土4处、铁矿1处、煤炭7处、其他75处。

以上矿业权保有资源/储量为：铝土矿296542万吨、铜3010万吨、铅锌4596万吨、稀土54644吨、铁矿石28.49亿吨、煤炭17.44亿吨、金219吨、银23047吨、锗442吨、钼313万吨、钛矿171万吨、锰矿514万吨、锑3万吨、镓48138吨、石灰石16693万吨、硅333万吨。

主要矿产地

（一）主要的铝土矿

广西：平果太平铝矿3555万吨，平果教美铝土矿3068万吨、平果那豆铝矿858万吨。

云南：文山天生桥—者五舍铝土矿4343万吨，文山大铁矿区铝土矿1875万吨，文山飞尺角铝土矿1065万吨。

贵州：猫场铝土矿9318万吨，燕龙林歹1082万吨，清镇麦坝铝土矿851万吨。

重庆：大佛岩铝土矿1647万吨，南川大土铝土矿1179万吨。

河南：渑池县段村铝土矿2888万吨，渑池雷沟铝土矿3368万吨，小关铝土矿4080万吨，新安县郁山铝土矿1949万吨，洛阳铝土矿766万吨。

山西：兴县赵家焉矿区铝土矿3378万吨，兴县黄辉头矿区铝土矿1490万吨，兴县奥家湾铝土矿868万吨，兴县苏家吉铝土矿1304万吨，交口县铁金村铝土矿1172万吨，交口县西宋庄铝土矿908万吨，孝义县相王矿区铝土矿1091万吨。

境外：几内亚博法铝土矿210797万吨，印尼PT.ALU SENTOSA铝土矿4745万吨。

（二）主要的铜多金属矿

西藏阿里改则县多龙荣那、拿若矿区：铜1197万吨、金118吨、银3120吨；拉萨市尼木县白容岗讲铜矿：铜185万吨、钼16万吨。

云南省香格里拉县普朗铜金矿：铜310.28万吨、金38吨、银760吨、钼4万吨；大红山铜矿：铜50万吨、铁矿石6219万吨；羊拉铜矿：铜27万吨、铅锌4万吨；大平掌铜矿：铜32万吨、银232吨。

四川会理县拉拉铜矿：铜78万吨。

秘鲁TOROMOCHO铜矿：铜967万吨、钼28万吨、银13031吨。

（三）主要的铅锌多金属矿

云南：兰坪金顶铅锌矿，铅锌972万吨；昭通铅锌矿，铅锌141万吨、银473吨；会泽县小菜园铅锌矿，铅锌 145 万吨、银 393 吨、锗 174 吨。

内蒙古：新巴尔虎右旗甲乌拉铅锌矿，铅锌 101 万吨、银 1310 吨；怡盛元查干布拉根铅锌矿，铅锌 56 万吨、银 1043 吨。

青海：格尔木市牛苦头矿，铅锌 97 万吨、铜 7 万吨、银 492 吨；玛多县坑得弄舍金多金属矿，金 40 吨、铅锌 87 万吨、银 779 吨、重晶石 342 万吨。

加拿大塞尔温铅锌矿：铅锌 2688 万吨。

（四）主要的稀有稀土矿

广西钟山—富川县花山矿区南矿段稀土矿 TREO 稀土量 47024 吨。

（五）主要的铁矿

几内亚 Simandou 山脉 3 号和 4 号地块铁矿（几内亚西芒杜铁矿）：铁矿石 27.57 亿吨（品位 65.4%）。

（六）主要的煤矿

甘肃省正宁县罗川井田煤炭勘探 46063 万吨不粘煤，宁夏灵武积家井矿区银星一号矿区 103308 万吨不粘煤，宁夏固原银洞沟井田矿区 7206 万吨不粘煤和长焰煤，宁夏王洼煤田 17841 万吨长焰煤。

撰稿 / 武玉海

管理提升

一、生产调度与协调

2019年，集团继续将精准管理推向深入，坚持早调会制度和月度生产分析例会制度，坚持开展对标工作，强化生产过程管理，严格工艺纪律，适时组织专家团队有针对性的服务，及时发现和解决流程中存在的问题。

集团整体生产运行稳定。主要产品产量完成年度计划，产品结构进一步优化，高附加值产品比例提高。

主要产品产量结构有所调整。精炼铜比2018年增长63.9%；精细氧化铝同比增产17.3%；电解铝比2018年增产0.4%，铝合金产量比2018年增产4.9%；铝加工材同比增长4.2%；铜加工材同比增产0.1%；煤炭同比增产13.4%。成品氧化铝折合总量同比减产6.4%；自发电量同比降低3.6%。

主要技术经济指标巩固优化。与2018年同期相比，11项主要统计指标中有9项指标得到巩固优化，有9项指标完成年计划目标。与行业对标的有色10项指标中有6项优于行业水平或基本持平。氧化铝综合能耗比2018年同期降低41.6吨标准煤；氧化铝纯碱消耗降低13.2千克/吨；电解铝综合交流电耗降低91千瓦时/吨，原铝液氟化盐消耗同比降低0.6千克/吨，原铝液阳极毛耗同比降低9.1千克/吨；铜冶炼总回收率同比提高了0.21个百分点。

二、生产领域业务外包专项管理

2019年，是集团规范业务外包工作的标准化年。一年来，企业管理部认真贯彻落实集团党组关于规范业务外包的指示精神，围绕“四个标准化+降低外包费用”工作主线，重点以四个标准化为手段促进管理规范，以落实四项措施为路径降低外包费用，以四类辅导为抓手提升效果，各项工作取得显著成效。

（一）以“四个标准化”为手段全面规范业务外包

基础管理标准化。完善自上而下的业务外包标准化管理体系。集团层面制定并印发了《中国铝业集团有限公司业务外包管理暂行办法》的通知（中铝管字〔2017〕733号）、《中国铝业集团有限公司生产领域业务外包承包商评价细则（试行）》（中铝办字〔2018〕601号），各板块事业部印发了核心业务清单等；组织督导各企业制定并印发了业务外包管理办法、承包商安全管理办法等管理制度。各企业建立完善业务外包项目的标准化采购流程。业务部门推进归口发包标准化。2019年，集团归口发包管理占比达到了71.4%。建立集团业务外包标准化管控机制。建立了月度合同信息统计分析、季度承包商评价、年度培训、年度督导服务、年度考核激励等标准化管控机制。

承包商管理标准化。在承包商评价公平、公开、透明、规范开展的基础上，2019年集团制定并印发了不合格承包商异议申诉程序，形成了承包商管理的闭环管理。全年共开展了3轮承包商评价工作，共评出18家不合格的生产领域业务外包承包商，受理不合格承包商异议申诉3家。

业务外包边界标准化。集团组织各板块事业部制定生产区域的核心业务清单。在对企业的辅导、抽查过程中，没有发现核心业务外包现象，禁止核心业务外包的管理措施已在企业落地生根。

合同管理标准化。组织各企业建立业务外包各专业的标准化合同示范文本，并要求生产领域的所有履约合同全部增加了安全刚性条款，从法律角度进一步强化了承包商安全管理的合同约束，安全违约熔断机制得以有效执行。

（二）以落实四项措施为路径严控外包费用成效显现

集团2019年业务外包费用控制目标为78.3亿元，各板块事业部签订合同77.05亿元，为年度控制目标的98.4%。通过自主作业、降低业务外包合同单价、降低业务外包合同总金额、精益生产等4项措施，2019年同比2018年合同总金额降低9.45亿元，严控外包费用成效进一步显现。

（三）以四类辅导为抓手提升企业效果取得进展

2019年制订了年度业务外包辅导计划，成立了辅导小组，以中铝股份为试点，聚焦合同、制度、流程、现场4个关键环节，开展企业全覆盖一对一检查辅导，完成21家企业检查辅导，共发现344项问题，各企业均按计划完成了问题整改，有效促进规范业务外包管理的各项措施有效落地。

撰稿 / 徐淑香

内部审计与风险体系建设

为持续提升审计效率与质量，集团审计部集中资源，创新方式，采取了系列措施：一是坚持审计重心前移，强化审前调查，做实审计工作实施方案。二是加强审计现场管理，严格执行多重复核制度，将组长负责制与审计底稿多重复核制落到实处。三是多项目平行推进，建立多项目同步推进的联动机制，同类型企业或二、三级企业项目同步进场、同时开展，及时了解审计工作进展情况。集团有3篇论文或案例上报内审协会，其中《“小线索”做出“大文章”》获得中国内部审计协会颁发的“内部审计结果运用典型”称号。

一、内部审计

2019年，按照习近平总书记对审计工作“应审尽审、凡审必严、严肃问责”的指示精神，集团层面共完成经济责任审计、项目审计、专项审计等各类审计项目197个，审计资产总额2582亿元，占集团全部资产的40.27%；审计发现问题818个，揭示重大风险事项50个，提出改进意见和建议365条，审计调整损益24.33亿元。项目审计在业主单位已审减8.45亿元的基础上，再审减3.38亿元，合计审减率9.43%。

集团在完成自身审计项目的同时，对相关板块和实体企业的审计工作加强监督和指导。2019年集团所属板块和实体企业共完成各类审计项目328个，审计资产总额184亿元，促进增收节支3857万元。

（一）经济责任审计

2019年，集团审计部按照“逢离必审”的原则完成经济责任审计项目19个，实现“应审尽审”。提出审计意见和建议200条，通过审计实现了经营成果的确认，明确了经济责任界限的划分，为集团公司干部考核与任免提供了重要参考，并有效促进企业健全“强内控、防风险、促合规”的长效机制。

（二）投资项目审计

2019年，集团对企业上报的、具备审计条件的177个投资项目全部实施了审计，合计概算1194.26亿元。通过严格把关，对报审的总值125.47亿元的708份工程结算资料逐项进行审核，合计审减率达9.43%。

2019年，加大了境外投资项目审计力度，对几内亚博法铝土矿项目和秘鲁矿业二期扩建项目，采取“现场 + 远程”相结合的方式开展过程审计，有效发挥了对境外投资项目的审计监督职能。

（三）专项审计

针对重点领域和关键环节的风险，对中国稀有稀土所属中铝依诺威开展财务专项审计，揭示了混合所有制模式下公司治理和经营管理过程中存在的突出问题及风险。

（四）强化审计整改工作

2019年，集团印发了《关于进一步加强审计署和内部审计发现问题整改的通知》。通过审计整改促进被审计单位建立健全管理制度151项，增收节支22亿元，规范各类基础管理事项258项，补办各类手续证照109项。

二、风险管理

2019年，集团董事会确定安全环保风险、价格风险和竞争风险3个风险为重大风险，总经理办公会确定云南冶金整合、逾期款清收等7个事项为重要风险事项。集团制定了风险管理策略并逐项分解落实，健全风险事件监控台账，按月监控重大风险和重要风险事项的管控措施落实及成效，预警和报告风险状况。加强风险排查，完成境外经营投资项目的全面风险排查，制定风险防范措施和应急预案。继续完善全面风险管理体系。深入开展内控评价，自评价实现100%全覆盖，并以风险和问题为导向，对中铝股份、中铝环保、驰宏锌锗等13户重点单位进行监督检查，对期货业务重点领域进行全级次穿透检查，强化内控缺陷整改，促进内控体系持续完善，集团经营管理水平和风险防范能力进一步提升。

2019年，集团重大风险总体可控、在控，未发生影响集团经营业绩的重大风险事件。

三、外部监督

2019年，集团全力配合中央第十巡视组、审计署、国资委对集团的监督检查工作。一是配合中央第十巡视组对集团的巡视工作，落实巡视反馈意见的整改工作。二是组织相关部门和板块对审计署于2018年开展的专项审计调查提出的问题进行了整改，并按照审计署的要求按时报送了集团的整改情况报告。三是配合审计署企业审计三局开展了政策跟踪专项审计，组织相关部门提供了审计所需的相关资料。四是持续督促问题清单整改，关注重点问题和关键指标的整改情况，截至2019年底，全集团18627个问题已整改94%。

四、投资项目后评价

通过开展投资项目后评价工作，提升了相关建设单位前期论证和决策水平，强化了项目建设管理工作，为后续集团新建投资项目提供了决策参考和依据，有力保障了集团“建一个，成一个”的项目建设目标。

2019年，审计部根据集团外部董事调研时提出的有关要求，督促指导中国铜业对呼伦贝尔驰宏矿业有限公司铅锌冶炼项目开展了后评价工作。

撰稿 / 王亮飞 周生震
温 娟 娄 圆

法律事务

2019年，集团深入贯彻落实党的十九大精神，紧紧围绕经营管理中心任务，切实落实国务院国资委有关法治央企建设的具体安排和要求，全面推进依法治企，在法律工作体系建设、重大项目法律支撑、合同管理、案件纠纷处置、制度管理、商标管理等方面均取得重要进展。

一、重大经济事务决策法律服务

为重大经济事务决策做好法律服务，在发挥服务保障基本职能的基础上发挥价值创造作用。2019年，集团法律人员为60余个境内外重大项目提供全程法律服务，参与谈判、法律文件起草与审核、开展尽职调查、出具法律审核意见书。

二、合同管理和规章制度法律审核

强化合同基础管理和规章制度法律审核，严格合同的风险事项审核，提升规章制度规范化水平。2019年，制定《中国铝业集团有限公司合规管理办法》，为合规管理提供了遵循。落实国家发改委、国务院国资委等7部门印发的《企业境外经营合规管理指引》要求，制定《中国铝业集团有限公司涉外法律合规风险管理规定》。全年集团法律部起草、审核或修订合同820份，没有出现重大风险和争议。修订《中国铝业集团有限公司规章制度管理办法》，进一步做好规章制度的法律审核。法律审核全面嵌入规章制度的制定、修订过程中，并设置总法律顾问审核环节，所有制度都要经过总法律顾问审核把关，未经法律审核的规章制度不得提请决策和发文。完善集团规章制度系统，适时动态维护，截至2019年底全集团已上传基本制度1520项、业务类制度10028项、实施细则1393项。

三、纠纷处理与维权创效

2019年，集团全面加强法律纠纷案件管理，防增量、去存量工作取得明显成效。通过召开集团“案件专题会”和“一企一策”专项督导会，强化个案信息报备和指导督办工作，加强法律分析和沟通协调，有效应对重大诉讼法律风险，案件处置质量明显提升。

四、知识产权管理

梳理完善商标注册档案管理，聘请专业机构开展日常商标侵权的检索跟踪和异议、复审等维护事宜，及时监测、管控侵权风险。开展马德里商标续展、美国商标使用权续展等工作。选取资产板块开展商标专项维权，积极组建跨部门和上下联动的团队，充分利用诉讼手段开展维权工作。

五、法治建设工作

健全法治工作体系，集团所属各级企业按照“有分管法律工作领导、有履行法律职能的工作机构、有专业法律合规人员”的要求，进一步深化以集中管理为主、分散管理为辅的法律管控体系。建立总法律顾问座谈会制度，2019 年召开了 2 次总法律顾问座谈会，研究探讨集团法治中的重点、难点问题。开展企业法律顾问职业岗位等级评审，38 人通过评审。截至 2019 年底，集团通过市场化建立了 5 个区域法律中心和 2 个子集团法律事务部。

撰稿 / 丁　申

党风廉政建设和反腐败工作

2019年，集团党组坚持以习近平新时代中国特色社会主义思想为指导，以政治建设为统领，坚定不移纵深推进全面从严治党。集团纪检监察组、各级纪检监察机构忠实履行职责，强化政治监督。党员干部不断增强“四个意识”，坚定“四个自信”，做到“两个维护”。党风廉政建设和反腐败工作取得新成效，为集团改革发展提供了坚强保证。

一、党风廉政建设

突出思想政治引领，强化党的政治建设。集团党组始终把学习贯彻习近平新时代中国特色社会主义思想作为首要政治任务，带领并督促各级班子强化理论学习。深入推进党建和党风廉政建设，优化“双百分”考核体系，促使党组织和领导干部担当负责。深入开展主题教育，增强初心使命意识。分两批在3168个党组织中开展“不忘初心、牢记使命”主题教育；成立7个检查指导组全覆盖督导150余次，推动主题教育不断“深化、消化、转化”。党组成员调研40多次，检视问题81条。围绕高质量发展、鼓励担当等主题举办创新论坛3次。干部员工对第一批、第二批主题教育评价为“好”和“较好”的分别为99.7%、94.58%。

扭住“四风”不放，巩固拓展整治成果。党组锲而不舍、持续发力，既防止老问题反弹回潮，更防止歪风隐形变异。紧盯“关键少数”，形成“头雁效应”。党组每半年向国资委党委书面报告执行中央八项规定精神情况。对个别企业“一把手”违反中央八项规定精神案例进行了专题通报。开展驻京办清理工作，撤销4家驻京办事机构。组织开展领导人员履职待遇业务支出制度执行情况专项检查，纠正问题25项。认真落实中央部署，出台为基层减负的若干措施，集团层面会议同比减少40%，正式发文同比减少30%。紧盯“三重一大”决策事项落实，对班子成员及其管理领域的苗头性、倾向性问题及时提出纠正建议。组织安全环保、招投标专项督查，推动问题整改。开展了“总部机关化”专项整治工作。

稳步推进改革，监督体系不断完善。党组深入贯彻落实纪检监察“三项改革”重大部署，研究制定方案，稳步推进实施，完成了集团纪检监察组改革。认真核定企业监察对象，将2.99万人纳入监察范围。建立了向中央纪委国家监委请示报告制度，完善了内部业务流程再造。建立纪检监察组与党组沟通协调机制、定期向上级领导机关请示汇报机制、纪检监察组组长与新任职党组管理干部任前谈话机制等。党组成立党风廉政建设和反腐败工作领导小组及协调小组，设立廉政办公室。组织开展调查研究，探索构建集团“大监督”体系，初步形成了实施意见。有力推进巡视巡察联动，监督质效提升。着力推进专项整治，治理效能持续优化。党组开展选人用人专项整治，强化干事创业担当作为导向。加强“两金”压降治理，截至年底“两金”余额同比增幅低于营业收入增幅 6.7 个百分点。开展领导干部亲属经商办企业专项整治，18844 名干部自查自纠自报；对重点线索进行了核查。

持续正风肃纪，强化惩治震慑。党组保持惩治腐败高压态势，纪检监察组加大问题线索处置力度，严查违规决策、失职渎职、利益输送等问题。坚持一案一总结，落实“一案双查”，以案促改。开展了纪律处分执行情况专项检查，深化标本兼治，一体推进“三不”体系建设。召开党风廉政建设警示教育大会 5 次，通报违规违纪案例 40 起。准确运用“四种形态”，提升监督执纪综合效果。纪检监察组坚持惩前毖后治病救人，严格把握转换条件，贯通运用“四种形态”。运用“四种形态”占比分别为 79.1%、13.4%、5.9%、1.6%。

二、巡视工作

2019 年，集团党组坚持以习近平新时代中国特色社会主义思想为指导，深入贯彻习近平总书记关于巡视工作的重要论述，积极落实中央巡视工作部署要求，始终保持正确方向，把“两个维护”作为根本任务，不断提升政治站位、强化政治监督。全年共组织 5 个巡视组开展了两轮巡视，其中对 9 家企业开展常规巡视、2 家企业开展机动巡视，对 2 家企业、4 个总部部门开展专项巡视。发现“四个落实”方面问题 216 个，发现干部问题线索数量 7 件，其中涉及党组管理干部 2 件。43 家二级单位党委对所属 187 家单位党组织开展巡察工作，发现“四个落实”方面问题 2712 个，发现干部问题线索数量共 54 件。

狠抓中央巡视整改，深化巡视成果运用。党组自觉接受、积极配合中央巡视。第一时间成立巡视整改工作领导小组和办公室，针对巡视反馈的 26 个问题，研究细化整改措施 104 项，狠抓整改，逐项销号。截至年底，完成整改 97 项，整改率 93.27%，得到上级肯定，中央纪委国家监委评价集团党组“责任担当比较到位，强化督促整改比较有力，重点问题整改比较有效”。

紧密结合中心工作，明确巡视监督重点。2019 年，把中央巡视整改、安全环保质量“三大攻坚战”和“两金”压降等作为巡视重点，推动落实中央重大决策部署。

创新巡视工作方式。集团巡视工作切实做到力戒形式主义，根据工作需要调整常规巡视和机动巡视方式。结合被巡视单位特点，对集团总部部门的巡视由常规巡视调整为专项巡视，并将中央巡视整改、整治形式主义官僚主义等重点工作纳入巡视范围。探索构建巡视巡察上下联动监督网，着力提升巡视巡察监督实效，实现巡视巡察提质增效。

组织干部学习培训，持续加强巡视巡察工作力量。坚决落实党组把巡视岗位作为发现、培养、锻炼干部的重要平台，不断提升巡视巡察队伍水平。组织近 100 人参加集团第二期巡视巡察干部培训班。严格落实中央巡视整改要求，对规范巡视流程、撰写巡视报告、深化巡视整改等内容进行了重点培训，取得良好成效。

加强制度建设，提高巡视工作规范化水平。根据中央巡视工作条例及中央巡视规划，集团党组巡视工作从夯实基础管理、规范工作要求等入手，不断完善制度建设，修订完善工作规则、工作流程、实务操作等方面制度，形成了较为完备的巡视巡察工作制度体系。

积极指导企业巡察，逐步实现上下联动。2019年，印发了《关于进一步规范巡察机构建设的意见》，指导有关单位积极配合上级巡视，探索运用交叉、专项、机动等巡察方式，逐步建立巡视巡察上下联动机制。同时根据巡视工作领导小组安排，在对巡视企业开展常规巡视期间，对企业开展巡察工作专项检查，并撰写检查报告，对企业规范开展巡察工作提出意见建议。

撰稿 / 耿　静　赵立江　汤卫春

信息化建设与管理

2019年，中铝集团全面启动信息化管理改革工作，加快推进信息化系统建设和深化应用，网络安全监控预警与防护能力进一步加强，实现全年集团网站和重要信息系统安全稳定运行。

一、集团信息化改革工作启动

2019年1月，中铝智能科技发展有限公司、中铝信息科技有限公司挂牌成立，集团信息化管运分离改革工作全面启动。集团下发了《关于落实信息化管运分离改革的通知》，按照“管要管到位、运要运到底”的原则，明确信息化统一规划、统一标准、统一实施的“三个统一”基本原则，优化调整集团网络安全和信息化管理的职责和流程。信息化管控体制改革进一步完善了集团“4+4+4”高质量发展格局，奠定了集团转型升级、高质量发展的坚实基础。

二、集团加强管控信息化建设和深化应用

（一）集团加强管控信息化建设，“三重一大”决策运行系统、国资监管数据共享交换平台等一批信息化项目上线投用

集团“三重一大”决策运行系统、集团国资监管数据共享交换平台上线年内投用，完成板块和企业层面推广，并与大额资金、国资追责系统对接。集团人力资源管理信息化系统、财务管控信息化平台实现集团总部、板块及企业的全覆盖，人力资源系统在新进企业云冶集团同步推进组织管理、人员管理、薪资管理、考勤管理，达到了集团人力资源管控要求，信息化对集团管控的支撑作用不断加强。

推进集团各业务系统之间数据互联与共享，开展主数据平台推广工作，完成与西南铝等3家企业的ERP等核心业务系统对接。开展集团连接中纪委的涉密专网建设、国资委涉密视频会议系统建设。启动集团云平台建设，制定了“混合云”的建设方案，完成了基层设施及服务层建设。“中铝智云”大数据平台项目成功获批工信部2020年大数据产业发展试点示范项目。

（二）信息化对集团管控与生产经营业务的支撑作用不断加强

开展集团无纸化办公系统和数字档案馆项目建设，完成新的电子签章服务平台搭建，集团发文、会议、内部签报等各类综合办公无纸化流转，实现了公文流转全过程监控和绿色办公。集团2019年新建全景仿真视频会议系统26套，总部及102家所属企业共建成全景仿真视频会议系统116套，实现了从集团总部、板块到主要实体企业基本全覆盖。

中国铝业卓越技术中心建设，在一期实现5家示范企业上线基础上，启动二期建设，涉及3个板块27家企业，将建成全面精准管理的数据平台和服务平台。

三、智能工厂建设标准化工作深入推进

集团已经形成了电解铝、氧化铝及矿山、铜冶炼智能制造顶层设计和实施方案。为加快推进智能化、绿色化、高端化、数字化转型，规范企业智能工厂建设，正式发布了《中国铝业股份有限公司智能工厂建设指导意见》。

广西华昇、包头铝业等企业推进氧化铝、电解铝智能工厂试点实施工作，青海鸿鑫牛苦头智能矿山建设完成方案设计。

四、集团网络信息安全监控预警与防护能力进一步加强

集团持续强化网络安全体系建设，集团等级保护预警通报平台、中铝股份工控信息物理系统安全平台建成投用，组织开展总部重要信息系统等级保护定级测评服务，集团网络信息安全监控预警与防护能力进一步加强。组织集团网络安全自查、检查和工作调查4次，前往16家板块公司本部和所属企业开展网络安全领导责任制和等级保护落实检查。

全年实现集团网站和重要信息系统安全稳定运行，圆满完成中华人民共和国成立70周年、全国“两会”等重要时期集团网络安全值班值守和安全保障工作，获得国家信息安全通报中心肯定。9月11日顺利通过公安部组织的联合检查组网络安全现场检查，集团网络安全工作获得肯定，解决方案获得工控态势感知创新成果奖。

五、开展与国家高端智库机构的战略合作

组织开展与国家部委政策对接和课题申报，与国家高端智库机构达成战略合作。2019年6月，集团与国家工业信息安全发展研究中心签订战略合作协议，在工业互联网安全监控、工控安全防护系统研发、工业信息安全测评评估、工业信息安全培训认证、组建网络安全专业人才队伍、网络安全应急响应和保障等方面开展深度合作，进一步推进双方在有色金属高端制造、工业互联网融合发展等领域进行合作，发挥各自优势，实现共赢。

集团被工信部授予“安全感知与评估技术有色金属行业分中心”。

撰稿 / 刘滨声

党建与企业文化建设

2019年以来，集团党组以习近平新时代中国特色社会主义思想为指导，坚决贯彻落实党中央、国资委党委决策部署，狠抓党建责任的落实，扎实开展“不忘初心、牢记使命”主题教育，强力推进党建与业务工作深度融合，不断创新党建工作方式方法，以更高标准、更实举措推进重点任务落实，党建法宝作用得到充分发挥。

一、对标对表，思想政治建设明显加强

集团党组把学习贯彻习近平新时代中国特色社会主义思想作为首要政治任务，扎实开展理论课题研究，不断增强“四个意识”，坚定“四个自信”，做到“两个维护”。认真学习习近平总书记2018年6月6日对集团党建工作的重要批示精神和三次对有色金属行业的重要指示批示精神，切实提高认识，查找问题，抓好整改。在习近平总书记对集团党建工作批示一周年之际，召开集团党建工作会议，落实“六提升三转化”工作措施，以高质量党建引领高质量发展。制定学习宣传贯彻党的十九届四中全会精神工作方案，举办中铝大讲堂，切实抓好全会精神学习贯彻。

2019年，集团有3篇党建经验被中组部分别编入《贯彻落实习近平新时代中国特色社会主义思想在改革发展稳定中攻坚克难案例》党的建设篇、教学版和教学手册，1篇基层党建经验被中组部、国资委党委编入《基层党组织书记案例选编（国企版）》。中组部、中宣部、国资委党委组织《人民日报》、新华社等7家中央主流媒体集中采访报道了集团党建工作的做法和经验。2020年1月15日，中央电视台《焦点访谈》播出以集团为代表的国企党建工作新闻专题片。

二、创新方式，主题教育扎实有效

在集团全级次企业分两批开展了“不忘初心、牢记使命”主题教育，派出6个指导组全过程严督实导，建立每日早督会机制，“面上”督、“点上”督、“专项”督相结合，现场指出或解答问题400余个。开展“不忘初心我奋斗、牢记使命我担当”主题大讨论，举办党务人员技能比武、建党98周年劳模事迹报告会等主题活动。通过主题教育整改问题8000余项，其中员工“急难愁盼”问题3500余项，破解了一批影响改革发展的难题，增强了干部员工的获得感。中央电视台《新闻联播》采访了集团主题教育的成效，有关做法被中央主题教育简报3次刊发。

三、强化融合，党的领导更加有力

集团党组持续巩固落实全国国企党建会精神

成果，全面加强党的领导治理体系。集团及符合条件所属企业全部将党建要求写进公司章程，同时建立了党建入章审核机制。集团党组研究探索企业各级党组织在决策执行监督各环节的权责和工作方式，起草《深入推进党委会研究讨论前置程序的指导意见》，推动各级治理主体科学决策、提高效率，做到既发挥党组织领导作用，又维护董事会、经理层对企业重大问题的决策权。

四、完善机制，管党治党责任不断夯实

不断压实党建责任，修订集团党组党建工作责任清单，逐级签订《党建工作年度目标责任书》，持续抓好基层党组织书记抓党建述职评议。坚持问题导向，修订完善党组中心组学习制度，开展党委会前置程序自查整改、发展党员工作全流程自查自纠，反对形式主义、反对网上抄袭、反对弄虚作假，自查整改等工作，进一步优化“双百分”考核体系，考核指标精简40%，创新基层党建效果评估机制，去掉痕迹管理、“盒子”党建，党建日常管理更加科学高效。不断提升“三基”建设质量，“两带两创”活动持续深化，各企业扎实推进6000多个项目，创效20多亿元。开展党员“双提升”活动，通过积分制管理引导党员创先争优。持续推进党支部达标升级，集中整顿软弱涣散党组织，举办党务人员技能比武，标准化党支部达标率达到90%。

五、举旗铸魂，宣传群团工作活力显现

以庆祝新中国成立70周年为重点，组织开展了“中铝楷模”评选等系列主题宣传和先进典型评选表彰活动。加强主流媒体宣传工作，为集团经营发展营造良好的舆论氛围。举办第十三届“中国铝业杯”全国有色金属行业职业技能竞赛等特色活动，群众性技术创新创效3.7亿元。关心关爱困难员工，投入资金1134万元，帮扶困难职工1562人次。评选表彰中铝大工匠、劳动模范、“三八红旗手”等97个先进集体和个人，36个集体和个人获得国家级和央企级荣誉。加大扶贫工作力度，投入扶贫资金3490万元，湖北阳新县等3个县实现脱贫摘帽。中铝股份对青海省属电解铝企业提供管理服务，开创了央企助力地方脱贫攻坚新模式，得到青海省委省政府高度赞扬，被国务院国资委作为经验推广。

六、多措并举，企业文化建设有声有色

积极开展特色文化活动。以庆祝新中国成立70周年为重点，开展“中铝故事”征集活动，展现集团发展成就、责任担当和广大员工拼搏奋进的精神风貌；开展“中铝楷模”评选活动，评选出具有时代特点、中铝特色的10个“中铝楷模”；开展“我和我的祖国”视频快闪征集活动，传递中铝声音，表达爱国爱企热情。

大力倡导文化理念。开展“文化金句”“新时代文化理念”报送、点赞及“扭掉坏习惯 形成好状态”展板展示，印发《以文化人》《风韵》汇编，为集团改革发展营造文化氛围。

全面推进品牌建设。开展全级次品牌管理调研，邀请第三方机构开展品牌诊断，编制了企业文化建设与品牌管理年度滚动计划。

撰稿 / 李　哲

新闻与宣传

2019年，新闻宣传紧紧围绕集团改革发展中心工作，创新新闻舆论工作方式，强化内外舆论引导能力，提升新闻宣传工作效果，为增强中铝集团的竞争力、创新力、控制力、影响力、抗风险能力，加快建设世界一流企业营造了良好的舆论环境。

一、外宣工作及舆情监督

按照新闻宣传工作规律，坚持服务大局不动摇，科学准确设置对外宣传议题，积极主动引导舆论，唱响中铝“好声音”。在国内主流媒体策划刊登宣传稿件240余篇，在行业主要媒体发稿近1000篇，稿件数量、宣传质量和传播效果稳步提升。

国内多家知名媒体刊发了《中铝集团盈利四连增 创十年来最好业绩》《中铝集团2018年营收超过3000亿元 盈利创十年来最好业绩》等一批宣传稿件；在中铝股份业绩发布节点，策划刊发了《中国铝业2018年实现利润总额24.3亿元》《中国铝业首季“开门红”：净利润同比增长46.11%》《中铝集团半年业绩创新高 成全球最大有色金属企业》等新闻稿件，在满足媒体信息需求的同时成功设置了舆论议题，主动引导了舆情走向；科学做好重大项目的跟踪报道，中铝高端制造集团成立之际，刊发了《中铝高端制造集团定锚重庆 企地联手打造铝材航母》《央地合作再推进 中铝重庆联手打造高端制造公司》等新闻稿件。

全面做好中央媒体集中采访报道集团党建经验的各项工作，召开中央媒体与集团领导座谈会，《人民日报》、新华社、中央广播电视总台、《中国之声》、《光明日报》、《经济日报》、《中国组织人事报》等中央媒体陆续刊播相关稿件，对于进一步提升集团形象具有重要意义。

坚持“请进来”和“走出去”相结合，不断夯实与中央主流媒体的合作关系，继续拓展与财经媒体和网络媒体的互动交流，构建了稳定友好的外部媒体生态，为全面做好新闻舆论工作奠定了重要基础。邀请《人民日报》、新华社、中央电视台、《经济日报》等中央媒体，《中国证券报》、《证券日报》、《经济观察报》、澎湃新闻、财新网等财经媒体记者80余人次以多种形式开展交流，通过友好互动，沟通了信息诉求，加深了彼此理解支持。2019年，累计接受媒体采访和回应媒体各类提问70余次，快速准确地传递中铝声音，构建了阳光开放坦诚的中铝形象。

建立舆情监测分层分级监测体系，确保重点事件舆情及时发现、准确报告，对负面舆情实施了24小时值班制度和零报告制度，强化了主动防御风险和科学处置事件的能力。妥善预防和化解了涉及企业安全生产、环境保护、业绩发布等各类事件10余起，外部舆论环境稳中向好。

二、《中国铝业报》编发工作

坚持办好《中国铝业报》，打造集团媒体的核心平台。2019年编辑出版《中国铝业报》95期，刊登稿件3600余篇，在河南省报纸编校质量抽查结果中，以0.061‰的差错率名列前茅，大幅度低于0.3‰的合格线，办报质量不断提升，被评定为一级报纸。报社及通讯员采写的相关消息、通讯、言论及副刊文章分别荣获中国行业报协会第三十三届中国产经新闻奖评选（第二十九届中国新闻奖初评）二、三等奖，采编水平得到认可。

三、集团官网及新媒体建设与管理

围绕创新推动新媒体建设，全力推动全媒体融合。全面做好“今日中铝”公众号、集团网站群、中铝新闻客户端和舆情参考等自有媒体平台的建设，把握传统媒体与新媒体融合发展的新态势，整合宣传力量，梳理内外信息，加强内部协同，打通各类媒体界限，保障了新闻传播时效性、贴近性和准确性，实现了宣传平台一体化发展多渠道传播的发展态势，提升新闻宣传工作效果。

撰稿 / 吴　琼

社会责任管理与实践

2019年，集团社会责任工作取得了积极进展，成果显著。集团第5次入围中国企业300强社会责任发展指数20强，连续3年排名金属行业第一名。《中铝集团：基于管理模块和负面清单的社会责任管理》作为精品案例收录于国务院国资委、中国社科院编制的《企业社会责任基础教材》，获得国有企业优秀管理实践优秀案例奖。

一、社会责任管理能力稳步提升

（一）管理模块实现全覆盖

如期完成集团社会责任管理模块和负面清单覆盖主要业务板块工作。修订了《中国铝业集团限公司社会责任管理办法》，增加了社会责任工作的职责范围，按照公司治理、员工权益、环境保护、公平运营、社区支持五大领域分类明确履责范围和责任主体。调整了社会责任工作大会和先进单位、先进个人表彰工作频次。印发实施《社会责任管理模块2018年度评估报告》《2019年度社会责任工作要点》《社会责任管理模块和负面清单（2019修订版）》。

（二）责任沟通获得新进展

集团发布了年度社会责任报告，报告连续6年保持专业机构“五星级报告”最高评级，首次获得报告过程性、实质性、完整性、平衡性、可比性全维度五星级评价。集团连续7年获“金蜜蜂优秀企业社会责任报告·长青奖”。中铝股份、中国铜业、中铝国际、中国稀有稀土、云铜股份、云铝股份、驰宏锌锗、广西分公司发布年度社会责任报告。研究形成了《中国铝业集团有限公司社会责任国别报告建议方案》。集团领导在中外CEO圆桌会议、“一带一路”论坛、第二十五届中国企业现代化创新成果大会等发言中，介绍交流了集团履行央企社会责任的做法和成效。中铝国际、中铝海外、秘鲁矿业完成了国资委《中央企业责任管理调查问卷》和《中央企业“一带一路”海外履责调查问卷》。参加中国社科院《中央企业社会责任蓝皮书（2019）》暨《中央企业“一带一路”履责报告（2019）》课题调研活动，赴6家中央企业进行实地调研交流。

（三）履责能力取得新提升

2019年，集团就社会责任报告编制、优秀实践案例编写进行专题培训。参加国资委央企社会责任专题培训，中国铜业、东轻、中铝瑞闽、驰宏锌锗等企业的社会责任专兼职人员参加了中星责任云组织的责任官培训，中铝资本参加联合国全球契约组织可持续金融项目座谈会。集团社会责任工作委员会办公室人员到中铝股份、中国稀有稀土、中铝国贸、中铝资产、中铝资本、东轻、云铝股份、驰宏锌锗、秘鲁矿业现场座谈调研，建立了集团社会责任工作委员会办公室与海外社会责任试点的沟通机制。

二、社会责任实践富有成效

（一）试点企业履责亮点频现

中铝股份、中铝资本、中铝资产分别召开社会责任管理模块启动会，中铝股份、中国铜业、中国稀有稀土、中铝国际、西南铝、中铝瑞闽首次完成管理模块年度运行评估工作。中铝股份扩大供应链服务生态圈，精细氧化铝主要产品指标达到或超过发达国家企业产品标准，塑造了“要好铝、找中铝”的市场认同。中国铜业有序推进战略重组深化融合，完成了公司法人治理结构调整、章程修改、董事会换届等工作。中铝稀有稀土坚持矿山可持续开发，绿色开采工艺通过国家科技部验收并入选《产业结构调整目录（2019）》鼓励类。中铝国际“普朗铜矿一期采选工程磨浮工程”等3个项目获中国建筑行业工程质量最高荣誉“鲁班奖”，连续5年获得“最佳公司治理上市公司”中国证券金紫荆奖。西南铝荣获“探月工程嫦娥四号突出贡献奖”，为服务国家战略做出了贡献。

（二）联合降碳行动深入开展

集团与联合降碳伙伴单位，在理念、科技、管理、生产、生活降碳方面做出积极探索。成功举办“产业升级与低碳发展”降碳主题研讨会。邀请中国节能环保集团、中国远洋海运集团、吉利新能源商用车公司、中国社科院、《可持续发展经济导刊》杂志社、中铝材料院等联合伙伴单位交流降碳实践经验。发布了2018年降碳报告，表彰了集团2018年度降碳十大优秀案例和降碳好新闻。

（三）优秀实践案例加大影响力

2019年，集团评选出《用好“活标本” 增强“免疫力”》等10个社会责任实践优秀案例、《信息化助力节能降碳》等10个降碳优秀案例。驰宏锌锗《以绿色为笔 描绘高质量发展之路》实践案例获评全球契约中国网络“2019实现可持续发展目标企业最佳实践奖”。中铝海外《制定社区计划 促进社区关系和谐发展》扶贫案例被中国社科院收入《中央企业海外社会责任蓝皮书（2019）》。

（四）精准扶贫助力脱贫攻坚

集团按照党中央、国务院部署和要求，坚决扛起政治责任，打好脱贫攻坚战。截至2019年底，集团对口援助的西藏自治区昌都市卡若区及察雅县、青海省海北州海晏县和定点扶贫的湖北省黄石市阳新县均实现“脱贫摘帽”。

2019年投入扶贫援助资金3490万元（定点扶贫840万元、援藏2000万元、援青650万元），同比增长26%。制订《中国铝业集团有限公司2019年度脱贫攻坚工作计划》，将扶贫工作纳入党组2019年工作要点，列入党建责任制考核、集团重大任务督办和内部巡视内容。全年召开了10次专题会议研究部署扶贫工作。集团各相关部门和援派干部与受援市县协调对接，逐步建立起了计划内递增保障、计划外特殊支持、产业发展、结对帮扶、人才培养、产品文化交流促销等多项工作机制，不断强化扶贫工作制度保障。集团党组对援派干部实行“三从严一优先”的管理，即从严选拔、从严管理、从严考核，优先培养使用，完成援藏援青干部轮换，不断强化对口支援工作人才保障。集团党组主要领导赴集团扶贫地区调研指导扶贫工作9人次。

2019年，集团聚焦精准扶贫关键点，在社会民生、产业发展、教育扶贫、消费扶贫、就业扶贫等五个方面持续发力。集团向藏区提供110个就业岗位，并在昌都市召开央企专场招聘会，主动招录藏籍学生。在海晏县和阳新县，集团组织周边所属企业积极向受援县提供工作岗位，并到受援县开设中铝专场招聘会，解决贫困户就业问题。察雅县易地搬迁安置工程全面完成，卡若区新农村建设持续推进，海晏县藏医药文化交流中心和海晏县藏区青少年体质检验检测中心如期建成，阳新县三溪镇农贸市场、下容村宜居环境升级改造工程启动实施。中铝股份对青海省省属电解铝企业提供管理服务，开创了央企助力地方脱贫攻坚新模式，得到青海省委省政府高度赞扬，被国务院国资委作为经验推广。

撰稿／韩　露　胡　瑛

2020

中国铝业集团有限公司年鉴

The Yearbook of Aluminum Corporation of China

【企业篇】

Enterprises

中铝材料应用研究院有限公司

一、基本情况

中铝材料应用研究院有限公司（简称中铝材料院）成立于2017年3月24日，是中国铝业集团有限公司（简称中铝集团）的全资子公司。

中铝材料院前身为成立于2010年5月的中铝科学技术研究院，是中铝中央研究院材料科学研究分院，注册资本2亿元。中铝材料院主要从事有色金属材料与应用技术的开发与服务等业务，是中铝集团按照中组部和国务院国资委要求，入驻北京未来科学城的15家央企人才基地之一。

通讯地址：北京市昌平区北七家镇未来科技城南区中铝科学技术研究院10号楼。

2019年基本情况数据一览表

表1

主要产品产能	资产总额（亿元）	负债率（%）	员工总数（人）	学历结构	
1. 开闭件四门和前盖总成年产能2万台	2.24	29.65	230	大学专科及以下（人）	48
2. 车身附件总成产能2万台				大学本科（人）	54
3. 铝板材切割年产1万吨				硕士及以上（人）	128

说明：数据包括中铝材料院北京本部、中铝材料院苏州分公司、中铝广州有色金属应用研究院有限公司和浙江中铝汽车轻量化科技有限公司

二、组织机构

（一）领导班子

2019年领导班子成员一览表

表2

姓名	职务	2019年职务变动
王京海	副总经理、党委委员	履行法定代表人职责
陆钦芳	副总经理、党委副书记、纪委书记	无

续表2

姓名	职务	2019年职务变动
娄花芬	副总经理、工会主席	无

（二）机构设置

职能部门：综合部、人力资源部（党群工作部）、财务部、科技发展部、科研保障部。

研究所：轻合金材料研究所、铜合金材料研究所、应用技术研究所、仿真技术研究所。

中心：轻量化工程中心、试验检验中心。

分公司：中铝材料应用研究院有限公司苏州分公司。

控股子公司（股权占比为83.6%）：浙江中铝汽车轻量化科技有限公司（以下简称浙江中铝）。

托管单位：中铝广州有色金属应用研究院有限公司（以下简称中铝广州院）。

三、生产经营

2019年，中铝材料院获批国际合作项目1项、国家项目2项、省部级项目3项、中铝科技基金项目10项，启明星计划项目7项，签署横向项目协议29项。项目合同经费总额达7675万元，同比增长39%。全年实现对外收入2199万元，超额完成199万元，同比增长46%。试验检验收入突破800万元，对外服务客户80余家，外部收入162万元，同比增长47%。

浙江中铝轻量化汽车“四门一盖”总成线投产运行，实现连续小批量供货，生产交付吉利项目全车身零部件及总成件99台套、赛麟项目零部件1850台份，全年销售收入2705万元。

中铝广州院紧密结合中铝集团战略部署和科研需求，实地调研80家企业，参加29项高端技术论坛，完成16项市场调研，提出11个有价值的应用信息。

四、重大发展项目

中铝材料院高性能仿真计算平台投入使用，算力达到84 Tflops，峰时算力提高702倍，为新材料和新工艺开发提供仿真条件支撑。浙江中铝持续推进汽车零部件总成生产线建设，进入批量生产阶段。

重大项目情况表

表3

项目名称	设计规模	投资规模（万元）	当年完成投资额（万元）	年内项目进度
高性能仿真计算平台	算力84Tflops	290	290	完成建设并投入使用
汽车零部件总成生产线项目	4万台/年	648	162	进入批量生产阶段，项目尚未进行竣工验收

五、企业管理

2019年，中铝材料院梳理分析已有技术基础和行业发展趋势，围绕“领域、路径、关键技术”，明确未来1—3年科研发展的“十个领域”，形成《科研聚焦顶层设计报告》，为中铝材料院科技创新发展谋篇布局。

完善科研项目管理办法、科研项目经费管理办法等系列科研管理制度，合并项目经费类别，按照大类进行预算控制，扩大科研人员自主权。

定期组织安全检查、安全培训，开展安全警示教育、消防应急演练、安全知识讲座等活动。通过北京市多级安全检查，危化品仓库建设、监控联网等20余项安全环保问题完成整改，确保科研试验条件符合最新安全环保要求。

完善信息化手段，消除地域界限，梳理制度体系，修订一体化管理办法，清理制度障碍，实现两地同制度、统部署、一盘棋，达到将苏州研发团队划入材料院的预计目标。

通过国家二级保密资质认证，完成内部控制体系建设及新版实验室认可标准换版。中铝材料院获批成为北京市自然科学基金依托单位，实现基础研究基地从无到有的突破。

中铝材料院分别与西南铝、河南洛阳铝加工成立联合创新中心，开发市场急需的新材料和应用技术。中铝材料院分别与丹麦技术大学、奥地利莱奥本大学签署合作协议。

建立与国外高校的人才合作培养通道，输送科研人员到英国布鲁内尔大学长期访问交流。修订岗位管理办法，完善人才发展通道，开展岗位评定，建立科技人才梯队，实施薪酬调整和积分奖励，开展项目实施与申报激励，建立创收任务的奖励机制，激励体系逐步健全。

六、科技创新

2019 年，中铝材料院在研科研项目 187 项（含自主立项），39 个项目完成验收。参与编制国家标准 16 项，发布实施 1 项，5 个项目成果达到国内领先水平，1 个项目成果达到国际先进水平，并荣获中国有色金属工业协会科学进步奖二等奖。

研发出新型高导高熔点军工弹体材料，保障我国航母武器装备需求。开展大规格低淬火敏感性厚板产业化技术研究，实现国内首次≥ 230 毫米大规格厚板的工业化试制。突破高疲劳性能铝合金成分优化及精密模锻件成形工艺关键技术，制备出性能满足要求的 C919 精密轮毂和旅客观察窗窗框。

在吉利项目粘铆工艺结构基础上，进一步开发焊铆工艺轻量化技术全铝车身，完成 8 台新能源全铝乘用车样车的试制。开发的低成本中间退火新技术在中铝瑞闽新建汽车板产线获得应用，在多款车型上实现推广。汽车轻量化的 EVI 能力进一步增强，全铝滑移门样件、8.1 米纯电动公交铝车身、新能源轻卡物流铝合金车厢等一批轻量化产品完成交付。

掌握影响铝塑膜复合性能的关键控制技术和铝箔应用性能表征方法，铝箔性能指标达到进口铝箔水平。突破合金力学性能、化合物组成、制耳率等制罐重要性能参数的调控技术，实现材料强度与伸长率的同时提高，开发出厚度与强度等技术指标世界先进的薄型罐盖与罐身用铝合金板材。

持续实施华中铜 C19400 合金气泡缺陷控制项目，气泡缺陷问题获得有效、稳定控制，气泡损失率控制在 4% 以下。

2019 年科技创新数据一览表

表 4

科技创新投入	申请专利	授权专利	科技人员占比
5398.44 万元	31 件	8 件	54.8%

说明：数据包括中铝材料院北京本部、苏州分公司、中铝广州院和浙江中铝

七、深化改革

调整机构设置，整合科研力量与经营能力，苏州分院业务单元与北京院融为一体。

运管分离，聚焦科研执行阶段，增大业务部门项目管理权重，进一步激发科研活力。

完成浙江中铝增资扩股，浙江中铝成为中铝材料院控股的子公司，实现全面管理对接。

八、党建与企业文化建设

扎实推进主题教育，组织党员干部通过多种形式开展学习活动，针对员工关心的热点、难点开展调研与座谈，查摆问题、寻找差距，组织调研 16 次，收集发现问题 29 个。

抓基层组织建设，推动标准化党支部创建。调整联合党支部，成立浙江中铝党支部。开展基

层党务工作者技能培训，参加集团党务工作培训班，荣获中铝集团党务人员技能大比武活动二等奖。强化联合共建，中铝材料院党委与北京科技协作中心党委深化“党建引领、企地融合”共建活动，各党支部分别与中铝瑞闽、东轻、西南铝、北汽福田等基层党支部开展联建共建活动。

设立“两带两创”项目36个，两个项目荣获中铝集团“两带两创”优秀项目。开展“创新创意”大赛和青年创新沙龙活动。

做好科研与企业文化融合。举办企业文化讲座，组织科研文化理念评选。开展专项课题研究，制作《青年员工成长手册》，帮助青年员工尽快实现能力与业绩的双提升。健全工会组织，完成第一届职工代表选举，开展趣味运动会、拓展训练、青年员工“快闪”等活动。

九、履行社会责任

中铝材料院党委与北京科技协作中心党委深化“党建引领 企地融合”共建，在密云区巨各庄镇水树峪村开展了“绿化荒山荒坡，共筑生态家园”义务植树。帮助水树峪村留守年迈老人栽种48株松树。

十、重要纪事

1月8日，中铝材料院承制首台铝合金新能源车身顺利下线，中铝集团党组副书记、董事敖宏参加交车仪式。

1月21日，中铝材料院召开2019年第一次职工大会暨2019年工作会议、党风廉政建设和反腐败工作会议。

1月24日，中铝集团党组书记、董事长葛红林到浙江中铝调研。

3月22日，中铝材料院与中铝河南洛阳铝加工有限公司成立联合创新中心。

4月11日，中铝材料院与丹麦技术大学签署战略合作协议。

5月23日，中铝材料院与奥地利莱奥本大学签订技术创新合作框架协议。

6月25日，中铝材料院举办“不忘初心我奋斗，牢记使命我创新”青年创新沙龙，中铝集团党组书记、董事长葛红林和中铝集团党组副书记、董事敖宏出席活动。

7月12日，中铝集团党组成员、副总经理卢东亮到中铝材料院开展“不忘初心、牢记使命”主题教育调研。

7月22日，中铝材料院—北汽新能源汽车用铝合金联合实验室揭牌成立。

7月26日，中铝材料院、西北铝和中国航空工业标准件制造有限公司签订“航空紧固件材料开发”三方战略合作协议。

10月10日，中铝集团党组副书记、董事、总经理余德辉到中铝材料院主持召开科技创新和改革座谈会。

11月4日，中铝材料院与西南铝签订联合创新中心协议。

撰稿 / 高学成

中铝铁矿控股有限公司

一、基本情况

中铝铁矿控股有限公司于2010年10月6日在香港正式注册，注册地址为香港金钟夏悫道46号远东金融中心4501室；办公地点为北京市海淀区西直门北大街62号中国铝业大厦403室。2011年11月，在国资委指导下，有关企业入股原中铝铁矿公司，组建了中方联合体，即新的中铝铁矿控股有限公司（以下简称中铝铁矿），其中中国铝业（65%股权）、宝钢资源（20%股权）、中非发展基金（10%股权）、中铁建（2.5%股权）、中港湾（2.5%股权），拟共同投资参与西芒杜铁矿项目开发。2012年4月，经国家发展改革委等监管机构批准，中铝铁矿正式出资入股西芒杜项目，并获得了中铝、力拓合资公司Simfer Jersey47%的股权。2014年底中铝购买了中铝股份所持中铝铁矿65%股权，并成为中铝铁矿控股股东。2016年12月，中非发展基金将其持有中铝铁矿的全部股权转让给了中铝所属中铝海外控股，因此中铝方面股权由65%增加为75%。

2019年基本情况数据一览表

表1

资产总额（亿元）	负债率（%）	员工总数（人）	学历结构	
154.85	8.74	15	大学本科（人）	1
			硕士及以上（人）	14

二、组织机构

（一）领导班子

2019年领导班子成员一览表

表2

姓名	职务	2019年职务变动
鲍 宇	中铝铁矿总裁、支部书记	—

续表2

姓名	职务	2019年职务变动
李 伟	中铝铁矿副总裁	—
史大多	中铝铁矿副总裁	2019年5月挂职结束

（二）机构设置

部门：综合部、财务部、工程一部、工程二部。

三、经营管理

2019 年，中铝铁矿认真贯彻集团统一部署，以“稳步推动、补齐短板、堵塞漏洞、防范风险”为主线，完成了项目概念性研究报告，妥善化解了减值、小股东不出资、境外资产处置等潜在风险。在集团领导下，全面完成年度目标，确保了项目矿权稳定，保障了投资人利益，推动项目持续健康发展。

（一）方案优化，提升项目国际竞争力

2019 年，中铝铁矿会同力拓技术团队开展项目概念研究，在采用中国设计、中国管理、中国施工和中国装备的前提下，项目投资成本至少可优化到 153 亿美元，较 BFS 降低约 16%；概念研究对项目 18 种细分线路方案进行了研究，并归结为南线（几、利边境交货，经利比里亚出运）、北线（康康线）和中线（BFS 线）三大方案，在综合考虑后，最终明确了中线方案仍是当前最可行且经济性良好的线路。此次概念研究极大提升了项目的国际竞争力，为寻找投资人并进一步优化方案奠定了坚实基础。

（二）股权调整，优化股权结构

根据中铝集团的战略规划、国家对国企聚焦主业的要求及外部董事意见，考虑到中铝集团对铁矿石市场敏感性不强、竞争力相对较弱、应对手段相对较少的实际困难，中铝集团审时度势，从中方主导项目对保护投资者利益、保障钢铁工业上游资源安全等角度出发，充分顺应国内钢企重组大趋势，利用钢企可对冲价格风险、有利于融资贷款及组建新联合体等优势，经与中国宝武集团多次磋商，达成了“宝武主导、中铝跟进、引进其他投资人共同开发项目”的共识。

（三）项目推介，争取国家政策支持

西芒杜项目长期受到行业协会及有关机构的高度关注。2019 年，中铝铁矿与多部委和机构就项目最新情况进行了汇报，为项目推进创造良好的外部条件。9 月，中铝铁矿陪同发改委、国开行代表团对项目进行了现场调研。代表团高度评价了项目的重大意义和中铝铁矿多年来为项目所做的工作，明确表示将支持把项目纳入“一带一路”重点项目范围，并打造成我国钢铁工业海外供应链的旗舰项目。12 月初，中铝铁矿陪同宝武高层代表团赴矿山进行了实地考察。宝武代表团肯定了资源的品质和对行业发展的重要意义，明确表达了对项目及早开发的期待。

四、深化改革

（一）科学管理，用信息化服务海外投资

根据集团关于紧跟海外矿业发展形势的指示，中铝铁矿持续关注行业最新资讯，密切跟踪项目周边矿业局势，并编写了多个专题研究报告上报集团。中铝铁矿建立起铁矿石市场四维数据库，每周形成《铁矿石综合周报》，充分利用“互联网 + 大数据”的组合拳，跟进市场变化，为集团研判项目发展方向提供有力支撑。

（二）未雨绸缪，筑牢风险防控大坝

中铝铁矿积极学习贯彻国资委和中铝集团的相关办法，逐项排查、梳理、整治项目潜在风险点，努力做到“早发现、早解决”，一是化解减值风险，维护股东利益；二是多元化解决小股东欠缴出资问题，化解投资风险；三是加快境外资产处置，止住项目出血点。此外，积极配合审计署专项审计工作，做好组织汇报，努力寻求国家支持。

五、党建与企业文化建设

中铝铁矿党支部以贯彻落实十九大精神为契机，以习近平新时代中国特色社会主义思想为指引，深入开展“不忘初心、牢记使命”主题教育活动，充分发挥海内外联动优势和支部的凝聚力、向心力。一是创建中铝铁矿党建微信公众号，增强党建工作在移动互联网领域的宣传和使用，有效促进党建工作对于海外党员队伍构建的引导性，增强党员“四个意识”作用明显。二是与外交部延续共学共建创新机制，真正实现了“信息互通、优势互补、取长补短、共同提高”的党建工作新格局。高度重视党风廉政纪律教育和警示教育，引导党员筑牢“思想防线”，经得住诱惑，管得住小节。

六、履行社会责任

2019 年，Simfer（合资公司）组织实施了多项农业支持项目以支持当地社区的发展，保持了与社区和地方政府的良好关系。开展了水稻种植、蔬菜种植、家禽养殖以及蜜蜂饲养等农业支持项目。组织了人员技能提升培训，培训对象包括项目周边社区人员、中小企业工作人员以及部分地方官员。组织了预防疟疾等常见疾病的知识培训，超过 3000 人了解了常见疾病的预防知识。Simfer 向项目周边社区捐助了预防疟疾及其他常见疾病的药品，以增强社区防治常见疾病的能力。

七、重要纪事

2019 年初，中国宝武集团陈德荣董事长向中铝集团提出，愿意主导并控股西芒杜项目，并向国务委员王勇作了汇报。

5 月至 8 月，中铝集团和中国宝武集团组织了五次高层会晤和一次工作组会议，就控制权转换过程中双方关注的要点内容进行磋商与探讨。

9 月 12—15 日，中铝铁矿陪同国家发展改革委外资司副司长张志青，国开行首席经济学家、研究院院长刘勇一行对西芒杜项目进行了现场调研。

12 月 5 日，力拓—中铝—几内亚政府在科纳克里开展三方高层会晤，为项目开发指明新思路。

12 月 7 日，在中铝集团党组成员、副总经理冯贵权及中铝铁矿陪同下，中国宝武集团党委委员、副总经理郭斌一行考察西芒杜铁矿现场。

撰稿 / 任尚清

中铝海外发展有限公司

一、基本情况

中铝海外发展有限公司（简称中铝海外）成立于2018年6月26日，注册资本10亿元。主营业务包括海外项目前期研究开发以及海外项目建设管理。通讯地址：广东省广州市南沙区丰泽西路中铁建环球中心中铝海外中心12楼。

2019年基本情况数据一览表

表1

资产总额（亿元）	负债率（%）	员工总数（人）	学历结构	
1.896	10.65	113	大学专科及以下（人）	31
			大学本科（人）	61
			硕士及以上（人）	21

二、组织机构

（一）领导班子

2019年领导班子成员一览表

表2

姓名	职务	2019年职务变动
刘　敬	党委书记、董事长	—
赵振刚	党委副书记、总裁	—
杜小明	副总裁	—
瞿　波	纪委书记、副总裁	—

（二）机构设置

职能部门：综合管理部、战略和业务发展部、财务资本部、法务风控部、工程管理部。

境外机构：印尼代表处。

全资子公司：中铝海外（广州）工程服务有限公司。

三、生产经营

2019年，中铝海外严格对照中铝集团下达的年度经营业绩合同书，强化目标导向，紧盯经营业绩，经营指标取得了阶段性成绩。全年实现收入、利润总额、资产总额、负债率率等经营指标均完成了年度规划目标；净利润 1911.33 万元，超额完成集团考核目标。

主要指标一览表

表 3

指标名称	2018 年	2019 年	同比增长
销售收入（亿元）	0.02	0.76	3700%
利润额（亿元）	0.0038	0.26	6843%
纳税额（亿元）	0	0.063	—
人身伤亡事故（起）	0	1	—
工亡人数（人）	0	1	—
重伤人数（人）	0	0	—
轻伤人数（人）	0	0	—

四、重大发展项目

按照“三平台一基地”定位，中铝海外主营业务为海外项目前期开发、项目建设及运营管理。2019 年无自行投资项目。

2019 年，中铝海外前期开发业务工作有序开展。一是重点项目有序推进。中铝海外积极推进几内亚氧化铝项目、印尼氧化铝项目、纵横项目和蒙古项目等重点项目前期开发工作，均圆满完成中铝集团和中铝股份预期工作目标，取得了阶段性成果。二是“倒梯形”项目开发结构逐步形成。中铝海外以“聚焦铝业、兼顾其他”为原则，跟踪研判 28 个国家的 50 余个项目，形成了 8 份项目机会研究报告；完成中铜 T 项目、沙特 SCPC 项目、海外数据库项目 3 个项目立项。

五、企业管理

建立了《中铝海外发展有限公司职业健康、安全环保管理办法》《中铝海外发展有限公司职业健康、安全环保委员会工作办法》，规范 HSE 管理体系框架。建立了适用于中铝海外发展有限公司三大体系运行管理制度共 24 项。建立隐患排查治理体系，在每日现场监督、专业检查、周查周整基础上，多次组织施工单位进行交叉检查，全年共进行安全检查 44 次，安全隐患整改率达 100%。建立风险作业安全管理体系，项目安环人员对重点作业环节实施现场安全措施检查确认及现场旁站监护，确保施工及安装过程安全可控。

中铝海外发展有限公司组织骨干人员筹备几内亚博法项目生产准备工作，编制了生产准备大纲。坚持“谁主管、谁负责”“管生产必须管安全”的原则，建立健全了“一岗双责”安全责任清单。所有员工均按照国家法律法规要求进行了入厂三级安全教育，并对“十条禁令”、应知应会、境外风险防控、消防知识等进行过关考试，考试合格率均为 100%。

建立应急管理体系，通过演练不断完善应急体系，修建了突发事件撤离应急通道，合理调整应急救援物资，从外到内保障员工安全。

六、科技创新

在海外科技创新方面，几内亚博法铝土矿项目、几内亚氧化铝项目等重点项目推进过程中贯彻执行集团“绿色化、智能化、高端化、国际化发展”理念，降低项目成本，提高竞争力，打造海外智能化示范项目标杆。

2019 年，中铝海外按照集团智能工厂的要求，在博法铝土矿项目建设过程中与智能平台合作，推进项目智能化建设工作，打造海外智慧矿山示范项目标杆；几内亚氧化铝项目前期开发过程中，按照总体设计、分步实施原则，在投资可控，提升成本竞争力的条件下，可行性研究报告中编制优化几内亚氧化铝项目智能化专篇，在前期研究阶段为实现氧化铝厂高效运营、智能管控和绿色生产，打造海外智能工厂项目标杆做好顶层设计工作。

七、深化改革

2019 年，中铝海外加快海外布局，形成海外项目开发的战略布局和思路，并取得可喜成果。

一是建立西非、东南亚重点区域布局。

二是确定海外开发重点项目。确定将几内亚博法项目一期扩建、几内亚氧化铝项目、印尼氧化铝项目、纵横项目、沙特 SCPC 项目等作为重点项目进行研究。

三是形成海外开发倒梯形研究结构。按照“跟踪一大批、研究一批、谈判一小批”的海外开发整体思路，形成跟踪研究 15 个国家、30 余个项目，重点研究约 10 个项目，立项 3 个项目的倒梯形海外项目研究结构。

八、党建与企业文化建设

（一）党的建设

把“不忘初心、牢记使命”主题教育作为 2019 年度党建重点任务和党委首要政治任务，扎实组织开展“不忘初心、牢记使命”主题教育。全年共召开党委会 37 次，审议议题 119 项，其中 3 次重点研究加强党风廉政建设工作。

结合中铝海外实际，围绕规范基层党组织工作程序和工作标准，开展标准化党支部建设，达标率达 100%。坚持每月开展主题党日活动。

（二）文化建设

2019 年中铝海外强化外宣工作，全年发表《中国驻几内亚大使黄巍到中铝几内亚博法项目调研》《全国人大常委会副委员长武维华视察中铝几内亚博法项目》《弘扬传统友谊 续写时代华章——中铝海外参加中几建交 60 周年庆祝招待会》等 19 篇新闻稿件。

九、履行社会责任

中国铝业几内亚博法项目自开工以来，始终围绕项目与环境和谐共生、与社区和谐发展、与当地共同腾飞的原则开展工作，保证建设与自然生态的和谐共生。

环境优先。为使几内亚进港大道两旁红树林得到最好的保护，先后增加投资修建了总长度达 485 米的 22 处涵管，保持被隔离区域红树林的正常生长。重油电站在实施过程中，额外增加投资共计 200 多万美元，强化脱硝工艺，增加除尘和隔音消音设施，实现了烟气超净排放、零污水排放和大幅度降低噪声污染的目标，并同时预留了脱硫场地。

热心公益。坚持建设一个企业、造福一方百姓的经营原则，积极支持公益事业和社区发展。协调施工单位中港湾公司在港区水井接上对外水管，为附近村民免费供水。对营地到矿区道路中破损或未修建好的 7 座管涵、小桥进行技术修复或修建。中铝为项目专门修建的检修道路不设置任何路障设施。发挥人员和设备优势，积极帮助当地政府部门解决实际困难。2019 年 8 月，应塔米塔市政府请求，运输土石方对其新建学校进行了场地平整和道路修建。

支持当地经济发展。为当地居民提供了数十个就业岗位，为原住民培训先进的农业种植技术，优先雇用成绩优异人员上岗，提高了当地居民就业和经济收入。

十、重要纪事

1 月 16 日，中铝海外党委成立。

8 月 1 日，购置广州南沙总部基地办公楼。

8 月 13 日，中铝海外（广州）工程服务有限公司注册成立。

10 月 6 日，中铝海外几内亚博法项目采矿场建成正式采矿。

12 月 15 日，中铝海外几内亚博法项目第一船铝土矿启航，首船运输 5.48 万吨。

撰稿 / 唐植祺

中铝环保节能集团有限公司

一、基本情况

中铝环保节能集团有限公司（简称中铝环保）是中国铝业集团有限公司的全资子公司，于 2018 年 3 月在雄安新区注册成立，注册资本 10 亿元人民币。

作为专业化环保节能产业平台公司，中铝环保主要业务领域为环保（水、气、固）、节能、资源再利用、生态修复、碳资产管理等。

2019 年基本情况数据一览表

表 1

资产总额（亿元）	负债率（%）	员工总数（人）	学历结构	
22.60	36.34	46	大学专科及以下（人）	1
			大学本科（人）	15
			硕士（人）	25
			博士及以上（人）	5

二、组织机构

（一）领导班子

2019 年领导班子成员一览表

表 2

姓名	职务	2019 年职务变动
何怀兴	执行董事、党委书记	—
畅耀民	总裁、党委副书记	—
许敦歌	副总裁、纪委书记	—

续表 2

姓名	职务	2019 年职务变动
杜　心	党委委员、技术总监	—
刘万超	党委委员、技术总监	—

（二）机构设置

本部职能部门：党委纪委工作部（综合部）、财务部、企业发展部、安全生产部（项目管理部）。

本部业务部门：业务发展部、固废事业部。

控股管理企业：北京铝能清新环境技术有限

公司、云南科力新材料股份有限公司、中铝环保节能科技（湖南）有限公司、中铝环保生态技术（湖南）有限公司、内蒙古丰融配售电有限公司、宁夏丰昊配售电有限公司、中铝长城检测技术有限公司。

三、生产经营情况

2019年是中铝环保的筑牢基础之年。全年实现营业收入9.10亿元，利润总额4396.25万元，若剔除铝能清新部分运营资产受业主停产限产影响，完成利润总额约7113万元。

主要指标一览表

表3

指标名称	2018年	2019年	同比增长（%）
销售收入　（亿元）	0.0018	9.10	505556
利润额　（亿元）	−0.08	0.44	650.00
所有者权益（亿元）	4.94	14.39	191.30
纳税额　（亿元）	0.0005	0.62	123900
净资产收益率（%）	−2.48	4.17	6.65
人身伤亡事故（起）	0	0	—
工亡人数　（人）	0	0	—
重伤人数　（人）	0	0	—
轻伤人数　（人）	0	0	—

四、重大发展项目

中铝环保主动扛起中铝集团环保攻坚战责任，瞄准实体企业环保节能顽疾问题开展业务布局，实现了业务范围由2018年的以氧化铝为主向电解铝、铜、铅锌、稀土产业的延伸，业务领域由2018年的以大气治理为主向水务、固废处置、生态修复、噪音治理等的拓展。2019年共开工建设环保类项目21项，竣工6项且全部达标。广西华昇热电站2×450吨/时锅炉烟气污染治理项目作为中铝环保首个自主实施的集投资、建设、运营模式于一体的项目，助力业主新生产线在投产之日就实现绿色化。甘肃华鹭炭素系统烟气脱硫项目历时98天高质量完工，解决了业主15万吨炭素生产线全面停产的生存危机。山东热电厂废水综合治理等项目帮助业主实现了工业废水零排放。贵州铝厂土壤修复项目是中铝环保在生态修复领域取得的零突破，通过项目的实施，掌握了有色行业重金属污染土壤修复的先进技术和药剂研发能力。一批示范项目的落地，为中铝环保承担同类项目积累了业绩、奠定了基础。

五、企业管理

以建立科学规范、系统完备、精简高效的管控体系为目标大力开展工作，中铝环保的治理能力取得了显著进步。开展制度体系建设，全年本部共印发基础管理类规章制度67项，全过程监督制度的执行，把制度优势转化为治理效能。开展人力资源体系建设，建立了市场化契约化选人用人机制，规范了中铝环保本部及二级公司岗位管理，明确了干部选拔任用程序，完善了以业绩和价值为导向的绩效激励机制，自主组织开展了社会招聘，人力资源管理体系日趋成熟。开展业务管控体系建设，建立了财务管理、投资决策、招标采购、安全管理、市场开发、科技研发、项目管理、保密管理等一系列业务管控体系，较好满足了中铝环保快速发展需要。坚持“管放结合”原则，严格落实“依法治企”理念，初步理清了中铝环保本部与各二级公司的管理责权和业务定位，“三会”管理得到规范运行，二级公司经营管理也逐步完善。

六、科技创新

中铝环保充分发挥平台优势，精准研判行业技术走向，挖掘客户潜在需求，对接外部技术机构，寻找到了一批先进技术解决方案，增强了提供专业化服务的技术能力。与芜湖海创、郑州经纬合作，获取了水泥窑协同处置大修渣技术、铝灰制备陶瓷和耐火材料技术，为有效解决铝工业危废处置难题找到了技术路径。所属二级公司铝能清新攻克高温烟气精密除尘的技术难关，实现了氧化铝焙烧炉颗粒物超低排放的技术突破，打破了外部竞争对手在中铝集团氧化铝焙烧炉除尘方面的技术垄断。所属二级公司云南科力承接的呼伦贝尔金新化工有限公司高浓盐水分盐结晶技改项目，采用国内最先进的氧化技术、膜组合技术和蒸发结晶分盐技术，实现了煤化工行业工艺废水及废水中资源的综合回收利用。完成了山西华兴、广西分公司赤泥筑路示范项目，初步探索出了赤泥消纳的产业化路径，主编出台《拜耳法赤泥路基工程化应用技术标准》。与华东理工大学合作，就氧化铝焙烧用燃料天然气成本高、煤炭指标受限等问题，找到了环保高效经济制备燃气新路径。

七、深化改革

在体制方面，中铝环保始终把供给侧能力端建设摆在特别突出的位置上，精心谋划、细心组织、尽心实施，迅速打造了一批专业化团队。2019年，中铝环保共完成了北京铝能清新环境技术有限公司、中铝长城检测技术有限公司、内蒙古丰融配售电有限公司、宁夏丰昊配售电有限公司、中铝环保节能科技（湖南）有限公司、中铝环保生态技术（湖南）有限公司、云南科力环保股份公司7家二级公司的控股重组，在大气治理、水务处理、重有色环保节能、生态修复、环境检测、综合能源服务领域具备了专业化的技术和管理团队，为打造环保节能新兴战略产业奠定了坚实的队伍基础。

在机制方面，中铝环保通过建立业绩和价值为导向的绩效激励机制，进一步提高了员工工作效率，营造了干事创业的良好氛围，深化了内部管理机制改革。

八、党建与企业文化建设

中铝环保深入贯彻落实习近平新时代中国特色社会主义思想，以强化“三基工作”为主线，扎实筑牢了党建根基，为改革创新把稳了方向，为提质增效提供了动力。在中铝环保党委成立的第一年，实现了基层党组织的全覆盖，探索出一条混合所有制企业强化党建的新道路。严格把党的领导融入公司治理各个环节，把企业党组织内嵌到公司治理结构之中，实现了党组织发挥作用组织化、制度化、具体化。通过发挥考核“指挥棒”作用，认真开展了党建与经营“双百分”考核和标准化党支部建设等工作，切实强化了党建工作对经营工作的引领和带动作用。下大力气开展了“不忘初心、牢记使命”主题教育，扎实解决了阻碍公司高质量发展的8个方面20项突出问题。

九、履行社会责任

根据中铝集团安全环保健康部的统一安排，中铝环保于2019年7月，组建了2个碳排放数据盘查专家组，现场对中铝矿业、西南铜业、云铜锌业、云铝文山、驰宏锌锗、遵义铝业等19家企业2018年度碳排放情况进行了核算、盘查，培训企业员工100余人次，编制了26家实体企业碳排放报告、盘查报告、补充数据表及碳排放监测计划；同时对包头铝业、中州铝业、东轻等50余家企业自行组织的碳排放数据及排放报告进行了审核；形成了中铝集团2018年碳排放盘查工作总结及建议报告，圆满完成了集团安排的2018年集团碳排放数据盘查工作。

十、重要纪事

1月29日，中铝环保节能集团有限公司党委、纪委成立。

1月，内蒙古丰融配售电有限公司、宁夏丰昊配售电有限公司纳入中铝环保管理，具备了综合节能服务能力。

1月，中铝长城检测技术有限公司纳入中铝环保管理，具备了环保检测专业化技术能力。

3月，中铝环保子公司铝能清新攻克了高温烟气精密除尘的技术难关，实现了氧化铝焙烧炉颗粒物超低排放的技术突破，打破了外部竞争对手在氧化铝焙烧炉除尘方面的技术垄断。

7月，子公司中铝环保节能科技（湖南）有限公司成立，具备重有色领域环境治理专业能力。

7月，子公司中铝环保生态技术（湖南）有限公司成立，具备了生态修复领域专业治理能力。

8月，云南科力新材料股份有限公司纳入中铝环保管理，具备了西南地区铅锌领域环保治理能力。

12月，通过贵州铝厂土壤修复项目，在生态修复领域取得零的突破，掌握了有色行业重金属污染土壤修复的先进技术和药剂研发能力。

撰稿 / 赵应平

中铝创新开发投资有限公司

一、基本情况

中铝创新开发投资有限公司（简称中铝开投），系中国铝业集团有限公司直属企业，简称中铝开投（CHINALCODI），2018年5月成立，注册地在深圳。办公地址为深圳市南山区粤海街道大冲社区科发路11号南山金融大厦19层。

中铝开投是中铝集团响应国家关于国有资本投资、运营改革组建的专业化和市场化运作的国有资本产业投资机构；是中铝集团按照“4+4+4”战略布局，着力打造的12个板块公司之一；是中铝集团创新开发新兴产业、高端产业、前沿产业的投资和运营平台。

中铝开投自2018年成立以来，按照集团赋予的“改革创新试验田，转型升级助推器”的定位和“产业投资＋基金投资”的运营策略，成立“中铝·绿萝美巢”绿色环保铝制家居品牌，开辟铝产品创新应用的广阔市场；打造新能源高科技产品——铝空气燃料电池，完成铝燃料电源产业体系建设；建立了集交易、物流、金融服务、技术服务等多功能于一体的有色金属互联网电商平台——铝拓网；设立了“开投铝程”智能轻量化铝挂车品牌，推动集团轻量化在城配和干线货车市场的应用；成功设立中铝浙江军民融合基金，多项业务实现重要突破，成为中铝集团进军创新业务领域的排头兵。

2019年基本情况数据一览表

表1

资产总额（亿元）	负债率（%）	员工总数（人）	平均年龄（岁）	学历结构	
7.43	20.97	43	35.8	大学专科及以下（人）	4
				大学本科（人）	28
				硕士及以上（人）	11

二、组织机构

（一）领导班子

2019年领导班子成员一览表

表2

姓名	职务	2019年职务变动
李谢华	党委书记，执行董事、总裁	—

续表2

姓名	职务	2019年职务变动
冯修青	纪委书记，副总裁	—
王　闯	党委委员，财务总监	—

（二）机构设置

部门：综合管理部、财务金融管理部、风控法务部、投资管理一部、投资管理。

子公司：深圳开投美巢家居有限公司、宁波烯铝新能源有限公司、成都铝拓互联网科技有限公司、深圳开投铝程轻量化智能科技有限公司、宁波浙铝企业管理咨询有限公司、中铝跨越产业基金管理有限公司、中铝南海合金有限公司（委托中铝股份管理）。

融合基金：宁波浙铝君融创业投资合伙企业（有限合伙）。

参股公司：洛阳佛阳装饰工程有限公司（托管企业）。

三、生产经营

主要指标一览表

表 3

指标名称	2018 年	2019 年	同比增长
利润额 （亿元）	0.008	−0.13	1750%
纳税额 （亿元）	0.002	0.04	1900%
人身伤亡事故（起）	0	0	—
工亡人数 （人）	0	0	—
重伤人数 （人）	0	0	—
轻伤人数 （人）	0	0	—

四、企业管理

中铝开投加快推动到市场消费端的品牌战略落地，向特斯拉等现代企业营销模式学习，立足从中高端切入确立品牌价值，实施亲和大众的品牌细分战略，做到先树立高质量品牌再逐步向全系列拓展。在打造终端、高端、市场消费端产品的同时同步加强品牌建设，通过贯彻实施“品牌形象、用户利益主张、品牌故事、沟通口号”等一系列现代品牌理念与策略，开辟社会责任宣传新阵地，着力构造业内主流价值影响力，为中铝集团高质量发展、创造新未来提供品牌支撑。同时坚持项目本质绿色化。

五、重大发展项目

2019 年，中铝开投根据自身的战略定位，以党建为引领铸魂强基，以专业化运营为准则管控投资，以要素最优化为原则孵化项目，致力于寻找未来主业项目，打造有竞争力项目，完善集团产业上下游布局项目，建设现代投资体系项目。全年完成立项项目 10 个，储备项目 31 个，项目库项目 66 个。

投资设立了深圳开投美巢家居有限公司、宁波烯铝新能源有限公司、深圳开投铝程轻量化智能科技有限公司、成都铝拓互联网科技有限公司和宁波浙铝企业管理咨询有限公司、宁波浙铝君融创业投资合伙企业（有限合伙）。孵化出中铝绿萝美巢铝制家居、铝空气电池金属新能源、智能轻量化铝挂车 3 种终端高端产品，搭建起互联网赋能的铝拓网有色金属电商平台，设立了具有金融孵化功能的军民融合产业基金，奠定了发展的基础。

六、深化改革

探索符合市场化机制的创新路径。一是坚持轻资产运作模式。中铝开投在铝制家居、轻量化等战略型新兴领域，把品牌、设计、研发、营销渠道等创新性轻资产与生产设施、厂房等常规重资产相分离，其中创新性轻资产作为核心价值，完全独立打造、自主掌控；常规重资产作为非核心价值，通过外包给合作方以委托方式解决。附着在常规重资产上的工艺技术、行业标准等核心价值，通过独立或为主建设 1 个自有基地做到牢牢掌控，在此基础上开展业务外包，由合作方进行基地复制，确保生产规模与订单的需求动态匹配。同时创新人才机制，坚持市场化引入人才，创新市场化使用人才机制，把央企的人文关怀和市场化的用人机制有机结合。二是坚持混合股权模式。在坚持总体可控的前提下，充分发挥“直投 + 基金投”的作用，市场化引进有共同投资意向的合作方，利用各方优势，保持项目公司创业激情和灵活性。在合作方选择上，坚持合作伙伴头部化，致力于共同构建产业链主导力，使项目公司具备良好的竞争力基因，在细分领域引领力上具备高站位、高起点，在技术先进性、商业模式先进性、应用场景宽广性等方面形成天然优势。

七、党建与企业文化建设

落实管党治党责任，建立健全党建工作制度。在项目公司搭建中，坚持“双向进入、交叉任职”的领导体制，保证党组织作用在决策层、监督层、执行层有效发挥。坚持党管干部原则和市场化用人导向，搭建起以市场型人才为骨干的业务团队；并以项目为载体，建立矩阵式的组织机构，打造适应投资要求和人才培养的高效组织机制。

扎实开展主题教育，把主题教育的成效转化为促进中心业务发展的动力，强化使命担当。

探索形成具有央企特色的投资公司纪检监察体系。把纪检监察体系纳入项目公司顶层设计中，探索形成项目公司“六个坚持”全新组建模式（坚持党建工作写入混合所有制企业章程，坚持合资合作采用核心资产入股模式，坚持轻资产运行模式，坚持基金合作本质安全可控，坚持合作伙伴头部化，坚持员工队伍市场化聘用）促进纪检监察工作与业务工作的紧密结合。

八、履行社会责任

立足满足人民美好生活的基础需求，积极寻找具备绿色、环保、可循环等特点，能被互联网、大数据、智能化等技术赋能的具有鲜明新时代特征的新兴与高端产业，努力提升产品的含新量、含绿量，为建设节能型、节约型社会贡献力量。中铝开投与普洛斯隐山资本共同设立轻量化物流智能装备专项基金，重点关注物流装备的轻量化、标准化及智能化应用，推动物流装备全局效率的提升，形成轻量化物流智能装备生态体系。

由中铝开投旗下深圳开投美巢家居有限公司主办，深圳广播电影电视集团娱乐生活频道承办的“‘铝’想改造家——中铝 · 绿萝美巢品牌发布会暨完美新家公益改造计划启动仪式”活动在深圳广播电影电视集团演播厅盛大召开。全国工商联、家装家居协会、行业设计师、经销商代表、合作伙伴、客户代表、环保家庭代表等共聚发布会现场，共同见证完美新家公益改造计划温暖启动。发布会当天观看直播 8.8 万人，陆续引起全国 50 多家新闻媒体热议。

九、重要纪事

1 月 29 日，中铝开投与京东物流集团签署合作框架协议。双方将围绕大宗材料销售、工业设备采购销售与租赁、产业物流服务、供应链金融服务等核心业务，联合打造有色金属领域的综合性商流物流一体化供应链平台，形成优势互补，实现互利共赢。

7 月 9 日，成都铝拓互联网科技有限公司在成都注册成立。

7 月 10 日，中铝开投旗下铝空电池产品首次亮相 2019 上海国际铝工业展。

7 月，中铝开投党委成立，李谢华当选为党委书记。

8 月 8 日，中铝铝拓网（www.myaltop.com）（中国有色金属互联网 + 电商平台）正式上线。

9 月 17 日，第二十一届中国国际工业博览会上，中铝开投与京东数字科技在上海国家会展中心签署战略合作协议。同日，中铝开投与京东工业品携手合作，共同打造智能产业互联网平台解决方案。

9 月 26 日，由深圳开投美巢家居有限公司主办，深圳广播电影电视集团娱乐生活频道承办的“‘铝’想改造家——中铝·绿萝美巢品牌发布会暨完美新家公益改造计划启动仪式”活动在深圳广播电影电视集团演播厅盛大召开。

12 月，中铝浙江军民融合基金——宁波浙铝君融创业投资合伙企业（有限合伙）成立。

撰稿 / 苗高炜

中铝智能科技发展有限公司

一、基本情况

中铝智能科技发展有限公司（简称中铝智能），成立于2019年1月14日，注册资本10亿元，位于浙江省杭州市余杭区临平新城南苑街道新城路108号。

主营业务：智能化工程设计、施工及运行服务；提供应用软件、云计算、信息安全技术的开发及服务，计算机信息系统集成及相关服务；提供智能装备、自动化装备、机器人、飞行器、感应器的研发、生产、销售及技术咨询、技术服务、技术转让。

2019年基本情况数据一览表

表1

资产总额（亿元）	负债率（%）	员工总数（人）	学历结构	
5.55	4.04	161	大学专科及以下（人）	36
			大学本科（人）	90
			硕士及以上（人）	35

二、组织机构

（一）领导班子

2019年领导班子成员一览表

表2

姓名	职务	2019年职务变动
王　洪	总裁	1月17日任
文欣荣	总工程师	4月1日任
周凤禄	副总裁	4月1日任

本部部门：总裁办公室（执行董事办公室）、人力资源部（党群工作部、纪检监察部）、财务部、项目管理部、市场开拓部、技术研发中心（技术总监办公室）。

全资子公司：中铝信息科技有限公司。

控股子公司：杭州华成设计研究院有限公司、中铝智能（杭州）安全科学研究院有限公司、河南九力科技有限公司。

三、生产经营

围绕集团数字化转型，完成了集团2019年信息化规划。重点完成了集团私有云平台IaaS层建设工作，以混合云的建设思路，初步构建了集团

“管理云”的基础硬件环境，可为集团全级次企业提供弹性、动态、灵活、快速分配的计算、网络、存储资源，解决集团信息化资源的重复建设和无效浪费，实现从集团传统IT架构迈向云架构，提供全集团集中共享的IT服务模式的转变。

以云平台建设为契机，启动集团全级次OA、网站集群、数字化档案馆等系统建设，实现智慧协同；以“共享”为纽带，以互联网+为支撑，开始规划财务、人力、内部交易、供应链四大共享平台，实现智慧服务；以国资监管为目标，推进国资委“三重一大”系统、国资监管系统等一批应用系统建设，实现智慧监管；以专业化服务为根本，推进投资系统等建设工作，实现智慧应用。

承接了易门铜业智能工厂项目、鸿鑫牛苦头智能矿山项目、华中铜业智能工厂项目等规划设计工作，从顶层设计开始介入集团智能化项目。以“自动化、数字化、可视化、模型化、集成化”的五化特征为指引，以人流、物流、价值流为主线，构建“三大中心、一个园区、两套体系”的智能工厂框架体系，实现全景可视化生产监控、计划调度一体化协同、优化精细的能源管理、受控优化的工艺质量、先进闭环的过程控制。

主要指标一览表

表3

指标名称	2019年
销售收入 /亿元	0.57
利润额 /亿元	0.05
纳税额 /亿元	0.05
人身伤亡事故 /起	0
工亡人数 /人	0
重伤人数 /人	0
轻伤人数 /人	0

说明：2019年成立，无历史数据

四、重大发展项目

重大项目情况表

表4

项目名称	投资规模（万元）	当年完成（万元）	年内项目建设形象进度
高纯氧化铝试验线改造	185.00	48.45	已完成
高纯氧化铝项目	500.00	138.27	已完成
控股成立杭州华成	1561.50	1561.50	已完成
注资并购河南九力	1371.18	1371.18	已完成
成立中铝信息	10000.00	1100.00	已完成
控股成立中铝智安院	1530.00	1146.27	已完成

五、企业管理

推进安全风险管控工程，成立中铝智能职业健康安全和环境委员会，组织本部消防培训及演练，对各项目部及工作组安全工作进行督导和检查。成立了广西华昇新材料、云南文山铝业、几内亚等工作组，以提质量、促工期、抓安全、控成本为目标，加速项目实施。

六、科技创新

2019年，中铝智能着力建设研发制度与体系，组建研发团队，设立了科技管理、智能工厂设计、产品研发、产品交付4个专业组；依托现有技术，开展集成创新，开发出皮带全生命周期管控系统等智能产品；申报4项专利、6项软著；承担工信部重点软课题、工业互联网创新发展工程等3项重大课题；牵头编制了工信部《有色金属与工业互联网融合研究报告》，参加编制《有色金属行业智能制造建设指南》。

2019 年科技创新数据一览表

表 5

科技创新投入	申请专利	授权专利	科技人员占比
558.58 万元	4 件	0 件	45%

七、深化改革

管运分离、明确职责，实现专业化公司运营。按照统一规划、统一标准、统一实施的改革思路，厘清了管运职责，统一协调了信息化管理部和中铝信息的业务，实现了“管”“运”分离。2019 年 7 月，集团总经理办公会审议通过《中铝信息运营方案》。

加大内部整合力度，信息化管理部、中铝智能实施一体化管理。7 月，集团总经理办公会通过中铝信息运营方案，中铝信息全面转入正常工作。9 月，与长勘院在线监测与智能管控研究所进行重组，共同组建中铝智能（杭州）安全科学研究院有限公司，迈出向智慧安全领域突破发展的关键一步。10 月，控股河南中州铝厂子公司华诚科技和九力科技，注册成立杭州华成智造研究院有限公司，完善了中铝智能设计、建设、运营的产业链条。10 月，注资并购河南九力。

八、党建与企业文化建设

2019 年，中铝智能党支部成立。认真开展“三会一课”，坚持重大事项党支部集体研究决策，严格党员教育，强化党员作用，推进党建与业务工作融合，结合重点项目，开展“两带两创”活动；科学制订“不忘初心、牢记使命”主题教育工作计划，做到学习教育、调查研究、检视问题、整改落实贯穿主题教育全过程。创新开展“深入学习党的十九届四中全会精神，为中铝智能高质量发展建言献计”系列活动，把学习贯彻全会精神同抓好当前各项工作紧密结合起来。党风廉政教育常态化，常抓不懈，警钟长鸣。

九、重要纪事

1 月 20 日，中铝智能、中铝信息挂牌成立。

2 月 27 日，中铝集团总经理办公会通过中铝智能运营方案。

4 月 2 日，信息化管理部、中铝智能实施一体化管理，明确了领导班子，中铝信息开始筹备。

6 月 28 日，中铝智能签约落地临平新城。

7 月 16 日，集团总经理办公会通过中铝信息运营方案，至此中铝信息全面转入正常工作。

9 月 20 日，与长勘院在线监测与智能管控研究所进行重组，共同组建中铝智能（杭州）安全科学研究院有限公司，迈出向智慧安全领域突破发展的关键一步。

10 月 19 日，控股河南中州铝厂子公司华诚科技和九力科技，注册成立杭州华成智造研究院有限公司，完善了中铝智能设计、建设、运营的产业链条。

10 月 23 日，注资并购河南九力。

11 月 2 日，钢铁协会副会长骆铁军莅临中铝智能指导工作。

11 月 5 日，中铝智能控股子公司杭州华成、中铝智安院揭牌仪式。

11 月 15 日，中铝智能与海康威视签订战略协议。

撰稿 / 吴　霜

中国铝业股份有限公司

一、基本情况

中国铝业股份有限公司（简称中国铝业）成立于 2001 年 9 月 10 日，是中国铝业集团有限公司的控股子公司。截至 2019 年 12 月 31 日，中国铝业总股本为 170.23 亿股，其中 A 股股东持股 130.79 亿股，占比 76.83%；H 股股东持股 39.44 亿股，占比 23.71%。单一最大股东为中国铝业集团有限公司，直接持有 29.67% 的股权，并连同其附属公司合计持有 32.16% 的股权。中国铝业是香港联合交易所（股票代码：2600）、纽约证券交易所（股票代码：ACH）和上海证券交易所（股票代码：601600）三地上市公司， A 股被美国明晟纳入中国 A 股在岸指数，H 股被香港恒生纳入中国企业指数。

中国铝业是全国有色金属行业龙头企业，主营业务包括铝土矿资源开采，氧化铝、原铝、铝合金产品的生产和销售以及相关领域的技术开发、技术服务，发电业务，煤炭资源开采和经营，贸易，赤泥综合利用产品的研发、生产和销售等。

2019 年基本情况数据一览表

表 1

主要产品产能	资产总额（亿元）	负债率（%）	员工总数（人）	学历结构	
氧化铝：1886 万吨 / 年	2426.50	65.67	78601 （含云铝、华磊）	大学专科及以下（人）	61334
铝土矿：1669 万吨 / 年				大学本科（人）	16431
电解铝：499.1 万吨				硕士（人）	812
炭素阳极：288 万吨 / 年				博士及以上（人）	24
精细氧化铝：187 万吨 / 年					

二、组织机构

（一）领导班子

2019 年领导班子成员一览表

表 2

姓名	职务	2019 年职务变动
余德辉	董事长	2 月卸任

续表 2

姓名	职务	2019 年职务变动
卢东亮	党委书记、董事长、总裁	2 月任董事长、不再兼任总裁
贺志辉	党委副书记、总裁	2 月任
蒋英刚	党委副书记、纪委书记、高级副总裁	无

续表 2

姓名	职务	2019 年职务变动
朱润洲	党委委员、副总裁	无
田　永	副总裁	无
王　军	党委委员、财务总监	1 月任
吴茂森	副总裁	3 月任

（二）机构设置

职能部门（含共享部门）：

总裁办公室（党委 / 纪委 / 办公室）、人力资源部、财务部（董事会办公室）、投资管理部、企业管理部、营销采购部、内审部、安全环保健康部（煤电安全监察部）、科技管理部、法律部、信息化管理部、企业文化部、监察部。

子公司：

中铝山东有限公司、山东华宇合金材料有限公司、中铝矿业有限公司、中铝中州铝业有限公司、中铝郑州有色金属研究院有限公司、遵义铝业股份有限公司、贵州华仁新材料有限公司、贵州华锦铝业有限公司、广西华昇新材料有限公司、山西华圣铝业有限公司、中铝山西新材料有限公司、山西中铝华润有限公司、山西华兴铝业有限公司、中铝山西交口兴华科技有限公司、兰州铝业有限公司、甘肃华鹭铝业有限公司、抚顺铝业有限公司、包头铝业有限公司、中铝宁夏能源集团有限公司、中铝国际贸易集团有限公司、中铝（上海）有限公司、中国铝业香港有限公司、中铝物资有限公司、中铝能源有限公司、中铝物流集团有限公司。

分公司：中国铝业股份有限公司贵州分公司、中国铝业股份有限公司广西分公司、中国铝业股份有限公司山西分公司、中国铝业股份有限公司连城分公司、中国铝业股份有限公司青海分公司、中国铝业股份有限公司重庆分公司。

参股单位（实质管理）：广西华磊新材料有限公司。

托管单位：云南铝业股份有限公司。

三、生产经营

2019 年，中国铝业产品产量保持稳定，氧化铝、电解铝、精细氧化铝、高纯铝、阳极炭素规模跃居全球第一；经营状况更加稳健，氧化铝、电解铝、能源、贸易物流四大业务单元全面盈利；坚持精细化、合金化、高纯化、材料化的发展方向，加快向价值链的中高端迈进，累计主导制定或修订了 85.8% 的国家及行业标准，成为名副其实的标准引领者；开展了“331958”降本增效专项和“三降三增”举措，通过人力资源优化降本、生产降本和管理降本，持续提升成本竞争力，通过向科技、投资、市场要效益，不断增强市场竞争力，氧化铝成本竞争力进入行业前 42%，电解铝成本竞争力进入行业前 40%。

主要指标一览表

表 3

指标名称	2018 年	2019 年	同比增长
工业总产值（亿元）	1240.8	1263.05	1.79%
销售收入　（亿元）	2019.29	2144.58	6.20%
利润额　　（亿元）	5.93	27.11	357.17%
所有者权益（亿元）	768.85	808.65	5.18%
纳税额　　（亿元）	66.42	60.56	−8.82%
净资产收益率（%）	−0.09	2.58	增加了 2.67 个百分点
人身伤亡事故（起）	4 起（其中承包商 2 起）	8 起（承包商 3 起）（含 1 起铁路交通事故）	100%
工亡人数　　（人）	4 人（其中承包商 2 人）	11 人（承包商 3 人）（含铁路交通事故死亡 4 名员工）	175%

续表 3

指标名称	2018 年	2019 年	同比增长
重伤人数　（人）	3	2	−33.3%
轻伤人数　（人）	42	32	−23.8%

四、板块建设

（一）运营管理

2019 年，中国铝业紧紧围绕“低成本、高质量、机制优、效益好”工作思路，以战略指导结构调整，以市场引导资源配置，持续改革创新，推进转型升级，优化布局结构，发展质量和效益不断提升。

管理创新系统推进。创新考核模式，搭建“1+N+4”业绩考核体系，深化分类考核、综合评价，考核企业的绩效指标压减到 5 个以内；创新资金集中管理模式，通过资金、票据“入池”，资金归集度达到 98% 以上，资金周转率由 7 次提高至 13 次；狠抓“两金”压降，“两金”余额为 3 年来最低。

管理改革深入推进。对 10 家管理改革试点企业进一步简政放权，本部审批事项由 73 项压减为 31 项，压减比例达 58%；优化投资管控，审批时限压缩一半以上，创新项目绩效金考核制度，压实了投资项目管理责任；加强法律管控体系建设，市场化选配区域总法律顾问，重大经济合同、规章制度、重要决策法律审核在实体企业 100% 全覆盖；初步建立了大监督体系，协同开展监督检查、问题整改、成果运用。2019 年，中国铝业转型升级成本支出超过 25 亿元，山西华圣、山东华宇电解铝产能退出生产，2557 名员工得到妥善安置。

协同能力不断增强。经营平台建立大采购、大营销、大物流“物商平台”运营机制；托管云铝股份后，实施党委研究决策、负面清单管理；向青海省属电解铝企业提供管理服务，开创了央企助力地方脱贫攻坚、深度携手合作的新模式，得到了青海省委、省政府充分肯定，被国务院国资委作为经验推广。

（二）重大项目进展

2019 年，中国铝业以战略决定结构调整，以市场决定资源配置，以更大的决心推进第二轮“加减乘除”，新旧动能有序转换，布局结构持续优化。全年新增阳极炭素产能 73 万吨、精细氧化铝产能 18 万吨、发电装机 200 兆瓦、关停电解铝产能 19 万吨，在建铝土矿产能 1200 万吨、氧化铝产能 200 万吨。截至 2019 年底，中国铝业新能源装机 1800 兆瓦；自有铝土矿资源保有量 24.93 亿吨，其中国内 6.83 亿吨、海外 18.1 亿吨。

新建项目达产达标。广西华磊、贵州华仁、内蒙古华云实现达产达标，山西中润落实过渡期电价后一半产能投产；云铝股份昭通一期、鹤庆一期电解铝项目、中铝山东微粉氢铝项目、山西新材料拟薄水铝石项目、宁夏能源左旗风电项目、贵州分公司坛罐窑项目建成即盈利；宁夏能源银星一井 400 万吨配套洗煤厂建成。

“两海战略”初见成效。几内亚博法铝土矿项目采矿场按期建成，港口等重点子项有序推进，第一船铝土矿装船启运。广西华昇氧化铝项目完成整体工程量的 75%。几内亚博法铝土矿二期、几内亚氧化铝、北方港口氧化铝等项目加紧筹备，全球化布局稳步推进。

聚力聚焦绿色发展。深入贯彻新发展理念，着力打造绿色水电铝基地，云铝股份文山电解铝、鹤庆二期、昭通二期项目开工建设，水电铝产能占到总产能的 37%。加快两化融合步伐，供应链协同平台启动建设，卓越技术中心一期数据可视化服务平台和专家分析系统投入使用。

（三）安全环保

中国铝业构建并有效运行 CAHSE 精准管理体系，扎实开展强基固本行动和安全环保攻坚战，提升了管理的系统化、规范化水平。

2019 年，中国铝业深刻汲取安全事故教训，针对各企业安全基础薄弱的现状，深入开展了以抓班会、抓培训、查隐患、查违章为主要内容的“两抓两查严监管”工作，突出承包商安全管控，强化准入和日常作业信息化管理，狠抓员工安全教育培训，提高全员安全意识和技能，安全生产形势逐步向好。

2019 年，中国铝业制定“一企一策”环保治理方案，持续加大投入，开辟绿色通道，加快问题整改，年内除熟料窑脱硝、电解大修渣无害化处理未得到彻底解决外，大气、水污染物均实现达标排放，矿山复垦全面进行，总体复垦率达到 82% 以上。加大环保节能技术攻关，取得了无害化、资源化工业废物处理技术等一系列成果，其中铝电解大修渣（危废）无害化技术已在包头铝业和兰州铝业推广应用；赤泥堆场生态复垦开展了规模化示范应用，植被绿化覆盖率达到了 100%，修复后的赤泥土壤肥力高于国家旱地一级标准；赤泥复合净水剂技术已成功进行产业化应用，无炭渣阳极生产技术和赤泥二组分低温烧结技术攻关取得阶段性成果。

（四）科技创新

2019 年，中国铝业开展科技研发项目 204 项，申请专利授权 95 件，获得中国有色金属工业协会科技进步一等奖 2 项，新认定高新技术企业 5 家。

科技助力提质降耗。铝土矿地下开采综合技术、高硫矿浮选脱硫及湿法氧化脱硫脱碳技术在贵州企业成功应用；氧化铝生产过程去除有机物、降低锂、锌等杂质含量技术攻关取得阶段性成果；FHEST 技术、智能打壳技术得到推广，更低能耗铝电解节能技术、铝电解废阴极资源化技术、阳极导杆组自动焊接技术进行工业试验，无炭渣阳极技术攻关在电解铝生产上成效初显。

中高端产品开发。开展精细氧化铝研发项目 29 项，开发出 11 种新产品，其中 8 种产品实现产业化；手机材、交通材等 17 种铝合金新产品进入工业生产，5G 通信用高导热铸造铝合金等 6 项新材料、新技术研发开始布局，云铝股份高精超薄铝箔、动力电池用铝箔及包头铝业高纯铝扩建等一批项目正在建设或建成投产。

五、重要纪事

1 月，中国铝业入围中国品牌价值 500 强，品牌价值居有色金属行业首位。

2 月 20 日，召开 2019 年第一次临时股东大会。

2 月 26 日，通过发行股份购买资产增发 A 股股票 2118874715 股，发行价格 6.00 元 / 股，股票上市时间为 2020 年 2 月 26 日，发行完成后的总股本为 17022672951 股。

2 月 28 日，云铝股份鹤庆电解铝项目一期启动投产。

3 月 1 日，云铝股份昭通电解铝项目一期二段启动投产。

3 月 29 日，召开 2018 年度业绩发布会。

4 月 26 日，召开社会责任管理工作启动大会。

5 月 24 日，中国铝业 H 股荣膺第七届“港股 100 强”“综合实力 100 强”。

6 月 12 日，广西华磊新材料有限公司轻合金项目轻合金工程、内蒙古华云新材料有限公司 50

万吨合金铝产品结构调整升级技术改造项目、中铝山东新材料有限公司4万吨微粉氢氧化铝生产项目、中铝中州铝业有限公司降低工艺能耗提质增效技改项目10号汽轮发电机系统工程被评为“2017—2018年度中国有色金属工业（部级）优质工程”。

6月20日，赤壁炭素10万吨炭素项目成型系统产出合格生块。

6月25日，召开2018年度股东大会，审议批准了中国铝业2018年度董事会报告和监事会报告等议案，完成了第七届董事会董事和第七届监事会监事的换届选举。

7月16日，国际评级机构惠誉将中国铝业的主体评级从“BBB+”提升至“A-”，展望“稳定”。

7月28日，山西新材料拟薄水铝石扩建项目建成投产。

8月23日，获得上海证券交易所2018—2019年度信息披露工作A级评价。

8月28日，召开2018年中期业绩发布会。

10月6日，几内亚博法铝土矿项目正式启动采矿作业。

10月16日，召开环境保护治理工作视频会。

10月25日，抚顺铝业35万吨预焙阳极项目全系统投产。

10月31日，召开中铝股份、中国稀有稀土金属镓资产交接会。

11月25日，广西华昇防城港项目热电1#锅炉水压试验完成。

11月30日，召开2019年管理改革创新研讨会。

12月4日，宁夏能源阿拉善左旗200兆瓦风电项目全部风机并网。

12月5日，获得第九届中国证券金紫荆奖“最佳公司治理上市公司”奖。

12月6日，召开2019年重点供应商市场研讨会。

12月15日，几内亚博法铝土矿配套港口项目首船运输启航。

撰稿 / 贺胜利

中国铝业贵州分公司

一、基本情况

中国铝业贵州分公司（简称贵州分公司）是中国铝业股份有限公司在贵州的分支机构，成立于2002年，所在地为贵阳市白云区。根据“退城进园”战略部署，贵州分公司原有的电解铝、碳素产能均已实施“退城进园”，组建了新的混合所有制企业。

2019年基本情况数据一览表

表1

主要产品产能	资产总额（亿元）	负债率（%）	员工总数（人）	学历结构	
铝土矿：225万吨/年	54.07	99.9	1679	大学专科及以下（人）	1452
				大学本科（人）	222
				硕士及以上（人）	5

二、组织机构

（一）领导班子

2019年领导班子成员一览表

表2

姓名	职务	2019年职务变动
陈　刚	副总经理（主持工作）	—
周双林	纪委书记	—
赵　坤	副总经理	—
杨孟刚	副总经理（安全总监）	—
蒋凤贵	财务总监	—

续表2

姓名	职务	2019年职务变动
彭　涛	工会主席	—
杨建华	总经理助理	4月退休

（二）机构设置

职能部室：综合部、人力资源部、项目工程部、财务部、安全环保部、矿产资源部、企业管理部（持续优化部）。

二级单位：矿业公司、合金化事业部、电解铝厂、碳素事业部、动力厂、技术研发中心（分析测试中心）、营销中心。

三、生产经营

2019 年，贵州分公司完成自采矿量 192 万吨，同比提高 6.72%，采矿成本降低 5.5 元 / 吨。全年实现利润 1.2 亿元，超计划 2799 万元，继 2018 年实现利润上亿元后，再次实现利润过亿元目标。

主要指标表

表 3

指标名称		单位	2018 年	2019 年	同比增长（%）
主要产品产量	铝土矿	万吨	180.14	192.19	6.69
工业产值		亿元	16.22	7.59	−53
销售收入		亿元	18.09	9.53	−47
利润额		亿元	−0.9	−5.8	544
纳税额		亿元	2.32	1.54	−34
人身伤亡事故		起	1	2	100
工亡人数		人	0	0	0
重伤人数		人	0	0	0
轻伤人数		人	1	2	100

四、重大发展项目

轻合金新材料“退城进园”合金铝项目：

从 2019 年 3 月 1 日全面复工，截至 12 月 31 日，高端圆棒生产线、小扁锭生产线和线杆生产线已相继投产，比计划要求提前了两个月。

清镇坛罐窑矿段开采工程二期项目：

项目于 2019 年 2 月 1 日正式启动，10 月 20 日，项目完工，随即转入生产，提前 40 天投产，当月实现了达产、达标、达效，投产两个月实现利润 247 万元，项目建设及生产均达到了可研目标。

重大项目情况表

表 4

项目名称	设计规模	投资规模（万元）	当年完成投资额（万元）	年内项目建设形象进度
轻合金新材料“退城进园”合金化项目	34.8 万吨 / 年	58589	34211	高端圆棒生产线、小扁锭生产线和线杆生产线已相继投产，完成了土建基础和隐蔽工程、地面硬化和熔铸厂房、主体设备全部就位三大标志性任务，项目基本建成
清镇坛罐窑矿段开采工程二期项目	15 万吨 / 年	4993	4993	10 月 24 日，组织内部完工验收并上报了中铝股份投资管理部，得到了认可。项目所有建设内容均在总部批复工期内完成，未发生安全事故和环保事件，投资未超概算

五、企业管理

推进精准管理重点专项工作。2019 年，贵州分公司 18 个重点专项计划创效 5389 万元，实际完成 24255 万元，超计划 350%。

提升矿山发展质量。猫场铝矿单采场回收率从 2018 年的 55% 提升到 2019 年的 65.33%。全年地下矿山共闭坑采场 15 个，平均回采率 65.3%，多采出矿石 2.44 万吨，增加产值 926 万元，利润 142 万元。

规范外包业务。2019 年业务外包承包商比上年压减 3 家。全年降低业务外包费用 774 万元，生产领域业务外包合同总金额控制在总部规定范围。所有业务外包合同均明确安全生产刚性约束条款，建立承包商红、黑名单及检查记录。

构建设备管理长效机制。2019年实现全年重大设备安全事故为零，矿业公司综合设备完好率98.89%，主要设备完好率95.14%，均达到目标要求。

实现三大攻坚目标。全年重伤以上事故为零、环境污染事故为零、职业病危害事故为零。

完成主要质量指标。全年重大质量事故为零，重大顾客投诉为零，A类质量事件为零，产品质量目标达标率100%，顾客满意度95.10%，未发生质量损失。全年完成规章制度的制定20个、修订110个、废止16个。完成质量管理体系换证审核。

六、科技创新

2019年，贵州分公司开展4个科技研发项目。截至2019年底，3个矿山研发项目均已结题并通过内部验收，贵州省及中铝股份重大专项——“铝电解槽内衬用新型碳/碳复合材料整体成型应用研究”经批准结转至下一年度继续实施。

截至2019年底，贵州分公司拥有有效专利108件，其中发明专利87件，全年共发生专利费51.814万元。按照中铝集团下发的《关于开展中铝集团2020年度科技奖励及专利信息登记等工作的通知》要求，完成2019年专利信息登记及总结工作，并对有效专利进行评估。

2019年科技创新数据一览表

表5

科技创新投入	申请专利	授权专利	科技人员占比
570万元	0件	0件	1.18%

七、深化改革

2019年，贵州分公司制定了《电解碳素停产人员分流安置实施方案》，通过8条通道平稳分流安置员工682人。

优化调整职能管理机构，撤销资产处置办公室，相关业务、人员划归企业管理部。

规范机构名称，将总经理办公室更名为中国铝业贵州分公司综合部。

全面完成流动资产处置116837吨，处置收入33497万元。其中处置异地非经营性房产81套，实现转让或租赁收入2986万元。

八、党建与企业文化建设

坚持党对企业全局工作的领导。两级党组织融入中心，深入开展“两带两创”、党员先锋岗、党员“双提升”和标准化党支部建设。贵州铝厂党委“不忘初心，牢记使命”主题教育，得到中铝集团指导组和中央巡视督导组的高度评价。

推进廉政建设。2019年，党纪政纪处分18人，问责处理19人，提醒约谈10人。推进“三不”体系构建，两级党委、纪委共开展各类约谈573人次，重新梳理完善各类制度1306个。开展政治巡察和专项巡察，发现问题88个，作出风险提示2条，提出整改建议17条，完成整改58个。

进行员工思想动态调研，全年问卷访谈近3600人次。矿业公司坛罐窑铝矿生产班被命名为中铝集团“安全、干净”示范班组，“自主复垦复绿，共建绿色矿山”获中铝集团“金点子”奖，两项合理化建议获得中铝集团“银点子”奖。庆祝新中国成立70周年主题宣传教育活动“我和我的祖国”快闪视频作品荣获中铝集团一等奖。

九、履行社会责任

2019年，临时帮扶、大病互助等各类帮扶共计1187人次，发放帮扶资金63.88万元。开展送温暖慰问，共计慰问1653人次，发放慰问金115.45万元。金秋助学54人次，发放助学金15.31

万元。从3月起，全面实施员工工间餐，开展员工生日慰问。

推进绿色矿山创建。全年共计种植树苗32万余株，播撒草籽16.4吨，种葛根13.5万株，复绿面积2660亩，复垦面积1999亩，节约矿山复垦费用近2000万元。猫场铝矿绿色矿山创建工作以92分的高分通过贵州省自然资源厅等政府部门的遴选，同意推荐上报纳入国家绿色矿山建设目录。

2019年，贵州分公司的安全环保标志性项目23大项27小项全部完成。安全教育培训6990人次。全年区域内风险总值比2018年降低11%，完成了降低10%以上的目标。加强“小散乱污”治理，对发现的问题点100%进行整改。水、噪声、扬尘及烟气等实现达标排放。

十、重要纪事

1月16日，中央纪委国家监委驻全国总工会机关纪检监察组组长、全国总工会党组成员房建孟率领全总慰问团，在贵州省总工会党组成员、副主席魏俊等领导的陪同下，到中铝贵州企业开展送温暖活动。

3月5日，贵州分公司轻合金新材料退城进园项目合金化部分优化调整方案得到中铝股份批复，并召开项目建设动员大会。

4月27日，中铝股份副总裁朱润洲到贵州华仁、贵州分公司合金化项目和贵州华锦调研。

5月15日，贵州分公司猫场铝矿1180北部沿脉探矿巷实现胜利贯通。

6月11日，中铝集团党组成员、副总经理，中铝股份党委书记、董事长卢东亮到中铝贵州企业调研。

6月18日，贵州分公司与中色科技正式签订贵州分公司“退城进园”项目铝加工部分工程总承包合同补充协议。

7月24日，中铝集团党组副书记、总经理余德辉到中铝在黔企业调研。

7月27日，贵州分公司“退城进园”合金化项目首条高端合金棒生产线正式投产，并一次浇铸成功，生产出第一批产品。

8月24日，中铝集团党组成员、副总经理、中铝股份党委书记、董事长卢东亮到贵州分公司猫场铝矿，调研了解矿山生产经营和安全环保工作情况。

9月27日，中铝集团党组成员、副总经理冯贵权一行到贵州华锦、贵州华仁、贵州分公司合金化事业部现场调研。

10月10日，贵州省委常委、贵阳市委书记赵德明赴清镇市指导开展“不忘初心　牢记使命”主题教育，并对包括贵州分公司合金化项目在内的清镇经开区企业和项目进行调研。

10月14日至18日，中国船级社对贵州分公司的质量、安全、环保三大管理体系涉及的铝合金及制品生产等方面进行了审核。审核结论：贵州分公司三大管理体系符合审核准则要求，运行有效。

10月15日，中铝股份副总裁朱润洲一行到贵州分公司合金化事业部、贵州华仁调研。

10月17日至18日，中铝股份党委副书记、纪委书记、高级副总裁蒋英刚到中铝贵州企业对混改企业党建和管理改革工作进行调研。

12月26日，贵州省总工会在贵州分公司合金化事业部开展“两节”送温暖活动启动仪式。贵州省人大常委会党组副书记、副主任、省总工会主席袁周带队慰问贵铝一线困难职工、劳模代表。

撰稿 / 施慧芸

中国铝业广西分公司

一、基本情况

中国铝业广西分公司（简称广西分公司）是中国铝业股份有限公司的成员企业，位于广西壮族自治区平果市境内，其前身是成立于1987年的平果铝业公司。2002年中国铝业上市，将平果铝生产经营性资产分离出来组建中国铝业广西分公司（简称广西分公司），存续部分为平果铝业有限公司，由广西分公司托管。

广西分公司主营业务范围：铝土矿、氢氧化铝、氧化铝、铁精矿、炭素制品及有关金属产品的生产与销售。

2019年基本情况数据一览表

表1

主要产品产能	资产总额（亿元）	负债率（%）	员工总数（人）	平均年龄（岁）	学历结构	
氧化铝124.36万吨	148.77	19.59	2540	43.53	中专及以下（人）	1418
铁精矿33.36万吨					大学专科（人）	569
金属镓21.82万吨					大学本科（人）	524
炭素制品6.72万吨					硕士及以上（人）	29

二、组织机构

（一）领导班子

2019年领导班子成员一览表

表2

姓名	职务	2019年职务变动
黄卫平	党委书记、总经理	无
陈广展	党委副书记、常务副总经理、工会主席	6月14日起任工会主席

续表2

姓名	职务	2019年职务变动
胡玉波	副总经理	无
丁　波	财务总监	无
陈申贵	纪委书记	无
赵　平	副总经理	无
熊　林	副总经理	无
何海波	总经理助理	无

（二）机构设置

管理部门：综合部、党委工作部、工会工作部、纪检监察部、审计部、人力资源部、财务部、安全环保部、企业管理部、生产技术部（质量管理部）、装备能源部、营销管理部。

二级单位：矿业公司、氧化铝厂、热电厂、炭素厂。

三、生产经营

2019 年，广西分公司实现考核利润 17.6 亿元，创近 13 年来新高，超额完成全年利润目标。

主要指标一览表

表 3

指标名称		2018 年	2019 年	同比增长（%）
主要产品产量	1. 氧化铝（万吨）	254.86	254.26	−0.23
	2. 铁精矿（万吨）	66.95	70.17	4.81
	3. 金属镓（万吨）	48.71	43.90	−9.87
工业产值（亿元）		66.89	66.12	−1.15
销售收入（亿元）		67.39	67.78	0.6
利润额（亿元）		16.13	17.02	5.5
纳税额（亿元）		10.79	9.25	−14.3
人身伤亡事故（起）		0	1	—
工亡人数（人）		0	1	—
重伤人数（人）		0	0	—
轻伤人数（人）		0	0	—

四、重大发展项目

大力推进教美铝土矿山项目建设，保障铝土矿资源的稳定供应；实施一批安全环保提质增效项目，消除安全环保隐患，优化生产工艺。

重大项目情况一览表

表 4

项目名称	设计规模	投资规模（万元）	当年完成投资额（万元）	年内项目建设形象进度
教美铝土矿山建设项目	项目年产合格铝土矿 200 万吨	76994.86	4518	取得环评批复，获得采矿证
氧化铝赤泥全干法堆存升级改造项目	新增 5 台 800 立方米的压滤机、一套赤泥胶带输送系统	7791	85	项目取得安全、环保等专项批复
大型煤气炉脱氨降温一体化项目	处理烟气量 20 万立方米 / 时	4925	2290	主要土建工程量完成 80%
氧化铝厂一二三期 DCS 系统升级改造项目	设备升级改造	3577	3496	2019 年建成投产

五、企业管理

（一）质量安全环保三大体系运行情况

深入推进质量管理五大工程，2019 年荣获国家“全面质量管理推进 40 周年杰出推进单位”和“广西质量管理先进企业”称号。强化安全履职，紧盯相关方管理，在 2019 年中铝集团安全精准管理体系审核中整体得分位列中铝前列。各项环保事件为零，在 2019 年中铝集团环保精准管理体系审核中取得 82.86 分，位列中铝前列。

（二）管理提升的措施和成绩

持续提升现场管理标准化。以精准网格化管理、巩固现场管理标准化成果、安全和现场双促进为方向，推进现场管理同比提升 0.24 分，整体达到“中铝一流”水平。全流程统筹推进“跑冒滴漏”综合治理和消灭设备“非停”，全年“跑冒滴漏”治理完成率99.94%，主要流程和设备“非停”同比大幅减少。

全面提升炭素质量和效益。2019年，炭素阳极一级品率（企标）从53.38%提升到65.68%，提升12.3%；焙烧阳极制造成本从3071.64元/吨降低到2847.76元/吨，每吨降低223.64元，各项指标综合排名位列中铝炭素企业第一。

六、科技创新

2019年科技研究项目共18项，完成研发费用2867万元，项目完成率81.8%。2019年通过了广西氧化铝工程技术研究中心的绩效评估，获得广西壮族自治区技术创新示范企业称号，获得有色金属行业科技进步二等奖1项，获得授权专利7件。

2019年科技创新数据一览表

表5

科技创新投入（万元）	申请专利（件）	授权专利（件）	科技人员占比（%）
2867	7	7	4.21

七、深化改革

全面完成三供一业剥离移交收尾工作；配合中铝物资组建了第一家分公司——中铝物资广西分公司；完成了将广西分公司氧化铝厂金属镓生产线出让给中国稀有稀土的相关工作；解决南宁淡村路物业及配套用房的划拨用地性质变更遗留问题。

八、党建与企业文化建设

开展“不忘初心、牢记使命”主题教育，严格落实“双百分”考核机制，深化“两带两创”、党员“双提升”“三亮三比”活动，推动党建与业务工作深度融合。严格执行党风廉政建设“两个责任”实施办法，持之以恒纠正“四风”问题，深入开展政治巡察，严格监督执纪问责，力戒形式主义和官僚主义。2019年党建考核获得103.99分，位列中铝集团第二位。

九、履行社会责任

积极履行社会责任，推进环保项目建设，工业废水、生活污水零排放；完成矿山复垦2686亩，超出计划目标1.9%；持续开展精准扶贫，引导农户因地制宜种植、养殖，通过以奖代补、基础设施奖补等政策手段帮助群众发展特色产业，贫困户杧果产业覆盖率达到73%，贫困户糖料蔗产业覆盖率达到25%；投入帮扶资金27.2万元用于地方扶贫工作，精准帮助70人实现脱贫。加强企业道路交通管制、辖区保卫等工作，实现辖区内无重大治安、刑事案件，确保了职工工作生活安全稳定。

十、重要纪事

1—3月，广西分公司累计创造利润4.29亿余元，完成考核利润进度目标的102.87%；平果铝业完成全年利润奋斗目标的28%。两公司双双实现一季度生产经营开门红。

5月25日，广西分公司配套广西华磊平铝220千伏系统改造项目、蒸汽供汽改造项目和水源地扩建项目等三个技改工程通过竣工环境保护自主验收。

6月10日，中铝股份卓越绩效试点启动暨培训会在广西分公司举行。

6月21日，平果铝业那茂码头一期工程通过竣工验收。

7月15日，广西壮族自治区党委书记、自治区人大常委会主任鹿心社率全区年中工作会议第一组代表，到平果铝参观考察。

9月22日，中铝集团党组书记、董事长葛红林，中铝集团党组成员、副总经理卢东亮到平果铝调研。

10月15—17日，2019年中国技能大赛——“中国铝业杯”第十三届全国有色金属行业职业技能竞赛决赛在广西分公司举行。

11月5日，中铝股份2016—2018年度入职高校毕业生优秀员工表彰大会在广西分公司召开。中铝集团党组成员、副总经理卢东亮出席会议。

11月21日，中铝集团党组成员、副总经理陈琪到平果铝企业基地，深入生产及检修现场实地调研。

12月20日，自然资源部为平果教美铝矿颁发采矿许可证。

撰稿 / 周丽芬

中国铝业青海分公司

一、基本情况

中国铝业青海分公司（简称青海分公司）其前身为原青海铝厂，是国家“七五”“八五”期间重点项目。1985 年 4 月动工新建，1987 年 12 月投产。

青海分公司主要产品有重熔用铝锭、铝及铝合金扁锭、铸轧卷、铝电解用预焙阳极炭块等。主导产品“海湖”牌重熔用铝锭于 1995 年在伦敦金属交易所注册。

2019 年基本情况数据一览表

表 1

主要产品产能	资产总额（亿元）	负债率（%）	员工总数（人）	平均年龄（岁）	学历结构	
1. 铝锭 40 万吨	33.06	76.84	2517	43	中专及以下（人）	1132
2. 扁锭 10 万吨					大学专科（人）	880
3. 铸轧卷 10 万吨					大学本科（人）	496
4. 阳极 21 万吨					硕士及以上（人）	9
5. 阴极 2.3 万吨						

二、组织机构

（一）领导班子

2019 年领导班子成员一览表

表 2

姓名	职务	2019 年职务变动
星占雄	党委书记、总经理	—
李惟扬	党委副书记、工会主席	—
尤祥胜	副总经理	—

续表 2

姓名	职务	2019 年职务变动
张小刚	财务总监	—
张德智	纪委书记	—
陈有财	副总经理	—
衡茂林	副总经理	—

（二）机构设置

职能部门：人力资源综合部、财务部、营销

采购部、企业管理部、装备能源部、党群工作部（团委）、纪检监察（审计）部、工会。

二级单位：安全环保中心、质量物资管控中心、电解厂、铸造厂、炭素厂、阴极事业部、动力厂、工服公司、青海中铝铝板带有限公司。

三、生产经营

2019年，青海分公司共生产铝产品40.84万吨、阴极产品1.3万吨、阳极产品25.42万吨，均创历史新高；实现利润1.37亿元，提前一个月完成了集团下达的利润考核指标。

依托青海清洁能源及低氢、低氧自然环境优势，坚持“三化”方向不动摇，合金产量、效益大幅提升。2019年，共生产3N铝、绿色85及铝合金产品34万吨。截至12月底，合金化率已达到90%以上。

阳极产品全年外销5.52万吨，刷新了外销阳极的历史纪录。阴极生产通过设备利旧改造，具备了各种规格侧角块及异型块的加工能力，真正实现了阴极全配套产品生产；阴极产品首次走出国门，产品质量得到了国外客户的肯定。

主要指标表

表3

指标名称		2018年	2019年	同比
主要产品产量	铝锭产量（万吨）	4.88	5.58	14.34%
	外销铝液量（万吨）	25.28	1.73	−93%
	扁锭产量（万吨）	10.23	7.74	−24.34%
	铸轧卷产量（万吨）	7.98	6.68	−16.29%
	铝棒产量（万吨）	0	19.11	—
	阳极产品产量（万吨）	19.57	25.42	29.89%
	阴极产品产量（万吨）	1.12	1.3	16.07%
工业产值（亿元）		47.04	51.71	9.93%

续表3

指标名称	2018年	2019年	同比
销售收入（亿元）	50.89	53.86	5.84%
利润额（亿元）	−0.05	1.37	2840%
纳税额（亿元）	1.86	1.36	−26.88%
净资产收益率（%）	−16.14	19.39	增长35.53个百分点
产值劳动生产率（千元/人）	2000	2054	2.7%
人身伤亡事故（起）	0	0	—
工亡人数（人）	0	0	—
重伤人数（人）	0	0	—
轻伤人数（人）	0	0	—

四、企业管理

全过程推进降本增效工作，持续推进“两金压控”工作，大力开展精准营销采购，继续优化厂区供水和供电系统。

着力规范规章制度、经济合同和重要事项的法律审核程序，基本实现了法律审核3个100%。

认真落实安全生产责任制和一岗双责安全责任清单，顺利通过了中国船级社对公司QHSE体系的换版审核。组织全员对风险分级管控进行了再次辨识和分级分析，风险总值同口径风险较2018年降低12.5%。

进一步规范了危险废物、水污染防治、大气污染防治等领域的管理，全年共转移处置各类危险废物7400余吨，节约处置费用约740万元。通过保证环保设施平稳运行、狠抓环保设施同步运转率，完成了环境污染事件为零的目标，污染物100%达标排放，未发生群众举报和环境污染纠纷，顺利通过中铝CAHSE体系验收和中央第二轮生态环境督察组进驻青海省的督察。

五、科技创新

截至2019年底，青海分公司有效专利117件，其中发明专利56件，实用新型专利61件。

2019年科技创新数据一览表

表4

科技创新投入（亿元）	申请专利（件）	授权专利（件）	科技人员占比（%）
0.55	9	7	6.4

六、深化改革

按照管理改革的要求，本着正向激励的原则，确定以成本、质量为中心的考核导向，完善了中层管理人员“一人一单”考核细则和2019年单位组织绩效考核实施方案，并设置梯度成本区间加以严格考核。改变传统的招工思路，通过与多所职校签订定向培养协议，接收高校毕业生、技能人才150余人，优化了员工年龄结构。

在电解厂加大机构整合力度，按照生产系列进行合并重组，推行大区域、大班组运行方式，缩减生产部机构4个，减少班组18个。在炭素厂试点班组整合、班组产量承包模式，生产效率和班产得到进一步提高，组装块单班班产创建厂以来历史最高纪录。

七、党建及企业文化

青海分公司党委切实履行管党治党主体责任，全年组织召开党委会28次，研究部署党的建设、“三重一大”等重点工作。继续推行领导班子成员兼任分管单位“第一书记”制度，健全“双百分”考核党建评价体系，标准化党支部达到100%。围绕生产经营开展“两带两创”项目102项，创效1600余万元。

在“不忘初心、牢记使命”主题教育中，坚持问题导向，聚焦职工反映强烈、制约高质量发展等问题，中层以上党员领导干部深入一线调研80余次，形成调研报告46份。

完善巡察工作机制，2019年对8家单位开展了常规巡察，发现问题101项，提出建议15项。

八、社会责任

2019年，投资修建了北停车场以及自行车、摩托车停车棚，解决了长期困扰职工的停车难问题。全年投入经费275万元，积极开展“两节送温暖、‘三八’助单亲、‘五一’关爱劳模、九月金秋助学”等慰问和扶贫帮困活动。进一步完善“工会搭台、专业管理、群众唱戏”的劳动竞赛组织体制，在推进“安全、干净、高效”班组劳动竞赛的基础上，组织各单位开展了电解“寿星槽”“换极能手”等专项劳动竞赛，提高了员工操作技能。投入资金13万元对班组微波炉、电热水壶等基础设施进行了更新。坚持“导师带徒”，“PLC创新实验室”不断吸纳青年人才，为企业绿色高质量发展培养了更多创新人才。

九、重要纪事

1月6日下午，中铝集团党组书记、董事长葛红林到青海分公司调研。

2月1日，青海分公司召开第六届第五次职工代表大会。

3月3日，全国政协委员，青海分公司党委书记、总经理星占雄出席全国政协十三届二次会议开幕式。

3月25日，西宁市委副书记、市长张晓容和副市长杨小民到青海分公司调研。

3月19日，在2019年有色金属行业职业技能鉴定、竞赛工作会议上，青海分公司职业技能鉴定站被评为2017—2018年度有色金属行业技能鉴定优秀单位。

3月26日，青海分公司首批出口哈萨克斯坦的阴极产品发货，走出了国门。

5月9日，中铝集团党组书记、董事长葛红林到青海分公司开展“不忘初心我奋斗；牢记使命我担当”主题谈心谈话会。

5月15日，国务院国有企业改革领导小组办公室副主任、国务院国资委副主任翁杰明到青海分公司调研。

6月，2019“青海企业50强”名单公布，青海分公司名列第13位。

8月1日，中铝集团党组副书记、董事敖宏到青海分公司调研。

8月，青海分公司5项班组管理法和3名班组长在2019年中铝集团班组长综合管理技能培训比武中获佳绩。

8月17日，中铝股份在青海分公司召开炭素质量跟踪管理现场会。

8月28日，青海分公司被中国质量协会评为“全面质量管理推进40年杰出推进单位”称号，是青海省获此殊荣的3家企业之一。

9月19日，青海省第十五届职工职业技能大赛暨全省铝电解行业职工职业技能竞赛在青海分公司拉开序幕。

9月29日，青海省人民政府授予青海分公司“青海省劳动模范集体”荣誉称号，授予公司阴极事业部经理董文“青海省劳动模范”荣誉称号。

9月，中共中央、国务院、中央军委颁发了庆祝中华人民共和国成立70周年纪念章。赵喜德、王榴、王天才、李积隆、刘金刚、董有贵、王有银、何奋奇、王国础9名员工荣获了这一殊荣。

10月9日，青海省政协副主席杜捷带领省政协部分委员到青海分公司调研。

11月1日，西宁市副市长杨小民一行到青海分公司调研。

12月25日，铸造厂绿色合金作业区正式揭牌。

撰稿 / 韩　涛

中国铝业重庆分公司

一、基本情况

中国铝业重庆分公司（简称重庆分公司），位于重庆市南川区水江镇南陵大道水江镇政府东侧，于2006年7月7日注册成立。2014年7月，重庆分公司氧化铝生产线停产，实施脱困改革。2018年6月，与重庆市南川区政府签订产业合作协议，实施租赁合作经营。

重庆分公司主营业务为铝土矿开采、冶金级砂状氧化铝产品的生产与销售。

2019年基本情况数据一览表

表1

主要产品产能	资产总额（亿元）	负债率（%）	员工总数（人）	学历结构	
氧化铝80万吨/年	25.92	97.81	69	大学专科及以下（人）	51
				大学本科（人）	16
				硕士及以上（人）	2

二、组织机构

（一）领导班子

2019年领导班子成员一览表

表2

姓名	职务	2019年职务变动
芦　东	党委书记、总经理	无
杨世德	党委副书记、副总经理、工会主席、安全总监	无

续表2

姓名	职务	2019年职务变动
邵伟生	纪委书记、副总经理	无

（二）机构设置

职能部室：资产监督管理部（安全环保健康部）、矿山部、综合管理部（党群工作部）。

三、生产经营

2019年，重庆分公司适应转型发展新变化，加强合资合作的规范化管理，收取合作收益 1.28 亿元。

主要指标一览表

表 3

指标名称		2018 年	2019 年	同比增长（%）
主要产品产量	氧化铝（万吨）	0	0	—
工业产值 （亿元）		0	0	—
销售收入 （亿元）		1.15	2.28	—
利润额 （亿元）		−1.89	−0.33	—
纳税额 （亿元）		0.17	0.19	—
人身伤亡事故 （起）		0	0	—
工亡人数 （人）		0	0	—
重伤人数 （人）		0	0	—
轻伤人数 （人）		0	0	—

说明：生产经营模式变化，指标无可比性

四、企业管理

全面落实一体化的安全环保管控模式，构建起横向到底、纵向到边的监管制度网络体系。着力构建“重庆分公司、地方政府、合作方”三方联合协调机制，完善和落实好“每周、每月、每季、每年”的四级安全环保检查机制，定期检查和专项检查相结合，2019 年共开展检查 66 次，整改落实安全环保问题隐患 603 项，确保了租赁合作期间的本质安全环保。

全面深化精准管理，稳妥推进合作经营新发展。坚持依法合规、严格监管、协调配合的原则，加强对矿山复产工作的监督，完善了租赁合作期间的监督管理模式，全面确保合作协议的落地执行。

五、科技创新

2019 年，重庆分公司对 10 项专利缴纳了维护年费 1.49 万元。

2019 年科技创新数据一览表

表 4

科技创新投入（万元）	申请专利（件）	授权专利（件）	科技人员占比（%）
1.49	0	0	3%

六、深化改革

针对“氧化铝资产租赁、矿山工程承包”合作模式，重庆分公司探索实施了合作经营管理的“2+4+4”新模式，即防范“安全环保和租金收取”两个风险，构建“精干高效组织体系、健全监管制度体系、全员责任清单体系、全员绩效考核体系”四个体系，形成“多层级沟通协调机制、递进式综合督导机制、重点领域的监管机制、矿山专项管控机制”4 个机制。

开展组织机构优化调整。以资产监督管理为重点，设置了综合管理部（党群工作部）、资产监督管理部（安全环保健康部）、矿山部。

实行全员重新竞聘上岗，实施“一岗多职、交叉兼职、多岗锻炼”的全员绩效考核责任制和业绩考评“末位淘汰制”，确保激励与约束并重。

七、党建与企业文化建设

2019 年，重庆分公司扎实开展了“不忘初心、牢记使命”主题教育。

立足合作经营实际，探索并形成了以突出党建引领为主线、以常态化为基础、以考核制为抓手、以责任制为保障的“1+3”党建工作模式，不断健全党建考核和党建动力机制。

积极创造和谐奋进的企业文化氛围，开展了“快乐竞技”新春活动、“三八”妇女节赠花、“迎五一”春游踏青活动、“用心发现美好”摄影比赛，增加员工群众的凝聚力；开展了跨企业转移员工的慰问工作，提高员工的归属感。

八、履行社会责任

2019年，重庆分公司坚持员工共享发展成果，结合生产改革实际，提高了员工工资收入，加强对工作条件艰苦的矿山员工的关心，同时提高食堂的餐饮质量。重视员工身心健康，配置了健身房及健身器材，邀请专业医生进行健康讲座，开展年度员工体检。组织开展了爱心助学捐款活动，全体干部职工共捐款7800元。

九、重要纪事

1月7日，组织全体党员赴重庆市长寿区预防职务犯罪法治教育基地进行廉政教育。

1月23日，重庆分公司召开2019年工作会议暨党建工作会议。

7月1日，重庆分公司召开庆祝建党98周年“七一”表彰会暨党建工作会议。

7月25日，重庆分公司召开2019年年中工作会议。

撰稿／王　震

中国铝业连城分公司

一、基本情况

中国铝业连城分公司（简称连城分公司）位于甘肃省兰州市永登县河桥镇境内，前身为兰州连城铝厂，1966 年筹建，1974 年投产，主要从事铝冶炼、铝及铝合金产品加工、炭素制品加工、销售等业务。

2019 年基本情况数据一览表

表 1

主要产品产能	资产总额（亿元）	负债率（%）	员工总数（人）	学历结构	
1. 电解铝 54 万吨 / 年	32.8	45.81	2050	大学专科及以下（人）	1744
2. 炭素制品 35 万吨 / 年				大学本科（人）	293
3. 合金铸锭 31 万吨 / 年				硕士及以上（人）	13

二、组织机构

（一）领导班子

2019 年领导班子成员一览表

表 2

姓名	职务	2019 年职务变动
何文建	党委书记、总经理	无
张得教	副总经理	无
罗天元	纪委书记	无
张维民	副总经理	无

续表 2

姓名	职务	2019 年职务变动
张生凯	副总经理	7 月 17 日作为中铝集团第四批援青干部到青海省援青

（二）机构设置

管理部室：人事行政部、党群工作部、纪检监察（审计）部、财务部、企管发展部、安全环保健康部、装备能源部；

业务中心：生产运行中心、营销采购中心、

质量检验中心、综合服务中心；

生产单位：电解一厂、电解二厂、炭素一厂、炭素二厂、熔铸厂、动力厂、检修厂；

托管单位：兰州连城铝业有限责任公司。

三、生产经营

2019 年，连城分公司 500 千安电解系统 38 万吨产能停产，200 千安电解系统 15 万吨产能保持运行。

持续开展内部挖潜，通过管理降本、生产降本、市场增效、税收增效等专项措施，全年对比年初实现降本 11194 万元。

主要指标一览表

表 3

指标名称		2018 年	2019 年	同比增长（%）
主要产品产量	1. 铝产品 （万吨）	43.82	15.52	−64.58
	2. 炭素制品（万吨）	24.33	14.80	−39.17
工业产值 （亿元）		55.16	21.36	−61.28
销售收入 （亿元）		55.2	21.98	−60.18
利润额 （亿元）		−3.37	−5.43	61.13
纳税额 （亿元）		0.72	0.59	−18.06
人身伤亡事故 （起）		2	5	150
工亡人数 （人）		0	0	—
重伤人数 （人）		0	0	—
轻伤人数 （人）		2	5	150

四、重大发展项目

2019 年，连城分公司从严从紧控制投资项目，仅实施了 2018 年续建项目八家庄渣场风险控制工程 1 项固定资产投资。

重大项目情况表

表 4

项目名称	投资规模（万元）	当年完成投资额（万元）	年内项目建设形象进度
连城分公司八家庄渣场环境风险控制工程	2638	2086	建成并过甘肃省兰州市生态环境局组织的环保验收

五、企业管理

连城分公司开展中铝健康、安全和环境管理体系贯标达标，夯实安全环保管理。全年梳理并全部整改了确保安全生产 10 个方面的 74 项问题；开展危险源辨识、风险评估和应急演练；以“整治形式主义、扛起安全责任”为主题，集中治理安全管理中的形式主义问题 107 项；加大环保日常监督管理，全年检查和整改环保问题 219 项，污染物排放达标率为 100%。

推进质量攻坚，提升产品质量。其中重熔用铝锭 99.70 以上率累计完成 100%，原铝液 Al99.85% 以上槽比例累计完成 15.1%，预焙阳极一级品率累计完成 55.92%，预焙阳极二级品以上率累计完成 99.50%，合金锭（扁锭）成品率累计完成 98.5%，出厂合格率 100%。

开展重大风险的监控，分析重大风险现状，预测风险变化趋势。按计划开展了内控风险自评价工作，梳理并整改制度管理、财务管理、销售与收款及员工管理等流程的一般执行缺陷 5 个，整改中铝股份内审部内控互检发现的内控执行一般缺陷 11 个。开展招投标、合同管理及两金压降内控与风险专项检查，发现并整改一般性问题 25 项。组织开展自主决策资本性支出项目内部审计工作，发现并整改在工程及合同管理、工程结算存在的 4 个问题。完成了对 2018 年实施项目的后评价工作。

六、科技创新

连城分公司申报甘肃省有色金属冶金协会科技进步奖5项，获奖5项，其中二等奖1项、三等奖4项；在2019年“中国铝业杯”第十三届全国有色金属行业职业技能竞赛（国家级二类）中，连城分公司一名职工获得第14名。

开展职工合理化建议和创新创效“金点子”活动，2019年创效3574余万元。依托劳模创新工作室和创新型班组，开展相关岗位创新成果的研发和推广，累计取得创新成果36项，获得国家专利5项，创效1200余万元，培养各类人才23人。

2019年科技创新数据一览表

表5

科技创新投入（万元）	申请专利（件）	授权专利（件）	科技人员占比（%）
45.34	2	5	8.21

七、深化改革

开展管理机构改革，分设党群工作部和纪检监察（审计）部，撤销原党群（纪检）工作部。

加大对闲置资产的盘活力度，继续对外租赁闲置厂房。

八、党建与企业文化建设

2019年，连城分公司党委在坚持党建“双百分”考核基础上，从8月开始实施党员“双提升”积分制考核。经考核，全年各直属党总支、直属党支部考核得分均在98.5分以上，标准化党支部创建合格达标率在90%以上；全年实施“两带两创”项目67个，创造直接效益5066万元；在《中国铝业报》《中国有色金属报》和中铝网等报刊和网站发表稿件共29篇；参加了中铝集团“我和我的祖国”快闪视频拍摄、老照片征集、中铝故事征文等“六个一”活动，获得了最佳组织奖；加强形势任务教育和舆情管控，做好政策引导，每月编辑一期《形势任务教育简报》，及时向干部员工传达中铝集团和连城分公司重要会议精神、领导讲话和主要生产经营情况。各直属党组织还利用“三会一课”和各种会议，加强政策宣传，做好一人一事的思想工作。

连城分公司根据中央和中铝集团党组的决策部署，6月6日启动“不忘初心、牢记使命”主题教育，9月10日，对“不忘初心、牢记使命”主题教育第一批进行了全面总结，并启动第二批“不忘初心、牢记使命”主题教育。

2019年，征集上报中铝集团“金点子”“银点子”合理化建议16个，其中“双碱脱硫净化系统精细化操作法”获得2018—2019年度中铝集团“银点子”合理化建议，“铝用炭阳极焙烧炉焙烧石墨电极技术的推广应用”“灰槽泵在炭素粉料输送系统的应用”“焙烧多功能机组卸灰流程做减法，节能降耗、改善现场环境”3个项目获得2019年度中铝股份“银点子”项目。

九、履行社会责任

维护员工权益，开展普惠性服务和精准帮扶。2019年，连城分公司组织2000余名在岗职工进行了健康体检；走访慰问困难职工、开展金秋助学及日常困难帮扶，发放各类送温暖慰问金29.2万元元；工会会员大病互助金医疗报销173人次，共24.14万元；依据《中国铝业连城分公司困难职工帮扶救助管理办法》，对职工或家属患重大疾病的11人累计给予了2.2万元的困难救助。

开展精准扶贫，按照甘肃省的统一安排，连城分公司定点帮扶甘肃省定西市渭源县秦祁乡的靡川村、杨川村和白土坡村，帮扶农户涉及740户2791人。进一步充实驻村扶贫队伍，增配了3名驻村队员，使驻村队员的人数达到了6人；投资32.5万元，帮助17户完成了危房改造，实现了零危房；投资8万元，帮助糜川村沙化道路770米。2019年，连城分公司定点帮扶村共实现脱贫156户584人，贫困发生率低于3%。其中靡川和杨川两个村实现了整体脱贫。

在国家第六个扶贫日，连城分公司2181名职工群众积极开展爱心助学捐款活动，共捐款84995.16元。

十、重要纪事

1月6日，中铝集团党组书记、董事长葛红林到连城分公司慰问和调研。

1月7日，连城分公司召开2019年安全环保质量攻坚战动员大会，启动2019年度安全、环保、质量攻坚战。

3月1日，召开2019年党风廉政建设工作会，全面部署2019年党风廉政建设工作。

4月16日，召开“整治形式主义，扛起安全责任”专题研讨会，部署开展安全管理形式主义专项治理。

4月18日，下发《连城分公司“536”标准化班会实施方案》，启动“536”标准化班会创建工作。

4月24日，根据中铝集团党组巡视工作的统一部署，中铝集团党组第四巡视组巡视连城分公司工作动员会召开，启动对连城分公司的巡视工作。

6月6日，启动“不忘初心、牢记使命”主题教育。

7月11日，中铝集团党组成员、副总经理冯贵权到连城分公司指导调研“不忘初心、牢记使命”主题教育情况。

10月13日，连城分公司八家庄渣场环境风险控制工程通过甘肃省兰州市有关环保部门的验收，消除固废环保风险。

11月18日，中铝集团巡视反馈的28个问题47个子项，除1个子项因条件不具备未完成整改外，其余全部完成整改。

撰稿 / 王冬生

中铝包头企业

一、基本情况

中铝包头企业（简称包铝）由包头铝业（集团）有限责任公司（简称包铝集团）、包头铝业有限公司（简称包头铝业）和内蒙古华云新材料有限公司（简称内蒙古华云）3家独立法人单位组成，实行合署办公，一体化管理。其中包铝集团为中国铝业集团有限公司控股子公司，包头铝业为中国铝业股份有限公司全资子公司，内蒙古华云由包头铝业和包头交通投资集团有限公司共同出资注册成立。

包铝前身为包头铝厂，始建于1958年，是国家“二五”期间建设的电解铝企业，也是中华人民共和国成立后完全自主设计、建设的第一家电解铝企业。

主要产品有高纯铝、各种铝合金、铝液、普铝锭、阳极、蒸汽等。

通讯地址：内蒙古自治区包头市东河区巴彦塔拉东大街包头铝业有限公司。

邮政编码：014046。

2019年基本情况数据一览表

表1

主要产品产能	资产总额（亿元）	负债率（%）	员工总数（人）	平均年龄（岁）	学历结构	
1. 电解铝年产能130万吨/年	175.55	47.28	5594（在岗）	43	大专及以下（人）	4592
2. 碳素制品年产能12万吨/年					大学本科（人）	980
3. 高纯铝年产能4万吨/年					硕士及以上（人）	22
4. 发电机组装机容量171万千瓦时/年						

二、组织机构

（一）领导班子

2019年领导班子成员一览表

表2

姓名	职务	2019年职务变动
田明生	包头铝业党委书记、执行董事，包铝集团董事长	—

续表2

姓名	职务	2019年职务变动
韩效义	包头铝业党委副书记、总经理，包铝集团总经理	—
石长存	包头铝业党委副书记、工会主席，包铝集团副总经理	—
乔元刚	包头铝业财务总监，包铝集团财务总监	—

续表 2

姓名	职务	2019 年职务变动
许　晶	包头铝业副总经理，包铝集团副总经理	—
王际清	包头铝业纪委书记	—
高宝堂	包头铝业副总经理，包铝集团副总经理	—

（二）机构设置

机关处室：人力资源行政部、企业管理部、计划财务部、财务部、华云财务部、纪检监察（审计）部、党群工作部、安全环保健康部、生产指挥保障中心、装备能源部、营销中心、华云合金铝项目部。

二级单位：热电厂、电解二厂、电解三厂、电解四厂、华云电解一厂、华云电解二厂、高纯铝事业部、炭素厂、动力厂、修理厂、合金事业部、后勤服务中心、包头中铝科技服务开发公司、建安工程公司。

三、生产经营

2019 年，包铝主要经营业绩指标全面完成总部考核指标，9 月创造了单月盈利 2.03 亿元的纪录，全年产品产量、营业收入、利润总额再创历史最好水平。

主要指标一览表

表 3

指标名称		2018 年	2019 年	同比增长（%）
主要产品产量	1. 铝系列产品（万吨）	123.42	131.53	6.57
	2. 炭素制品（万吨）	59.98	26.77	−55.37
工业产值（亿元）		152.21	162.15	6.53
销售收入（亿元）		154.67	163.38	5.63
利润额（亿元）		9.89	14.85	50.15

续表 3

指标名称	2018 年	2019 年	同比增长（%）
纳税额（亿元）	5.08	4.17	17.91
人身伤亡事故（起）	0	2（包括 1 起相关方事故）	—
工亡人数（人）	0	2（包括相关方人员 1 人）	—
重伤人数（人）	0	0	—
轻伤人数（人）	0	0	—

四、重大发展项目

2019 年，包铝在建项目 61 个，计划投资 11.98 亿。截至年底，实际投资 6.86 亿元，其中自主决策项目 53 个，完成投资总额 0.78 亿元，开展重大发展项目 8 项，完成投资总额 6.08 亿元。

重大项目情况表

表 4

项目名称	投资规模（万元）	当年完成投资额（万元）	年内项目建设形象进度
包头铝业扩建年产 2 万吨高纯铝项目一期工程	9560	6000	2019 年 5 月开工建设，到年底氧化铝输送浓相及超浓相改造完毕，偏析车间基础、主体、屋面及围护结构完成，开始设备安装及调试
包头铝业电解二、三厂、四厂电解烟气净化脱硫项目	18723	18223	2019 年下半年开工，当年全部建成
内蒙古华云新材料有限公司电解烟气净化脱硫项目	21012	21012	2019 年 7 月开工，年底建成

续表 4

项目名称	投资规模（万元）	当年完成投资额（万元）	年内项目建设形象进度
内蒙古华云铁路专用线及输煤系统项目	46446	7000	2019 年 9 月开工，完成污水、自贯线、贯通线排迁
50 万吨合金铝产品结构调升级技术改造电厂项目	392292	7703.8	1×350 兆瓦机组建成未投产（3 号机小火电关停指标协议未履行）
厂区雨污分离及污水综合治理改造项目	4198	460	2019 年 10 月开工，高盐水收集池建设中

五、企业管理

“一流企业”建设取得积极成效。“六位一体”管理提升方面，通过梳理优化流程、设计权责体系、规范管理标准、清晰岗位职责及考评标准，编制形成覆盖全部职能领域的作业指导书和岗位说明书，并将合同报审、公文挂网、通知公告等流程嵌入企业 OA 系统实现固化，管理审批节点压缩约 30%，有效提高了管理效率。卓越绩效系统改善方面，实施董事长周例会协调推进工作机制，2019 年确定的 146 项工作任务全部落实完成，中层、基层干部和职能管理人员卓越绩效导入培训全覆盖。2019 年 12 月，总部卓越绩效管理成熟度评审包铝得分 427 分。模范工厂创建工作方面，对照中铝集团模范工厂评价内容，制定实施专项工作方案，建立分层级模范工厂创建机制，配套考核激励办法， 2019 年自评得分 75.65 分，达到中铝集团三级模范工厂水平。

“安全环保质量”三大攻坚战提质提档提效。安全方面，建立“体感式安全培训中心”，全年培训员工 6356 人次。开展职业健康管理，安排 5425 名人员进行职业病体检，发放 330 多万元防暑降温物资，进行职业病危害因素检测并依法公示。环保方面，举办“平安包铝、绿色包铝”造型创意大赛、制作环保微电影和小视频等多种活动，加强社企互动，营造环保氛围；通过流动课堂、HSE 小课堂、全员培训等载体，提升员工环保意识和管理人员履职能力；持续推进生态治理，投资 417 万元，种植 1 万多棵绿植建设绿色隔离带项目，改善周边环境空气质量。质量方面，ISO9001—2015、IATF16949、ISO/IEC17025 三大体系通过外审、换版审核并得到有效运行；原铝质量全年基本保持平稳，为合金和高纯铝生产提供强有力的支撑，包头铝业全年生产各类合金产品 36.22 万吨，实现合金化收益 3668 万元，合金化工作获评中铝 A 级。合金和高纯铝产品实现“零”投诉。

六、科技创新

2019 年包铝与科研院所开展产学研技术合作项目 4 项；完成自主知识专利申请 2 项；组织实施公司技术攻关 10 项，生成专利 3 项；全年新申请专利 10 件，其中发明专利 4 件。

与中南大学合作 3 项，与内蒙古科技大学合作 1 项。与中南大学合作开发的“抗氧化绝缘涂层节能技术”项目，前期试验阶段效果良好，吨铝节能取得明显效果，阳极周期可延长一天。与中铝材料院合作开发的“61.5%IACS 高导耐热铝合金导杆”项目经多次工艺摸索和工业试验，形成初步稳定的合格产品和生产工艺，已具备批量生产能力。通过铸造工艺技术摸索，完成自主知识产权专利技术申请 2 项，申请《电工圆铝杆》国家标准修订 1 项。

自主研发的“铝灰可回收高效环保氟盐精炼剂开发与应用”技术，已取得显著成效，形成国内首家利用氟化盐与碳酸盐生产铝合金用精炼剂专有技术。自主研发的电解回收新型氟盐精炼剂，可实现二次铝灰不出厂循环再利用，该技术在中铝集团科技创效创新在线发布中获得一等奖，被列入中铝拟推广技术目录。

2019 年科技创新数据一览表

表 5

科技创新投入（万元）	申请专利（件）	授权专利（件）	科技人员占比（%）
23952	10	0	17.4

七、深化改革

组织架构改革。成立合金、高纯铝两个事业部，加大简政放权力度；在五个电解厂全面推行扁平化、大区域管理机构改革，建立“三室一办”管理架构，缩短管理流程。

用人育人机制改革。制订《包头铝业党委纪检监察和巡察工作三年百人“以干代训”计划》，通过三年时间实现中基层后备干部“以干代训”的全覆盖。

绩效考核分配改革。完善薪酬绩效分配督导机制，全面推行工资绩效分配听证会。建立项目制考核机制，试点推行“日绩效管理”，全面量化所有工作任务及考核标准，营造了“收入靠劳动，业绩凭贡献”的良好薪酬分配氛围。实施“至善”计划，拿出1000万元工资总额，调动全员降本增效，全年实现创效 10523 万元。

八、党建与企业文化建设

扎实开展“不忘初心、牢记使命”主题教育。坚持把“学习教育、调查研究、检视问题、整改落实”贯穿主题教育全过程。党委班子成员和基层党组织检视问题整改率分别为 90.25%、87.71%，真正将主题教育整改成效转化为推动包铝高质量发展的实效。

深入推进反腐倡廉。提炼并发布宣传基层管理人员公正履职“六必六不”行为规范和“廉洁以求心安理得、自律以求长进常新”的专项廉洁文化理念，全年共开展任前廉洁谈话 39 人次，党风廉政约谈 101 人次；紧盯公款吃喝、公车私用、差旅招待、办公用房等问题，开展明察暗访和专项检查；2019 年，受理问题线索办结率 100%，精准处置违规违纪违法人员 19 人，查处腐败案件 1 起，全体干部员工的纪律规矩意识和廉洁从业意识显著增强。

全面启动政治巡查。包头铝业党委设置 3 个巡察组，精选 3 名中层干部任专职组长，紧紧围绕全面从严治党、一流企业建设、“三大攻坚战”以及廉洁风险防控等问题全面启动政治巡察。年内完成两轮次 12 家单位、部门的常规巡察和采购、招投标专项巡察。

九、履行社会责任

扎实推进与定点扶贫单位固阳县西斗铺镇红泥井村的扶贫攻坚工作，投入专项经费 20 万元开展资金、教育、就业等多种形式的精准扶贫。深入贯彻落实习近平总书记关于“扶贫必扶智”重要论述，申请认领土右旗和固阳县共 10 所学校 53 名建档立卡在校贫困学生，开展助学帮扶。全年共捐助慰问金近 7.5 万元，捐赠书籍文具、生活用品等价值近 1.9 万元，企业形象和社会影响力显著提升。

十、重要纪事

3 月 4 日，中铝集团党组成员、副总经理冯贵权调研包铝。

3 月 19 日，内蒙古自治区政协主席李秀领调研包铝。

4 月 28 日，内蒙古自治区党委书记、自治区人大常委会主任李纪恒现场调研包铝高质量发展工作。

6 月 27 日，国家考核组到包铝开展 2018 年度能源消耗总量和强度“双控”目标完成情况及煤炭消费减量替代工作现场考核和检查。

8 月 18 日到 19 日，中铝集团副总经理、党组成员，中铝股份董事长、党委书记卢东亮调研包铝。

9 月 17 日，国家淘汰落后和化解产能过剩督导检查组对包铝进行督导检查。

12 月 19 日，应急管理部检查组对包铝安全应急工作进行检查。

撰稿 / 张　宇

抚顺铝业有限公司

一、基本情况

抚顺铝业有限公司（简称抚顺铝业）成立于2006年1月，由原抚顺铝厂资产重组而成。主要经营炭素产品和铝合金产品。

通讯地址：辽宁省抚顺市望花区鞍山路东段6号。

2019年基本情况数据一览表

表1

主要产品产能	资产总额（亿元）	负债率（%）	员工总数（人）	学历结构	
预焙阳极53万吨/年	23	70.79	1333（其中在岗863人）	大学专科及以下（人）	732
				大学本科（人）	126
铝合金5000吨/年				硕士及以上（人）	5

二、组织机构

（一）领导班子

2019年领导班子成员一览表

表2

姓名	职务	2019年职务变动
蒲　铭	执行董事、党委书记、总经理	—
任海军	纪委书记、工会主席、副总经理	10月任纪委书记
张克宁	财务总监	—
王　群	副总经理	—
郑保义	纪委书记	10月调出

续表2

姓名	职务	2019年职务变动
刘禹明	高级专务	—

（二）机构设置

部门和单位：党群纪检部、安环保障部、经营发展部、财务部、炭素一厂、炭素二厂。

三、生产经营

2019年，抚顺铝业实现新炭素项目达产达标，全年生产商品阳极16.85万吨，同比增长43.5%，上缴利税3560万元，同比增长427.41%。

主要指标一览表

表 3

指标名称			2018 年	2019 年	同比增长（%）
主要产品产量	1. 煅后焦	（万吨）	10.09	19.83	96.5
	2. 生　块	（万吨）	13.77	22.60	65
	3. 焙烧块	（万吨）	11.74	16.85	43.5
	4. 合　金	（万吨）	0.32	0.03	−90.6
	5. 蒸　汽	（万吨）	6.05	12.4	105.03
工业产值		（亿元）	4.40	4.95	12.5
销售收入		（亿元）	4.94	4.99	1.02
利润额		（亿元）	−0.02	−1.41	−6950
纳税额		（亿元）	0.06	0.35	483.3
人身伤亡事故		（起）	5	6	20
工亡人数		（人）	0	0	—
重伤人数		（人）	0	1	—
轻伤人数		（人）	5	5	持平

四、重大发展项目

重大项目情况表

表 4

项目名称	设计规模（万吨）	投资规模（万元）	当年完成
抚顺铝业有限公司新建 35 万吨 / 年预焙阳极项目	35	82108	21557

五、企业管理

2019 年，抚顺铝业紧抓高质量发展目标，先后召开两次高质量发展研讨会，各单位为高质量发展献计献策，评出成果 6 项；组织优秀 QC 成果发布会，评选出成果 9 项；举办了质量工作成果展览；开展质量一堂课，实现质量培训全覆盖；体系审核持续改进，整体管理水平逐步提升，与郑州研究院合作打造炭素协同创新示范应用基地，并聘请知名铝用炭素及铝电解领域专家；制定《质量管理体系改进方案》6 大项 28 条措施，全面梳理完善质量过程管控体系中存在的问题，最大限度满足客户对质量的要求。2019 年抚顺铝业商品阳极制造成本同比 2018 年下降 584 元 / 吨，商品阳极一级品率 50.52%，同比 2018 年上升 16.68 个百分点；二级品以上率 95.6%，同比 2018 年上升 8.22 个百分点。

2019 年，抚顺铝业安全环保问题整改率完成 92.8%。通过技术改造，新技术应用等手段，解决雨污分流、炭素烟气环保改造等环保问题。2019 年共开展安全培训 607 次，参加 10009 人次。全面开展“536”标准化班会活动，开展违章、隐患举报给予红包奖励和“安全卫士”评比活动。

六、科技创新

2019 年共立项 5 项自主研发项目，包括“煅烧炉在线修复”“煅烧炉自动温控系统”“铝合金 360Z.6 光谱标准样品”“新型火道结构研究”“智能化计量系统的应用”。其中“铝合金 360Z.6 光谱标准样品”完成国家鉴定。

截至 2019 年底，申请专利 1 项，“一种预焙阳极取样钻棒车”提交国家专利局审核。

合金承包团队成功研制了多种铝合金光谱标准样品，标准样品制品专项增收 40 余万元，获得专项研制经费支持 48 万元。

2019 年科技创新数据一览表

表 5

科技创新投入（万元）	申请专利（件）	授权专利（件）	科技人员占比（%）
219.4	1	0	9.8

七、深化改革

2019 年，抚顺铝业作为中铝股份管理改革试点单位，持续深化改革，在“大部制”改革的基础上，对动力供电系统试行“运检合一”，大能源系统“运管合一”，整合了资源配置，减少用工 39 人，优化配置 160 余人；通过对标，比照民企压缩系统用工，节约了人工成本，提高了生产效率。通过市场化引进人才、市场化招聘、跨企业转移与支援、五级技师成长通道打通等改革措施，引进行业专业技术人才 4 人，新招大学生 29 人，跨企业转移与支援熟练技术工人 48 人，评聘技师 45 名。机关与基层管理人员、管理干部开展轮岗交流。实施物流、物业业务组织设置优化管理改革，将采、销、运、储、物业 5 个环节整合，在计件承包的基础上实行物业任务量与物流业务捆绑承包，实现收入能增能减。

八、党建与企业文化建设

2019 年，抚顺铝业党委深化“不忘初心、牢记使命”主题教育，重点开展主题教育与企业管理改革创新、转型升级、提质增效深入结合。全面配合完成中铝集团党组第三巡视组对抚顺铝业的巡视工作，针对 4 个方面 26 项问题，制定并实施整改措施。“一句话祝福短语视频拍摄”和“两代抚铝人的故事”微电影荣获中铝集团“六个一”活动优秀组织奖，快闪活动获得中铝集团二等奖。

抚顺铝业工会聚焦一线难点热点，完善炭素一厂、炭素二厂班组建设，投入 6 万余元，添置了洗衣机、微波炉、电水壶等员工急需的生活设施；为 252 名高温岗位员工申请办理了高温补贴；开展了“关爱一线员工，高温送清凉”慰问活动，为员工选取了消暑解渴的保健饮品。参加了“中国铝业杯”第十三届全国有色金属行业职业技能竞赛、“宁夏能源杯”技术大赛、班组长综合管理能力培训比武；开展了“一日班长”任职体验、激发员工换位思考，提高全员工作能力。

九、履行社会责任

实施环保改造工程。实施了炭素电捕除尘器的升级改造、厂区雨污分流、厂区扬尘治理等工程，排放污染物指标达到超净排放，修复污水处理厂，实现污水零排放。加大噪声防范，所有产生噪声的设备加装消音器或者单独建设厂房封闭，安装消音棉等措施。

开展环境保护公益活动。2019 年，抚顺铝业多次到周边居民社区走访，向居民宣讲环保知识，了解周边居民对企业的环保诉求。

开展困难职工帮扶活动。在重大国家法定节日，对企业职工、离退休老干部等进行节日慰问“送温暖”活动。召开救济委员会会议，讨论临时救助困难员工的救助情况，累计发放临时救济慰问金 6500 元。开展 2019 年“金秋助学”活动，帮助 29 名员工子女，救助金发放共 2.62 万元。

十、重要纪事

4 月 24 日，抚顺铝业被抚顺市总工会授予抚顺市“五一劳动奖状”。

5 月 14 日，中国有色金属工业协会铝用炭素分会陈维胜秘书长、铝用炭素分会高级顾问孙毅到抚顺铝业调研。

6 月 18 日，中铝集团党组成员、副总经理张程忠一行到抚顺铝业调研。

6 月 23 日，辽宁省高级人民法院副院长闫振喜、抚顺市中级人民法院蔡建忠副院长一行到抚顺铝业调研。

7 月 5 日，中铝集团党组成员、副总经理卢东亮到抚顺铝业调研。

10 月 16 日，中铝集团党组成员、总会计师叶国华到抚顺铝业调研。

10 月 26 日，抚顺铝业与郑研院共建炭素协同创新示范应用基地签约暨揭牌仪式在抚顺铝业举行。

撰稿 / 田　野

中铝郑州有色金属研究院有限公司

一、基本情况

中铝郑州有色金属研究院有限公司（简称郑州研究院）地处河南省郑州市上街区，前身是始建于1965年的郑州轻金属研究所，1988年与中国有色金属工业铝冶炼技术开发中心合并，更名为郑州轻金属研究院。1992年并入中国长城铝业公司，1999年进入中国铝业集团公司。2001年3月进入中国铝业公司，12月主体随中国铝业上市，定名为中国铝业股份有限公司郑州研究院，存续部分沿用原名称郑州轻金属研究院。2015年，上市部分由分公司体制改为子公司体制，更名为中国铝业郑州有色金属研究院有限公司，2019年更名为中铝郑州有色金属研究院有限公司。主营业务包括：有色金属、炭素产品的设计、研制、开发及相关技术服务；轻金属材料质量监督检验、化学分析。

通讯地址：郑州市上街区济源路82号。

邮政编码：450041。

2019年基本情况数据一览表

表1

主要产品产能	资产总额（亿元）	负债率（%）	员工总数（人）	平均年龄（岁）	学历结构	
1. 精细氧化铝：7.42万吨/年	5.56	54	569	42	中专及以下（人）	114
2. 铝合金：0.12万吨/年					大学专科（人）	67
					大学本科（人）	229
3. 防渗料：1.13万吨/年					硕士及以上（人）	159

二、组织机构

（一）领导班子

2019年领导班子成员一览表

表2

姓名	职务	2019年职务变动
樊大林	执行董事兼党委书记	—

续表2

姓名	职务	2019年职务变动
史志荣	总经理兼党委副书记	—
王福武	纪委书记	—
王　煊	副总经理	—
陈开斌	副总经理	—

（二）机构设置

职能部室：综合办公室（党委办公室）、党群工作部、人力资源部（组织部）、纪检监察部、审计部、财务部、科技管理部、企业管理部、安全环保部。

二级单位：氧化铝研究所、铝电解研究所、炭素研究所、资源综合利用研究所、设备与自动化研究所、特种氧化铝研究所、镁冶炼技术与装备研究所、环境工程技术研究所、轻金属材料所、质检中心、营销中心、研发条件中心、沁阳高温氧化铝材料厂、氧化铝功能材料厂、精细氧化铝材料厂。

参控股企业：河南华慧有色工程设计有限公司、郑州海赛高技术陶瓷有限责任公司、郑州轻研合金科技有限公司。

三、生产经营

2019年，郑州研究院实现收入5.39亿元，利润1414万元，全面完成各项任务指标。其中，科技板块产学研结合申请到各类科研项目经费1.23亿元，科技成果转化实现科技创收0.76亿元；产业板块主营产品收入2.18亿元；工程板块实现收入1.22亿元。

平台建设能力顺利推进，中国铝业卓越技术中心完成一期建设，正在进行二期建设并试运行。“超细粉体材料实验室”获批郑州市重点实验室。与遵义铝业、抚顺铝业等单位建立了协同创新示范基地，和河南省地调院、中北大学、太原理工大学等建立了战略合作关系。

2019年，新引进博士2名，向国家、省市推荐各类高层次人才人选10名，1人获国务院特殊津贴。15人参加了中铝集团“合金计划”“锋刃计划”“飞跃计划”培训，72名科技研发骨干进入中铝大学培训，33人参加技能等级提升培训。

主要指标一览表

表3

指标名称		2018年	2019年	同比增长（%）
主要产品产量	1. 精细氧化铝（万吨）	6.87	7.42	8
	2. 铝合金及制品(万吨)	0.17	0.12	−29
	3. 防渗料（万吨）	2.00	1.13	−44
工业产值（亿元）		3.30	3.47	5
销售收入（亿元）		6.20	5.39	−13
利润额（亿元）		0.30	0.14	−53
纳税额（亿元）		0.30	0.21	−30
人身伤亡事故（起）		0	0	—
工亡人数（人）		0	0	—
重伤人数（人）		0	0	—
轻伤人数（人）		0	0	—

四、重大发展项目

2019年，郑州研究院实施投资项目10项，建设总投资7945万元。其中，完成安全环保项目8项，建设投资2441.85万元；完成技改项目1项，建设投资168.85万元；在建未完工项目1项，2019年完成投资3500万元。

重大项目情况表

表4

项目名称	设计规模（万吨）	投资规模（万元）	当年完成投资额（万元）	年内项目建设形象进度
年产3000吨锂电池隔膜用铝基新材料项目	0.3	4872	3500	截至2019年底完成研磨干燥、原料处理工段的建设

续表 4

项目名称	设计规模（万吨）	投资规模（万元）	当年完成投资额（万元）	年内项目建设形象进度
炉窑烟气在线监测	—	337.96	337.96	已完成并交付使用
精细氧化铝材料厂环保提标改造	—	604.72	604.72	已完成并交付使用
精细氧化铝材料厂高温隧道窑和梭式窑除尘脱硝、锅炉脱硝改造	—	647.80	647.80	已完成并交付使用
郑研院沁阳厂废水环保深度治理及水网改造项目	—	576.43	576.43	已完成并交付使用
郑研院沁阳厂高温氧化铝脱销改造项目	—	383.9	383.9	已完成并交付使用

五、企业管理

组织制（修）订生产经营、科技管理、安全环保等规章制度 41 项，截至 2019 年底有效运行规章制度共计 248 项。实施定岗定编，将全院劳务派遣人员控制在 10% 以内。制定了对账管理办法，全年清收逾期应收款 4738 万元，清零 97 笔。拓展融资渠道和平台，全年节约财务费用 298 万元。强化采购和招投标管理，采购直供率达到 92%，电子平台上线率 100%，降低采购成本 850 多万元。加强政策研究，获各类奖补资金近 1600 余万元。安全环保工作完成了 12 项标志性项目、18 项具体措施，制（修）订安全环保管理制度 9 项，修订岗位操作规程 114 项，深入推进“两抓两查严监管”标准化工作，实现了安全环保事故为“零”的目标。

六、科技创新

全年共开展研发项目 96 项；获专利授权 18 项，其中发明专利 13 项，包括国际专利 1 项；审定国家、行业标准 21 项，发布实施行业标准 4 项； 5 项科技成果通过中国有色金属工业协会专家评估，其中 3 项达到国际领先水平；2 项科技成果获中国有色金属工业科技进步一等奖。

在氧化铝领域，湿法氧化技术在遵义铝业开展工业试验；在铝电解及炭素领域，更低能耗铝电解节能技术接近预期指标；基于新型连续阳极的铝电解新工艺研究形成工艺原型；铝电解废阴极资源综合利用技术在包头铝业建成试验线；无炭渣阳极生产技术示范项目开展工业验证试验取得阶段性效果。稀土领域开发了液态阴极稀土氟化物熔盐电解生产稀土金属技术，半工业化试验研究进行中。镁冶炼领域开发了白云石综合利用清洁炼镁新技术，与原皮江法相比成本可降低 50%。精细氧化铝领域开发了适宜于蓝宝石衬底 CMP 用的超细氧化铝制备工艺技术。

2019 年科技创新数据表

表 5

科技创新投入（万元）	申请专利（件）	授权专利（件）	科技人员占比（%）
8386	48	18	51

七、深化改革

郑州研究院成为中铝股份管理改革试点单位，

研发管理制度改革、成果转化机制改革、服务平台建设与运行机制改革、人才管理与激励机制改革4个方面17项重点改革，取得明显成效。加强五级工程师动态管理，建立了柔性引才、高层次人才引进机制。混合所有制改革初见成效，郑州研究院第一家员工持股公司——郑州轻研合金公司通过3年发展，2019年实现营业收入4264万元，利润1021万元。

八、党建与企业文化建设

开展标准化党支部建设，完成了集中换届工作。坚持“四同步”“四对接”，深入开展“两带两创”、党员“双提升”活动。扎实开展“不忘初心、牢记使命”主题教育，一系列关系员工切身利益的问题得到解决。严格落实“一岗双责”，严肃党内组织生活，发挥了各级党组织的政治核心和战斗堡垒作用。

压实“两个责任”，聚焦监督执纪问责，对11家单位进行了两轮政治巡察，及时发现问题，积极整改。强化执纪问责，全年问责21人次。聚焦监督推动，针对逾期应收账款开展专项监督，该案例荣获得中铝股份内审案例一等奖。

大力开展“安全、干净”班组竞赛、“随立功、随记功”、合理化建议和劳动竞赛活动，在中铝集团举办的“创新创意”大赛中，5个参赛项目全部获奖，其中一等奖2项、二等奖3项。

九、履行社会责任

2019年，慰问伤病员工50多人次，为员工办理了互助保障意外伤害险、重大疾病险和住院津贴险，为女职工办理了女工安康险。

发挥技术优势，助力企业降本增效。“FHEST技术”推广84台，为企业节电创效提供重大帮助。铝电解大修渣无害化处置技术兰铝项目达产达标，含包铝示范线，全年累计处置大修渣9760吨，解决了企业环保难题。赤泥堆场原位修复技术在中铝矿业赤泥库应用的基础上，在遵义铝业实现了赤泥边坡护坡绿化。在中州铝业和山西华兴开展了氧化铝焙烧炉NOx、粉尘治理环保技术服务，实现达标排放。针对云铝阴极炭块漂浮脱落的现象，提出了改进方法和措施。在山西华圣和赤壁长城炭素采用节能型阳极焙烧炉技术为企业创效1174万元。

十、重要纪事

1月28日，郑州研究院召开一届二次职代会暨2019年工作会议、党建及党风廉政建设工作会议。

3月9日，国家生态环保部领导调研包铝铝电解大修渣无害化处置示范线。

4月27日，郑州研究院与西北铝业有限责任公司签署战略合作协议。

6月13日，郑州研究院召开工会一届一次会员代表大会。

7月3日，国家轻金属质量监督检验中心正式成为QME指定质检机构，指定质检检测范围包括氧化铝、铝锭和铝棒3种大宗现货商品。

8月6日，国家市场监督管理总局标准技术管理司副司长陈洪俊等一行4人，到国家轻金属质量监督检验中心对“国家标准样品”研制与应用情况进行调研。

9月11日，中国有色金属工业协会在郑州研究院组织召开科技成果评价会，对“熟料干法烧结工艺与装备技术研究”项目等5项科技成果进行了评价。

10月22日，郑州研究院与河南省地质调查院签订战略合作协议。

11月30日，郑州研究院负责起草的《铝用炭素检测方法系列标准（4个部分）》被全国有色金属标准化技术委员会评定为“技术标准优秀奖”。

12月10日，中铝股份和中国有色金属学会联合在郑州研究院召开2019年度“科技引领氧化铝行业高质量健康发展”研讨会。

撰稿 / 贯楠

中铝国际贸易集团有限公司

一、基本情况

中铝国际贸易集团有限公司（简称中铝国贸集团）于2018年12月18日在中国（上海）自由贸易试验区注册，注册资本金10.3亿元。中铝国贸集团是中国铝业唯一的对外贸易窗口，是具有法人资格、拥有进出口经营权的经济实体。

经营范围：金属材料及制品、煤炭、建筑材料、电子设备、空调设备、汽车配件、五金交电、日用百货、针纺织品、木材、钢材、电子产品、通信设备（除卫星电视广播地面接收设施）、化工原料（除危险化学品、监控化学品、烟花爆竹、民用爆炸物品、易制毒化学品）、汽车的销售，从事货物及技术的进出口业务，经济信息咨询服务、企业管理咨询。

通讯地址：上海市浦东新区长清北路53号。

2019年基本情况数据一览表

表1

资产总额（亿元）	负债率（%）	员工总数（人）	平均年龄（岁）	学历结构	
135.25	57.06	327	39.1	中专及以下（人）	17
				大学专科（人）	59
				大学本科（人）	193
				硕士及以上（人）	58

二、组织机构

（一）领导班子

2019年领导班子成员一览表

表2

姓名	职务	2019年职务变动
赵晋华	党委书记、董事长、总经理	—
董克恭	党委委员、财务总监	—

续表2

姓名	职务	2019年职务变动
申兰江	党委委员、副总经理	7月退休
黄　力	党委委员、副总经理	—
李广飞	党委委员、副总经理	—
刘　波	党委委员、纪委书记	—
陈　超	党委委员、副总经理	—

（二）机构设置

职能部门：办公室、人力资源部（党群工作部）、纪检监察部、财务部（财务共享中心）、安全环保健康部、合规风控部（法律部、审计部）、运营管理部、期货部（结构化交易中心）、市场研究部。

业务中心：氧化铝业务中心、电解铝业务中心、能源业务中心、国际业务中心、非铝金属业务中心、资产经营中心、项目经营中心。

控股企业：中铝新材料有限公司、中铝佛山国际贸易有限公司、中铝国贸佛山投资有限公司、中铝青岛国际贸易有限公司、中铝河南国际贸易有限公司、中铝青海西部国际贸易有限公司、中铝国贸香港有限公司、中铝内蒙古国贸有限公司、中铝国贸新加坡有限公司、苏州中色金属材料科技有限公司。

参股但不并表企业：招商物产（天津）有限公司、中铝淄博国际贸易有限公司、中衡协力投资有限公司、娄底中禹新材料有限公司。

三、生产经营

2019年，中铝国贸集团完成营业收入1359亿元，利润6.41亿元，年末经营净现金流9.2亿元，清回逾期账款1亿元。氧化铝业务开拓外部市场，平衡资源配置，全年销售氧化铝1022万吨。电解铝业务实现了从销售自产产品为主向经营非自产产品为主的转变。能源业务，全年进口TT焦煤585万吨，口岸占比29%。国际业务发挥“一核三翼”的多元效应，完成矿石进口1730万吨。中铝新材料全年销售量达到106万吨。

主要指标一览表

表3

指标名称		2018年	2019年	同比增长（%）
主要产品产量	1. 氧化铝（万吨）	1093	1022	−6.5
	2. 铝产品（万吨）	280	474	+69.3
	3. 进口焦煤（万吨）	319	571	+79.0
	4. 铜铅锌（万吨）	137	107	−21.9
销售收入（亿元）		1477	1359	−8.0
利润额（亿元）		7.09	6.41	−9.6
纳税额（亿元）		4.82	5.71	+18.5
净资产收益率（%）		11.4	8.69	降低2.71个百分点
人身伤亡事故（起）		0	0	—
工亡人数（人）		0	0	—
重伤人数（人）		0	0	—
轻伤人数（人）		0	0	—

说明：表内数据为财务账面数

四、企业管理

实施了流程再造、体系重构、岗位优化、业务创新、市场拓展、仓储库存、风险化解、信息化建设等举措，制定了相关业务运营管理办法。

设立了市场研究部、首席分析师，建立了“宏观经济+铝产业基本面”分析体系，启动了可视化投研数据库建设，魏宏杰博士采用BP神经网络法预测的2019年沪铝主力合约均价与实际值误差率为0.6%。

设立了合规风控部，推广合同标准文本，优化合同审核流程；借助第三方风险雷达监控，对授信对象进行实时化监控。全覆盖开展了基层单位负责人经济责任审计。全年取得生效法律判决9件，通过诉讼减少和避免经济损失2.4亿元。

设立了安全环保健康部，颁布了“两抓两查严监管”标准指南，落实了安全生产责任制。以物业管理、项目建设、煤炭洗选等为重点，推进“安全干净班组”建设及“安全卫士”活动，实现了全年安全环保无事故。

以管理体系换版为契机，持续推进品牌建设，制定了质量管理制度，强化了产品销售及售后服务工作，加强了供应商和客户准入评价管理，顺利通过三大管理体系换版认证。

五、深化改革

推进中铝国贸集团“大中台”改革，优化了岗位设置，氧化铝业务人员从 20 人精减到 6 人，非铝金属业务中心人员从 14 人精减到 5 人。改革后，前台负责开发订单，中台负责合同审批、货权管理、风险管控，后台负责制度建设和监督检查，明晰了前中后台管理边界，提高了效率，降低了风险。

制定了《中铝国贸集团 2019 年度绩效考核实施方案》，明确了目标实现、累进提成、贡献倾斜的薪酬分配“三原则”。进一步确定了以前中后台为主线，按照价值贡献进行分配的动态机制。

深化与招商局集团的战略合作。经商务部、国家发改委核准，中铝国贸新加坡有限公司于 9 月 17 日正式注册成立。该公司由中铝国贸集团和招商局海通共同出资（中铝国贸集团控股 51%，并表管理），将充分利用中铝的产业链和贸易优势，招商局的海外金融和港口优势，共同打造海外全方位的新型贸易平台。

六、党建与企业文化建设

开展“不忘初心、牢记使命”主题教育，以主题教育为契机开展了 5 个专项整治，对 24 项形式主义、官僚主义问题逐项整改到位。中铝国贸集团党委获 2018—2019 年度中铝集团先进基层党组织。

3 月 23 日中铝国贸集团召开了第一次党员代表大会，组建了首届党委、纪委班子，健全完善了基层党组织。

全年共召开了 10 次党委会研究党风廉政建设工作。将党风廉政建设考核比重提高到 25%。完成了中铝集团巡视反馈问题整改，配合中央第十巡视组开展下沉调研，自主开展了两轮政治巡察，紧盯工会经费、履职待遇开展专项治理。持之以恒落实中央八项规定精神，及时出台了解决形式主义突出问题为基层减负的具体措施，比 2018 年精减文件 24%。

《我和我的祖国》快闪 MV 被“学习强国”平台录用。全年在《中国有色金属报》《中国铝业报》刊登文章 60 余篇。组织观看爱国主义电影、开展微党课及书画摄影作品评选，高标准建成党员之家、职工小家，与上海银行合办新春联谊会，举办“不忘初心我奋斗、牢记使命我担当”演讲比赛，召开青年代表座谈会等活动，激发青年激情，凝聚员工智慧，活跃了文化氛围。

2019 年，中铝国贸集团荣获“2018—2019 年度中国铝行业杰出贡献奖”“中国铝行业最具竞争力贸易企业”“ 2018—2019 年度平台优秀交易商”3 项荣誉。

七 、重要纪事

3 月 23 日，中铝国贸集团召开第一次党员代表大会。中铝集团党组成员、副总经理卢东亮出席会议并与新当选的第一届党委班子谈心谈话。

4 月 12 日，中铝国贸集团主办“浦江之光”——

宏观经济与有色金属产业发展论坛。

5 月 6 日，中铝集团党组成员、副总经理卢东亮到中铝香港国贸开展工作调研。

6 月 5 日至 6 日，中铝集团党组成员、总会计师叶国华到中铝国贸集团调研。

7 月 9 日，中铝集团党组副书记、董事敖宏到中铝国贸集团调研。

同日，中铝集团纪检监察组组长、党组成员许质武到中铝国贸集团开展“不忘初心、牢记使命”主题教育专题调研。

8 月 30 日，中铝集团党组成员、副总经理冯贵权到中铝国贸集团开展工作调研。

9 月 12 日，中铝国贸集团党委召开“不忘初心、牢记使命”主题教育启动会。

11 月 7 日，中铝集团党组书记、董事长姚林到中铝国贸集团开展工作调研。

同日，“和衷共济”——全球铝产业贸易和金融发展论坛在上海中铝大厦举行，姚林董事长出席论坛并发表致辞。

11 月 15 日，中铝集团党组成员、副总经理陈琪到中铝青岛国贸开展工作调研。

12 月，中铝国贸集团副总经理李广飞受邀担任 LME（伦敦金属交易所）铝委员会委员。

撰稿 / 盖志云

中国铝业香港有限公司

一、基本情况

中国铝业香港有限公司（简称中铝香港）是中国铝业股份有限公司（简称中铝股份）于 2005 年 3 月在香港设立的全资子公司，注册地为香港金钟夏悫道 16 号远东金融中心 4501，办公地址在北京市海淀区西直门北大街 62 号。

中铝香港作为中铝股份海外战略的执行机构，是中铝股份唯一的海外投融资平台，负责中铝股份海外开发和并购项目的实施以及海外机构（公司）的日常管理。

2019 年基本情况数据一览表

表 1

资产总额（亿元）	负债率（%）	员工总数（人）	平均年龄（岁）	学历结构	
143.3	58.56	13	40	大学本科（人）	4
				硕士及以上（人）	9

二、组织机构

（一）领导班子

2019 年领导班子成员一览表

表 2

姓名	职务	2019 年职务变动
杜小明	董事长、党委书记、总裁	—
刘福兴	副总裁	—
孙　波	副总裁	—

（二）机构设置

本部机构：综合部、人力资源部（党群工作部）、财务部、项目一部项目二部、业务发展部。

境外机构：全资子公司 7 家，控股子公司 5 家。其中，8 家境外特殊目的公司分布在中国香港地区和新加坡、几内亚、英属维尔京群岛（BVI）。

三、生产经营

2019 年中铝香港报表亏损 22864.25 万元。

中铝香港是中铝股份的境外投融资平台，2019年末有美元债务9亿美元，发生美元债利息费用4200万美元（折人民币约2.8亿元），为账面亏损主因。

中铝香港大幅提升融资授信额度6000万美元、灵活运营资金管理创效260万元人民币，保障博法项目资金需求，较好地完成了境外融资平台功能。超额完成外部铝土矿贸易长单任务，协助中铝股份设计完成了博法铝土矿贸易方案，切实做好境外公司“三会”管理等工作，起到了境外企业管理平台作用，为国内企业矿石资源保障做出了应有贡献。

主要指标一览表

表3

指标名称		2018年	2019年	同比增长（%）
销售收入	（亿元）	13.02	17.92	37.63
利润额	（亿元）	−3.04	−2.29	24.67
纳税额	（亿元）	0	0	—
人身伤亡事故	（起）	0	0	—
工亡人数	（人）	0	0	—
重伤人数	（人）	0	0	—
轻伤人数	（人）	0	0	—

四、重大发展项目

2019年中铝香港几内亚博法铝土矿项目稳步推进，先后完成了矿山项目检修道路施工，重油电站土建施工和安装施工，4台发电机全部具备发电条件；皮带廊土建基础施工和桁架安装完成，部分开始安装皮带；斜拉桥主塔施工完成，开始安装；完成了港口项目多用途临时码头、摆渡码头和1号码头引桥施工。2019年12月10日，中铝几内亚在“科卡亚中铝港”多用途码头橡胶护舷及系船柱安装完成，港池疏浚完成，多功能码头堆存矿量达到5.5万吨，两台三角带安装调试已就位，多用途码头最低水位时，水深达到4.56米，满足驳船满载及拖轮最低潮时靠驳水深（4米）要求。至此，多用途码头达到了装船所需全部条件。

重大项目情况表

表4

项目名称	设计规模	投资规模（万元）	累计完成投资额（万元）	年内建设项目形象进度
几内亚博法（Boffa）铝土矿项目及配套港口项目	1200万吨/年	5.7亿美元（约人民币400000万元）	32767.19万美元（约合人民币229370.32万元）	矿山开始试生产采矿，重油电站具备发电条件，其他工程建设按节点进行。12月10日码头具备装矿条件

2019年12月22日，博法项目启动决战决胜誓师动员大会。会议对“大干100天，攻坚保工期，实现1210具备装船条件”进行了总结和表彰，与各参建单位签订了“决战100天 决胜331”活动目标责任书，对项目建设进行了再动员、再部署、再落实，参建单位代表进行了表态发言。

五、企业管理

（一）加强基础管理，健全风控体系

2019年，中铝香港推进风险管理工作的制度化和常态化，对于涉及安全环保、海外项目、招投标等易发生较大损失的经营工作，严格按照《中铝香港“三重一大”决策制度实施细则》的相关

规定，坚持集体决策，提高决策水平，防范决策风险。开展了合同专项检查、印尼合资公司和老挝合资公司年度巡查、印尼合资公司税务专项检查等多项风险检查工作。

2019 年 8—12 月，逢几内亚雨季旱季交替，员工健康状况出现较大波动，中铝几内亚内部员工和参加单位持续感染疟疾、伤寒、感冒等疾病，中铝香港本部和现场工作组立即启动医疗卫生应急机制，严防病情扩散。现场患病员工年内全部恢复健康并返回工作岗位。

2019 年，中铝香港确定汇率、人员健康风险和公共关系风险为 3 项重大风险，制定切实有效的管理策略和解决方案。每月按时向内审部报送重大风险监控报告和报表。

2019 年中铝香港共制定、修订制度 11 项，涵盖党建、纪检、人事、贸易、财务、投资、会议、合同等业务领域，提升了管理水平。

通过开展多角度的风险防控，2019 年中铝香港在安全环保方面未出现任何事故。

（二）有序推进遗留问题的解决

贸易遗留问题稳妥推进。Astam 备用信用证欠款案件获得有利仲裁判决后，中铝香港委托有关中介，对 Astam 开展资产调查，评估其偿债能力。根据审计署处理意见，Astam 应收款项 330 万美元，经中铝香港研究并报中铝股份审批同意，按照企业会计准则调整有关会计账目和财务报表，已在 2018 年计提减值准备。中铝香港将继续以非诉手段追偿。

ICBS 非诉追偿持续推进。根据审计署处理意见，ICBS 应收款项 252.25 万美元，经中铝香港研究并报中铝股份审批同意，按照企业会计准则调整有关会计账目和财务报表，已在 2018 年计提减值准备。

六、党建工作

2019 年，中铝香港党总支扎实开展“不忘初心、牢记使命”主题教育。制定 2019 年党风廉政建设和反腐败工作责任分解方案，明确责任和任务，进一步完善“一岗双责”《责任书》。做优做精“两带两创”，设立创效项目 15 个、创新课题 19 个。

七、履行社会责任

（一）做好环境保护

认真执行矿区环境保护措施，最大限度地降低历史采矿作业对周边环境的影响。

博法铝土矿项目环境影响评价报告，获得几内亚环境部批复，8 月 3 日，环评批复延期至 2020 年 8 月 2 日。

5 月 14 日，《健康安全环保方案》获得批准。

根据国际金融法则和几内亚相关环境法规要求，先后编制出《中铝几内亚空气质量管理方案》《中铝几内亚噪声管理方案》等制度，对施工现场、后续生产经营的环境管理做出明确规定。按照项目环评批复意见，编制完成了《环境与社区管理方案》。及时办理各项环境许可手续，按时缴纳清表税，在咨询内外部律师后，商定以扰动作物区域为缴纳清表税的基准，驳回了几内亚环境部发出的以征地面积为清表税的计费方式，维护了企业利益。通过设计变更增加重油电站除尘、脱硝等环保系统。

（二）参与社区发展和公益事业

2019 年 7 月 11 日完成了社区发展协议，经审批后组织签订。

重视社区基础建设，对矿区村道、管涵及桥梁进行技术修复，2019年，中铝几内亚为附近社区修复道路和桥梁4座。修复完善社区生活设施，2019年5月16日，在项目附近宋布雅迪县葛高亚村捐建的水井剪彩投用。对当地社区学校进行场地整修、新建道路。帮助社区清理垃圾，提供水泥等基建物资支援社区建设；在开斋节、宰牲节来临之际，购买大米、食用油等生活物资对社区进行慰问，向当地社区和足球队捐赠物资和食品。与社区居民开展足球友谊赛等。

2019年4月16日和4月30日，分两期对博法项目附近青年进了劳动职业技术培训，共培训216人次。通过培训，进一步带动地方发展，对提高周边村民技术技能起了积极作用，也为下一步项目用工提供了更多的劳动力资源。

2019年5月，农业基地建成投用后，累计培训农业种植和养殖技术人员百余人次。

2019年，中铝几内亚资助24名几内亚大学生到中国深造。

八、重要纪事

4月24—26日，几内亚第六届矿业博览会在首都科纳克里希尔顿大酒店举行，几内亚总统孔戴出席并发表讲话，中铝集团作为主要受邀参展矿企之一，由副总经理张程忠参加并发表主旨演讲。

4月24日，博法项目贷款银行农业银行一行6人抵达几内亚，随后对该项目进行了现场考察和调研。

5月15日至17日，中铝股份外部董事陈丽洁、胡式海、李大壮一行对博法项目进行了考察。其间，5月16日出席了农业基地揭牌仪式和葛高亚村捐建水井启用仪式；5月17日会见了中国驻几使馆黄巍大使；5月18日参观了科纳克里大学孔子学院。

9月1日，博法项目首台采矿机开始试生产剥离，10月6日，开始试生产采矿。11月5日，开始调运矿石到港口多用途码头。

10月28日，1号办公楼、2号食堂和4号楼宿舍楼投入使用，生产运营人员正式搬入主营地办公和住宿。

10月31日至11月5日，中铝集团外部董事张富生到中铝几内亚博法项目调研。

10月31日，3号、4号重油发电机组一次启动成功。至此，4台发电机组全部具备发电条件。

11月4日，参加中非合作论坛的中国青年访非团一行54人，在中国驻几内亚邱先明参赞陪同下到中铝几内亚博法项目调研。

11月17日，全国人大常委会副委员长、九三学社中央主席武维华在黄巍大使以及几内亚议会议员丹巴·法迪加、艾娃·克鲁斯、阿里·卡巴，几内亚地矿部部长马加苏巴陪同下考察了博法项目，18日召开了中资企业座谈会。此次考察，武维华副委员长对中铝几内亚项目给予了高度评价，指出在抓好项目建设及运营的同时，要把员工身心健康放在首位，非常赞同现场负责人提出的要把这支队伍安全、健康地带回国的提法。

11月14日，国电投铝电投资有限公司总经理冯建清等13人调研博法项目。

11月18日，中远海远非洲区董事长潘勇一行5人调研博法项目。

11 月 19 日，三峡集团副总经济师李丽一行 6 人调研博法项目，并就双方电力合作事宜进行了初步的探讨。

11 月 19 日，中铝香港与烟台港对几内亚项目推进情况进行了交流，对下一步合作进行了初步探讨。

12 月 15 日，中远海运益丰船务“益驳 301”货驳在“益拖 101”和“益拖 102”拖轮的拖带下，缓缓靠近“科卡亚中铝港”并开始装船，标志着博法项目首艘运输矿石货轮回国工作正式启动。

撰稿 / 陈美蓉

中铝能源有限公司

一、基本情况

中铝能源有限公司（简称中铝能源）于2011年7月在北京成立，注册资本13.84亿元，本部位于北京市西直门北大街62号中铝大厦15层。

中铝能源是中国铝业集团有限公司（简称中铝集团）2011年组建的能源业务单元，是中国铝业股份有限公司（简称中铝股份）在宁夏以外地区的能源产业主要投资、管理、运营平台和利润中心。

2019年基本情况数据一览表

表1

资产总额（亿元）	负债率（%）	员工总数（人）	平均年龄（岁）	学历结构	
23.73（含华阳）	46.29	66	46	中专及以下（人）	2
				大学专科（人）	22
				大学本科（人）	30
				硕士及以上（人）	12

二、组织机构

（一）领导班子

2019年领导班子成员一览表

表2

姓名	职务
何怀兴	执行董事
师青春	党委书记、总经理
杨思光	纪委书记、副总经理、安全总监
张凤琴	财务总监

（二）机构设置

职能部门：综合管理部（人力资源部、党委纪委工作部）、财务资产部、业务发展部、企业管理部（安全环保部）。

全资子公司：中铝贵州矿业有限公司、中铝遵义矿业有限公司、山西华禹能源投资有限公司。

控参股公司：宁夏银仪电力工程有限公司、中铝新疆铝电有限公司。

委托企业：甘肃华阳矿业开发有限责任公司、山西介休鑫峪沟煤业有限公司、青海能源发展（集团）有限责任公司。

电厂建设项目部：中铝能源有限公司内蒙古华云项目部、中铝能源有限公司广西华磊项目部。

三、生产经营

2019年，中铝能源加强市场开拓，压缩成本费用，严控经营风险，扩大服务贸易，积极布局新业务，顺利完成全年各项目标任务。全年贸易量完成煤炭37.75万吨、铝土矿45.56万吨、石灰类17.57万吨，实现贸易收入4.66亿元，实现毛利2628万元。

2019年，中铝能源所属涉煤企业和受中铝股份委托管理的参股涉煤企业共有27座煤矿，其中：控股煤矿项目1个，属于项目前期，控股煤炭资源量4.6亿吨，设计产能300万吨/年；参股煤矿26个，设计产能1516万吨/年，参股煤矿实际产量923.55万吨。

主要指标一览表

表3

指标名称		2018年	2019年	同比增长（%）
工业产值	（亿元）	5.61	3.65	−34.94
销售收入	（亿元）	7.21	4.85	−32.73
利润额	（亿元）	−2.53	−0.49	−80.63
纳税额	（亿元）	0.15	0.37	146.67
人身伤亡事故	（起）	0	1	—
工亡人数	（人）	0	1	—
重伤人数	（人）	0	0	—
轻伤人数	（人）	0	0	—

四、企业管理

2019年，中铝能源严格落实“一岗双责”安全责任，强化现场隐患排查治理。全年发生安全生产事故1起，工亡1人，未发生质量、环保事件。

强化对涉煤企业经营管理的指导，立足专业，提供技术支持。督促山西华禹参股煤矿控股方采取措施，延长参股煤矿服务年限，增加企业经营效益。指导鑫峪沟煤矿顺利开展奥灰水注浆堵水工作，促成煤矿恢复生产。加强与涉煤生产企业控股方沟通协调，加大历史欠款清收和企业分红分配力度，收到参股企业分红1373.5万元，清收历史欠款1.04亿元。

综合运用法律手段保护企业合法权益，与公安、税务等部门多方沟通协调，全力推进解决历史遗留问题，积极挽回损失，避免新增风险。启动鑫峪沟煤业5亿元委贷法律诉讼，一审胜诉；派驻鑫峪沟煤业巡察专项工作组，开展核查资产、调查取证等一系列工作。

五、深化改革

2019年，按照中铝集团、中铝股份的统一部署，内蒙古丰融、宁夏丰昊2家配售电企业股权转让至中铝环保。中铝能源成功办理售电营业范围增加，与中铝山东签订售电业务合作协议，签约电力用户12家。

中铝能源电力业务按照中铝股份的统一部署，宁夏银仪电力工程有限公司管理权移交至宁夏能源。

六、党建与企业文化建设

2019年，中铝能源党委强化党建考核评价，年初与所属企业党组织签订《2019年党建目标责任书》，压实党建工作责任。深入开展“不忘初心、牢记使命”主题教育，不断提升党建工作宣传力度。

深化党建业务融合和“双提升”“双对标”活动，所属7个基层党支部“三星级”标准化党支部达标率100%，其中3个党支部被评为“四星级”标准化党支部。认真落实中铝集团党组党风廉政建设和反腐败工作部署，开展形式主义官僚主义专项整治。

七、重要纪事

1月23日，宁夏银仪电力工程有限公司管理权由中铝能源移交至宁夏能源。

3月，内蒙古丰融、宁夏丰昊股权划转至中铝环保。

5月，完成宁夏银仪电力工程有限公司章程修订、董事会、监事会成员调整。

同月，调整中铝能源职业健康安全和环境委员会成员；成立中铝能源社会责任领导小组。

6月，开展党风廉政宣传教育月活动，“不忘初心、牢记使命”主题教育。

8月，开展中铝能源内部控制评价和全面风险管理检查。

10月，开展党员“双提升”、党支部“双对标”活动。

11月，调整中铝能源保密委员会成员。

12月，完成2019年度“两带两创”活动成果发布及优秀项目表彰，完成标准化党支部验收及星级评比。

撰稿 / 郭兴旺

中铝物流集团有限公司

一、基本情况

中铝物流集团有限公司（简称中铝物流）前身是中铝国贸（北京）货运有限公司， 2014 年 10 月更名为中铝物流集团有限公司；2015 年，中铝股份对所属 3 家分公司的物流资产进行增资，控股中铝物流，委托原股东中铝国贸运营管理；2016 年 3 月，按照中铝集团党组和中铝股份党委部署，重新组建领导班子，并独立运行；2017 年 6 月，中铝股份收购中铝国贸所持股权，中铝物流成为中铝股份全资子公司。

2019 年基本情况数据一览表

表 1

资产总额（亿元）	负债率（%）	员工总数（人）	平均年龄（岁）	学历结构	
18.15	34.12	2713	45	中专及以下（人）	1614
				大学专科（人）	621
				大学本科（人）	453
				硕士（人）	24
				博士及以上（人）	1

二、组织机构

（一）领导班子

2019 年领导班子成员一览表

表 2

姓名	职务	2019 年职务变动
曾庆猛	党委书记、执行董事	3 月任职
刘为胜	党委书记、执行董事、纪委书记	3 月调离

续表 2

姓名	职务	2019 年职务变动
陈绚柱	副总经理	—
闫晓军	副总经理	—
董光辉	副总经理	—
郑保义	纪委书记	10 月 28 日任
陶甫伦	财务总监	—

（二）部门设置

集团本部：设有5个部门、5个中心，分别是综合部（合规风控部）、党委工作部（纪委办公室、人力资源部）、财务部、安全环保健康部、投资发展部，运营业务中心、仓储业务中心、供应链业务中心、海外业务中心、承运服务中心。

分公司：中铝物流集团有限公司山东分公司、中铝物流集团有限公司贵州分公司、中铝物流集团内蒙古有限公司吕梁分公司、中铝物流集团甘肃有限公司连城分公司、中铝物流集团有限公司新疆分公司。

子公司：中铝物流集团内蒙古有限公司、中铝物流集团中州有限公司、中铝物流集团东南亚国际陆港有限公司、中铝物流集团中部国际陆港有限公司、中铝物流集团西北国际陆港有限公司、中铝物流集团甘肃有限公司、中铝物流集团黑龙江东轻有限公司、中铝物流集团临沂有限公司、河南中铝国储能源有限公司。

合资公司：中油中铝（北京）石油化工有限公司。

托管单位：山西新材料物流运输事业部、云铝物流、重庆西南铝运输有限公司。

三、生产经营

2019年，中铝物流累计完成物流作业量8030万吨，同比增长24%，其中，采购物流完成2990万吨，同比增长31%。累计实现营业收入65亿元，盈利1.8亿元，同比增加8039万元，比预算目标增加5961万元，生产运营净现金流2.73亿元，比预算目标增加9265万元。利润结构中，两头在内利润占比46%、一头在外利润占比34%、两头在外利润占比20%。通过政策争取和物流模式优化，为实体企业同口径降低物流费用9897万元，降幅达到2.15%。

主要指标一览表

表3

指标名称		2018年	2019年	同比增长（%）
主要产品产量	1. 氧化铝发运（万吨）	841	853	2
	2. 电解铝发运（万吨）	459	482	5
销售收入	（亿元）	63	65	2.63
利润额	（亿元）	0.99	1.8	81.03
纳税额	（亿元）	0.8	1.14	42.32
净资产收益率	（%）	5.4	12.5	增加7.1个百分点
死亡人数	（人）	1	7	—
重伤人数	（人）	1	0	—
轻伤人数	（人）	0	0	—

四、企业管理

系统梳理了综合、安全、风控、运营等方面的制度，废止制度2项、修订制度8项、新制定制度17项。

规范承运商管理，设定了合格承运商准入条件，并通过招标方式，完成了汽车承运商遴选和建库工作。建立考核评价机制，对于入围承运商实施一年一评审、三年一更新。

通过与铁路、公路、海运、港口、仓储等同行企业对标，建立和完善了中铝物流生产运营指标统计系统，为业务流程优化奠定了基础。

五、重大发展项目

2019年中铝物流共组织实施26个项目，总投资11409万元。其中经中铝股份审批的重点项目3个，分别是：中部陆港散装物流区场站建设项目、中部陆港有色金属交易区仓库和铁路线路建设项目。

六、深化改革

2019年面向中国铜业、云铝股份、西南铝、山西新材料等单位，同时展开了物流整合。中州物流整合，从8月1日起，实现新、老物流一体化运营；山西新材料物流经过前后18次沟通协调，最终形成《深化委托物流管理服务协议》，并已开始模拟财务核算；西南铝物流整合方案通过中铝股份决策程序；云铝股份物流整合，完成党委管理方案制定，提交中铝股份党委会决策；中国铜业物流整合，完成项目建议书初稿及合资公司章程起草。

按照“集权有度、分权有效、约束有力”的原则，对本部原有部门和中心进行了整合优化，改组为“5部门、5中心”管理架构，对有关单位负责人进行了调整，优化了岗位编制，建立了工作互补机制。

七、党建和企业文化工作

坚持用习近平新时代中国特色社会主义思想武装头脑，扎实开展“不忘初心、牢记使命”主题教育等专项工作。全年开展党委中心组学习14次，领导班子主题教育对照党章党规党纪查摆问题66项，专题民主生活会检视问题56项，开展谈心谈话63人次，班子成员之间相互提批评意见70条。全年在微信公众号、官方网站推送信息103篇，在《中国铝业报》《中国有色金属报》等报刊发稿113篇。“两带两创”课题立项共109项。山东物流《火车包装装车系统综合升级改造工程》，获得中铝集团“党员带群众创新”优秀项目奖。组织开展“师带徒”活动结对62对，参加各类职工技术比武竞赛20次，参与技能培训和岗位练兵894人次，征集合理化建议490条，以职工个人命名的操作法5个，2名职工分别获得“中国铜业杯”班组长综合管理技能比武二、三等奖。围绕新中国成立70周年华诞，开展了快闪视频拍摄等庆典活动，激发了全体职工的爱国热情。

八、重要纪事

1月23日，中铝物流召开一届二次职代会暨2019年工作会，中铝集团党组成员、副总经理卢东亮出席会议。

2月26日，中远海运党组成员、副总经理黄小文到广西防城港就港口项目进行了实地考察。

2月26日，河南中铝国储能源有限公司昆仑路加油站在郑州市上街区投入运营。

3月15日，中铝集团党组副书记、总经理余德辉一行到中铝物流、中铝物资调研，并与两家单位领导班子成员进行了座谈交流。

4月10日，中铝物流中部陆港发生铁路交通事故，造成了4名职工和2名村民不幸遇难。

5月6日，中国铝业几内亚Boffa铝土矿矿山项目基建物资首航启运仪式在上港集团罗泾港区举行，中铝几内亚项目组、中国外运、上港集团等单位出席。

6月12日，中铝物流与南宁铁路局在广西南宁签署战略合作框架协议。

6月28日，中铝物流与日照港集团有限公司签署战略合作协议。

8月26日，中远海运散货运输有限公司副总经理陈延一行到中铝物流交流走访。

9月12日，中铝物流与广西沿海铁路有限公司签署了合作框架协议。

10月22日，香港新华集团副董事长兼总裁杨志棠到访中铝物流。

11月13日，由中铝物流承办的“中国铝业2019物流创新发展论坛”在山东青岛隆重举行，中国有色金属工业协会副会长文献军等出席论坛并致辞。

12月27日，中铝物流与南宁铁路局在广西南宁签署2020年运输互保协议。

撰稿／陈新彦

中铝山东有限公司

一、基本情况

中铝山东有限公司（简称中铝山东）位于山东省淄博市张店区，于1954年7月1日建成投产。1993年山东铝厂更名为山东铝业公司，2001年更名为中国铝业山东分公司，2015年改制为中铝山东有限公司。

主要产品有氧化铝、精细氧化铝。

2019年基本情况数据一览表

表1

主要产品产能	资产总额（亿元）	负债率（%）	员工总数（人）	学历结构	
1. 氧化铝146.96万吨	77.56	28.33	4519	大学专科及以下（人）	3712
				大学本科（人）	710
2. 精细氧化铝93.12万吨				硕士及以上（人）	97

二、组织机构

（一）领导班子

表2

姓名	职务	2019年职务变动
朱守河	执行董事	3月13日任职
张占明	董事、总经理	—
沈山峰	财务总监	—
董晓辉	副总经理	—
宋国卫	副总经理	—

（二）机构设置

与山东铝业合署办公部室：总经理办公室、党委工作部、人力资源部、纪检监察审计部、工会（团委）。

专业管理部室：财务部、生产管理部、投资管理部、安全环保部。

二级单位：氧化铝厂、第二氧化铝厂、热电厂、动力厂、矿业公司、研究院、工业服务中心、炭素厂、营销中心、海外资源开发中心、功能材料厂。

全资子公司：中铝山东新材料有限公司、中铝（阳泉）矿业有限公司、山东山铝电子技术有限公司、中铝青岛轻金属有限公司、中铝山东环保科技有限公司。

参股公司：中铝新材料有限公司、中铝集团山西交口兴华科技股份有限公司。

三、生产经营

2019 年，中铝山东精细氧化铝、高品质氧化铝等非冶金级产品占比累计达 88.1%，12 月达 100%，超出了“三年三步走”第二阶段目标。氧化铝全口径成本较预算低 34 元 / 吨，成本竞争力位列行业前 37%。精细氧化铝累计销售 105.15 万吨，同比增长 15.1%。

主要指标一览表

表 3

指标名称		2018 年	2019 年	同比增长（%）
主要产品产量	1. 氧化铝（万吨）	162.09	146.96	-9.33
	2. 氢氧化铝（万吨）	77.52	87.18	12.47
	3. 精细氧化铝（万吨）	93.12	104.91	12.66
工业产值（亿元）		92.18	88.56	-3.92
销售收入（亿元）		93.91	87.77	-6.54
利润额（亿元）		7.45	4.41	-40.81
纳税额（亿元）		6.49	3.12	-51.93
人身伤亡事故（起）		0	0	—
工亡人数（人）		0	0	—
重伤人数（人）		0	0	—
轻伤人数（人）		0	0	—

四、重大发展项目

强铝基新材料产业。铝基新材料二期项目、中铝科创园一期项目均被列入 2019 年淄博市重大项目。成功开发新能源车用 SMC 填料等产品，填补了高白产品系列空白。PVC 专用料白度、杂质指标达到国际领先水平，成功出口日韩。分子筛在国内率先取得饮用水除氟等重金属资质，获得了政府颁发的涉水证；吸附材料产品远销东南亚，在国际净水剂行业打响中铝品牌。

重大项目情况表

表 4

项目名称	设计规模（万吨）	投资规模（万元）	当年完成投资额（万元）	年内项目建设形象进度
板状刚玉项目二期	5	7038	6000	完工，组织试车
环保吸附新材料项目二期	7.5	5531	4500	完工，组织试车

五、企业管理

以“十条禁令”和“危废管理”为切入点，全面推进 CAHSE 精准管理体系和“两抓两查严监管”工作，强化落实领导、直线和属地责任为重点，实现了轻伤以上事故和环保事件为零的目标。

配合淄博市环保督察组，按照时间节点完成“二十四项反馈问题”整改，主动制定“重污染天气应急响应”应急减排措施，圆满完成华东环保督查局环保督察迎检工作。严格承包商管控，坚决淘汰不合格承包商，压减率达到 10%。

六、科技创新

《拜耳法赤泥复合链调控合成 PAFC 关键技术产业化》获得有色金属工业科学技术三等奖。AAAA 分子筛产品重点质量指标 PH 值和吸水率达到国内先进水平；微粉氢铝产品进行质量攻关，整体质量水平超过美国休伯同类产品，攻关项目获中铝股份 2019 年优秀质量攻关标志性项目二等奖。“高品质氧化铝、板状刚玉、普通硅酸盐水泥、高纯液体氢氧化钠、工业用液氯”5 项标准获得企业标准立项。

2019 年科技创新数据一览表

表 5

科技创新投入（万元）	申请专利（件）	授权专利（件）	科技人员占比（%）
37012.05	18	11	12.85

七、深化改革

实行上市、存续领导班子分工一体化管理，提高决策与执行效率。整合资源综合利用中心和研究院 5 所，做实中铝山东环保科技有限公司。利用东山实业资质，拓展工服中心承揽能力。电子公司成为中铝山东的全资子公司。阳泉矿“子转分”得到总部批复。主动关停炭素生产线，181 名生产操作人员分流上岗。阳泉矿 113 名富余人员分流安置。接纳山东华宇分流人员 47 人。2 所幼儿园完成移交企业所在地政府，11 名教职工纳入事业编制。

八、党建与企业文化建设

构建“三横六纵”大党建工作体系，党工团工作围绕六条主线，与生产经营深度融合，同策划、同部署、同实施。两级纪委组织开展党章党规党纪教育及警示教育 237 次，梳理“不能腐”制度 234 项。在 84 个廉洁风险重点岗位推广廉洁文化建设，完善廉洁风险防范措施。工会组织围绕企业生产经营，创新开展了降低精液浮游物、降低破损率、提高旋窑运行周期等 10 项短距离劳动竞赛。共青团组织以“创新创意、青年领衔”为主题，开展青年创新创效系列活动。

九、履行社会责任

本着对历史高度负责的态度，抓住机遇处置历史遗留问题，累计消化历史遗留问题价值 1.01 亿元。为首批商品房住户办理了 670 本不动产权证。供水、供电改造移交按照时间节点稳步推进。开展了“大干一百天，社区换新颜”活动，翻新改造社区老旧道路 140 余条。

坚持要“金山银山更要绿水青山”的理念，推进环保治理工作，2019 年完成或正在实施的重点环保改造工程共有 9 项，其中 4 项年内完工，5 项正在建设中。

重点环保改造工程一览表

表 6

项目名称	投资规模（万元）	年内项目建设建设形象进度
煤棚全封闭环保改造项目	2474	完工投用
第二氧化铝厂东线分解流程节能优化技术改造项目	4980	完工投用
热电厂废水综合治理项目	4325	完工调试
熟料窑烟气脱销环保改造项目	9750	完工投用
矿场全封闭环保改造及储运优化项目	19650	组织土方开挖、基础浇筑回填
无组织扬尘治理项目	3996	更换收尘器滤袋，新上收尘器一台
环保 A 级企业窑炉烟气脱硫脱硝改造项目	10393	完成石灰炉变频器建设
第一赤泥堆场闭库项目	5625	对东侧、西侧、南侧边坡削坡，完成 30%
环保 A 级企业窑炉除尘系统增设袋式除尘器改造项目	7079	对焙烧炉电除尘器进行改造

十、重要纪事

3 月 13 日，中铝山东企业召开干部大会，朱守河任中铝山东有限公司执行董事。张正基不再担任中铝山东有限公司执行董事，调出。

3 月 21 日，中铝集团党组书记、董事长葛红林在中铝党校与中铝山东企业领导班子开展“不忘初心，我奋斗；牢记使命，我担当”主题教育谈心谈话会。

5月9日，国务院国资委研究中心相关人员到中铝山东企业调研。

6月5日，中铝山东企业隆重举办“推进绿色工厂创建 聚力高质量发展”六五世界环境日公众开放活动。

11月3日，中铝集团党组书记、董事长姚林到中铝山东企业调研并召开座谈会。

撰稿 / 刘绪睿

中铝矿业有限公司

一、基本情况

中铝矿业有限公司（简称中铝矿业）始建于1958年，前身是我国第二个五年计划时期建设的郑州铝厂，1992年组建为中国长城铝业公司，2002年1月，重组长城铝业氧化铝和电解铝板块资产，成立河南分公司。2010年河南分公司托管中铝矿业。2017年12月完成中铝矿业与河南分公司资产重组，成立新的中铝矿业有限公司。中铝矿业位于中原腹地郑州市上街区，主要产品有氧化铝及其多品种、炭阳极等。

2019年基本情况数据一览表

表1

主要产品产能	资产总额（亿元）	负债率（%）	员工总数（人）	学历结构	
氧化铝200万吨/年	99.11	36.23	5986	大学专科及以下（人）	5010
炭素制品34万吨/年				大学本科（人）	928
铝土矿400万吨/年				硕士及以上（人）	48

二、组织机构

（一）领导班子

2019年领导班子成员一览表

表2

姓名	职务	2019年职务变动
程运材	中国长城铝业有限公司党委书记、中铝矿业有限公司董事长	—
李国乾	中铝矿业有限公司总经理、中国长城铝业有限公司党委副书记	—

续表2

姓名	职务	2019年职务变动
孙玉和	中国长城铝业有限公司党委副书记、工会主席	—
李忠良	中国长城铝业有限公司纪委书记	—
王东升	中铝矿业有限公司财务总监	—
高纯生	中铝矿业有限公司副总经理	—
申子伟	中铝矿业有限公司副总经理	—
胡冬阳	中铝矿业有限公司副总经理	1月8日任职

（二）机构设置

职能部室：总经理办公室（合署）、人力资源部（合署）、党委工作部（合署）、纪检监察审计部（合署）、工会共青团工作部（合署）、财务部、安全环保部、投资发展部。

运营中心：生产指挥保障中心、营销中心、矿业中心。

分厂：氧化铝厂、热电厂、碳素厂。

子公司：赤壁长城炭素制品有限公司。

矿山：洛阳矿、渑池矿、小关矿、巩义矿、登封矿。

三、生产经营

2019 年，中铝矿业坚持“改革创新、转型发展”的工作基调，实现了经营性盈利，扭亏脱困工作取得了新进展。

主要指标一览表

表 3

指标名称		2018 年	2019 年	同比增长（%）
主要产品产量	1. 氧化铝 （万吨）	181	130	−28.18
	2. 金属镓 （吨）	46.01	2.60	−94.35
	3. 炭素制品（万吨）	11.3	12.5	10.62
工业产值 （亿元）		49.2	37.5	−23.78
销售收入 （亿元）		52.72	37.65	−28.59
利润额 （亿元）		0.66	−3.00	−557.36
纳税额 （亿元）		2.90	2.38	−18.03
人身伤亡事故 （起）		0	1	—
工亡人数 （人）		0	1	—
重伤人数 （人）		0	0	—
轻伤人数 （人）		0	0	—

四、重大发展项目

2019 年，中铝股份批复中铝矿业有限公司投资项目 22 项目，总投资 49468 万元。其中赤壁炭素二期扩建 10 万吨 / 年预焙阳极项目、中铝矿业氧化铝焙烧炉除尘改造等项目已竣工。

重大项目情况表

表 4

项目名称	设计规模	投资规模（万元）	当年完成投资额（万元）	年内项目建设形象进度
赤壁炭素二期扩建10万吨 / 年预焙阳极项目	设计产能为 10 万吨预焙阳极	28595	17628	完工
中铝矿业氧化铝焙烧炉除尘改造项目		3317	3317	完工
中铝矿业氧化铝焙烧炉脱硝改造项目		2181	250	尿素站土建基础完成 60%
中铝矿业矿山原矿及成品矿堆场封闭项目		3832	3832	完工
赤壁炭素 12 万吨炭素罐式煅烧炉烟气脱硫、除尘、脱硝改造项目		2172	268	土建开工
赤壁炭素 12 万吨炭素环式焙烧炉烟气脱硫、除尘、脱硝改造项目		2493	62	土建开工

五、企业管理

2019 年，中铝矿业积极推进安全云平台建设，组织开展“安全卫士”评比，增强员工安全责任意识，全年实现较大及以上突发环境事件为零，工业污水零排放。

优化生产组织模式，建立“1+N”模式，制定“三降三增”工作措施，能源消耗及非停事故大幅降低，保证了生产高效运行。

六、科技创新

2019年，中铝矿业申请受理专利48项、软件著作权4项，共授权专利36项，荣获全国有色金属标准化技术委员会技术标准优秀奖1项，研制出低钠氧化铝产品，实现了非冶金级产品品种和产量的历史新突破。

2019年科技创新数据表

表5

科技创新投入（万元）	申请专利（件）	授权专利（件）	科技人员占比（%）
612.99	48	36	0.6

七、深化改革

2019年，中铝矿业稳步推进产品结构调整、人员结构优化等各项改革工作，激发企业潜在活力，加快企业转型发展的步伐。一是及时调整各厂矿考核办法，坚持分类考核、按贡献取酬。二是深入开展高纯镓项目研究，签订金属镓资产转让协议。

八、党建与企业文化建设

2019年，中铝矿业深入贯彻学习习近平新时代中国特色社会主义思想，扎实开展主题教育，筑牢了转型发展根基。一是开展全员合理化建议活动及各种文体活动，增加职工归属感。二是开展常态化警示教育活动，从严监督执纪，实时通报，警示效果明显。

九、履行社会责任

2019年，中铝矿业积极履行社会责任。一是开展“金秋助学”活动，精准帮扶困难职工家庭。二是开展“夏季送清凉”活动，依法合规为员工发放节日福利。三是创建绿色矿山，全年复垦土地2175亩，植树18.1万棵。

十、重要纪事

1月13日，中铝集团党组书记、董事长葛红林，中铝集团党组副书记、董事敖宏一行到中铝郑州企业调研。

1月25日，中国长城铝业有限公司、中铝矿业有限公司第一届职工代表大会第二次会议隆重召开。

7月17日，中铝矿业赤泥管线迁改项目施工结束。

10月12日，郑州市上街区人民政府、中铝矿业、国电河南电力有限公司综合能源发展三方战略合作协议签约仪式在中铝矿业举行。

10月14日，中铝集团党组书记、董事长葛红林，中铝集团党组成员、副总经理卢东亮一行到中铝郑州企业调研。

10月18日至22日，中国船级社质量认证公司专家一行到中铝矿业进行QHSE体系运行情况审核验收。

撰稿 / 车淑娜

中铝物资有限公司

一、基本情况

中铝物资有限公司（简称中铝物资）是中国铝业股份有限公司（简称中国铝业）全资子公司，2018年6月26日在天津自贸试验区注册成立，2019年1月1日正式运营。

中铝物资是中国铝业的集中采购执行单位，业务范围涵盖纯碱、液碱、烧碱、氟化盐、石油焦、煤沥青、炭素制品等大宗原料，煤炭、油料等能源产品，以及各类辅助材料、备品备件的集中采购，同时开展自营及相关产品的套期保值业务。

通讯地址：北京市海淀区复兴路乙12号1007室。

2019年基本情况数据一览表

表1

资产总额（亿元）	负债率（%）	员工总数（人）	学历结构	
20.10	48.91	100	大学专科及以下（人）	16
			大学本科（人）	62
			硕士及以上（人）	22

二、组织机构

（一）领导班子

2019年领导班子成员一览表

表2

姓名	职务	2019年职务变动
杨家骅	党委书记、执行董事、总裁	无
于　华	副总裁	无
罗德才	副总裁、纪委书记	无
张小伟	副总裁	无

（二）机构设置

职能部门：中铝物资设综合服务部（党群工作部）、财务计划部。

业务中心：原料中心、能源中心、材料中心、备品备件中心、电子商务运维等中心。

全资子公司：中铝物资供销有限公司。

区域性分公司：广西分公司、河南分公司。

三、生产经营

2019年，中铝物资实现营业收入181亿元，考核利润1.26亿元。累计实现采购降本4.33亿元，相对区域市场标杆降本幅度为3.71%。

（一） 提升业务规模。集中采购品种增至34类，集采率增加约17%，营业收入同比增加20亿元，大宗原燃料采购量同比增加759万吨。

（二）加强外部合作。巩固与中石油、中石化、中泰、宜化等传统伙伴的深度关系，拓展与斯凯孚、山煤国际、SEW、联想等供应商的战略合作。开展境外煤炭资源直供，与安达卢、KPC等境外煤矿签订直供合同。

（三）对内服务降本。科学研判市场，调整采购节奏，适时增减储，开展煤炭业务合谈统签，实现有效降本。与山东沂兴开展来料加工合作，协助华宇解决困难，积极开展阳极内部配套工作。协调斯凯孚、中策橡胶走访实体企业单位对接需求，开展服务。积极参与青海省属铝企管理服务，与相关单位共同荣获中铝股份2019年度“管理创新奖”。向实体企业月均垫资4亿元，为企业节约财务成本2000余万元。

（四）对外创收增效。全年对外经营收入38亿元，占比21%；对外实现盈利4730万元，占比34%。主营品种第三方自营业务量达到215.8万吨，同比增加30.3%。

主要指标表

表3

指标名称			2019年
主营产品销量	1. 烧碱	（万吨）	143.17
	2. 焦	（万吨）	228.10
	3. 氟化铝	（万吨）	8.00
	4. 氢氧化铝	（万吨）	51.64
	5. 预焙阳极	（万吨）	38.83
	6. 煤炭	（万吨）	526.10
	7. 纯碱	（万吨）	37.90
	8. 沥青	（万吨）	19.93
	9. 硅	（万吨）	2.73
销售收入		（亿元）	181.24
利润额		（亿元）	0.97
纳税额		（亿元）	0.44
人身伤亡事故		（起）	—
工亡人数		（人）	—
重伤人数		（人）	—
轻伤人数		（人）	—

说明：中铝物资有限公司2019年1月1日正式运营

四、企业管理

中铝物资建立安全环保“一岗双责”责任清单，建立健全安全环保管理制度，认真执行集团安全生产各项制度规定。开展安全生产月活动，组织安全演练，排查隐患，检查“来料加工”安全生产工作。在业务过程中恪守环保原则，积极防治大宗散货堆存、扬尘抛洒，全年未受到环保行政处罚。成立供应商管理领导小组，建立统一的供应商网络，公开、公平、公正选用，综合量化考评，动态考核，优化供应商结构。多措并举以提升服务质量，实体企业满意度为97.62%。通过质量管理体系、环境管理体系、职业健康三大体系认证。全级次共建立制度91项，完善制度体系，保障合规运行。定期分析市场风险、价格风险与信用风险，梳理应对措施并严格实施。

五、深化改革

中铝物资是中国铝业管理改革试点单位，实行大部门制，各项管理职能充分发挥作用，协同发力为经营业务保驾护航。

（一）积极开展区域采购资源整合。成立广西分公司、河南分公司，筹备山西分公司。

（二）创新设立运营总监、技术总监岗位，科学统筹内部专项工作。

（三）试点开展订单核算，提高业财融合度，推动精细化管理和精准考核。

六、党建与企业文化建设

4 月，中铝物资党委成立，下设 3 个基层党支部，在岗党员 50 人。通过落实党建目标责任制、双百分考核，依托“主题党日”“两带两创”“双对标”“双提升”“结对共建双一流”等载体，不断夯实党的建设基础，探索形成党建与业务工作深度融合的高质量党建工作格局。

七、履行社会责任

中铝物资践行人本管理理念，保障员工权益，促进员工发展，增进员工价值。建立企业年金和补充医疗保险，完善福利体系。绩效奖励向价值创造者倾斜，突出正向激励。分类分层开展员工培训。

中铝物资积极构建公正透明的采购体系，稳步开展电商采购平台建设工作，推动阳光采购。组织召开 2019 年重点供应商市场研讨会，促进中国铝业与广大上下游企业共同发展。

倡议员工参与中铝集团爱心助学捐款活动，捐款总额 24950 元。

八、重要纪事

3 月 15 日，中铝集团党组副书记、总经理余德辉到中铝物资调研。

4 月 26 日，中铝物资在北京召开党员大会，选举产生中铝物资党委、纪委。

6 月 5 日，中铝物资与斯凯孚（中国）销售有限公司签署战略合作协议。

6 月 12 日，中铝物资与华亭煤电签署战略合作协议。

6 月 18 日，中铝集团党组副书记、总经理余德辉到中铝物资调研。

8 月 1 日，中铝物资与联想（北京）有限公司签署战略合作协议。

8 月 8 日，中铝物资与新疆中泰化学股份有限公司签订年度战略合作协议。

9 月 20 日，中铝集团党组成员、副总经理卢东亮为中铝物资有限公司广西分公司揭牌。

12 月 6 日，中国铝业 2019 年重点供应商市场研讨会在广西南宁召开。

12 月 16 日，中铝物资与宜宾天原集团股份有限公司签署年度战略合作协议。

12 月 25 日，中铝物资获中铝集团第二届中国国际进口博览会“突出贡献奖”表彰。

撰稿 / 吴若蒙

兰州铝业有限公司

一、基本情况

兰州铝业有限公司（简称兰州铝业）的前身是兰州铝厂，始建于1958年，1999年4月兰州铝厂改制为兰州铝业股份有限公司，2007年4月经换股吸收合并，成为中国铝业的分公司，名称改为中国铝业股份有限公司兰州分公司；2019年1月，中国铝业股份有限公司兰州分公司资产、业务和人员整体转入中国铝业甘肃铝电有限责任公司，更名后的兰州铝业有限公司，成为中国铝业股份有限公司的全资子公司。

兰州铝业生产厂区坐落在兰州市红古区兰州经济技术开发区红古园区，占地面积约3300亩。主营业务为铝冶炼；铝制品、铝加工产品、碳素制品的生产、销售；发电。

2019年基本情况数据一览表

表1

主要产品产能	资产总额（亿元）	负债率（%）	在岗总数（人）	平均年龄（岁）	学历结构	
1. 电解铝：43万吨/年	72.33	61.63	2313	40	中专及以下（人）	1337
2. 发电装机：90万千瓦/年					大学专科（人）	547
3. 炭素制品：23万吨/年					大学本科（人）	409
4. 合金产能：39万吨/年					硕士及以上（人）	20

二、组织机构

（一）领导班子

2019年领导班子成员一览表

表2

姓名	职务	2019年职务变动
孙波涛	党委书记、执行董事、总经理	—

续表2

姓名	职务	2019年职务变动
周新哲	党委副书记、工会主席	—
肖伟峰	党委委员、副总经理	—
徐文胜	党委委员、副总经理	—
王　理	副总经理	—
张学渊	纪委书记	11月15日任职

（二）机构设置

职能部室：办公室、人力资源部、财务部、安全环保健康部、发展规划部、党委工作部。

二级单位：生产运营中心、营销采购中心、装备能源管理中心、质检信息中心、行政服务中心、电解一厂、电解二厂、自备电厂、炭素厂、动力厂、机修厂、铝合金事业部、扁锭事业部。

三、生产经营

2019年，兰州铝业坚持问题导向，优化生产组织，实现生产经营平稳运行，实现产销率、货款回笼率两个100%。

主要指标一览表

表3

指标名称		2018年	2019年	同比增长（%）
主要产品产量	1. 铝产品 （万吨）	39.9	40.85	2.38
	2. 发电量（亿千瓦时）	36.35	18.82	−48.23
	3. 炭素制品 （万吨）	20.55	24.9	21.17
工业产值 （亿元）		49.9	52.7	5.61
销售收入 （亿元）		51.04	51.59	1.08
利润额 （亿元）		−3.01	−2.05	32
纳税额 （亿元）		1.14	1.76	54.39
人身伤亡事故 （起）		0	0	—
工亡人数 （人）		0	0	—
重伤人数 （人）		0	0	—
轻伤人数 （人）		0	0	—

四、重大发展项目

2019年，兰州铝业组织实施了“固废处理中心项目”14个项目，全年资本性支出合计1.32亿元，在推进企业环境保护、节能减排和降本增效等方面发挥了重要作用。

重大项目情况表

表4

项目名称	设计规模	投资规模（万元）	当年完成投资额（万元）	年内项目建设形象进度
固废处理中心项目	填埋库区总库容为42.91万立方米	7032	5413	交工验收
200千安整流机组技术改造项目	对4台200千安整流机组整体进行技术改造。	5732	2300	完成40%

五、企业管理

推进现场管理提升专项行动，强化承包商安全管控，切实提高安全保障能力，安全管理基础不断夯实。投资实施多项安全改造项目，提升了本质安全水平，保障了生产经营平稳高效运行。

推进大修渣环境问题整改，不断规范危险废物管理，抓好环保设施运行维护，加大无组织排放治理力度。2019年投资6000多万元，完成固废处理中心项目主体工程建设，彻底解决了企业固废和危废的最终处置问题。

统筹推进新一轮三大攻坚战，以“质量攻坚战”为契机，以“质量提升年”为抓手，通过实施质量攻关、建立质量关键控制点清单等措施，解决质量管理和产品质量中存在的突出问题和薄弱环节。

加强对管理体系的过程和活动的管控，体系方针得到了较好贯彻执行。结合“分转子”改制，修订了《兰州铝业有限公司质量管理体系》等文件，全年共完成管理制度废改立50个，其中新增3个、废止7个、修订40个。

六、科技创新

2019年，“电解铝槽阳极测高更换系统的应用与研究”“电解一厂多功能天车加料系统改造”项目完成内部验收；炭素厂组织技术攻关团队，积极探索废阴极炭块掺配试验，生产出合格的预焙阳极，实现了变废为宝；自主开发应用物资仓储管理系统，节约了第三方软件开发费用；继续开展FHEST技术推广项目，进一步降低了电解铝直流电耗。

2019年科技创新数据一览表

表5

科技创新投入（万元）	申请专利（件）	授权专利（件）	科技人员占比（%）
4898.1	0	0	5.7

七、深化改革

中国铝业兰州分公司完成分公司转子公司改制，资产、业务和人员整体转入中国铝业甘肃铝电有限责任公司更名后的兰州铝业有限公司，并于2019年1月正式运行。

收回14万吨扁锭生产线的管理权，顺利实现了自主管理。

加快推进低效无效资产盘活处置，完成了兰铝招待所招拍挂转让。

八、党建与企业文化建设

兰州铝业党委按照中铝集团党组安排部署，扎实开展“不忘初心，牢记使命”主题教育，聚焦解决企业改革发展突出问题。

企业各级党组织结合实际不断夯实党建载体，促进了党建工作与生产经营的深度融合。兰州铝业获得中铝集团举办的党建业务技能大比武片区团体第4名、1个单项第1名。

深入开展“双培养”“创岗建区”和主题党日活动，发挥了党支部的战斗堡垒作用和党员的先锋模范作用。

积极开展企业文化讲堂活动，开展以身边人讲身边事的故事会，以优秀事例教育职工爱岗敬业。

关爱员工生活，持续加大班组建设投入，改善一线员工工作环境。全面实施帮扶员工保障计划，关注新入厂青年生活。

九、履行社会责任

兰州铝业积极支持公益事业，选派3人到靖远县大庙村、马尾村、营坪村3个定点扶贫村长期驻村，20名干部与40户村民家庭结成帮扶对子，开展了入户慰问、环境治理、金秋助学、农产品采购等扶贫工作，树立了良好的央企形象。2019年4月，兰州铝业工会被全国职工帮扶中心评定为考核优秀单位。

十、重要纪事

1月6日，中铝集团党组书记、董事长葛红林，党组成员、总会计师叶国华一行到兰州铝业调研。

2月13日，兰州铝业顺利解除了生态环境部挂牌督办事项。

5月23日，中铝集团党组书记、董事长葛红林，党组成员、副总经理卢东亮到兰州铝业调研。

11月15日，张学渊任兰州铝业纪委书记。

2019年，兰州铝业成功开发出6082A合金棒材、3003H电池壳料用铝合金锭、超大宽幅1940毫米罐料。

撰稿 / 于姝雅

中铝中州铝业有限公司

一、基本情况

中铝中州铝业有限公司（简称中州铝业）是中国铝业股份有限公司的子公司，位于河南省焦作市修武县境内，是国家首批循环经济试点企业。

中州铝业前身为原中州铝厂，2015 年 3 月 29 日，中州分公司完成“分转子”工作，正式成立中铝中州铝业有限公司。

中州铝业主要产品为冶金级氧化铝和非冶金级氧化铝，其中，非冶金级氧化铝包括精细氧化铝和非铝产品。2019 年中州铝业累计生产氧化铝 264 万吨，完全成本累计完成 2301 元 / 吨。

2019 年基本情况数据一览表

表 1

主要产品产能	资产总额(亿元)	负债率(%)	员工总数(人)	平均年龄(岁)	学历结构	
冶金级氧化铝：213.28 万吨 / 年	90.86	39.28	3858	43.6	中专及以下	1805
					大学专科	1054
精细氧化铝：77.79 万吨 / 年					大学本科	963
					硕士及以上	36

二、组织机构

（一）领导班子

2019 年领导班子成员一览表

表 2

姓名	职务	2019 年职务变动
蒋　涛	党委书记、执行董事	—
张建业	党委副书记、总经理	—
姜小凯	党委委员、副总经理	—
牟学民	党委委员、副总经理	—

续表 2

姓名	职务	2019 年职务变动
张和平	党委委员、纪委书记	—
郭庆山	党委委员、副总经理	—
张学志	党委委员、财务总监	—
付通顺	党委委员、副总经理	—

（二）机构设置

中铝中州铝业有限公司与河南中州铝厂有限

公司实行一体化管理。

职能部门：党委办公室(总经理办公室、信访维稳办公室)、人力资源部、财务部、计划经营部、安全环保健康部、纪检监察部(审计部)、党委工作部(工会共青团工作部)。

二级单位：生产管理中心(质量管控中心、技术中心)、生产保障中心、第二氧化铝厂、能源管理中心、资源管理站、营销采购中心、投资管理部。

全资子公司：中铝中州新材料科技有限公司、中铝中州矿业有限公司、山西中铝华北矿业有限公司。

三、生产经营

2019年，中州铝业累计生产氧化铝264万吨。

主要指标一览表

表3

指标名称		2018年	2019年	同比增长（%）
主要产品产量	1. 氧化铝（万吨）	191.32	213.28	10.3
	2. 精细氧化铝（万吨）	63.72	77.79	18.1
	3. 工业产值（亿元）	64.22	65.37	1.8
销售收入（亿元）		62.43	68.58	9.55
利润额（亿元）		1.63	−3.75	−330.06
纳税额（亿元）		2.39	3.50	46.44
人身伤亡事故（起）		0	0	0
工亡人数（人）		0	0	0
重伤人数（人）		0	0	0
轻伤人数（人）		3	2	−33.3

说明：2018年数据不含山西华北矿业及中州矿业，2019年9月中州铝业并表山西华北矿业及中州矿业

四、重大发展项目

中州铝业2019年资本性支出计划33002万元，实际完成23520万元。

重大项目情况表

表4

项目名称	设计规模	投资规模（万元）	当年完成投资额（万元）	年内项目建设形象进度
使用进口矿提质降耗节能项目	拜耳法总产量达225万吨/年	5277	4580	铝土矿堆场等子项全部完工
焙烧炉除尘改造项目	环保改造项目不涉及产能变化	6330	3850	1#、2#、3#、5#焙烧炉投入运行
精细氧化铝生产系统环保设施改造项目	环保改造项目不涉及产能变化	4729	1804	石灰窑堆场棚化等17个子项中有6个子项完工移交，5个子项施工结束

五、企业管理

全线完成低温拜耳法生产线改造，全力保障流程转换的稳定高效，全年42项经济技术指标同比优化30项，优化率达71.4%，氧化铝产量同比提升30.7万吨，创历史新高。加强能源梯级利用和节汽改造，在实现四大锅炉保障生产的同时，自发电比例稳定在85%以上。

持续改进供矿生产流程，根据使用比例进行经济调配，实现多矿种合理配矿；建立了所罗门矿全流程管理制度，年处理能力突破46万吨，已成为国内使用所罗门矿最多的氧化铝企业之一。

六、科技创新

2019年中州铝业结合自身工艺情况，自主研发项目3项，同时开展了内部科技发展项目47项；1项科技成果获评为国际领先水平、4项科技成果被评为国内领先水平、1项科技成果被评为国内先进水平；两项科技成果获得中国有色金属行业协会科技进步三等奖；中州铝业与中铝中州新材料科技有限公司均被认定为国家高新技术企业，将享受所得税税率由25%降低至15%的优惠政策。顺利通过省级企业技术中心、河南省节能减排科技创新示范企业的复核工作；起草HG/T 5567-2019《水处理剂用氢氧化铝》行业标准，并由工业和信息化部发布。

2019年科技创新数据一览表

表5

科技创新投入（万元）	申请专利（件）	授权专利（件）	科技人员占比（%）
25245.26	8	6	13.43

七、深化改革

2019年，中州铝业加强管理改革与机构调整，加大年轻干部培养力度，“80后”中层、“90后”科级同比分别提升7%、5%，“80后”中层占比已超全部中层人数的1/4。

自上而下进行薪酬制度改革，奖勤罚懒，个人收入最高与最低差额超过5000元；实施自主作业项目激励，外委转内干，压降业务外包费用，减少劳务派遣用工，全年实现员工效益分享917万元。

八、党建与企业文化建设

开展主题教育，以“三会一课”为载体，组织党员集中学习，通过“学习强国”学习、收听主题教育分享时刻，开展“悟初心、守初心、践初心”主题党日活动等。

深化“两带两创”，全年立项177项，1项成果获评集团年度优秀成果。开展党员“双提升”活动，融合党员义务、“三大攻坚战”等内容，细化考评细则，以积分管理引导党员立岗争先。

公平公正公开提拔12人、降级5人。

九、履行社会责任

做实厂务公开、书记接待，公开联系方式，全年收集和解决解答员工意见建议473条，回复员工信息300余条；实施单身楼公寓化改造、职工食堂升级、“三室一间”提标；调整职工健康体检周期，由2年1次调整为每年1次，增加多发疾病筛查项目，年内体检人数7698人次。购买女性团体特病保险1479份；坚持帮扶送温暖，累计帮扶慰问221人次，发放慰问救助金26.64万元。2019年企业员工满意度提升至94%。

年内，有两个矿山通过“绿色矿山”验收。自主研发连锁自动喷淋装置，迅速启动熟料窑脱硫脱硝净化等共计3.3亿元的环保项目改造，环保硬实力大幅提升。

投入定点扶贫资金12万元。

十、重要纪事

1月30日，中铝集团党组副书记、总经理余德辉一行到中州铝业调研并慰问困难党员、职工代表。

2月20日，中州铝业第一批“干氢”产品发运。

3月4日，几内亚Alufa矿业公司氧化铝专家到访中州铝业。

3月3日，中国有色协会、河南省有色协会相关负责人到中州铝业调研。

3月20日，焦作市委副书记、市人民政府市长徐衣显一行调研中州。

4月3日，中材高新材料股份有限公司党委书记、副董事长阎法强到中州铝业交流考察。

4月10日，中州铝业职工医院完成剥离，国药中州（新乡）医院管理有限公司成立。

5月13日，河南省有色协会2019年氧化铝生产技术管理交流大会在中州铝业召开。

5月15日，中州铝业召开“大干五十天、实现双过半”动员大会。

5月29日，中铝集团外部董事张富生一行调研中州铝业。

5月30日，国家电投铝电公司党委委员、国家电投山西铝业董事长、党委书记郑家江到中州铝业交流学习。

8月28日，河南省人大常委会副主任张维宁调研中州铝业。

9月2日，中州铝业举行“质量月”暨“卓越绩效”活动启动仪式。

9月11日，中州铝业党委召开“不忘初心、牢记使命”主题教育部署动员会议。

9月28日，中州铝业6项科技成果通过专家评审。

9月29日，中州铝业“非铝”产品首次走出国门，远销印度。

10月15日，中铝集团党组成员、副总经理卢东亮调研中州铝业。

11月6日，中州铝业组织参加晋豫两省三市人防机动指挥通讯跨区域支援签约仪式及演练活动。

11月21日，中州铝业被评为河南企业100强，位列第50位。

11月25日，中州铝业新材料公司被韩国LG集团评为“全球最佳合作伙伴”。

撰稿 / 程慎伟

山西华兴铝业有限公司

一、基本情况

山西华兴铝业有限公司（简称山西华兴）位于山西省吕梁市兴县瓦塘镇，2010 年 7 月，由中国铝业股份有限公司（简称中铝股份）在兴县注册成立。中铝股份、中国铝业香港有限公司股权比例为 6∶4，注册资本金 18.5 亿元人民币。

经营范围包括铝及相关矿产品、冶炼产品、加工产品、碳素产品及相关有色金属的生产、销售；机械制备制造；相关技术开发、技术服务。

表 1　2019 年基本情况数据一览表

主要产品产能	资产总额（亿元）	负债率（%）	员工总数（人）	学历结构	
氧化铝：180 万吨 / 年	65.39	68.1	880	大学专科及以下（人）	595
				大学本科（人）	269
				硕士及以上（人）	16

二、组织机构

（一）领导班子

表 2　2019 年领导班子成员一览表

姓名	职务	2019 年职务变动
冀树军	董事长、党委书记	—
范光生	总经理、党委副书记	3 月 7 日调出
王天庆	总经理、党委副书记	3 月 7 日始任
富崇彦	党委委员	—
马文德	党委委员、财务总监	—

续表 2

姓名	职务	2019 年职务变动
梁大伟	副总经理	—
吴东红	党委委员、纪委书记	—
闫建伟	副总经理	—
吴红应	副总经理	—

（二）机构设置

职能部门：综合管理部、人力资源部、华兴计划财务部、党群工作部、纪检监察部、安全环保健康部。

管运一体单位：工程装备部、质量计量部、

营销采购部。

生产运营单位：氧化铝生产部、氧化铝热电动力部、矿产资源部。

三、生产经营

按照中铝股份“低成本、高质量、机制优、效益好”的发展要求，山西华兴积极应对矿石供应紧张、弹性生产等困难，全年生产氧化铝125.63万吨，实现利润−0.71亿元。

主要指标一览表

表3

指标名称		2018年	2019年	同比增长
主要产品产量	冶金级氧化铝180（万吨）	187.73	125.63	−33.08%
工业产值	（亿元）	44.72	29.30	−34.48%
销售收入	（亿元）	45.45	29.23	−35.69%
利润额	（亿元）	0.18	−0.71	−494.4%
纳税额	（亿元）	1.52	1.92	26.32%
人身伤亡事故	（起）	0	0	0
工亡人数	（人）	0	0	0
重伤人数	（人）	0	0	0
轻伤人数	（人）	0	0	0

四、重大发展项目

重大项目情况表

表4

项目名称	设计规模	投资规模（万元）	当年完成投资额（万元）	年内项目建设形象进度
兴县氧化铝项目赤泥堆场扩容改造工程	项目实施后增加库容1515万立方米	11531	500	筑坝铺膜完成57300平方米；6#竖井完成；标高962~967米子坝完成

续表4

项目名称	设计规模	投资规模（万元）	当年完成投资额（万元）	年内项目建设形象进度
一期灰渣堆场扩容改造项目	项目实施后可增加库容282.91万立方米	5706	449	筑坝全部完成，铺膜完成15000平方米
新建职工宿舍项目		11120	4179	主体封顶
热电一期锅炉脱硫超低排放改造项目		4998	4967	全部完成

五、企业管理

2019年，山西华兴高度重视安全环保质量管理工作，全力推动CAHSE体系建设，完成12个安全环保项目。

2019年，山西华兴积极开展降本增效，拓展粉煤灰销售渠道，实行粉煤灰挂牌销售价制度。在创收的同时，减少了灰渣库的堆存，延长了灰渣堆场使用年限，实现综合降本100余万元。优化大宗物资采购渠道，扩大直供合作，大宗物资采购与同期市场比较实现降本2831万元。

六、科技创新

2019年，山西华兴成立了技术开发部，与质量计量部合署办公。委托郑州有色金属研究院对进口矿高压溶出及沉降性能进行了试验研究，摸索出了最佳生产工艺条件。推进专利申请，对可形成技术成果的项目进行了成果转化。组织举办创新创意大赛，“利用旧精板板片制作除沫器”项目经过应用测试，汽水比及回水指标均到达预期效果，提升了回水质量，节约了备件采购费用，降低了低压蒸汽消耗指标，可实现费用节约350余万元。

2019 年科技创新数据表

表 5

申请专利（件）	授权专利（件）	科技人员占比 (%)
33	0	8.3

七、深化改革

2019 年，山西华兴持续推进管理改革，优化干部结构，配强了矿产资源部领导班子，设置了分管矿山工作专职副总经理，提拔使用一批中层干部，推荐 1 名干部到地方政府任职。

八、党建与企业文化建设

山西华兴始终把政治建设摆在首要位置，加强干部对党章党规、习近平新时代中国特色社会主义思想和党的十九大精神的学习，组织党员干部参加了延安梁家河干部培训学院的培训，参观了晋绥革命纪念馆。以“不忘初心、牢记使命”主题教育为契机，各级干部以解决问题为目标，进行了广泛深入的调研，一大批影响生产组织和生活的问题得到有效解决。

九、履行社会责任

2019 年，山西华兴响应精准扶贫号召，向对口帮扶贫困村派驻扶贫工作队。重视员工权益保障，华兴食堂、超市实行自主经营管理，方便和惠及职工。新建职工宿舍完成主体建设，实行了住房再分配，改善了职工居住环境，解决了部分职工子女上学难的问题。

十、重要纪事

3 月 7 日，根据中铝集团党组和中铝股份党委对山西华兴铝业有限公司领导班子职务调整的决定，王天庆任山西华兴铝业有限公司董事、总经理、党委副书记，范光生不再担任山西华兴铝业有限公司董事、总经理、党委副书记。

3 月 25 日，山西省政协副主席、吕梁市委书记李正印带领入企服务组以及工信局、吕梁市发改委等有关人员到山西华兴开展入企服务。

7 月 17 日下午，山西华兴首批进口矿顺利进厂。

12 月 15—19 日，中国船级社质量认证公司 5 名专家，对山西华兴铝业有限公司质量、环境、职业健康安全三大管理体系进行了现场认证审核，推荐通过 GB/T19001-2016、GB/T24001-2016、ISO45001 : 2018 三大管理体系认证。

撰稿 / 孟晓峰

中铝宁夏能源集团有限公司

一、基本情况

中铝宁夏能源集团有限公司（简称宁夏能源）是2013年2月3日由宁夏回族自治区与中铝集团对原宁夏发电集团实施战略重组设立的国有大型企业。注册地位于宁夏银川市西夏区文昌南路83号。注册资本50.26亿元，控、参股公司22家，其中控股的宁夏银星能源股份有限公司为A股上市公司（股票代码：000862）。拥有煤炭储量26.47亿吨，建有4个煤矿和一条自备铁路，煤炭产能达到1600万吨/年，铁路运力达到900万吨/年。建有3座控股火电厂和3座参股火电厂，火力发电权益装机容量达到486万千瓦，供热面积达到1500万平方米。在宁夏、内蒙古、陕西等地建设风力发电场13座，装机容量达到160万千瓦。在宁夏境内建有太阳能光伏电站9座，总装机容量达到20万千瓦。

2019年基本情况数据一览表

表1

主要产品产能	资产总额（亿元）	负债率（%）	在岗总数（人）	学历结构	
1. 火力发电：519万千瓦/年	322	76	5951	大学专科及以下（人）	4148
2. 风力发电：140万千瓦/年					
3. 光伏发电：20万千瓦/年				大学本科（人）	1716
4. 煤炭产能：1600万吨/年				硕士及以上（人）	87

二、组织机构

（一）领导班子

2019年领导班子成员一览表

表2

姓名	职务	2019年职务变动
柴永成	董事长、党委书记	—

续表2

姓名	职务	2019年职务变动
李建国	党委副书记、总经理	—
张　举	党委副书记、工会主席	—
郑高升	副总经理	—
高　原	副总经理	—
赵丽华	纪委书记	—

续表 2

姓名	职务	2019 年职务变动
马桂玲	财务总监	—
范天元	副总经理、总工程师	—

（二）机构设置

机关处室：办公室（董事会办公室）、规划发展部、市场营销部、人力资源部、财务管理部、生产技术部、安全环保部、法律股权部、党委工作部、纪检监察部、审计部。

二级单位：

分公司：马莲台发电厂、六盘山热电厂、太阳山光伏发电厂、红寺堡光伏发电厂、固原光伏发电厂。

全资公司：宁夏王洼煤业有限公司、宁夏六盘山铁路有限公司、宁夏新能源研究院（有限公司）。

控股公司：宁夏银星发电有限责任公司、宁夏宁东供热有限公司、宁夏宁电物流有限公司、宁夏银星能源股份有限公司（控股上市公司）、宁夏银星煤业有限公司、中卫宁电新能源有限公司、宁夏意科太阳能发电有限公司。

三、生产经营

2019 年，宁夏能源原煤产量、营业收入、利润总额均创历史最好水平。王洼煤业原煤产量突破 900 万吨，同比增长 20%。全年自备铁路完成煤炭运量 665.78 万吨，其中外运 502 万吨，同比分别增长 34.77%、42.21%。火电全年平均利用小时数突破 5000 大关，同比增效 4790 万元。

主要指标一览表

表 3

指标名称		2018年	2019 年	同比增长（%）
主要产品产量	1. 煤炭 （万吨）	1081	1079	−0.19
	2. 火电 （亿千瓦时）	133.11	132.58	−0.39
	3. 风电 （亿千瓦时）	22.71	22.37	−1.48
	4. 太阳能（亿千瓦时）	3.38	3.31	−2.34
工业产值 （亿元）		68.23	69.13	1.32
销售收入 （亿元）		67.14	69.23	3.11
利润额 （亿元）		5.24	6.8	29.77
纳税额 （亿元）		8.51	8.49	−0.23
人身伤亡事故 （起）		2	1	−50
工亡人数 （人）		2	1	−50
重伤人数 （人）		0	1	100
轻伤人数 （人）		2	3	50

四、重大发展项目

2019 年，宁夏能源固定资产投资项目计划总投资 15.15 亿元，实际完成投资 14.47 亿元，完成年度计划的 96.79%。

项目进展：银星一井 400 万吨 / 年选煤厂建成投运，14 采区项目开工建设；阿左旗贺兰山 200 兆瓦风电项目风机全部并网发电。

新增生产能力：新增风电装机 20 万千瓦，新增煤炭洗选能力 400 万吨。

重大项目情况表

表 4

项目名称	设计规模	投资规模（万元）	当年完成投资额（万元）	年内项目建设形象进度
银星一井 400 万吨项目	400 万吨 / 年	245600	3040	选煤厂及遗留项目基本建设完成

续表 4

项目名称	设计规模	投资规模（万元）	当年完成投资额（万元）	年内项目建设形象进度
王洼煤矿600万吨改扩建项目	600万吨 / 年	213839	17953	首采工作面开始试生产，开始联合试运转
阿拉善左旗贺兰山风电场200兆瓦项目	200兆瓦风电	144600	101201	100台风机全部并网发电
王洼煤矿选煤厂封闭煤场项目		4511	3640	主煤场封闭完成
银星一井14采区项目	4万吨	84189	9995	井巷工程累计2900米

五、企业管理

2019年安全生产投入2.13亿元；隐患排查治理整改完成率99.6%。未发生较大及以上生产安全事故，未发生一般及以上环境污染和职业病危害事故，发生1起1人工亡事故，煤矿年度百万吨死亡率为0.083，低于2018年全国百万吨死亡率为0.093。全年未发生质量事件，各项质量指标均在控制范围之内。

六、科技创新

积极运用新技术破解安全、生产中存在的难点重点问题，矿井成功运用沿空掘巷小煤柱留设技术，减小了顶板压力，提高了回采率，增加了原煤产量。银洞沟煤矿推行“锚网索+钢带+喷浆”支护技术，降低掘进成本980元/米。

2019年科技创新数据一览表

表 5

科技创新投入（万元）	申请专利（件）	授权专利（件）	科技人员占比（%）
875	9	6	4.5

七、深化改革

全年新建5支、补充1支自有采掘队伍，煤矿自有采掘队伍比例达到80%。完成所持中宁发电公司50%股权公开挂牌转让工作，实现股权处置收益1.6亿元，同时盘活中宁电厂2×1000兆瓦项目前期费用5661万元。完成铁路公司“子转分”专项工作，每年减少企业所得税1000万元。银星能源与东方风电深化战略合作，全年组装风机160台，取得“矿用产品安全标志证书”，具备了矿用产品生产和销售资质，煤机检修业务拓展迈出了坚实步伐。

八、党建与企业文化建设

扎实开展“不忘初心、牢记使命”主题教育，做到了真学、真做、真改。全年新建“两带两创”项目116项，节约成本2300余万元。集中排查整改形式主义、官僚主义问题237项。

九、履行社会责任

宁夏能源、银星发电、银星煤业、六盘山热电厂分别与西吉县王民乡姚坡村、周康村、小湾村、下赵村相互达成结对帮扶对象。2019年8月30日宁夏能源助力脱贫攻坚暨向西吉县王民乡捐赠农机具仪式在西吉县王民乡举行，现场捐赠农机具价值79.8万元。

十、重要纪事

3月5日，中铝集团党组成员、副总经理卢东亮调研宁夏能源。

4月1日，银星一井14接续采区开工建设。

5月15日，中铝集团党组成员、副总经理张程忠一行到中铝宁夏能源及所属企业调研。

6 月 19 日，宁夏银星能源股份有限公司吸收合并中铝宁夏能源集团并配套募集资金重大资产重组工作（N1 项目）启动大会在宁夏能源召开。

7 月 14—15 日，中铝集团党组成员、副总经理张程忠到宁夏能源开展“不忘初心、牢记使命”主题教育专题调研并讲党课。

9 月 16 日，宁夏回族自治区党委书记、人大常委会主任石泰峰调研宁夏能源。

10 月 15 日，宁夏回族自治区党委常委、固原市委书记张柱调研六盘山热电厂。

11 月 24 日，中铝宁夏能源集团阿左旗贺兰山 200 兆瓦风电项目首台机组成功并网发电。

12 月 18 日，中华全国总工会书记处书记曲昭伟一行慰问马莲台发电厂。

撰稿 / 李传名

中铝山西新材料有限公司

一、基本情况

中铝山西新材料有限公司（简称山西新材料）位于山西省河津市，由中国铝业股份有限公司山西分公司和山西华泽铝电有限公司于 2017 年 8 月合并重组而成，是山西省第一家拥有“矿山—氧化铝—电解铝—铝加工”并配套自备发电机组的完整铝产业链的大型企业。主要产品包括氧化铝、电解铝、铝合金棒、阳极炭素。

2019 年 3 月，中铝集团党组决定，山西新材料、中铝山西铝业有限公司（原山西铝厂）设立一个党委，名称为中共中铝山西新材料有限公司委员会。

2019 年基本情况数据一览表

表 1

主要产品产能	资产总额(亿元)	负债率（%）	在岗总数（人）	学历结构	
1. 氧化铝 250 万吨 / 年	134.33	78.83	6432	大学专科及以下(人)	5547
2. 电解铝 42 万吨 / 年				大学本科（人）	857
3. 阳极炭素 44 万吨 / 年				硕士及以上（人）	28

二、组织机构

（一）领导班子

2019 年领导班子成员一览表

表 2

姓名	职务	2019 年职务变动
郭威立	党委书记、董事长	—
伍祚明	总经理、党委副书记	—
王丰申	财务总监	5 月任职
席东昌	副总经理	—
贾立群	纪委书记	—
王素刚	副总经理	—

续表 2

姓名	职务	2019 年职务变动
蔺迎征	副总经理	—
尚生荣	副总经理	—
张瑞忠	副总经理	—
王辛成	副总经理	—
黄启开	副总经理	8 月任职
袁欣富	党委副书记、工会主席	8 月离职
孙安稳	财务总监	5 月离职

（二）机构设置

职能部室：办公室（招标办公室）、人力资源部、计划财务部、安全环保健康部、投资发展部、装备能源部、营销管理部、党委工作部、纪检监察部（审计部）、工会共青团工作部。

运营中心：生产运行中心、技术研发中心（能源环境检测中心）、计控信息中心、后勤服务中心。

二级单位：第一氧化铝厂、第二氧化铝厂、热电分厂、精细氧化铝事业部、矿业公司（矿产资源部）、石灰石矿事业部、电解一厂、电解二厂、炭素事业部、铝加工事业部、动力厂、建安公司、物流运输事业部。

控股子公司：中铝太岳矿业有限公司、山西华谊矿业有限公司。

参股子公司：山西沁铝太岳新材料有限公司。

三、生产经营

2019 年，山西新材料生产经营总体平稳向好，控亏减亏取得实效，剔除矿价、电价上涨因素，利润同口径同比优化 18111 万元，氧化铝完全成本（不含停产损失）同比降低 48 元 / 吨（降幅 1.9%），电解铝完全成本同比降低 135 元 / 吨（降幅 1.08%），实现经营净现金流 5.12 亿元。全年重伤及以上事故为零，较大及以上突发环境事件为零，保持良好安全环保形势。

主要指标一览表

表 3

指标名称		2018年	2019 年	同比增长（%）
主要产品产量	1. 商品氧化铝（万吨）	218.02	182.16	−16.4
	2. 铝产品　（万吨）	43.14	36.58	−15.2
	3. 炭素焙烧块（万吨）	21.99	22.07	0.4
工业产值（亿元）		88.24	77	−12.7
销售收入（亿元）		87.79	75.27	−14.2
利润额（亿元）		−2.97	−4.97	−67
纳税额（亿元）		4.72	2.79	−40
人身伤亡事故（起）		0	0	—
工亡人数（人）		0	0	—
重伤人数（人）		0	1	—
轻伤人数（人）		0	0	—

四、重大发展项目

2019 年计划组织实施 9 个项目（含自主决策 1 项），全年投资计划 48788 万元，实际完成资本性支出 47691 万元，计划完成率 97.75%。其中，炭素系统挖潜创效项目投产，新增产能 28 万吨；拟薄水铝石扩建项目投产并达产达效，新增产能 1.5 万吨。

重大项目情况表

表 4

项目名称	设计规模	投资规模（万元）	当年完成投资额（万元）	年内项目建设形象进度
炭素系统挖潜创效项目	28 万吨 / 年	36257	5893	完工
赤泥堆场扩建项目（九格 B）	—	33228	5603	完成征地
第一氧化铝厂熟料窑除尘改造项目	—	13617	11848	完工
氧化铝系统焙烧炉除尘改造项目	—	7517	7517	完工
拟薄水铝石扩建项目	1.5 万吨 / 年	4998	4998	完工

续表 4

项目名称	设计规模	投资规模（万元）	当年完成投资额（万元）	年内项目建设形象进度
42 万吨电解烟气净化系统脱硫改造项目（1#~3# 净化）	—	8675	1500	1#~3# 净化除尘器拆除改造施工

五、企业管理

组织了 HSE 管理体系手册、程序文件及相关作业文件的换版；开展了全员、全过程的危险源辨识、风险评价和环境因素识别；按照风险级别，实行公司、厂、车间、班组四级管控，制定了风险控制措施；针对重大风险和重要环境因素，制定了 HSE 管理方案、应急预案、制度等控制措施，印发了“重大风险点管控检查表”，实施公司、厂（矿）、车间、班组、岗位五级检查制度；开展多项安全环保管理和创新，如实施物理隔离和门禁安装人脸识别系统、成立安全视频监控室和搭建污染源在线监控平台，对生产现场一、二级风险点实现了视频集中监控；完成 6 台锅炉超低改造、12 炉窑提标改造，完成 49 台岗位收尘修复工作，热电超标挂牌督办如期完成省生态环境厅摘牌等。

从原材料、工艺设备到出货的各环节均按照质量管理体系要求进行有效控制，并不断采取预防性与可行性相关评估，符合 ISO9001:2015 标准要求；将贯标与日常工作有机结合，进一步完善了产品生产过程和产品交付环节；开展顾客满意度调查，妥善处理客户投诉，确保产品质量风险可控。

接受并通过了中国船级社质量认证公司的三大管理体系再认证及职业健康安全管理体系转版审核。

突出现场管理，持续推进“绿色工厂（矿山）、美丽车间、安全干净班组”建设，厂区绿化面积达到 36% 以上，铝土矿复垦率达到 87.33%，石灰石矿复垦完成 64%，相王铝矿、石灰石矿进入 2019 年度山西省国家级绿色矿山名录。

六、科技创新

2019 年山西新材料开展了“两组份赤泥综合利用半工业试验”，完成半工业试验线建设；实施了“商用车锻造轮毂用高强铝合金开发”“5G 通信用高强高导铸造铝合金材料开发”两个项目，通过新产品的开发促进了铝合金产品提档升级；实施“无炭渣阳极生产技术示范项目”，阳极质量不断提升。

“河津市铝工业产业技术创新战略联盟”升级为“山西省铝工业产业技术创新战略联盟”，进一步提升了企业在山西省铝工业的影响力。山西新材料牵头举办了首届铝合金新材料熔铸技术论坛，搭建了铝合金技术交流产业合作平台。

2019 年科技创新数据表

表 5

科技创新投入（万元）	申请专利（件）	授权专利（件）	科技人员占比（%）
4370.65	14	7	1.94

七、深化改革

推进体制改革。吸收整合了山西铝业晋铝冶炼、矿山工服、计控信息中心、智能公司，将矿业公司、矿产资源部与矿山工服重组成立新的矿业公司；将华泽建安公司与晋铝冶炼整合成立新的建安公司，推行以专职点检为核心，操作点检（检修）一体化、点检检修一体化的管理模式改革。整合同质业务，将仓储业务、资产及人员划转物流运输事业部，为中铝物流集团托管公司物流业务创造条件。

推进三项制度改革。处级机构由37个精简到27个；科级机构由259个精简到204个，管理职数控制在450个以内。干部交流使用11人，行政转任技术干部5人，10名中层干部、71名基层干部转任非领导职务，19名优秀基层管理人员走上中层管理岗位，77名优秀员工走上基层管理岗位，干部年龄结构、知识结构得到优化；出台优化员工配置工作实施方案，通过优化内部用工、清退短期合同工、置换劳务派遣工、对外劳务输出等渠道累计安置员工500余人；创新考核分配制度，实现收入能增能减。推行生产单位“产量计件、超产提奖、降本分成”，辅助及保障单位“费用总控、挂钩主体、强化保障”，事业部“利润包干、增盈分成”，运营中心和管理部室“业务管控、总体挂钩”的考核模式。

2019年通过进场交易，对矿山75台推土机、装载机、铲运机、运矿车等低效无效资产进行了盘活处置，实现资产变现收入566万元，较评估价溢价42%。

八、党建与企业文化建设

扎实开展“不忘初心、牢记使命”主题教育，全面落实从严管党治党责任，不断提升党建工作质量。

扎实开展各类劳动竞赛，精准帮扶困难职工群体，丰富职工文化体育生活，强化基层组织建设，增强了职工的凝聚力和向心力。一是开展选树表彰先进活动。2人分别荣获中铝集团和省市劳动模范，电解二厂一工区获得全国工人先锋号称号。二是开展精准帮扶活动。8名困难职工实现了年底前全部脱困的目标。“两节”期间共慰问困难职工286人，为13名困难职工家庭子女发放“助学金”，为23名职工申办了大病医疗互助金。三是山西新材料、山西铝业工会推出第九届职工文化艺术节系列活动，以红色电影文化周、朗诵会、职工摄影书画展、文学作品征集以及大型文艺会演等形式，组织开展了第九届职工文化艺术节系列活动。整个艺术节活动持续4个月。

九、履行社会责任

组织治理方面，完善内控体系，加强廉洁教育，组建了清风拂莲微信群、纪检监察群，扎实推进日常教育，有效开展了“反腐倡廉宣传教育月”，每季召开警示教育大会，营造了反腐倡廉的良好氛围；坚持廉洁承诺书制度，与供应商签订“廉洁自律，廉洁经营”保证书，保障了公开、透明、廉洁、高效。

员工权益方面，开展全员持证上岗培训，对入厂施工作业的承包商队伍进行安全教育培训及考试，组织职业病危害因素监测，提升了干部员工的安全能力；建立和谐稳定的劳动关系，关注职工合理诉求，畅通诉求渠道，热情接待职工来访，做好一对一的解释、疏导和矛盾化解工作；改善员工工作环境，为一线岗位配备微波炉、热水壶、饮水桶、保温桶、洗衣机等约180余件，为职工生产工作创造良好的条件

公平运营方面，备件采购实行年度单价采购并推出A、B角供应商供货模式，提升了采购效率和供货能力。实施供应商准入动态管理，定期组

织仓储和使用单位进行供应商综合评价。完善客户投诉管理办法，按产品类别成立客户投诉管理领导组；定期开展客户满意度调查工作，与利益相关方加强沟通，主要客户做到全覆盖走访。

环境保护方面，完成氧化铝生产区域6台熟料窑、5台焙烧炉、1台石灰窑除尘改造及6台热电锅炉烟气治理改造，实现达标排放，满足了国家环保政策要求。其中实施氧化铝焙烧炉收尘系统环保改造，创新性采用电袋复合金属滤袋技术，达到超净排放，年减排量1217吨，使周围环境得以改善。本着“吃干榨净、变废为宝”的原则，推进生产流程物料综合利用，打通二次铝灰、碳泥、高铁磁选料的循环回收处理流程，每月可处理500余吨铝灰、150余吨高铁磁选料和260余吨碳泥，全年创效约464万元。

参与社区发展方面，协同河津市应急管理局举行了赤泥库溃坝事故应急抢险演练；在炭素、铝加工、精细氧化铝等新项目积极提供工作岗位，吸引周边劳动力到企业就业；参与社会公益，向河津市僧楼镇张家堡村支付扶贫资金18.5万元，建成了村办企业——红薯粉条厂，年产值30万元，保障了如期脱贫。

十、重要纪事

3月23日，中铝集团以视频会议形式宣布，山西新材料、山西铝业设立一个党委，名称为中共中铝山西新材料有限公司委员会，实行“一个党委、两个经营班子”的管理模式。

4月18日，山西交控集团专职党委副书记刘宏武一行到山西新材料对标交流党建工作。

5月26日，首列进口铝土矿专列顺利运抵山西新材料第二氧化铝厂煤场站。

6月27日，首届铝合金新材料熔铸技术论坛在山西新材料举办。

7月2日，运城市委常委、河津市委书记鞠振一行到山西新材料、山西铝业调研“3515重大工程项目”推进情况。

7月8—9日，中央“不忘初心 牢记使命”主题教育第三十二指导组到山西新材料、山西铝业实地调研指导工作。

8月15—16日，中铝集团党组书记、董事长葛红林一行到山西新材料调研。

9月10日，中铝山西铝业有限公司党委启动“不忘初心、牢记使命”主题教育。

9月18日，2019年中国商业发展论坛·秋季峰会召开前夕，深圳优秀企业家代表团到山西新材料参观调研。

10月29日，山西新材料第二次党代会召开，选举产生第二届党委、纪委委员。

撰稿 / 王成军

遵义铝业股份有限公司

一、基本情况

遵义铝业股份有限公司（简称遵义铝业）为中国铝业股份有限公司旗下控股子公司，前身为遵义铝厂，是贵州省第一家股份制企业。2018 年 6 月 30 日，遵义铝业与原遵义氧化铝整合成为新的遵义铝业股份有限公司，注册资本金 32.05 亿元。

经营范围：包括生产销售氧化铝、金属镓、原铝液、普通铝锭、合金铝锭、铝型材及铝制品等。企业现有氧化铝生产和电解铝生产两大基地。近年来，通过产业协调发展，形成了矿山—氧化铝—电解铝—铝加工（含园区）的上下游配套、产业链完整的绿色经济、协调配套的产业集群。

2019 年基本情况数据一览表

表 1

主要产品产能	资产总额(亿元)	负债率(%)	在岗总数(人)	学历结构	
氧化铝 111.27 万吨 / 年	65.56	64.19	2238	大学专科及以下(人)	1860
				大学本科(人)	377
电解铝 40.48 万吨 / 年				硕士及以上(人)	1

二、组织机构

（一）领导班子

2019 年领导班子成员一览表

表 2

姓名	职务	2019 年职务变动
朱守河	党委书记、董事长	3 月离任
谢青松	党委副书记、总经理	—
邹善能	党委委员、纪委书记	—

续表 2

姓名	职务	2019 年职务变动
张立强	党委委员、副总经理	—
林　青	党委委员、副总经理	—
何　飞	党委委员、副总经理	—
陈　静	党委委员、副总经理	—
李其贵	党委委员、副总经理	—
李　戎	党委委员、财务总监	—
刘小明	副总经理	8 月调离

（二）机构设置

职能部室：办公室（董事会办公室）、党群工作部（工会、团委）、纪检监察部（审计部）、人力资源部、财务部、安全环保健康部、企业管理部。

二级单位：矿产公司、氧化铝厂、热电厂、电解一厂、电解二厂、电解三厂、阳极组装厂、合金厂、动力厂、装备保障中心、分析计控中心、营销中心。

三、生产经营

2019 年，遵义铝业生产氧化铝 110.23 万吨，对外销售氧化铝 33.30 万吨，自用氧化铝 77.13 万吨；生产电解铝（含合金）40.45 万吨，销售电解铝（含合金）40.45 万吨。

主要指标一览表

表 3

指标名称		2018年	2019 年	同比增长（%）
主要产品产量	1. 氧化铝 （万吨）	111.00	110.23	−0.69
	2. 电解铝 （万吨）	34.69	33.45	−3.57
	3. 合金 （万吨）	5.60	7.00	25.00
工业产值 （亿元）		57.28	52.26	−8.76
销售收入 （亿元）		57.94	58.23	0.50
利润额 （亿元）		3.13	2.92	6.71
纳税额 （亿元）		2.56	2.35	8.21
人身伤亡事故 （起）		2	2	持平
工亡人数 （人）		1	0	—
重伤人数 （人）		0	0	持平
轻伤人数 （人）		1	2	100

四、重大发展项目

2019 年，遵义铝业组织实施了赤泥堆场二期工程等 5 个重大项目，均于 2019 年开工建设，当年投资完成合计 5070 万元。

重大项目情况表

表 4

项目名称	投资规模（万元）	当年完成投资额（万元）	年内项目建设形象进度
赤泥堆场二期工程	15525	1400	进行堆场内排水竖井、5#、6# 坝加高和防渗处理施工
污水及噪音粉尘治理项目	2128	1370	原矿堆场、煤矿堆场防风抑尘网基础施工完成
电解区雨污分流改造	2986	300	完成 5 个集水池的地勘工作，管道安装完成约 500 米
全厂集中管控项目	4924	1800	完成氧化铝区管控升级和部分软件工作
电解烟气治理环保升级改造	7778	200	完成电解烟气净化部分一、二、三标段招标工作

五、企业管理

2019 年，遵义铝业以 CAHSE 精准管理体系为标准，指导安全环保工作的有效推进，接受中铝股份监督审核，安全综合得分 76.03 分，环保 75.08 分，处于中铝集团上游水平。

2019 年实现重伤及以上事故为零；未发生环境污染事件及舆论事件和环境违法行政处罚案例，各类污染物达标排放，排放总量继续下降，矿山生态恢复取得新突破。

2019 年遵义铝业通过船级社 ISO9001：2016 质量管理体系认证，质量管理体系运行持续有效，质量风险可控。

六、科技创新

2019年，遵义铝业成立技术研发中心，印发相关科技管理制度。与相关科研院所联合创建的“科技创新合作基地”工业化试验基地、“中铝集团首席工程师遵义铝业工作站”和“铝冶炼科技协同创新示范基地”正式挂牌。

2019年，遵义铝业开展了6项中铝重大专项、1项贵州省重大专项，21项自主研发项目，开展的科技研发项目数量达到历史新高。与贵阳院共同合作的项目“铝电解系列安全不间断生产与维护新工艺”获得贵州省人民政府2019年度“贵州省科学技术进步奖一等奖”；与郑研院合作的项目“低品质复杂铝土矿资源综合利用关键技术开发及产业化应用”获得中国有色金属工业协会、中国有色金属学会2019年度“中国有色金属工业科学技术奖一等奖”。申报并获得实用新型专利23项、软件著作权6项。

“拜耳法赤泥经济高效脱钠工艺技术研究”9月开始调整配灰降低碱耗工业试验探索，降低了氧化铝碱耗、矿耗、石灰耗，每月增产氧化铝约1000吨。“湿法氧化脱硫脱碳技术优化升级研究”项目12月22日正式投入生产试验。

2019年科技创新数据一览表

表5

科技创新投入（万元）	申请专利（件）	授权专利（件）	科技人员占比（%）
18588.4	23	8	15

七、深化改革

2019年，遵义铝业深化薪酬体系改革，采取“一厂一策”的考核方式精准激励，充分发挥绩效考核指挥棒作用，体现“多劳多得、少劳少得、不劳不得”，员工人均工资同比增长14.33%。

八、党建与企业文化建设

（一）党的建设

2019年，遵义铝业党委扎实开展“不忘初心、牢记使命”主题教育，充分用好“学习强国”学习平台等信息媒介；开展“讴歌新时代、赤心报党恩、凝聚爱国志、共筑遵铝梦”庆祝新中国成立70周年系列活动，深入推进党员“双提升”活动；积极构建党建品牌文化体系，开展“学规章、讲规矩、守纪律、转作风”教育管理活动，持续开展标准化党支部建设、“两带两创”活动，以党建引领助推业务发展。中铝集团党建双百分考核中，遵义铝业连续3年超过100分。

2019年，遵义铝业党委坚持党要管党、从严治党的总体要求，深入推进党风廉政建设和反腐败工作。一是强化思想教育，开展党风廉政建设警示教育，组织签订《建立廉洁家庭承诺书》。二是编制了供应商管理台账目录，开展监察对象调查摸底工作及领导干部利用名贵特产类特殊资源谋取私利问题的自查自纠。三是通过自查自纠、集中整治、督导固化的方式，严抓重大节假日期间落实中央八项规定精神和反“四风”监督检查工作。四是发挥巡视利剑作用，建立内部巡察制度库。

以党建引领、群团共建的思路，大力推进全工种技能竞赛、青年创新工程。承办“中铝工匠赛”“贵州省有色冶金工会第十五届职工技能比赛”。遵义铝业包揽了“中铝工匠赛”溶出工、出铝工前三名，“贵州省有色冶金工会第十五届职工技能比赛”沉降工前三名，铝电解换极工前两名的好成绩；荣获电厂机组（锅炉）非停次数劳动竞赛年度优胜奖第一名。建立6个青年创新工作站，设立10个创新项目，创效100万元以上。

2019年，遵义铝业严格按照中铝集团的有关要求，积极选树典型、挖掘先进，讲好“遵铝故事”。年内召开1次企业文化建设推进会，安排部署企业文化建设新任务新要求。围绕管理改革转型升级、安全环保质量三大攻坚战等，推进创新文化、安全文化、环保文化、质量文化等专项文化建设。深入开展企业文化对标工作，进一步完善了厂区视觉识别系统，积极打造中铝企业文化示范基地。

九、履行社会责任

（一）环境保护治理

推行绿色制造，逐步实施了电解雨污分流改造、原矿堆场噪音治理等环保治理工作。仙人岩矿山复垦复绿工作被当地政府确定为矿山复垦复绿标杆和示范点。2019年遵义铝业获得“贵州绿色工厂”称号。

（二）脱贫攻坚

2019年，遵义铝业坚持每季度至少召开1次党委会研究讨论脱贫攻坚相关议题，党政主要领导深入对口帮扶村调研脱贫攻坚情况达44次。选派政治素质高、业务能力强的干部到新增驻村点担任驻村书记，共计安排驻村第一书记3人。开展爱心助学、就业扶持、产业支持、农企对接等，多措并举帮助贫困村实现脱贫摘帽，投入帮扶资金170余万元，其中购买扶贫地区农产品129万元。组织开展爱心助学捐款活动，募集助学资金26万元。

（三）员工职业健康

制定实施了2019年遵义铝业职业病防治计划，开展生产场所职业病危害因素监测及公示，向接触职业危害的岗位员工配齐劳动防护用品并监督指导使用，开展了员工职业健康体检，动态掌握员工身体健康情况。投入52万元，通过采用机械代替人工操作，避免员工直接接触粉尘。建立员工个人健康监护档案和职业健康管理档案。遵义铝业荣获“遵义市2019年度创建和谐劳动关系先进企业”。

十、重要纪事

6月27—28日，“外部投资者走进中国铝业现场会”在遵义铝业召开。

7月3日，遵义铝业与贵阳铝镁设计研究院“科技创新合作基地”工业化实验基地、“中铝集团首席工程师遵义铝业工作站”正式挂牌成立。

7月23日，中铝集团党组副书记、总经理余德辉到遵义铝业调研。

9月1—4日，第十五届“中铝工匠赛”铝电解及氧化铝制取工竞赛在遵义铝业举行。

10月17日，遵义铝业“铝电解系列安全不间断生产与维护新工艺”获得“贵州省科学技术进步奖”。

10月21日，200千安合金锭项目25吨天然气熔炼炉点火成功，标志着公司5万吨铸造合金锭正式投入运行。

撰稿／许灵

贵州华锦铝业有限公司

一、基本情况

贵州华锦铝业有限公司是中国铝业股份有限公司与杭州锦江集团有限公司于2014年7月18日出资注册的合资公司。注册资本金为10亿元，其中中国铝业持有华锦铝业60%的股权，杭州锦江持有华锦铝业40%的股权。经营范围主要包括：铝土矿产品、铝冶炼产品及相关金属，铝加工产品销售；碳素制品销售；铝工业废弃物（赤泥、粉煤灰）销售；相关技术开发、技术服务等业务。

贵州华锦铝业有限公司（简称贵州华锦）清镇氧化铝项目是贵州省人民政府与中国铝业公司共同打造的清镇千亿元级生态铝工业基地的重点工程，是贵州省工业强省的重大战略部署，是中国铝业公司在贵州省退城进园发展战略的第一个试点项目，对老工业区转型升级发展具有示范作用。清镇氧化铝项目总体设计规模为320万吨/年，规划为两期建设。第一期160万吨，中国铝业公司批复的项目总投资39.7亿元，两个股东方要求的控制项目建设投资36亿元，建设两条年产80万吨拜耳法生产线。

2019年基本数据一览表

表1

主要产品产能	在岗总数（人）	平均年龄（岁）	学历结构	
氧化铝：160万吨/年	800	36.88	大学专科及以下（人）	677
			大学本科（人）	120
			硕士及以上（人）	3

二、组织机构

（一）领导班子

2019年领导班子成员一览表

表2

姓名	职务
张建阳	总经理

续表2

姓名	职务
项　阳	副总经理
何　斌	副总经理
蒋凤贵	财务总监
王文志	总工程师

（二）机构设置

职能部门：生产管控中心、热电运行部、设备保障中心、技术部、质量检查部、工程部、财务部、商务部、综合部、人力资源部、稽核审计部、安全环保部。

三、企业管理

（一）安全环保管理

严格把依法合规放在首位，把安全环保工作贯穿始终，实行谁主管谁负责的直线安全环保管理模式，全面落实安全环保主体责任。严守安全红线和生态底线，按照“谁主管谁负责”“管业务必须管安全”“属地管理”的原则，推行安全环保“直线管理”模式，严格按照地方政府以及中铝总部各级安全环保部门的工作部署和安排，认真开展各项安全环保工作，实现管理层级扁平化。2019 年，贵州华锦未发生轻伤以上生产安全事故和突发环境事件，安全环保风险可控，安全环保形势基本稳定。

（二）质量管理

华锦铝业实行公司、部门经理、工序三级管理，各个工序进行自检、自查，做到全员行动、全面管理。工序依照《员工规章制度》《操作规程》等相关规定抓好本质工作，抓好过程管理，切实保证产品质量。

针对产品粒度控制，华锦铝业使用颗粒计数器、激光粒度仪、振动筛分相结合，建立粒度控制新模型，逐步摸索出了华锦氧化铝生产的粒度控制模式，可以提前对氧化铝生产中氢氧化铝细化时间作出预判，制定相关措施。

四、党建工作

2019 年，贵州华锦铝业有限公司党委坚持以习近平新时代中国特色社会主义思想和系列重要讲话精神为指导，深入学习贯彻党的十九大、十九届二中、三中、四中全会以及十九届中央纪委四次全会精神，全面落实新时代党的建设总要求，以高质量党建引领企业高质量发展。一是坚持理论武装，加强党员干部思想政治建设。二是全面加强宣传和思想政治工作。三是强化担当作为，团结带领党员群众创新创效。四是做好党员发展工作，增强党组织凝聚力。五是加强党风廉政建设。六是扩展警示教育方式，构建反腐倡廉长效机制。七是高标准严要求，扎实开展“不忘初心、牢记使命”主题教育。八是坚持党建带工建，充分发挥工会纽带作用。

五、履行社会责任

贵州华锦铝业有限公司党委认真履行社会责任，积极构建地企协调发展生态环境。支持驻地乡镇脱贫，创造就业机会，提供就业岗位，为留守儿童捐献爱心，建立了良好的地企和谐关系。

撰稿 / 吴宏璋

甘肃华鹭铝业有限公司

一、基本情况

甘肃华鹭铝业有限公司（简称甘肃华鹭）位于黄河上游的甘肃省白银市，是国家“七五”重点建设工程，前身是白银铝厂，始建于1986年。2006年8月成为中国铝业股份有限公司的控股子公司。

甘肃华鹭位于甘肃省白银市白银区诚信大道19号，主要经营业务为金属材料加工，炭素产品生产销售。

2019年基本情况数据一览表

表1

主要产品产能	资产总额（亿元）	负债率（%）	在岗总数（人）	学历结构	
焙烧块15万吨/年	13.52	91.5	1162	大学专科及以（人）	966
				大学本科（人）	188
				硕士及以（人）	8

二、组织机构

（一）领导班子

2019年领导班子成员一览表

表2

姓名	职务	2019年职务变动
杨永亮	党委书记、董事长、纪委书记	9月不再担任纪委书记
谢叶明	党委副书记、总经理	—
王 欣	副总经理、工会主席	—
王强华	副总经理、纪委书记	9月任纪委书记

（二）机构设置

机关处室：党群行政部、企业管理部、建设发展部、安全环保部。

二级单位：生产运营中心、白银华鹭工业服务有限公司。

三、生产经营

2019年，甘肃华鹭在临时停产期间，把工作重点转移到设备设施的完善和优化上，组织完成近20余项技改项目和80多项自主改善及消缺项目，并对各生产单元的跑冒滴漏开展了重点整治。

优化了各工序操作规程、工作标准和考核办法，精心编制复产方案及脱硫系统投产运行方案，煅烧罐式炉 11 月 27 日陆续投料运行；成型系统 12 月 18 日投料生产。

主要指标一览表

表 3

指标名称		2018年	2019 年	同比增长（%）
主要产品产量	1. 煅后焦（万吨）	11.36	3.18	−72
	2. 焙烧块（万吨）	1.66	2.73	64.46
工业产值（亿元）		4.01	1.26	−68.58
销售收入（亿元）		3.10	1.24	−60
利润额（亿元）		−1.03	−1.62	57.28
纳税额（万元）		0.20	0.027	−86.96
人身伤亡事故（起）		4	2	−50
工亡人数（人）		0	0	—
重伤人数（人）		1	0	−100
轻伤人数（人）		3	2	−33.3

四、重大发展项目

2019 年，甘肃华鹭实施了炭素系统烟气脱硫改造项目。项目于 2019 年 7 月 11 日经中铝股份批复开工建设。

重大项目情况表

表 4

项目名称	投资规模（万元）	当年完成投资额（万元）	年内项目建设形象进度
炭素系统烟气脱硫改造项目	4639	3982	11 月 20 日煅烧烟气脱硫除尘系统建成投入运行，12 月 28 日焙烧烟气脱硫除尘系统建成投入运行

五、企业管理

2019 年，甘肃华鹭通过了中铝股份 2019 年度 CAHSE 体系考评；QHSE 管理体系全面有效运行并通过船级社外审认证。年度新建及修订完善各类制度 53 项。规范开展老厂区建构筑物拆除及其他各类闲置资产处置。

六、深化改革

2019 年，甘肃华鹭根据生产需要优化了部门、工区设置和生产岗位人员配置，基本建立起了符合企业实际的运行机制和管控体系。聘任五级技师 117 人。全年执行内部过渡性离岗政策 159 人。

七、党建和企业文化建设

2019 年，甘肃华鹭党委以“标准化党支部”创建、“两带两创”活动、党员素质“双提升”、干部队伍建设等具体工作为抓手，促进党建工作与生产经营的深度融合。全面做好巡视整改，巡视反馈指出的 30 个问题，25 个已完成整改。认真做好“不忘初心，牢记使命”主题教育，保质保量完成了集中学习、调研交流、问题检视、召开民主生活会、评估总结等任务，检视出的 60 个问题完成整改 46 个。

八、履行社会责任

2019 年，甘肃华鹭环保事件为零。

积极参与省市政府精准扶贫攻坚战， 各级干部捐助帮扶资金 13100 元。帮助农户销售枸杞 700 千克，创收 4.2 万元；截至 2019 年底，甘肃华鹭对口帮扶的 80 户贫困户实现脱贫。

九、重要纪事

1 月 5 日，中铝集团党组书记、董事长葛红林，党组成员、总会计师叶国华一行到甘肃华鹭调研慰问。

4 月 24 日至 7 月 11 日，中铝集团党组第四巡视组对甘肃华鹭开展常规巡视。

8 月 1 日，中铝集团党组成员、副总经理卢东亮到甘肃华鹭调研。

9—11 月，按照集团党组部署，甘肃华鹭党委扎实开展“不忘初心，牢记使命”主题教育，按期高质量完成各个阶段的工作任务。

11 月 20 日，历时 4 个月的建设，炭素系统烟气脱硫改造项目建成投入运行。

撰稿 / 郑启瑾

广西华昇新材料有限公司

一、基本情况

广西华昇新材料有限公司（简称广西华昇）位于广西壮族自治区防城港市港口区经济技术开发区，是为了落实我国“一带一路”倡议，实施供给侧结构性改革，推动我国氧化铝工业战略性布局调整和铝产业的转型升级，根据广西壮族自治区人民政府与中铝股份框架协议成立的合资公司，其中中铝股份持股51%，广西投资集团持股39%，防城港市港发集团持股10%，于2017年6月30日在防城港市注册，注册资本金为17.42亿元。

广西华昇经营范围主要包括铝矿产品、石灰石及产品生产及销售；氢氧化铝、氧化铝、铝水等铝冶炼产品、铝合金、铝加工产品的生产及销售；热电联产、碳素产品及其他有色金属产品的生产及销售；码头生产和经营及港口贸易；工业用水、电、汽的生产及销售；煤灰渣、赤泥及综合利用产品的生产及销售；从赤泥中回收有价金属；煤炭脱硫副产品的生产及销售；机械设备、备件、非标设备的制造、安装及修理；侦察设计；普通货物道路运输；氢氧化铝、氧化铝、电解铝、铝合金、铝加工等冶炼工艺技术咨询及技术培训；相关技术开发、技术服务；工业和科研所需的原辅材料及备件的生产及销售；本企业产生的废旧物资销售；辅助生产厂房、设备、办公楼、商业门面等出租等。

通讯地址：广西壮族自治区防城港市港口区企沙镇赤沙中路

2019年基本情况数据一览表

表1

主要产品产能	资产总额（亿元）	负债率（%）	在岗总数（人）	平均年龄（岁）	学历结构	
氧化铝200万吨/年（在建）	42.19	59	424	31	中专及以下（人）	28
					大学专科（人）	219
					大学本科（人）	164
					硕士及以上（人）	13

二、组织机构

（一）领导班子

2019年领导班子成员一览表

表2

姓名	职务	2019年职务变动
董建雄	党委书记、董事长	—
王顺祥	总经理	—
林伟强	副总经理	至2019年5月10日
吴寿生	副总经理	—
唐 庆	财务总监	至2019年5月10日
施仲波	财务总监	2019年5月27日起
胡科元	副总经理	2019年10月17日起

（二）机构设置

综合部、财务部、安全环保健康部、工程部、商务部、生产准备部。

三、重大发展项目

广西华昇氧化铝及配套项目于2017年6月7日在防城港市发展和改革委员会备案，总体规划年产冶金级氧化铝400万吨，铝水80万吨及相应规模的供热设施。项目采用总体规划分期建设的模式，利用中铝几内亚的铝土矿资源，采用低温拜耳法生产工艺，按“标准化、生态化、智能化”要求建设2条100万吨/年氧化铝生产线。2018年9月16日，中铝集团批复了项目可行性研究报告，2018年10月31日，中铝股份批复了项目初步设计并开工，项目总投资概算59.21亿元，计划于2020年6月30日投产。

重大项目情况表

表3

项目名称	设计规模	投资规模（万元）	当年完成投资额（万元）	年内项目建设形象进度
200万吨氧化铝项目	200万吨冶金级氧化铝/年	592065	349800	厂区主干道通行、热电系统基础完成、分解区域设备基础完成、氧化铝系统主体设备基础完成、全部长大槽落地、1#锅炉水压试验合格等8个里程碑节点全部提前完成。厂区供水、供气系统基本连通，溶出系统、干煤棚、蒸发槽罐区、加压泵站等基本建成，热电站、焙烧炉、分解槽、沉降槽、综合过滤、蒸发站、赤泥压滤、原矿堆场、原料磨、氧化铝仓、变电所等结构基本完成安装，运矿皮带、赤泥管廊、供电通道、赤泥坝区基本打通

四、企业管理

坚定执行中铝集团“两海”战略，紧紧围绕完成先期200万吨氧化铝项目主体建筑和基本完成设备安装工程的建设目标；坚持业主自主管理，认真做好工程指挥、协调和过程管控；坚持高质量发展，创建安全工程、绿色工地、精品工程，坚持“三化”方向，打造“六大工程”，完成了2019年项目建设、生产准备和企业管理各项任务。

（一）关键建设条件及前期工作落到实处

完成200万吨氧化铝项目24项行政许可审批；完成余热余压综合利用发电项目核准的批复，解决200万吨氧化铝项目热电站发电并网问题；签订供水合同，开展双回路供水建设；签订《港口作业服务合同》，落实码头条件；签订《天然气供用气合同》，落实天然气条件；完成主厂区2077.30亩用地招拍挂、合同签订、交地付款等工作，办理了用地规划许可、不动产权登记，办理了厂前区建设工程施工规划许可和工程建设施工许可，落实项目用地条件。

（二）完成全年投资任务

加强项目投资管理工作，对建设过程中进度款支付、现场签证、设计变更严格管理，严格执行工程量四方签证原则，严格遵循设计变更审批程序，严格核实现场完成的工程量。项目投资完成34.98亿元，完成年度投资计划30亿元的116.63%，累计完成投资39.22亿元，完成概算59.21亿元的66.25%。

（三）工程施工按节点工期完成

200万吨氧化铝项目建设工期20个月，前5个月完成了场平、桩基、设计优化、第一批土建工程施工图设计、主要设备、道路、地下管网和队伍招标。3月23日，热电锅炉烟囱浇筑第一灌砼，标志着工程正式开始建设。虽然经历高温酷暑、台风、暴雨持续大风等恶劣天气影响，广西华昇和各施工单位克服重重困难，2019年考核的8个里程碑节点目标，均提前完成。

（四）实现了“安全事故为零、环境舆情事件为零”

围绕建设“安全工程、生态工程”，按安全管理“六个一”（即“一个联合安委会、一套安全管理体系、一套门禁管理系统、一个工程例会界面、一套教育培训课件、一个安全体验区”）开展工作，开展“两抓两查”，严格落实监管措施，稳推“安全卫士”活动，力促全员参与安全管理，重点领域监管，防控重大安全风险，实现了“安全事故为零、环境舆情事件为零”的目标。

（五）实现工程质量目标

落实质量管理措施，严格考核，杜绝不合格子项。有色质量监督总站对项目的质量监督抽查，结果为50个检验批或分项工程中50个合格、44个优良，优良率为88%。

（六）生产准备工作全面开展

以生产管控、技术质量、装备保障三大中心为管理机构，编制了生产技术规程、各项操作规程、整体试车方案、各工序的试车方案、投料试车方案，编写各类管理制度、表单，编制初期生产物料、油品、备品备件、工器具计划，生产准备全面展开。

五、党建与企业文化建设

（一）党的建设

临时党支部下设的党小组增设到5个，党的组织和党建工作在项目建设中全覆盖，各党小组正常开展党员学习教育和管理。开展了“党员争先锋、建功在华昇”主题活动、“两卫士一监督”主题活动，引导党员在项目建设中发挥先锋模范作用。开展党建“双百分”考核，促进党建工作融入中心。

坚持用好党的建设法宝和优势，培根铸魂，凝聚全体员工，引领项目建设。临时党支部发挥了政治核心作用，团结和带领全体党员干部和员工向着项目建设目标奋力工作。开展“不忘初心、牢记使命”主题教育，强化了习近平新时代中国特色社会主义思想学习，提高了党员干部的政治意识。坚持把纪律和规矩挺在前面，制定廉洁从业制度，扎紧不能腐的制度笼子，定期组织廉洁从业警示教育案例学习，做到警钟长鸣。

（二）企业文化建设

组织开展“华昇杯”劳动竞赛与合理化建议活动，调动了各参建单位和华昇员工的积极性、创造性，促进了项目建设。

建设了项目建设文化长廊，增强了项目建设宣传文化氛围。每周进行工程建设影像资料拍摄、编辑存档。定期制作项目建设宣传视频，宣传展示广西华昇形象。

六、履行社会责任

将绿色工地融入工程管理，重点抓好洒水抑尘、固废规范化处理、生活污水有序处理排放；高标准严要求抓好项目超低超净排放设计，抓好环保设施设计，在项目施工中全面落实；统一规划了厂区及厂前区园林景观，按照“整体设计、分步实施”的原则，共种植1185棵乔灌木、227平方米地被、250平方米草皮，生活环境得到了明显改善，绿色工厂逐步落地。

七、重要纪事

1月3日，广西壮族自治区常务副主席秦如培到广西华昇项目现场，就股权整合、资本金、赤泥堆场、电解铝指标、码头及能耗指标等问题进行调研。

3月26日，中铝集团总经理助理，中铝股份党委副书记、总裁贺志辉到广西华昇调研。

5月10日，广西华昇召开2019年临时股东会，审议同意股权变更事项，股权变更后，股东及股权比例为：中铝股份占股权51%，广西投资集团占股权39%，防城港市港发控股集团占股权10%，并完成章程修改。

5月23日，广西壮族自治区政协副主席、生态铝工业基地建设指挥部指挥长陈刚到广西华昇项目现场指导工作。

7月1日，广西壮族自治区主席陈武深入200万吨氧化铝项目施工现场，听取现场施工情况汇报，及时协调解决项目建设中遇到的问题。自治区副主席费志荣，自治区政协副主席陈刚，自治区政府秘书长黄洲，广西华昇党委书记、董事长董建雄，总经理王顺祥等陪同调研。

9月21日，中铝集团党组书记、董事长葛红林到广西华昇项目调研，中铝集团总经理助理武建强、中铝股份副总裁朱润洲等陪同调研。

10月23日，四川省委书记、省人大常委会主任彭清华和四川省委副书记、省长尹力率领四川省党政代表团到广西华昇参观考察。

11月27日，广西华昇40万吨核电铝材一体化项目可行性研究报告在防城港市通过中铝集团组织的专家审查。

12月4日，广西壮族自治区政协主席蓝天立到广西华昇调研。广西壮族自治区政协副主席、生态铝工业基地建设指挥部指挥长陈刚，防城港市委书记李延强等陪同调研。

12月7日，中铝集团总经理助理，中铝股份党委副书记、总裁贺志辉到广西华昇调研。

撰稿 / 曾义明

广西华磊新材料有限公司

一、基本情况

广西华磊新材料有限公司（简称广西华磊）位于百色平果工业区平果铝三号路，是中国铝业股份有限公司与百色市人民政府为在广西百色发展煤电铝一体化产业，本着“优势互补、互利共赢”的原则，由中铝广西投资发展有限公司、广西百色开发投资集团有限公司、广西平果县城市建设投资有限责任公司共同出资注册成立的合资公司，总投资概算61亿元。

主营业务：电解铝生产、火力发电、区域电网。

2019年基本情况数据一览表

表1

主要产品产能	资产总额（亿元）	负债率（%）	员工总数（人）	学历结构	
1. 电解铝40万吨	60.51	58.27	850	大学专科及以下（人）	620
2. 自发电72亿千瓦时				大学本科（人）	213
3. 蒸汽535万吨				硕士及以上（人）	17

二、组织机构

（一）领导班子

2019年领导班子成员一览表

表2

姓名	职务	2019年职务变动
黄卫平	董事长	—
卢达川	总经理	—
赵　平	副总经理	—
熊　林	副总经理	5月13日起任职

续表2

姓名	职务	2019年职务变动
吴廷军	副总经理、财务总监	—
周　虹	副总经理	5月13日起任职

（二）机构设置

管理部门：综合部、人力资源部、财务部、营销管理部、生产技术部、安全环保部、装备能源部、工程管理部。

二级单位：电解铝厂、发电厂、动力厂。

三、生产经营

广西华磊紧紧围绕“低成本、高质量、机制优、效益好”的工作思路，坚持开展“三抓三降”工作，全体干部员工聚焦目标任务，发扬艰苦奋斗的精神，生产经营形势不断向好，实现工业总产值52.12亿元。

主要指标一览表

表3

指标名称		2018年	2019年	同比增长（%）
主要产品产量	1. 电解铝 （万吨）	27.23	38.69	42.09
	2. 外供电（万千瓦时）	11979	66594	455.92
	3. 蒸汽 （万吨）	17.69	213.39	1106.96
工业产值 （亿元）		33.63	52.12	54.98
销售收入 （亿元）		34.21	52.49	53.43
利润额 （亿元）		0.0037	1.46	39359.45
纳税额 （万元）		0.11	0.37	236.36
人身伤亡事故 （起）		0	1（承包商）	—
工亡人数 （人）		0	1（承包商）	—
重伤人数 （人）		0	0	—
轻伤人数 （人）		0	0	—

四、重大发展项目

广西华磊轻合金材料项目（简称华磊项目）包括热电部分、轻合金部分、配套公共部分、厂内铁路、参股百色区域电网等子项工程。

2019年华磊项目重点开展项目结算审计和单项验收工作。5月完成项目职业卫生和消防单项验收；6月完成项目轻合金部分环保验收；9月完成各施工标段内部结算，并报送外部审计单位开展审计；12月完成项目安全验收工作；12月底完成审计进度的60%工作量；

五、企业管理

广西华磊通过组建专职的煤监队伍等措施，强化煤炭质量监管，入厂煤炭质量得到提升；精心组织生产，积极推进质量体系建立及运行，开展培训226次，完成提档升级操作标准44项。实现铝锭外观检验一次通过率达99.63%，铝锭AL99.70以上率100%，压缩空气合格率达100%，未发生C级以上质量事件。

全面实施安全环保精准管理体系，制定了《广西华磊新材料有限公司安全环保质量攻坚战实施方案》；举办职业健康安全环保精准管理体系能力提升培训，组建CAHSE内训及审核师队伍。在2019年末的中铝集团CAHSE职业健康安全环保精准管理审核中，安全获得65.29分、环保获得83.65分（中铝集团排名第一）的成绩。

电解铝生产实现达产达标，铝液交流电单耗同比降低1.21%。顺利通过中铝股份对轻合金部分的达产达标考核。

发电机组实现稳定运行，供汽量达到可研目标。9月开始，连续3个月供汽量在20万吨以上，10月完成中国铝业广西分公司氧化铝生产用汽全部由广西华磊供给试验，11月实现2台机组全供，单月供汽量超32万吨，供汽量创历史新高，达到可研目标。

持续推进现场精准管理，6月底广西华磊3个分厂及机关部室均通过达标验收，提前5个月完成年初制定的短期目标：动力厂达到了中铝集团一流水平，电解铝厂、发电厂、机关部室达到中铝集团先进水平。

六、科技创新

2019 年科技研发项目 4 项，其中中铝集团专项项目 1 项，企业自主项目 3 项。

2019 年科技创新数据一览表

表 4

科技创新投入（万元）	申请专利（件）	授权专利（件）	科技人员占比（%）
529.9	1	0	11.56

七、深化改革

为加强入场煤炭质量监督，防范煤炭质量风险，6 月，在综合部（内审部）增设煤质监督业务，配备煤监员 9 人。

为优化业务结构，提升协同效益，将采购业务划归中铝物资，撤销材料采购业务、设备及备件采购业务，新设置材料业务、设备业务，营销采购部变更为营销管理部。

八、党建与企业文化建设

广西华磊始终坚持把党建与生产经营管理深度融合，高质量推进企业发展。扎实开展“不忘初心、牢记使命”主题教育，严格监督执纪问责，严格落实“双百分”考核机制，推进全面从严治党向纵深发展。大力推进标准化党支部建设，组织党支部对照 10 个标准进行“达标定级”，推动党建基础工作稳步提升。

九、履行社会责任

广西华磊积极履行社会责任，促进企地和谐发展。一是创造了就业岗位，共吸纳当地劳动力 547 人；积极维护员工的正当权益，为员工定期组织健康体检、合理安排公休、组织业务技能和安全管理培训等。二是始终秉承“绿色铝电，和谐发展，持续改进，长久共存”的环境保护方针。加大环保投入，锅炉烟气治理设施投资 2.4 亿元，占热电部分总投资的 6.86%； 2019 年 6 月被广西壮族自治区列入绿色制造名录。三是响应国家实施精准扶贫战略，积极开展扶贫工作，出资为周边村屯修建基础设施，改善周边村民生活条件等。

十、重要纪事

3 月 2 日，广西华磊轻合金部分顺利通过了大气、水、噪声的环保竣工验收。

6 月 5 日，广西华磊项目轻合金部分固废处理通过广西壮族自治区环保厅环保竣工验收。

7 月 15 日，广西壮族自治区党委书记、自治区人大常委会主任鹿心社率全区年中工作会议第一组代表到广西华磊调研。

8 月 28 日，广西华磊项目轻合金部分安全设施通过专家组验收。

9 月 20—21 日，中铝集团党组成员、副总经理卢东亮到广西华磊调研。

9 月 22 日，中铝集团党组书记、董事长葛红林到广西华磊调研。

11 月 16 日，华磊项目热电系统安全设施通过竣工验收。

11 月 21 日，中铝集团党组成员、副总经理陈琪到广西华磊调研。

11 月 29 日，广西华磊 CAHSE 体系通过中铝集团职业健康安全环保精准管理体系（简称 CAHSE）审核组审核。

12 月 22 日，华磊项目热电系统环境保护设施（废气、废水和噪声）通过竣工验收。

撰稿 / 黄臣富

山西华圣铝业有限公司

一、基本情况

山西华圣铝业有限公司（简称山西华圣）是中国铝业股份有限公司与山西昇运有色金属有限公司（原为山西关铝股份有限公司）合资组建的大型电解铝企业。2006 年 3 月 7 日正式注册成立，双方出资比例为 51 : 49，注册资本总额为 10 亿元人民币。主要生产线为年产 22 万吨电解铝和 10 万吨阳极炭素产品，分别采用 300 千安大型预焙槽电解技术和预焙阳极焙烧技术。地处秦晋豫黄河金三角的山西省永济市，坐落在永济市循环经济园铝深加工区，地理位置优越，铁路、公路交通便利。

2019 年 5 月 24 日，受市场与成本双重压力，在地方政府和中铝集团多方努力无果的情况下，山西华圣电解生产全面停产，产能指标全部置换转移。截至 2019 年底，山西华圣资产总额 11.3 亿元，员工总数 925 人。

通讯地址：山西省永济市中山东街 26 号。

2019 年基本情况数据一览表

表 1

主要产品产能	资产总额（亿元）	负债率（%）	员工总数（人）	平均年龄（岁）	学历结构	
炭素产能：4 万吨	11.3	26.64	925	44	中专及以下（人）	550
					大学专科（人）	151
					大学本科（人）	223
					硕士及以上（人）	1

二、组织机构

（一）领导班子

2019 年领导班子成员一览表

表 2

姓名	职务	2019 年职务变动
张俊仓	高级专务	2 月 28 日，不再担任董事长、董事，任高级专务

续表 2

姓名	职务	2019 年职务变动
郭威立	董事长	2 月 28 日任董事长
闫国刚	财务总监	—
徐卫东	党委副书记、副总经理、工会主席	3 月 19 日任党委副书记
贾喜文	副总经理	—
金占平	纪委书记	—

（二）机构设置

机关处室：总经理办公室（后勤保障部）、人力资源部、财务部、计划发展部、党群工作部、纪检监察部（审计部）。

二级单位：电解厂、炭素厂、生产运营中心（安全环保健康部）、营销采购中心、物资配送中心、运行维护中心。

三、生产经营

2019 年 1—5 月，山西华圣电解系列生产铝锭 60945 吨，销售铝锭 61637 吨。2019 年 1—11 月，山西华圣炭素生产焙烧块 48210 吨，组装阳极 24677 吨，外销阳极 18793.2 吨，关键业绩指标综合得分累计排名中铝第二，位列中铝 A 档。

主要指标一览表

表 3

指标名称		2018年	2019 年	同比增长（%）
主要产品产量	1. 电解铝　（万吨）	22.54	6.10	−72.9
	2. 预焙块　（万吨）	9.47	4.82	−49.1
工业产值　（亿元）		27.49	7.94	−71.1
销售收入　（亿元）		28.65	8.19	−71.4
利润额　（亿元）		−0.51	−0.75	-47
纳税额　（万元）		0.3	0.59	96.6
人身伤亡事故　（起）		0	0	—
工亡人数　（人）		0	0	—
重伤人数　（人）		0	0	—
轻伤人数　（人）		0	0	—

四、企业管理

2019 年，山西华圣始终坚持做好各项管理基础工作不松懈，严格落实质量安全环保责任制，细化管理，强化监督，确保了电解系列平稳有序退出。全年铝锭 Al99.70 以上率 100%，预焙块二级品以上率 100%，全年人身伤亡事故为零，全年环保事件为零。

2019 年，山西华圣在中铝集团党组、股份党委的关心带领下，坚持 “攻坚克难、永不放弃” 理念精神，坚决贯彻落实中铝集团党组的部署要求，坚定推进总部关于山西华圣转型升级工作的决策部署。5 月 28 日，经股东会、董事会审议通过，在合法合规的基础上，电解铝产能指标如期实现转移；经 8 月 2 日职代会讨论确定了“依法合规、平稳分流、妥善安置、长期稳定”的人员分流安置原则，山西华圣采取事前策划、事中帮扶、事后慰问的措施与办法，稳定妥善地分流安置了公司员工；及时快速开展资产处置工作，最大限度地争取国有资产增值保值。截至 2019 年底，资产处置工作全面展开，完成流动资产合同签订 2.02 亿元，完成进度为 97%，固定资产评估报告通过交叉审核，准备挂牌交易。

五、科技创新

2019 年，山西华圣坚持开展电解、炭素技术攻关项目，获实用新型专利授权 2 项。

2019 年科技创新数据一览表

表 4

申请专利（件）	授权专利（件）	科技人员占比(%)
2	2	3

六、深化改革

结合企业停产、人员分流的实际，山西华圣

对组织机构和人员进行了重新调整和设置，推行机制体制改革，盘活现有资产，提高人工效率，寻找新的创效增长点，推进企业转型升级成功。

根据中铝股份对转型项目的审核意见，山西华圣积极争取阳极钢爪铸造项目的市场订单，参与并中标云铝文山项目的钢爪采购、电解槽挂钩制作项目。根据中铝股份历次管理改革会议精神，山西华圣在原炭素厂组装车间的基础上，对现有设备设施做进一步的完善和再利用，达到生产电解、氧化铝相关产品的能力。对新成立的机械厂和炭素厂探索试行新的管理模式，借鉴民企运营机制，充分调动干部员工工作积极性，力争既有业务最大挖潜，依托市场最大创效。

七、党建与企业文化建设

2019年，山西华圣党委以开展“不忘初心、牢记使命”主题教育为契机，突出政治方向、问题导向，抓实抓牢党的政治建设、思想建设、组织建设、廉政建设、队伍建设、文化建设、群团建设，为生产经营、改革发展提供了坚强的组织保证和精神动力。组织召开一届二次职代会，层层签订《年度党建工作目标责任书》，组织开展两级领导班子成员集中学习与授课60余场次，全年发展新党员9人，按期转正党员9人，深入重点群体化解矛盾20余次，解决分流安置员工问题70余件，深化巡查整改和强化监督检查，坚持用好执纪问责利剑。编印《华圣铝业》报6期，刊发140余篇通信、信息及图片。持续开展青年安全监督活动，发现问题668个。2019年，山西华圣获“中铝创新楷模”称号1人；参加“中铝杯”技术比武获团体奖，3人进入前15名。

八、履行社会责任

山西华圣高度重视并切实保障和维护职工权益。在2019年的人员分流安置工作中，山西华圣采取了事前策划、事中帮扶、事后慰问的措施与办法。分流前，领导班子成员分片到分流企业考察联系；分流中，由处级以上干部带队赴岗直到试岗期结束；分流确定后，各级领导又亲赴分流企业看望慰问，切实让员工体会到企业的关怀和温暖，确实做到了“把每一名员工安置好”。山西华圣通过工会组织，积极帮扶帮助困难员工，将20余名困难员工纳入到全总工会困难帮扶工作管理系统。2019年争取发放帮扶资金127068元，为患病员工报销大病互助理赔金4300元。

九、重要纪事

1月16日，接到中铝股份通知，山西华圣于1月21日前完成电解铝生产线弹性生产方案，加快实施弹性生产进程。

2月14日，山西华圣召开干部大会，会议宣布了中铝股份《关于成立山西华圣转型升级工作领导小组的通知》。

3月8日，中铝股份组织召开山西华圣干部大会，中铝股份宣布了中铝股份关于山西华圣主要领导调整的决定，由郭威立担任山西华圣董事、董事长。

5月24日，山西华圣电解系列276台电解槽全部退出生产。

5月28日，山西华圣19万吨电解铝产能指标转移给鹤庆溢鑫铝业有限公司并签署合同。9月6日，经云南工信厅核定，将19万吨电解铝产能指标调整为17万吨并签署补充合同。

8月2日，山西华圣召开山西华圣一届三次职工代表大会，审议通过《山西华圣人员分流安置方案》。

8月27日，山西华圣首批跨企转移员工17人从永济出发前往遵义铝业，华圣员工跨企业转移工作正式开始。截至2019年底，跨企业转移员工1097名。

11月19日，山西华圣与中通诚资产评估公司签订评估合同，对山西华圣拟处置电解相关资产进行评估。12月19日，中通诚资产评估公司出具山西华圣资产评估报告。

12月28日，山西华圣股东会、董事会审议通过了山西华圣资产处置方案。

撰稿 / 贺彩莲

山西中铝华润有限公司

一、基本情况

山西中铝华润有限公司（简称山西中润）成立于2015年11月19日，是中铝股份、西山煤电、晋能电力和华润电力工程按照4∶2∶2∶2股权比例组建的铝电一体化企业。规划建设100万吨轻合金项目和3×660兆瓦自备电厂。一期43.2万吨轻合金项目于2018年11月全部建成。

经营范围：电力、热力项目建设和运营；局域电网建设和运营；铁路专用线建设和运营；粉煤灰综合利用项目建设和运营；生产和销售铝、铝合金、炭素相关制品；加工和销售煤炭；销售仪器仪表、机械设备及零配件；从事技术进出口业务。

2019年基本情况数据一览表

表1

主要产品产能	资产总额（亿元）	负债率（%）	员工总数（人）	学历结构	
铝锭43.2万吨/年	47.95	66.3	1061	大学专科及以下（人）	914
				大学本科（人）	139
				硕士及以上（人）	8

二、组织机构

（一）领导班子

2019年领导班子成员一览表

表2

姓名	职务	2019年职务变动
冀树军	董事长 党委书记	—
卯志强	总经理、党委副书记	—
张 杰	党委委员、财务总监	—
赵 岩	党委委员、副总经理	—

续表2

姓名	职务	2019年职务变动
许吉斌	党委委员、副总经理	—
陈廷贵	副总经理	—

（二）机构设置

职能部门：综合管理部、人力资源部、计划财务部、党群工作部、纪检监察部、安全环保健康部、电力管理部。

管运一体单位：工程装备部、质量计量部、营销采购部。

生产运营单位：电解铝生产部。

三、生产经营

2019年，山西中润与晋能售电积极协商谈判，签订了过渡期后0.3元/千瓦时的电价合同，合同期限到2020年底。电解二区七区于2019年4月22日开始通电，到7月19日启动完毕，启动过程安全平稳、无一漏槽。全年生产铝锭18.12万吨。

主要指标一览表

表3

指标名称			2018年	2019年	同比增长（%）
主要产品产量	铝锭	（万吨）	5.35	18.12	238.69
工业产值		（亿元）	6.59	21.89	232.17
销售收入		（亿元）	6.24	22.05	253.37
利润额		（亿元）	0.01	1.61	16000
纳税额		（万元）	0.14	0.34	142.86
人身伤亡事故		（起）	0	0	—
工亡人数		（人）	0	0	—
重伤人数		（人）	0	0	—
轻伤人数		（人）	0	0	—

四、重大发展项目

重大项目情况表

表4

项目名称	设计规模	投资规模（万元）	当年完成投资额（万元）	年内项目建设形象进度
电解烟气净化脱硫项目	—	12892	4000	两个净化主体安装80%
危险及一般固废暂存库项目	4500平方米	1187	955	主体完成

续表4

项目名称	设计规模	投资规模（万元）	当年完成投资额（万元）	年内项目建设形象进度
氧化铝皮带廊沿线边坡治理项目	—	2700	1455	土方挖填转移完成

五、企业管理

2019年，山西中润全力推动CAHSE体系建设，积极开展“两抓两查严监管”专项工作，围绕重大危险源、特种设备安全进行隐患排查，实现了安全事故为零。完成了电解铝阶段性安全环保设施竣工验收，实现了依法合规运行。广泛调研行业内电解铝企业烟气净化脱硫项目情况，选定成熟先进的半干法脱硫工艺，完成了电解烟气净化脱硫项目的立项，并加快推进项目实施。全年工业废水和生活污水均实现零排放，大气污染物排放浓度和总量控制在排污许可范围内，未发生环境污染事件。质量管理体系通过了中国船级社管理体系认证，铝锭99.85合格率达到98%以上。

山西中润坚持落实精细化管理，规范废旧物资回收处置程序，通过拍卖提高残值，实现了增效。

六、科技创新

2019年，山西中润立项开展16项技术项目研发工作，全部通过项目查新并结项。与郑州轻金属研究院、中北大学电气与控制工程学院分别签订了战略合作框架协议，与沈阳铝镁设计研究院、中南大学等科研单位和院校建立了合作研发关系，开展了数字化电解槽、残极冷却箱、无碳渣阳极等多项技术研究，取得了明显成效。组织开展QC质量管理活动，“消除气垫式皮带输送机漏带料”

课题获得山西省 QC 小组活动成果二等奖。

2019 年科技创新数据一览表

表 5

科技创新投入（万元）	申请专利（件）	授权专利（件）	科技人员占比（%）
10296.34	38	2	10.99

七、深化改革

2019 年，山西中润以深化改革促进企业发展，突出结构优化，提拔任用一批中层干部，推荐 2 名干部到地方政府任职。集中整治留痕管理、以文件落实文件、推诿扯皮等“四风”问题。执行了新的轮班制度，实现了 OA 平台线上财务报销。

八、党建与企业文化建设

2019 年，在山西华兴党委的领导下，山西中润持续加强政治建设，深入开展“不忘初心、牢记使命”主题教育活动，一大批影响生产组织和生活的问题得到有效解决。开展党风廉政警示教育，全面深化企业内部巡察，正风肃纪持续保持了高压态势。组织党员干部专题培训，强化干部党性锻炼。

九、履行社会责任

山西中润积极践行绿色发展理念，推进电解烟气净化脱硫项目加快建设。建立了企业年金制度，进一步充实员工福利待遇。开展劳动竞赛、技术比武、创新创意大赛、导师带徒等活动，加快青年人才队伍成长。向退伍军人发放慰问品，开展了春节慰问、夏送清凉、金秋助学等活动。派出扶贫工作队，助力兴县革命老区脱贫攻坚，组织党员到帮扶贫困村义务清理河道，修补进村道路，维修家居家电，治理村容村貌，开展了“聚焦深度贫困，慈善爱心捐赠”活动。

十、重要纪事

4 月 22 日，山西中润二区、七区电解槽启动投产。

6 月 5 日，山西省政协主席李佳到山西中润调研。

11 月 12 日，山西省委副书记林武深入山西中润，就中铝吕梁基地煤电铝材一体化产业集群发展情况调研。

11 月 18 日，山西中润获得山西省 2019 年省级智能制造示范企业荣誉表彰。

12 月 24 日，吕梁局域电网二期工程在山西中润举行开工仪式并召开现场推进会，山西省吕梁市委常委、常务副市长李建国出席仪式。

撰稿 / 孟晓峰

山东华宇合金材料有限公司

一、基本情况

山东华宇合金材料有限公司（简称山东华宇）地处山东省临沂市罗庄区江泉工业园，占地面积1060亩。2006年6月，由中国铝业股份有限公司和山东华盛江泉集团有限公司以55%和45%的股权比例，共同出资成立。中国铝业股份有限公司为山东华宇控股股东。

2015年9月1日，凭借铝产品合金化率100%的优势，更名为山东华宇合金材料有限公司。

山东华宇的主要经营业务：原铝、普通铝锭、铝合金及铝加工产品、铝用炭素产品、供电供热及煅后焦。

通讯地址：山东省临沂市罗庄区文化路东首2号。

邮政编码：276017。

2019年基本情况数据一览表

表1

主要产品产能	资产总额（亿元）	负债率（%）	员工总数（人）	学历结构	
1. 电解铝22万吨	29.2亿元	76.13%	279	大学专科及以下（人）	223
2. 发电33亿千瓦时					
3. 炭素11万千瓦时				大学本科（人）	55
4. 煅后焦60万吨				硕士及以上（人）	1

二、组织机构

（一）领导班子

2019年领导班子成员一览表

表2

姓名	职务	2019年职务变动
刘兴亮	转型升级领导小组组长	4月任职

续表2

姓名	职务	2019年职务变动
高喜柱	党委书记、董事长	10月调离
刘金星	副总经理	8月病故
李志强	副总经理	—
王际海	副总经理	—

（二）机构设置

职能部室：综合办公室、党群工作部、财务部、纪检监察（审计）部、安全环保健康部、营销部、装备项目部。

二级单位：生产指挥保障中心、电解铝厂、铝加工事业部、炭素厂、热电厂、工业服务公司。

分子公司：山东沂兴炭素新材料有限公司。

三、生产经营

2019年，山东华宇累计生产电解铝8453吨，阳极炭块0.18万吨，供电量为24.94亿千瓦时。本年累计销售电解铝1842吨，沂兴销售煅后焦683.62吨，全年销售额为3.02亿元，占销售收入的60.23%，较2018年同期减少27.03亿元，主要是受山东华宇停产及沂兴炭素代加工影响。

主要指标表

表3

指标名称		2018年	2019年	同比增长（%）
主要产品产量	1. 铝锭（含铝液）（万吨）	1.733	0.192	−88.92
	2. 铝合金（万吨）	18	0.653	−96.37
	3. 煅后焦（含阳极）（万吨）	23.19	8.6	−62.91
工业产值（亿元）		25.47	2.1	−91.76
销售收入（亿元）		30.05	5.02	−83.29
利润额（亿元）		−3.88	−8.21	−115.98
纳税额（万元）		0.33	0.13	−60.61
人身伤亡事故（起）		0	0	—
工亡人数（人）		0	0	—
重伤人数（人）		0	0	—
轻伤人数（人）		0	0	—

四、企业管理

2019年全年未发生轻伤以上事故。年初与各单位负责人签订了《安全环保质量责任书》，全员签订一岗双责责任清单，按单履责，落实安全责任。印发《“两抓两查”安全工作实施方案》，成立领导小组，强化基础管理，深入开展“两抓两查”工作。

扎实做好分流人员安全管理、离岗职业健康体检等工作。制定《工作支援人员安全管理暂行规定》，明确工作支援人员安全管理的职责分工以及具体内容并签订《承诺书》。安排专人到体检中心协调离岗人员职业健康体检，共计983名接触职业危害岗位人员完成离岗体检。

山东华宇持续加强危险废物的管理工作。为积极做好中央环保督察迎检工作，根据总部要求制定了生态环境保护督查迎检方案。2019年全年未发生环保事故事件。

五、深化改革

山东华宇2019年人员分流1433人，其中协议解除1136人、跨企业转移120人、内部转岗55人、内退50人、有期限放假65人、病伤离岗7人。共计支付人员分流费用9055.44万元。

六、党建与企业文化建设

山东华宇层层签订《2019年党建工作目标责任书》《2019年党风廉政建设责任书》，在公司转型升级关键时期，引导广大党员干部带头推动人员分流安置工作的顺利进行。开展“不忘初心、牢记使命”主题教育，带领广大党员干部守初心，担使命。

通过召开专题会议、设立政策宣讲点、发放政策解读手册等方式，宣传解读转型升级人员分流安置政策；通过编制《山东华宇转型升级简报》、微信公众号等媒介进行实时跟踪报道，及时发布工作推进情况、员工办理手续情况和补偿金到位情况，引导员工尽快选择意向和办理手续。

七、履行社会责任

转型升级人员分流安置：依据《中华人民共和国劳动合同法》《劳动合同法实施条例》等法律法规和企业有关规定，遵循依法合规、平稳分流、妥善安置、长期稳定的原则，制定了《转型升级人员分流安置实施方案》，实现员工就业有渠道、生活有保障、困难有帮扶的人员分流安置目标。

为保障职工工合法权益及公司转型升级安全、稳定、有序进行，开展职工基本情况调研和思想动态调研等活动，了解职工家庭情况，排查不稳定因素，深入化解矛盾纠纷，积极开展政策宣传，引导职工识大体、顾大局，充分发挥正能量。其间，企业工会专门摸排统计了困难员工，由工会进行重点关注和帮扶。

山东华宇沂兴炭素依据国家和山东省有关污染物排放管理规定，通过环保设施的建设和提升改造，实现了污染物的达标排放。

八、重要记事

4 月 24 日，山东华宇正式启动人员分流安置工作。

5 月 16 日，山东华宇全面停运。

撰稿 / 刘欢

中铝集团山西交口兴华科技股份有限公司

一、基本情况

中铝集团山西交口兴华科技股份有限公司（简称兴华科技）位于山西省吕梁市交口县温泉工业园区。

主营业务：双五氢氧化铝、干氢氧化铝、普通氢氧化铝、氧化铝产品的生产与销售。

股权结构：中国有色集团晋铝耐材有限公司占股份 34%、中国铝业股份有限公司占股份 33%、中铝山东有限公司占股份 33%。

通讯地址：山西省交口县温泉工业园区。

2019 年基本情况数据一览表

表 1

主要产品产能	资产总额（亿元）	负债率（%）	员工总数（人）	平均年龄（岁）	学历结构	
氧化铝 90 万吨	22.66	74.29	505	34	中专及以下（人）	253
					大学专科（人）	181
					大学本科（人）	66
					硕士及以上（人）	5

二、组织机构

（一）领导班子

2019 年领导班子成员一览表

表 2

姓名	职务	2019 年职务变动
王辛成	董事长、党委书记	—
张　强	总经理	3 月 18 日离任
任明林	总经理	3 月 18 日任职
郭印权	副总经理兼纪委书记	—
郭　军	财务总监	—

（二）机构设置

六部四中心：

综合管理部（人力资源部）

安全环保健康部

工程管理部

财务部

党群工作部（董事会、监事会办公室）

纪检监察室（内审法务部）

生产管理中心

动力运行中心

营销中心

科技质检中心

三、生产经营

2019 年，兴华科技坚决贯彻落实中铝集团和董事会的决策部署，以“不忘初心、牢记使命”主题教育为契机，紧紧围绕“低成本、高质量、机制优、效益好”的工作思路，持续优化指标，不断降低消耗，全面降本增效，较好地完成了中铝集团和董事会下达的各项任务目标。全年生产商品氧化铝 72.17 万吨，实现销售收入 17.30 亿元。其中，1—5 月，由于弹性生产，完全成本完成 2888 元 / 吨，累计亏损 1.21 亿元。下半年完全成本降至 2314 元 / 吨，实现利润 78 万元。2019 年完全成本竞争力由 98% 跨进 60% 行列。

主要指标一览表

表 3

指标名称			2018 年	2019 年	同比增长（%）
主要产品产量	氧化铝	（万吨）	89.37	72.17	−19.25
工业产值		（亿元）	22.96	17.11	−25.48
销售收入		（亿元）	22.62	17.31	−23.48
利润额		（亿元）	0.0798	−3.35	-4298
纳税额		（万元）	0.57	0.14	−75.44
人身伤亡事故		（起）	0	0	0
工亡人数		（人）	0	0	0
重伤人数		（人）	0	0	0
轻伤人数		（人）	0	0	0

四、企业管理

始终坚持“安全第一、预防为主、综合治理”工作方针，保持了安全环保事故为零的良好态势。一是重培训，采取集中培训、岗位培训、专业培训、应急演练等方式，企业领导带头授课，中层及以上干部参与，对全体员工进行三大规程、安全基础知识、案例警示教育等培训 36 场次，受训人员 4455 人次。二是抓隐患，重整改，坚持 PDCA 循环安全管理体系，采取公司月查、车间周查、班组日查方式，对查处安全隐患定时间、定标准、定责任人，整改完后进行复查。2019 年共查处各类隐患 1171 条，下发隐患整改书 57 项，整改完成率 100%。三是积极推进 CAHSE 管理体系建设和运行，不断完善提升体系运行有效性，在中铝集团 CAHSE 精准管理体系检查组审核得分 74.59 分（优）。

五、科技创新

深化科技管理体制机制改革，出台《科技创新奖励办法》，调动全员立足岗位创新创效。实施了滤液化灰、高钙灰替代高价石灰粉脱硫等项目，年化效益 800 余万元。对 2×130 吨 / 小时高温高压燃煤循环流化床锅炉实施低氮燃烧优化及尿素替代氨水技术改造。改造后，不仅脱硝指标达到国家环保排放标准，而且脱硫脱硝费用由改造前的 100 万元 / 月降至 10 万元 / 月，年化效益 1000 余万元，解决了生产关键工序的瓶颈和技术难题，提升了技术创新对降本增效、控亏增盈的贡献率。全年申报专利 11 项，取得实用新型专利授权 6 项，通过了山西省企业技术中心和工程技术研究中心认证，获得专项资金 118 万元。

2019 年科技创新数据一览表

表 4

科技创新投入（万元）	申请专利（件）	授权专利（件）	科技人员占比（%）
11553.35	11	6	17.43

六、深化改革

重新梳理业务流程，科学高效设置机构，核岗定员，机关部室由原来的9个精简为6个。坚持“减人增资、增人减资”理念，推行车间承包制，实现内部市场化，按照“一人多能、多劳多得”原则，逐步提高员工收入；在现有定员基础上，工序每减少1人，预留60%工资，相反，每增加1人，只增加40%工资，增强了管理者的主动性，调动了全员工作积极性。强化专业管理，打破单位人员壁垒，整合有效资源，成立设备点检站，进一步明确设备管理人员职责和奖罚机制，主体设备非停较2018年降低10%。包装发运由民营企业变更为中铝物流，费用由7.9元/吨降低至6.5元/吨，降低17.72%，年节约费用126万元。

七、党建与企业文化建设

2019年党委主动融入生产经营中心，积极探索混合所有制企业党建工作新路径，为生产经营提供了可靠的政治组织保障。组建新的“两委”班子，政治核心作用得到了体现；制定了“三重一大”等党内议事制度，依规决策，实现了风险管控；充实党建活动阵地，党员组织生活向常态化迈出了新步伐；搭建创新创效平台，党员带职工开展“专利”“五小”申报蔚然成风，全年累计申报18件。

八、履行社会责任

积极承担社会责任，参与社会发展，2019年共招聘当地员工27人，为当地居民提供更多的就业岗位和良好的就业环境；出资50余万元维修温泉乡主干道及赤泥压滤周围村庄道路，改善道路状况；落实国家环保政策，投资4058万元对焙烧炉除尘脱硝超低排放进行改造。

九、重要纪事

1月25日，兴华科技召开一届二次职代会。

3月19日，山西省副省长王一新调研兴华科技。

3月26日，2019年度第一次临时股东会审议通过党建进章程事项。

3月，兴华科技获中共交口县委、交口县人民政府颁发的脱贫攻坚社会帮扶贡献奖。

4月22日，2019年度第二次临时股东会审议通过生产经营和改革发展等重大问题备忘录约定事项。

5月6日，2019年度第三次临时股东会决议，更换公司法定代表人为王辛成。

5月14日，兴华科技召开第一届供应商交流座谈会。

6月1日，2019年度第四次临时股东会，变更公司注册资本为588181818.18万元，变更董事、监事。

6月19日，兴华科技获“2018年度山西省功勋企业”荣誉。

6月，兴华科技获中共交口县委“先进基层党组织”称号。

8月11日，首批进口矿进厂。

10月15日至23日，兴华科技参展山西工业转型升级成果展。

12月9日，兴华科技被认定为山西省企业技术中心。

12月28日，召开党员大会，补选“两委”委员。

撰稿/任秋海

云南铝业股份有限公司

一、基本情况

云南铝业股份有限公司（简称云铝股份）前身为云南铝厂，始建于1970年，1998年在深圳交易所改制上市（股票代码：000807），是国家重点支持和云南省的骨干企业，也是全国有色行业、大西南工业企业中唯一一家“国家环境友好企业”，连续五届蝉联全国文明单位。2018年底，按照云南省和中铝集团签署的战略合作协议并经国务院国资委批准，云铝股份整体进入国家大型央企中铝集团。

2019年基本情况数据一览表

表1

主要产品产能	资产总额（亿元）	负债率（%）	员工总数（人）	学历结构	
氧化铝：151万吨/年	395.79	72.4	12176（在岗）	大学专科及以下（人）	9846
铝土矿：361万吨/年				大学本科（人）	2265
电解铝：190万吨				硕士（人）	64
炭素阳极：61万吨/年				博士及以上（人）	1

二、组织机构

（一）领导班子

2019年领导班子成员一览表

表2

姓名	职务	2019年职务变动
张正基	党委书记、董事长	2月从中铝山东有限公司调入云铝股份
许　峰	党委副书记、副董事长	2月从中铝（云南）华江铝业有限公司调入云铝股份

续表2

姓名	职务	2019年职务变动
丁吉林	党委副书记、总裁	2月从云南冶金集团调入云铝股份
路增进	董事、高级副总裁	2月从中铝（云南）华江铝业有限公司调入云铝股份
陈德斌	党委委员、高级副总裁	2月由云铝股份总经理、党委副书记调整为云铝股份高级副总裁

续表 2

姓名	职务	2019 年职务变动
焦　云	党委副书记、纪委书记	2 月由云铝股份党委书记、副总经理调整为云铝股份党委副书记、纪委书记
宁德纲	党委委员、副总裁	2 月由云铝股份副总经理调整为云铝股份副总裁
苏其军	党委委员、副总裁	2 月由云铝股份副总经理调整为云铝股份副总裁
唐正忠	财务总监兼财务部主任	2 月由云铝股份总会计师调整为云铝股份财务总监
杨叶伟	副总裁	2 月由云铝股份副总经理调整为云铝股份副总裁
周　飞	副总裁	2 月由云铝股份副总经理调整为云铝股份副总裁

（二）机构设置

云铝股份旗下拥有 11 户企业，其中氧化铝企业 1 户、电解铝企业 7 户、炭素制品生产企业 1 户、铝加工生产企业 1 户、托管企业 1 户，产业分布于云南省昆明市、曲靖市、昭通市、红河州、文山州、大理州 6 个州市。

三、生产经营

全年完成铝土矿 361 万吨，产销氧化铝 151 万吨，同比增长 7%；原铝 190 万吨，同比增长 18%；高品质铝锭 26.4 万吨，同比增长 231%；铝合金加工产品 73 万吨；炭素制品 61 万吨。

铝合金产品新增 7075 高强高韧变形铝合金棒材、中铝萨帕轨道交通用铝合金棒等品种，全年完成产量 55 万吨，同比增长 7.6%，合金化率达到 38.5%。生产铝板带 10 万吨，铝箔 1.4 万吨。铝焊丝产品再添新牌号，具备了 5356、5154 等 10 多种牌号的生产能力。

2019 年完成工业总产值 310 亿元，同比增长 13%，工业增加值 53 亿元，同比增加 29%。

主要指标一览表

表 3

指标名称		2018年	2019 年	同比增长（%）
主要产品产量	1. 铝加工产品（万吨）	73.03	74.58	2.12
	2. 氧化铝　（万吨）	140	151.19	7.99
	3. 炭素制品　（万吨）	61.4	61.05	−0.57
	4. 电解铝　（万吨）	161.06	189.94	17.93
工业产值　（亿元）		274.36	309.62	12.85
销售收入　（亿元）		216.894	242.836	11.96
利润额　（亿元）		−17.981	5.965	133.18
纳税额　（万元）		6.70	7.74	15.50
人身伤亡事故　（起）		2	1	−50
工亡人数　（人）		3	1	−66.66
重伤人数　（人）		1	0	−100
轻伤人数　（人）		4	6	50

四、重大发展项目

按照“干一个、成一个、盈一个”的目标，加快千亿元基地建设，全年完成固定资产投资 30 亿元。一批重点项目顺利投产，云铝海鑫昭通项目一期、云铝溢鑫鹤庆项目顺利投产运行，新增水电铝产能 78 万吨，贡献产量 38 万吨，形成了新的利润增长点；云铝泽鑫 10 万吨圆棒项目投产，迈出了高端合金化发展步伐；云铝涌顺项目 12 月 31 日第一批产品下线，实现大扁锭产品零的突破。云铝文山水电铝项目、云铝海鑫昭通项目二期等重点项目建设取得积极进展。云铝溢鑫 5 万吨铸造铝合金顺利投产，云铝润鑫8万吨铝合金项目加快推进中。

重大项目情况表

表4

项目名称	设计规模（万吨/年）	投资规模（万元）	当年完成投资额（万元）	年内项目建设形象进度
文山50万吨水电铝项目	50	443302	89133	电解车间厂房预制柱吊装完成48%，电解槽基础完成30%；综合维修车间厂房完成70%；铸造车间基础浇筑完成；阳极组装车间厂房完成40%；220kV开关站系统土建完成70%
鲁甸6.5级地震灾后恢复重建水电铝项目（一期）	32.1	343295	16437	6月30日，项目一期296台电解槽已全部投入使用
鲁甸6.5级地震灾后恢复重建水电铝项目（二期）	37.9	272154	13000	部分辅助设施建成
绿色低碳水电铝加工一体化鹤庆项目（一期）	21.04	264839	32793.61	2月建成并通电试生产，6月项目一期全部投产运行
绿色低碳水电铝加工一体化鹤庆项目（二期）	20.77	133600	81255.48	电解厂房建设完成，二期三段电解槽安装完成20%，烟囱主体建成

续表4

项目名称	设计规模（万吨/年）	投资规模（万元）	当年完成投资额（万元）	年内项目建设形象进度
高精超薄铝箔项目	3.6	112253	2010	主体工程建设完成
3.5万吨/年动力电池用铝箔项目	3.5	4970	2265	主体工程建设完成，项目于5月起暂停
15万吨中高端铝合金新材料项目	15	3532	11672	12月点火试生产
25万吨/年航空及交通用高强、高韧、耐蚀铝合金新材料产业化项目（第三阶段）	10	22781	7181	项目已于2019年6月建成投产
60万吨/年阳极碳素项目二期工程	30	106061	33505.1	主体工程已基本建成
炭素新材料项目	2	27898	3475.4	主体工程已基本建成
60万吨氧化铝技术升级提质增效项目		190705	1480	3#焙烧炉增加烟气在线监测和电除尘达标排放改造工程完成；管道化改造完成招标

五、企业管理

以安全环保质量攻坚战为重点，加强云铝股份安全环保质量管控，提升安全环保质量管理绩效。对标中铝优秀企业，实现了2019年度CAHSE体系审核，职业健康安全平均得分64.35分，环境保护审核平均得分74.54分。周密部署2019年安全环保质量攻坚战实施方案，精准定位“20个目标”，结合“10项工程”，对照“48项标志性项目”，采取“139项具体措施”，决战决胜打赢安全环保攻坚战。

云铝文山氧化铝粒度≤ −45微米占比从24%优化到16%，一级品率从2018年的6.15%提升到2019年的32.47%；云铝源鑫阳极炭块阳极中铁含量从570ppm降到500ppm以下，一级品率从2018年3.5%提升到2019年的21.48%；云铝浩鑫铝板带综合成品率从2018年的82.75%提高到2019年的85.58%。

六、科技创新

云铝文山利用氧化铝生产系统实现了铝灰大规模资源化无害化利用；云铝润鑫供中铝萨帕轨道交通用铝合金质量攻关成功，满足了客户质量要求；云铝阳宗海铝合金焊材产品生产工艺和产量稳定提高。组织开展了“铝灰资源化利用”“降低阳极炭块毛耗”“高品质铝锭创效”等18项科技增效项目的实施与攻关，全年实现科技创效合计3246万元。2019年云铝股份及所属企业科技研发投入10亿元，获政府科技资金支持3788万元；云铝股份及所属企业共申请专利118件，其中发明专利45件，授权专利95件，其中发明专利10件。

2019年科技创新数据一览表

表5

科技创新投入（万元）	申请专利（件）	授权专利（件）	科技人员占比（%）
100306	118	95	13.37

七、深化改革

深化市场改革，云铝浩鑫成立铸轧、板带和铝箔3个事业部，云铝阳宗海圆铝杆、铝焊材业务实施市场化运作成立线材事业部，实行产销一体、细化核算，并将部分采购、销售权利下放，提高了销售的自主权和灵活性，提升市场竞争力。同时，全面推行“瘦身健体”工作，全年注销公司参股企业5家。加大非经营性资产处置力度，完成银水湾小区110个车位和云铝小区7间不动产的资产处置工作，积极推进云铝股份闲置土地、房产盘活工作。

八、党建与企业文化建设

云铝股份以习近平新时代中国特色社会主义思想为指导，深入贯彻中铝集团、中铝股份各项决策部署，扎实开展“不忘初心、牢记使命”主题教育，坚持学思用贯通、知信行统一，提高各级党组织及党员干部发现和解决自身问题的能力；全面施行“双百分”考核，深入开展“两带两创”活动和“双提升”活动，促进党建与业务工作深度融合；积极开展“三基”建设，抓好党支部星级达标、党员和党支部书记培训、党建工作规范操作，夯实党建工作基础。积极推进机构人员改革，强化考核激励，畅通干部“能上能下”通道，大力培养和选拔优秀年轻干部，优化干部成长路径。

九、履行社会责任

2019年全年投入环保费用2.4亿元，实施环保治理改造、隐患排查整改。实现环保隐患整改完成率100%，主要污染物100%达标排放，固体废物处置合规率100%，环保设备设施与生产主体设备同步运转率100%，突发环境事件为零，全年未受到环保行政处罚，荣获“国家第一批工业产品绿色（生态）设计示范企业”称号。积极落实国家扶贫攻坚战略，以产业发展助力精准扶贫，大力推进灾后恢复重建、贫困地区水电铝一体化产业项目建设，充分发挥产业项目带动贫困地区脱贫攻坚的显著作用。

十、重要纪事

4月5—6日，中铝集团党组书记、董事长葛红林，中铝集团党组成员、副总经理刘建平，中铝集团总经理助理贺志辉等相关领导一行到云铝股份调研。

4月29日，中国铁路昆明局集团有限公司与云铝股份签署了战略合作协议。

5月31日，在第三届中国品牌创新大会暨2019中国品牌500强发布会上，云铝股份成功入选“2019中国品牌500强”，以144.94亿元的品牌价值排名421位，较2018年上升6位。

6月5日，云铝溢鑫鹤庆项目一期全部投产。

7月8日，云铝海鑫昭通项目一期全部投产。

7月，云铝浩鑫超低针孔极薄电磁屏蔽用铝箔、高比能脉冲电容器用铝箔分别获得2019年第三届“中国铝箔创新奖”之“技术创新奖”和“产品保护奖”。

8月15日，云铝股份出口西班牙的19吨铝合金焊材产品正式装车发运，实现了国内高端铝合金焊材产品向欧洲市场出口的零突破。

10月31日，云铝股份与华能集团云南分公司、华电公司、大唐发电签署了《2020年购售电合作框架协议》。

11月22日，云铝股份被国家工信部正式授予国家第一批“工业产品绿色（生态）设计示范企业”，云铝股份成为电解铝行业首家获此殊荣的企业。

12月6日，云铝涌顺年产15万吨中高端铝合金新材料项目投产。

撰稿 / 杨　扬

中国铜业有限公司

一、基本情况

中国铜业有限公司（简称中国铜业）成立于2008年8月，是中国铝业集团有限公司（简称中铝集团）的重要核心产业板块公司之一。2016年3月，中国铜业将工商注册地址从北京迁入昆明。2018年12月，经云南省政府和国务院国资委批复同意，云南冶金集团股份有限公司（简称云南冶金）股权正式划转中国铜业。截至2019年底，中国铜业注册资本428.27亿元，中铝集团持股69.32%，云南省国资委等7家云南方股东持股30.68%；资产规模超过2100亿元，营业收入超过1300亿元，实体企业195户，职工人数5.2万人。

中国铜业具备完整的铜、铅锌、铝产业链，所属企业分布在8个国家、17个省（自治区、直辖市），云南省覆盖15个州市。现有铜金属储量约3052万吨、铅锌金属储量约3500万吨，具备铜精矿产量33万吨/年、铜冶炼产能130万吨/年、铅锌精矿产量60万吨/年、铅锌冶炼产能约80万吨/年、氧化铝140万吨/年、电解铝260万吨/年的生产能力，铜、铝综合实力位居全国前列，铅锌综合实力中国第一。现有云铜股份、驰宏锌锗、云铝股份3家A股上市公司和云铜科技1家新三板上市公司。

中国铜业2019年主要产品产量产能一览表

表1

序号	名称	产量	产能
1	铜精矿含铜（万吨）	30.42	33
2	铅精矿含铅（万吨）	11.53	10.25
3	锌精矿含锌（万吨）	36.56	33.3
4	精炼铜（万吨）	111.5	128
5	电铅（万吨）	9.84	16.4
6	电锌（万吨）	59.29	62.4
7	铜加工材（万吨）	28.67	44.5
8	锗产品含锗（吨）	42	60
9	铁合金（万吨）	8.44	10
10	工业硅（万吨）	7.9	10

二、组织机构

（一）领导班子

2019 年领导班子成员一览表

表 2

姓名	职务	2019 年职务变动
刘建平	党委书记、董事长	—
许 波	董事、总裁、党委副书记	—
施维勤	董事、党委副书记、副董事长	—
孙 勇	董事、党委常委、常务副总裁	—
栾书伟	董事、副总裁	—
高行芳	董事、党委常委、财务总监	—
马惠智	董事、党委常委、副总裁	—
田永忠	党委常委、副总裁	—
陈 琳	副总裁	—
周昌武	党委常委、监事会主席	—
孙小跃	董事	—
李 忆	党委常委、纪委书记	—
姚志华	副总裁	—
尹立新	工会主席	—
王运正	副总裁	—
沈立俊	副总裁、安全总监	—

（二）机构设置

本部部门：综合部（董事会办公室）、人力资源部、财务部、资本运营部（资产处置办公室）、发展建设部、市场营销部、矿山资源部、冶炼与加工部、安全环保健康部、党群工作部、纪检监察部（巡察办公室）、审计部（监事会办公室）、科技与信息化部、法律部、资产管理中心、离退休管理中心。

二级单位：云南铜业股份有限公司、云南驰宏锌锗股份有限公司、中铝矿业国际、中铝秘鲁矿业公司、中铜矿产资源有限公司、中铝洛阳铜业有限公司、中铜上海铜业有限公司、中铝华中铜业有限公司、中铝洛阳铜加工有限公司、中铜国际贸易有限公司、云南金鼎锌业有限公司、云南文山斗南锰业股份有限公司、云南永昌硅业股份有限公司、昆明有色冶金设计研究院股份公司、中铜投资有限公司、中铜资产经营管理有限责任公司、中铝昆明铜业有限公司、云南铜业科技发展股份有限公司、中国云南国际经济技术合作公司。

三、生产经营

主要指标一览表

表 3

指标名称	2018年	2019 年	同比增长（%）
工业总产值 （亿元）	1259.28	1444.36	185.08
销售收入 （亿元）	1206.23	1331.70	125.47
利润额 （亿元）	−16.16	6.04	22.2
所有者权益 （亿元）	522.21	606.60	84.39
纳税额 （亿元）	43.58	43.63	0.05
净资产收益率 （%）	−7.45	−0.52	增加 6.93 个百分点
人身伤亡事故 （起）	64	46	−28%
工亡人数 （人）	6	5	−17%
重伤人数 （人）	1	1	0%
轻伤人数 （人）	59	41	−31%

2019 年，云南铜业阴极铜产量成功突破 100 万吨。其中东南铜业阴极铜产量达到 32 万吨，完成年度阴极铜产量任务，创同规模同类型企业投产首年最高产量。

四、板块建设

（一）运营管理

明确“三步走”发展思路和“123556”发展规划，初步构建“2+5+N”产业格局。中国铜业、云铜集团、云南冶金、金鼎锌业四家企业工商登记全部变更，C3 项目第二阶段收尾工作圆满完成。中国铜业获 AAA 主体信用评级，获银行授信额度 1800 亿元。成功发行 30 亿元超短融和 20 亿元永续中票。云铜股份成功发行超短融 10 亿元、公司债 10 亿元。

2019 年，中国铜业共完成评估项目备案 69 项，其中当年业务备案完成 29 项；开展 5 项并购重组及增资项目。

（二）重大项目进展

2019 年，中国铜业累计完成投资 69.41 亿元。世界单系统规模最大的铜冶炼生产线东南铜业项目实现达产达标。赤峰云铜搬迁项目投产 3 个月实现达产达标。秘鲁矿业二期项目完成总进度的 93%。西南铜业初步确定搬迁厂址。凉山矿业深部采矿工程全面复工。制约金鼎锌业生存发展的老姆井尾矿库工程“三通一平”开工建设；驰宏锌锗 3 个冶炼技改项目建成投产。刚果（金）湿法铜冶炼项目完成立项。LCS 项目 11 月 11 日投料试生产。年产 5 万片锗毛坯 / 年项目实现当年建成当年达产达标，锗产品市场份额占全国 1/3、全球 1/4，成为全球最大的原生锗生产企业。提前研判环保风险，系统推进解决环保治理历史遗留问题，形成“四个一批”项目 128 个，总投资约 50 亿元，全年完成投资 4.06 亿元，环保管控能力不断提升。普朗铜矿一期采选工程磨浮工程荣获鲁班奖、云铜股份 5 个工程获中国有色金属工业（部级）优质工程奖。

（三）安全环保

扎实推进第二轮安全环保质量攻坚战，补短板、强弱项。安全环保标志性项目 35 项全部办结。强化承包商安全管控，清退 10 家不合格承包商。妥善应对金鼎锌业周边两次泥石流灾害、彝良驰宏井下 302 工程、普朗铜矿突泥等紧急状况。通过自检自查、模拟督察、环保治理等措施，全年完成环保问题整改 1125 项，整改率 88.9%。影响金鼎锌业历时十年的沘江流域（怒江段）“环评限批”得以解除。驰宏锌锗获“中国有色金属工业年度绿色发展领军企业”称号，入选第四批“国家级绿色工厂”。西南铜业获 2019 年中国质量协会“质量技术优秀奖”。

（四）其他工作亮点

1. 深化改革方面：制定形成 2019 年深化改革要点和 37 项任务台账。首例试行华中铜业“双百行动”改革负面清单管理，加大放权授权力度。完成 6 户全民所有制企业公司制改革。11 户“中铝”字号企业更名全部完成。完成贸易物流、股权管理、资产、资源勘探、科技研发五大平台管理关系调整。开展固本强基、三年降本、两年债务管控专项工作，年度成本费用比下降至 97.72%，资产负债率下降至 71.01%，均超额完成考核目标。驰宏锌锗获评 2019 年中国铅锌行业“高质量发展杰出贡献奖”。

2. 科技创新方面：全年累计投入科技研发资金 21.6 亿元，获政府经费支持近 1 亿元，实现科技成果转化收入超 4000 万元。依托中铝中央研究院昆明分院，建成 5 个车间实验室，形成了“问题来自一线，解决在一线，收益在一线，技术、成果和人才提升在研究院”的科技创新机制。完成数字化系统铅锌板块应急中心、铜板块 ERP 系统改造及财务机器人等项目建设。全年获省部级科技进步奖 14 项，授权专利 188 件，新增国家高新技术企业认定 10 家。

3. 履行责任方面：全年投入脱贫攻坚资金 2602 万元，定点挂钩的云南省德钦县、西畴县成功脱贫摘帽。中国铜业社会责任报告再获“金蜜蜂 · 2019 优秀企业社会责任报告奖”，1 个案例收录国务院国资委《中央企业社会责任蓝皮书

（2019）》。支持社会公益事业和地方经济发展，公益捐赠856.62万元。优化薪酬体系，畅通发展渠道，员工收入实现稳步增长。

践行“绿水青山就是金山银山”的绿色发展理念，加大环保投入力度，积极推进矿山复垦、公益绿化，做到“三废”全面达标排放。2019年，主要污染物排放达标率100%，工业用水重复用水率96.01%，SO_2排放量1393.72吨，未发生环境污染事件。

五、重要纪事

1月4日，秘鲁矿业荣获中国有色金属工业境外资源开发战略“功勋企业”奖。

1月24日，华中铜业二期高精度铜板带箔项目主体生产线建成投产。

2月24日，云南省委书记、人大常委会主任陈豪，云南省委常委、省委秘书长刘慧晏，副省长王显刚一行到金鼎锌业调研指导。

2月28日，中铝集团党组任命中国铜业与云南冶金重组后的新中国铜业领导班子。

4月8日，中国铜业与云南冶金本部管理职能融合启动。

4月13日，云南省委常委、常务副省长宗国英调研中国铜业，要求加快推进“一基地、两平台、三千亿”建设。

6月19日，驰宏会泽冶炼首套单体15万吨大型锌冶炼成套装备生产线试车成功。

6月28日，中铜国贸正式在上海揭牌。

6月30日，中国铜业、云铜集团、云南冶金、金鼎锌业均取得新营业执照，4家企业工商登记全部变更，C3项目第二阶段收尾工作圆满完成。

7月2日，中铝资源整合云铜勘查、云冶资源，并吸收合并玉溪飞亚勘查类资产和人员。

7月10日，财富中文网发布了2019年《财富》中国500强排行榜，云南铜业、云铝股份、驰宏锌锗分别位列第189位、386位和438位。

7月10日至12日，中央“不忘初心、牢记使命”主题教育第三十二指导组副组长赵丽新到中国铜业开展主题教育现场调研。

7月17日，青海鸿鑫牛苦头矿区采选工程（一期）项目圆满通过竣工验收。

8月8日，湖北省人大常委会党组书记、常务副主任王玲调研华中铜业。

9月9日，中国铜业党委召开中国铜业主题教育第一批总结暨第二批部署会。

9月16日，云南铜业“上海银”完成首单交易，中国铜业白银现货市场交易迈出实质性步伐。

9月26日，云南省人大常委会副主任、省总工会主席王树芬到中国铜业看望慰问困难职工和困难劳模。

10月27日，中国铜业昆明本部整体搬迁至昆明市盘龙区华云路1号中铜大厦办公。

10月31日，中国铜业发布2018年度《社会责任报告》《降碳报告》，云南铜业、驰宏锌锗同时公布企业社会责任报告。

11月6日，中国铜业与中国进出口银行云南省分行签署《共同支持云南省新材料产业高质量发展合作协议》。

12月1日，中国铜业荣获“金蜜蜂·环境责任信息披露奖”。

12月10日，云南省副省长董华调研中国铜业，了解协调西南铜业搬迁等事宜。

12月10—12日，中国共产党中国铜业有限公司第一次代表大会在昆明胜利召开，选举产生中国共产党中国铜业第一届委员会和纪律检查委员会。

撰稿／王若愚

云南铜业股份有限公司

一、基本情况

云南铜业股份有限公司（简称云铜股份，股票代码：000878）前身为云南冶炼厂，成立于1958年，1998年6月在深圳证券交易所上市。2017年8月中国铜业与云铜集团完成“一体化”整合并落户昆明，云铜股份成为中国铜业控股的上司公司。办公地点在云南省昆明市盘龙区华云路1号。

主要产品有铜精矿及其他有色金属矿产品、高纯阴极铜、工业硫酸、黄金、白银，并能综合回收硒、碲、铂、钯、铟、铼等稀贵金属。其中，阴极铜产能在世界铜冶炼企业中排名第四位。

2019年基本情况数据一览表

表1

主要产品产能	资产总额（亿元）	负债率（%）	员工总数（人）	平均年龄（岁）	学历结构	
1. 铜精矿含铜：11.3万吨/年	423.64	71.38	14480	40	中专及以下（人）	8193
2. 高纯阴极铜：111.5万吨/年					大学专科（人）	3685
3. 工业硫酸：430.4万吨/年					大学本科（人）	2799
4. 黄金：11.95吨/年					硕士（人）	194
5. 白银：640.8吨/年					博士及以上（人）	9

二、组织机构

（一）领导班子

2019年领导班子成员一览表

表2

姓名	职务	2019年职务变动
田永忠	党委书记、董事长	—

续表2

姓名	职务	2019年职务变动
王　冲	党委副书记、副董事长、副总经理（主持行政工作）	—
黄云静	党委委员、财务总监	—
杨新国	副总经理	—
马震林	党委委员、纪委书记	—

续表 2

姓名	职务	2019 年职务变动
刘远照	党委副书记、工会主席	—
史谊峰	党委委员、副总经理	—

（二）机构设置

（1）本部部门：综合部（董事会办公室）、证券部、人力资源部、财务资产部、发展建设部、营销结算部、安全环保健康部、冶炼部、矿山资源部、党群工作部（工会工作部、公司团委、机关党委、机关工会）、纪检监察部、科技与信息化部、内审部、法律部。

（2）二级单位（含托管）：中铜东南铜业有限公司、云南铜业股份有限公司西南铜业分公司、赤峰云铜有色金属有限公司、楚雄滇中有色金属有限责任公司、易门铜业有限公司、云南迪庆有色金属有限责任公司、玉溪矿业有限公司、凉山矿业股份有限公司、云南楚雄矿冶有限公司、云南金沙矿业股份有限公司、云南迪庆矿业开发有限责任公司、玉溪矿业有限公司狮子山矿、云南楚雄矿冶有限公司牟定郝家河铜矿、云南思茅山水铜业有限公司、云南铜业股份有限公司检验检测管理中心、云南铜业股份有限公司营销分公司、玉溪飞亚矿业开发管理有限责任公司、云南楚雄矿冶有限公司机械制造分公司、 云铜集团技术中心矿山研究院、谦比希铜冶炼有限公司（CCS）、卢阿拉巴铜冶炼股份有限公司（LCS）、昆明云铜投资有限公司（思瑞利公司）、 玉溪红山球团工贸有限公司、 德钦鑫科冶化有限公司、新平金辉矿业开发有限公司、喀喇沁旗云铜家政服务有限公司、云南楚雄思远投资有限公司、磨憨光明采选有限责任公司、 有色云南铜业监督站。

三、生产经营

强化成本控制，建立月度对标机制，10 个生产关键指标得到提升，累计降本增效 5.44 亿元。成本费用占营业收入比重 97.72%，自产精矿含铜单位成本、电铜加工成本均优于考核目标。

深化生产管理能力提升专项工程，完成冶炼 115 项、矿山 98 项重点提升事项，关键指标进一步优化，矿山“三率”、精矿品位优于考核指标，铜冶炼综合能耗、熔炼炉作业率等指标创历史最优。

持续优化内部资金管控，节约财务费用超过 2500 万元。成功注册超短期融资券 30 亿元，发行 10 亿元；债券融资获批 25 亿元，融资结构调整至中长期融资占比 50% 左右，融资成本控制在 4.35% 以内。

主要指标一览表

表 3

指标名称		2018年	2019 年	同比增长（%）
工业总产值	（亿元）	563.52	767.66	36.23
销售收入	（亿元）	474.30	632.90	33.44
利润额	（亿元）	5.92	11.61	96.11
所有者权益	（亿元）	111.09	121.27	9.16
纳税额	（亿元）	11.53	11.09	−3.82
净资产收益率	（%）	1.80	8.34	增加 6.54 个百分点
产值劳动生产率	（千元 / 人）	4126	5110	—
人身伤亡事故	（起）	31	15	−51.61
工亡人数	（人）	2	1	−50
重伤人数	（人）	0	0	—
轻伤人数	（人）	29	14	−51.72

（四）重大发展项目

云铜股份 2019 年计划投资 25.42 亿元，完成投资总额 25.01 亿元，计划完成率为 98.40%。

新增生产能力项目 3 项，其中冶炼类 2 项、矿山类 1 项。

重大项目情况一览表

表 4

项目名称	设计规模	投资规模（万元）	当年完成投资额（万元）	年内项目建设形象进度
赤峰云铜环保升级搬迁改造项目	新增阴极铜 40 万吨 / 年	561098	153000	第一条生产线于 5 月 18 日开始投料试生产；第二条线于 10 月 2 日投料带负荷试车，年内两条生产线都实现了达产达标
东南铜业铜冶炼基地项目	新增阴极铜产能 40 万吨	488610	9500	9 月 26 日完成环评专项验收。9 月 27 日完成职业健康专项验收。11 月 4 日完成安全专项验收。档案资料移交 98%
迪庆有色普朗一期采选工程	年处理原矿 1250 万吨，年产铜精矿含铜 4.4 万吨	647163	10400	基本建成，开展项目收尾、专项验收等工作
凉山矿业拉拉铜矿落凼矿区深部矿段采矿工程	开采规模 132 万吨 / 年，4000 吨 / 日	46360	15530	井建主体工程已全部完工。地表土建及安装围绕提升系统、溜坡系统、通风系统、供排水安装等工程在建设中

五、企业管理

坚持“目标、问题、责任、结果”四个导向，强推第二轮安全环保质量攻坚战。全年投入资金 12.79 亿元。28 个重大隐患、34 项标志性项目、74 项具体措施落地完成。企业质量、环保、职业健康安全三体系通过监督审核。

多措并举，筑牢安全攻坚防线。7 月成立安全督察组，对 3 家矿山开展“安全体检”，评价安全风险，整治隐患问题 356 项，全面强化承包商管控，清退 2 家不合格承包商。全面推行安全积分奖励，覆盖 1781 个生产性班组 16816 名员工。挂牌督办矿山采充失衡问题等 11 项重大隐患，10 项结项。

冶炼企业产品质量指标计划完成率 100%，矿山企业 4 项监控指标全部达标，未发生 C 类及以上质量事件。原料采购品质进一步优化，仲裁数量减少 30.4%，客户回访和满意度不断增加。质量管理小组共发布 42 个课题，获得 7 个行业、6 个省部级、2 个中铝集团奖项。

六、科技创新

全年累计科技投入 9.55 亿元。自主知识产权的双炉侧顶吹连续吹炼技术输出到广西南国铜业、刚果（金）LCS，并顺利投产。稳定产出 4N 铼产品。云南省铜冶炼创新团队以“优秀”成绩通过验收并获得云南省命名。6 项成果获得省部级以上科技奖励，“冶金炉窑供热关键技术及运用”项目获国家科技进步二等奖；授权专利 39 件，完成高新企业认定 3 家，总计达 5 家。ERP 系统改造项目 5 个子项目完成，“财务机器人”上线运行。

2019 年科技创新数据一览表

表 5

科技创新投入（万元）	申请专利（件）	授权专利（件）	科技人员占比（%）
95509	107	44	14.56

七、深化改革

调整做实、整合做强，本部部门优化为 14 个。重新定位矿山研究院发展模式，打造技术管理服务、技术开发研究和人才培养平台。玉溪飞亚首次成功走出云南进入青海开拓新的业务。实施金沙矿业人员优化安置 686 人。制定“六个确保”、提质增效、安全积分等奖励制度，干部员工积极性进一步释放。完成参股股权处置 1 户，思茅山水股权关系理顺。压减法人户数 4 户，破产项目 8 户，收关 4 家企业 11 个“三供一业”分离移交项目。

八、党建与企业文化建设

2019 年，云铜股份党委出台了党组织书记专项考核等 25 项制度，制定党建工作要点和党建网络计划。34 户法人企业均实现党建进章程，党委会审议前置率 100%。成立 6 个指导组压茬推进“不忘初心、牢记使命”主题教育。开展近 5 年发展党员自查自纠，对存在问题的 539 名党员开展整改，完成率 100%。纪委发挥专责监督作用，问责处理 106 人次，党政纪处分 60 人次，重处分 29 人次。开展“两带两创”活动，全级次“两带两创”项目立项 791 个。

各单位开展形式多样的劳动竞赛，降本增效达 6643 余万元，兑现奖励 120 余万元。获得中铝集团 2018—2019 年度合理化建议“金点子”2 项和“银点子”5 项。共青团召开了第一次团代会，开展纪念五四运动 100 周年“青春心向党、建功新时代”系列教育活动。实施“青年大学习”行动，组建 16 个青年创新工作室。建立了青年安全生产示范岗、青年突击队和志愿者服务队。推荐 23 名青年入党。

按照中铝企业文化四统一要求，策划构架“云铜图库”网络云盘，加强对宣传资源高效科学管理，在中铝集团和中国铜业“四统一”的文化体系内，推进“红即政治文化、绿即生态文化、蓝即中铝文化”三色元素有机融合的企业文化建设。加强品牌建设及管理，持续开展政研课题研究。

九、履行社会责任

坚持贯彻以人民为中心的思想，关注困难职工群体，深入开展“四个不让”、慰问走访等活动。全面落实绿色发展理念，加大“环境友好型”企业建设力度，2 座矿山进入绿色矿山遴选，6 座冶炼厂全部实现达标排放。持续参与扶贫攻坚战，2019 年累计投入扶贫资金 424.6 万元，对口帮扶 5 个贫困村的 306 户 1155 名贫困人口全部实现脱贫，20 位处级以上干部对口帮扶的归吾村、甲功村 19 户村民全部脱贫出列。公开发布企业年度社会责任报告，获中国铜业社会责任先进集体、中国社会责任百人论坛中国社会责任金牛奖—责任新秀奖。

十、重要纪事

召开首次改革创新和发展战略研讨会，明确了“1352”发展战略。到 2025 年，实现保有铜金属资源 3800 万吨、年产精矿含铜 55 万吨、精炼铜 200 万吨、销售收入 1600 亿元、利润总额 50 亿元。

“六个确保”生命线工程取得重大突破。东南铜业、赤峰云铜新建项目达产达标，普朗铜矿安全生产许可证提前取得，金沙矿业因民、汤丹铜矿安全设施设计获得云南省应急厅批复意见，迪庆矿业生产系统设计变更通过云南省应急厅评审，思茅山水大平掌铜矿采矿权生产规模变更完成。玉溪矿业大红山铜矿采矿权生产规模变更正抓紧推进。

重点项目有序推进。凉山矿业落凼矿区深部矿段采矿工程按计划推进，红泥坡铜矿接替采选工程可研取得中铝集团批复，西南铜业异地搬迁项目获中铝集团批准立项，厂址初步确定，预可研完成。普朗铜矿一期采选工程磨浮工程荣获鲁班奖，刷新了中国铜业工业建筑获奖历史纪录。

云铜股份举办庆祝新中国成立70周年暨功勋员工首届先进集体劳动模范表彰大会，对10名功勋员工、10名公司首届劳动模范和10个先进集体进行了评比表彰。

撰稿/何福平　杨晓晶　杨　伟
徐　锐　李永祥　靳记涛
熊海鹰　袁　扬　薛美蓉

云南驰宏锌锗股份有限公司

一、基本情况

云南驰宏锌锗股份有限公司（简称驰宏锌锗）成立于2000年7月18日，2004年4月20日驰宏锌锗股票在上海证券交易所上市交易，股票代码600497。办公地点设在云南省曲靖市经济技术开发区。

驰宏锌锗是一家以铅锌锗产业为主，集地质勘探、采选冶、化工、深加工、贸易和科研为一体的国有控股上市公司。

2019年1月，按照中铝集团与云南省政府战略合作协议，驰宏锌锗正式进入中国铜业。3月1日，受中国铜业委托，托管云铜锌业、青海鸿鑫两家公司。截至年末，在国内外拥有31家分（子）公司。

通讯地址：云南省曲靖市翠峰西路与学府路交叉口。

邮政编码：655011。

2019年基本情况数据一览表

表1

主要产品产能	资产总额（亿元）	负债率（%）	员工总数（人）	平均年龄（岁）	学历结构	
1. 铅锌矿石采矿：300万吨/年	313.75	43.55	9606	40.4	中专及以下（人）	5020
2. 矿产铅锌金属：40万吨/年					大学专科（人）	2237
3. 铅锌精炼：63万吨/年					大学本科（人）	2237
4. 锗产品含锗：60吨/年					硕士（人）	110
5. 银等稀贵金属（回收）：400吨/年					博士及以上（人）	2

二、组织机构

（一）领导班子

2019年领导班子成员一览表

表2

姓名	职务	2019年职务变动
陈　青	党委书记	—

续表2

姓名	职务	2019年职务变动
孙成余	党委副书记、总经理	—
施维勤	董事、党委副书记、副董事长	—
吕　奎	党委副书记、工会主席	—
张正斌	党委委员、纪委书记	—

续表 2

姓名	职务	2019 年职务变动
李昌云	党委委员、财务总监	—
贾著红	党委委员、总工程师	—
柴正龙	党委委员、副总经理	—
黄云东	党委委员、副总经理	—

（二）机构设置

驰宏锌锗本部下设党政办公室、生产运营部、安全环保职业健康部、战略与资本运营中心、法律部、电子商务中心、矿产资源部、矿冶研究院、工程管理部、资产财务部、组织人力资源部、内审部、纪检监察部、党群工作部 14 个管理部门。

三、生产运营

2019 年统筹谋划生产组织，合理调整检修时间，抢抓冶炼加工费上涨的有利时机，全面实施精准管理，完成采矿 229.38 万吨，选矿 223.02 万吨，铅锌精矿金属量 33.77 万吨，铅锌精炼产品 50.26 万吨，锗产品含锗 42 吨，银产品 55.44 吨，阴极铜 362 吨，实现高产优产，满产满销。实现铅锌铜资源增储 45.7 万吨，较 2018 年增加 12.7 万吨。

经过一年运营，驰宏锌锗“铅锌锗主业 + 专业平台 + 科技公司”的“一核两翼”发展格局更加清晰，矿山铅锌金属产量、铅锌锗产品产量稳居国内第一、世界第四，铅锌行业综合竞争力持续稳居国内第一，荣获中国铅锌行业“高质量发展杰出贡献奖”“实现可持续发展目标企业最佳实践奖”。

对标先进、降本增效，按照“4+2+1”成本控制法对标，将 11 家分（子）公司 128 项指标全部纳入对标体系，全年对标降本增效 1.06 亿。

2019 年主要生产经营指标一览表

表 3

指标名称	2018 年	2019 年	同比增长（%）
工业总产值（亿元）	134	124.32	-7.22
销售收入（亿元）	189.51	164.03	−13.44
利润额（亿元）	10.06	10.62	5.59
所有者权益（亿元）	167.66	177.17	5.68
纳税额（亿元）	17.82	13.89	−22.05
净资产收益率（%）	4.44	5.33	20.07
产值劳动生产率(千元/人)	1368.04	1294.19	−5.40
人身伤亡事故（起）	12	13	8.33
工亡人数（人）	0	1	—
重伤人数（人）	0	2	—
轻伤人数（人）	12	9	−25

四、重大发展项目

2019 年，驰宏锌锗实施 6 大重点工程项目（矿山板块 3 项、冶炼板块 3 项）。年度完成工程项目投资 8.2 亿，完成年度计划的 92%。

2019 年重大项目情况一览表

表 4

项目名称	设计规模（万吨）	投资规模（万元）	当年完成投资额（万元）	年内项目建设形象进度
驰宏会泽矿业矿山厂改扩建工程项目	60	85765	8089	924 米中段排水系统 4 月投入使用。地表工程，坑口综合楼分别于 4 月、6 月封顶

续表 4

项目名称	设计规模（万吨）	投资规模（万元）	当年完成投资额（万元）	年内项目建设形象进度
彝良驰宏毛坪铅锌矿资源持续接替工程	60	79250	3325	主要开展上部井筒、绳道、矿仓等施工，2019 年 10 月完成 112 线盲混合井 910 米标高以上井筒掘砌工作，至此井筒工程全部完工
荣达矿业铅锌银矿深部资源接替技改工程	100	60732	8469	0 米、200 米中段找探矿平巷截至 10 月底年度完成 5063 米，月平均进尺 506 米，完成年计划 83%
驰宏综合利用 16 万吨 / 年废旧铅酸电池无害化综合回收项目	16	35393	3914	于 7 月 16 日投料试生产
驰宏会泽冶炼锌浸出渣处理环保节能技改工程	20（年处理酸浸渣及氧化矿）	30600	9987	7 月 6 日熔化炉点火烘炉，7 月 23 日投料试生产
呼伦贝尔驰宏氧压浸出渣资源综合回收利用项目	10（处理铅精矿）	36757	12244	7 月 3 日完成投料试生产条件检查确认，7 月 28 日还原炉点火烘炉，8 月 23 日投料试生产

五、企业管理

生态环境保护：全年环境污染事故为零；废水、废气外排污染物稳定达标；固废安全处置率 100%；污染物排放总量控制在排污许可范围内。未受到政府各类行政处罚。在 2 个核心厂（矿）区周边建立绿色生态隔离带，保障企业生存发展空间。荣获中国有色金属工业“年度绿色发展领军企业”和上市公司环境信息披露评价排名前十的“先锋榜”企业。

质量品牌提升：深度融入中铜质量管理理念，持续推进产品质量、技术标准提档升级，提升质量管理水平和品牌价值。未发生各类质量事件，中铜下达的管控指标达标率 100%。主产品品牌保持行业第一梯队，实现溢价销售。荣获“中国企业品牌文化创新奖”。

六、科技创新

采用自主创新和合作研究方式推动科技项目实施，提升技术创新能力。先后与北京矿冶研究总院、昆明理工大等开展合作，推进智慧矿山和智能工厂建设，提高冶炼流程有价金属回收率，加强产品精深加工及产业链延伸开发。

抓住国家政策，以本部矿冶研究院牵头，引导各分（子）公司积极承担政府科技项目，争取政府专项资金补助，全年共落实到账政府专项资金 5000 余万元，促进科研项目开展。

2019 年科技创新数据一览表

表 5

科技创新投入（万元）	申请专利（件）	授权专利（件）	科技人员占比（%）
42912.92	100	97	25.2

七、深化改革

资本运作和管理：（1）结合未来发展规划及员工持股解禁时间，培育优质融资储备项目 6 项，系统筹划下一轮再融资工作。（2）与贵州、青海、西藏等铅锌资源重点省份加强联系，与西南能矿集团、青海国投就资源合作签署战略合作协议，与西藏地勘局等股东方召开战略研讨会，与新疆地矿局、新疆有色深入会谈，获取HSY铅锌矿勘探报告、普查报告等地质资料并进行查阅、复核，为重大资源获取和股权并购合作奠定基础。

资产优化和盘活：（1）全面梳理低效无效资产净值10.41亿元，为优化盘活奠定基础。（2）合规处置固定资产，盘活利用闲置资产8850万元，报废处置资产1.25亿元。

处僵治困：（1）通过股权转让、吸收合并、减资退股等多种方式，加快亏损企业处置，完成处置企业11户。（2）"三供一业"分离移交，所属6家企业均完成工程、财务决算并启动划转审批程序，移交户数1.4万户，获批政府补助资金1.8亿元。澜沧铅矿幼儿园注销办学资质，正式关停，提前完成剥离企业办社会职能目标。（3）企业亏损户数减少至7户，控亏额5.6亿元，较上年同期减少亏损户11户，减亏7.25亿元。

八、党建与企业文化建设

驰宏锌锗党委全面宣贯中国铜业第一次党代会和党委工作思路，坚持从思想、文化、战略、管理、组织五个方面，全面加快"进入中铜、融入中铝"步伐。围绕"讲政治、融大局，强对标、增价值"年度工作主题，强化党建与生产经营工作深度融合，发挥好党建法宝作用，以高质量党建引领和保障企业高质量发展。

组织建设：抓实"双百分考核、两带两创、三亮三比"和标准化党支部创建等工作。修订完善三会一课、组织生活会、民主评议党员等基本制度；建立标准化党支部创建三级标准，细化工作清单，突出班子建设。组织实施"两带两创"项目375个，推进"双提升""三亮三比"等活动。推动不能腐机制建设，扎牢制度笼子，对16项廉洁制度进行修订，排查整改完成26项形式主义、官僚主义问题，勤廉型取得实效。强化党建考核，将下属22个党委、党支部全面纳入党建双百分考核体系，并将考核结果与员工、中层管理人员、领导班子组织绩效挂钩。建立健全党委会议事规则。修订完善"三重一大"决策管理办法，发布《党委会管理手册》，明确党委会前置审议事项清单及流程，全年党委共对战略规划、生产经营等9类124项核心议题进行合纪合规性、合法和战略性前置把关。按照管理权限和任用程序，对173名干部进行职务调整，分层组织完成949名中层管理人员年度考核。对40名基本称职、不称职干部诫勉谈话，4人降职降级，10人免职，48名优秀干部职级晋升。向中铜推荐67名优秀年轻干部。

思想建设：扎实开展"不忘初心、牢记使命"主题教育，把理论学习、调查研究、检视问题和整改落实贯穿全过程，开展调研179次，召开座谈会145次，收集各类意见建议1160个。完成巡查问题整改61项，整改率92.4%；完成上级调研问题整改29项，整改率72.5%。参加中铝集团"不忘初心、牢记使命"主题教育经验交流。

作风建设：企业党委与22家直属党组织签订党风建设责任书，印发《领导干部党风廉政建设"一岗双责"实施办法》，每季度专题研究党风廉政建设工作，召开廉洁警示教育大会5次，集中约谈所属企业纪委书记19人次，对20家分子公司党风廉政建设责任制进行检查，公司所属11家企业纪委书记对144名基层党组织书记进行常规约谈。强化执纪监督，结合中铜党委第二巡察组常规巡察反馈问题和移交线索，对24人进行问责处理，对9家单位54人进行约谈。完成驰宏金欣矿业、驰宏荣达矿业、呼伦贝尔驰宏内部巡察，建立健全内控制度13项，处置反映问题线索41件。围绕“瘦身健体、扭亏脱困”等开展专项审计，完成审计项目16个，发现问题120余项，提出意见建议100余条，确保公司政令畅通。对已结算的106个工程项目进行再抽审，审减投资193.26万元，维护公司正当利益。

员工思想政治工作：充分发挥“政研会”和“党建自习室”作用，强化思想引导。公司党委理论学习中心组集中学习11次。围绕首月首季开门红、安全生产、成本管理等，讲好中铜故事、凝聚发展共识，相关稿件被《中国铝业报》《中国有色金属报》等多家媒体深度报道。征集评审政研论文53篇，在省市级媒体刊登政研论文36篇，其中《新中国成立70周年国有企业思想政治工作经验研究》受到上级领导高度肯定。

工团工作：加强厂务公开和民主管理，组织召开四届五次职代会，表决通过9项重大制度方案，职工提案处理138份。组织164个工种、451个班组、6027名员工参加劳动竞赛，降本增效3187.64万元。开展首届员工创意大赛，征集创新创效项目27项，1个项目获中铝三等奖。推进“金牌班组”创建、“安全、干净”班组竞赛，提升班组管理水平；经考核验收，表彰奖励职工“金点子建议”10个、“银点子建议”20个、模范职工之家6个、先进职工之家14个、模范职工小家20个、先进职工小家30个、“安全干净班组”29个。广泛开展“双增双节”、青年突击队、青工技能月等活动，推动“手号岗队”品牌活动制度化、常态化。加强青年人才培养，持续抓牢青年人才链建设教育评议各环节，实现闭环管理，25名入库青年受到提拔任用。组织志愿者开展生产突击、曲靖市创建全国文明城市义务服务等，参加志愿者600余人次。

企业文化建设：把2019年定为“中铝文化融合年”，制定《中铝文化融合年实施方案》，制作《中铝企业文化》标准课件，全面宣贯中铝文化。每季下发企业文化工作重点，开展中铝企业文化知识测评，组织19家分（子）公司参与中铝集团企业文化和品牌管理调研。认真组织参加中铝集团、中铜开展的庆祝新中国成立70周年“六个一”活动，微视频荣获中铜二等奖1个，中铝集团二等奖一个，驰宏锌锗荣获中铝“六个一”活动最佳成绩奖。

九、履行社会责任

编制发布《2018年企业社会责任报告》，制作《善待自然 绿色发展》环保宣传片，并在中国铜业社会责任报告发布会上进行交流；驰宏会泽矿业、驰宏青海鸿鑫获评中国铜业“2018年度社会责任工作先进集体”；《阳光采购，清廉共赢》《区域历史遗留渣综合治理》获评中国铜业“2018年度社会责任工作十佳优秀案例”；《创新购销模式 创建一流品牌》品牌案例被推选参与国务院国资委“2019年度一流品牌建设典型案例”评选。

2019年员工工资总额较2018年增长15%。全年走访慰问困难家庭309户，发放慰问金54.48万元。节日期间开展职工慰问，发放慰问金797万元；为16名患重大疾病员工拨付专项慰问金24.54万元；为2357名员工申报职工医疗互助金170万元；对65名在档困难职工发放救助金29.05万元，帮助58户职工家庭脱困解困。组织265名职工疗休养。组织9户企业承担11个贫困村扶贫，派出驻村工作队员27名，定点挂包780户3178人实现脱贫。其中，驰宏综合利用承包的雨碌乡座江村获得会泽县“脱贫攻坚先锋村”称号。2019年投入帮扶资金363.05万元，用于挂包村基础设施提升和教育扶贫。

十、重要纪事

1月12日，中铝集团总经理助理，云冶集团党委书记、董事长许波到澜沧铅矿入户看望慰问困难党员和困难职工。

3月21日，中铝集团党组成员、副总经理刘建平到驰宏锌锗调研指导工作。

6月19日，云南省委常委、曲靖市委书记李文荣，曲靖市委副书记、市长李石松等领导到驰宏会泽冶炼调研。

7月2—4日，中铝集团党组副书记、董事敖宏到驰宏锌锗调研指导工作。

7月4日，云南省总工会党组成员、副主席尚建明一行到驰宏锌锗调研。

7月29日、8月1日至2日，中铝集团党组成员、副总经理刘建平一行先后到驰宏金欣矿业钼铅锌多金属矿现场调研。

10月15日，中铝集团党组副书记、总经理余德辉等一行到驰宏锌锗调研指导工作。

11月27日，中铝集团党组成员、副总经理陈琪到驰宏锌锗调研指导工作。

撰稿／黄　锦、仝亚玲、喻　梦、刘　琳、罗凌艳、崔献刚、杨承锡、段兴川

中铝矿业国际有限公司

一、基本情况

中铝矿业国际有限公司（简称中矿国际）是中铝集团在境外进行收购、投资、发展及营运非铝有色金属矿产资源及项目的核心平台。

中矿国际于 2003 年 4 月 24 日根据公司法在开曼群岛注册成立为豁免公司。办公地点位于北京市海淀区西直门北大街 62 号。

中矿国际通过秘鲁的全资附属公司中铝秘鲁矿业公司（Minera Chinalco Peru S.A. 简称秘鲁矿业）专注发展特罗莫克项目。MCP 于 2003 年 5 月 20 日于秘鲁利马注册成立。

中矿（宁德）有限公司是中矿国际的附属全资子公司，成立于 2016 年 3 月 15 日，注册资金为 5000 万元，于 2018 年由中铝东南铜业有限公司进行托管。

2019 年基本情况数据一览表

表 1

主要产品产能	资产总额（亿元）	负债率（%）	员工总数（人）	学历结构	
铜精矿 87.79 万吨 / 年	406.64	70.95	1510	本科及以下（人）	1413
				研究生（人）	95
				博士及以上（人）	2

二、组织机构

（一）领导班子

2019 年领导班子成员一览表

表 2

姓名	职务	2019 年职务变动
栾书伟	总裁兼执行董事	—
许　波	董事、总裁、党委副书记	—
王红绪	副总裁	—

续表 2

姓名	职务	2019 年职务变动
唐丽萍	财务总监兼执行董事	—

秘鲁矿业领导班子成员

表 3

姓名	职务	2019 年职务变动
栾书伟	董事长兼总裁	—
王红绪	项目副总裁	—

续表 3

姓名	职务	2019 年职务变动
王　星	商务副总裁	—
Patrick Gannon	生产副总裁	—
Ezio Buselli	社区法律事务副总裁	—
Fernando Ferreyros	人力资源副总裁	—
郝震宇	财务总监	—

（二）机构设置

中矿国际：内设行政部、财务部。

秘鲁矿业：内设勘探部、办公室、社区关系部、地方关系部、法律和企业事务部、许可部、环境服务部、人事管理和后勤部、人力发展部、审计部、内控部、会计部、资金部、预算部、信息技术部、商务物流部、采购合同部、工程设计部、项目建设部、项目控制部、生产技术部。

三、生产经营

秘鲁矿业 2019 年累计完成采剥总量 1.13 亿吨，选矿处理量 3608 万吨，生产铜精矿 87.80 万吨，铜精矿含铜 19.04 万吨，铜平均回收率达到 80.80%，平均铜精矿品位为 21.68%；2019 年销售铜精矿 89.07 万吨、含铜 19.25 万吨，销售收入 10.03 亿美元，实现经营性利润 1.89 亿美元，考虑减值计提后税前利润 1.14 亿美元。

2019 年主要生产经营指标一览表

表 4

指标名称	2018年	2019 年	同比增长（%）
工业总产值　（亿元）	83.61	70.74	-15.39%
销售收入　（亿元）	83.23	89.94	8.06
利润额　（亿元）	16	8.61	-46.19
纳税额　（亿元）	5.63	2.61	-53.64
净资产收益率　（%）	9.51	5.26	减少 4.35 个百分点
产值劳动生产率（千元/人）	5668.5	4684.89	-17.35
人身伤亡事故　（起）	0	0	0
工亡人数　（人）	0	0	0
重伤人数　（人）	0	0	0
轻伤人数　（人）	76	110	45

四、重大发展项目

秘鲁矿业二期项目累计完成投资 12.13 亿美元，完成总体投资计划的 85.3%，二期一步提前两个半月进入试生产。

完成尾矿坝三期的筑坝工作，项目预算为 1.34 亿美元，实际投资 9000 万美元，比预算节省 4400 万美元；完成采场和选厂两个营地和厨房改造工程；完成搬迁承诺的新镇墓地的建设。

启动并完成 T2 矿权的无人机磁探工作；谈判收购 T2 周边的四个探矿权，面积达 762 公顷；获得秘鲁南部 Colca 和 Jalaocha 两个矿权。

开展新尾矿库和冶炼厂项目概念性研究，重新启动永久性卡车维修车间的建设。

五、企业管理

2019 年安全环保工作态势总体平稳，实现安全清洁文明生产，顺利通过 OEFA 两次年度检查，并于当年 6 月获得职业风险预防国际奖。

开展超前钻孔取样工作，提升短期生产计划数据准确性；开展全生产区域、全级次范围的5S管理；对现场维修管理工作优化进行了探索改进；安全库存种类由2018年底的1230个增加到2281个，可用性从89%提升至98%。

六、科技创新

秘鲁矿业全年开展科技创新项目11项。“特罗莫克铜矿选矿工艺优化及产业化”项目获中铜2019年科技项目特等奖。

通过科技攻关项目的实施，秘鲁矿业铜回收率较2018年上升1.15个百分点，铜精矿品位提升1.45个百分点。2019年8月14日铜回收率达89.34%，创自商业化生产以来单日最高回收率纪律，全年有40天回收率大于85%；2019年最高日处理量达12.4万吨，全年共有86天日处理量大于11万吨；年内最高日铜精品位达25.32%，全年共有120天铜精矿品位大于22%。经粗略概算，全年由于铜精矿品质和铜回收率提升所产生的税前利润约为3500万美元。

七、深化改革

秘鲁矿业的组织架构自2013年12月建立以来，已运行6年。其间于2017年6月曾有局部小调整。2018年10月，秘鲁矿业委托普华永道开展组织架构优化设计工作。新的组织架构取消总管一级，实现“四个集中”（对维修计划和可靠性、风险控制与内控工作、秘鲁矿业聘请的专家和顾问，培训工作集中管理）。2019年完成了组织架构的调整和优化。

针对长期空缺的几个关键管理岗位，从内部考评提拔了采场计划主任、选厂生产主任和选厂维修主任等。

八、党建与企业文化建设

2019年，中矿国际在中铝集团党建考核被评为A、纪检考核被评为优秀等级。

秘鲁矿业于7月至9月底开展了“不忘初心、牢记使命”主题教育活动。2019年完成所有问题的整改，并将总结情况上报了中国铜业党委和中国驻秘鲁大使馆党委。中国驻秘鲁大使馆党委对秘鲁矿业主题教育开展情况、创新做法及成效给予高度肯定。

不断完善党的组织和制度建设。任命王星、郝震宇2人为秘鲁矿业党工委委员，重新梳理修订了《党工委党建工作责任制》。取消了1支部的支委，改为选举1名支部书记。制定了《中铝秘鲁矿业党工委规范党费收缴、使用和管理办法（试行）》。修订了《中铝秘鲁矿业公司领导有关履职待遇、业务支出实施细则》。积极配合中国铜业党委研究制定了《2019年中国铜业海外党建责任制考核细则》。全年累计召开党工委会议25次，累计审议涉及改革发展稳定、重大经营管理事项等重大问题的议题35项。

加强干部队伍的建设和管理。按照《中铝秘鲁矿业公司党工委管理的干部管理办法（试行）》，提拔了党工委办公室主任（副处级）和选厂计量及统计技术主管（副科级）两名外派干部。对新任命的重要岗位人员，以及针对工作中出现的或者群众反映的一些问题，开展任前谈话、提醒谈话和警告谈话。年内发展1名预备党员。

加强宣传沟通工作。积极配合国务院国资委新闻宣传中心的海外企业宣传活动，申请2020年度国传“6+1”项目，利用《中铝的一天》《我是中铝人》，开展特罗莫克项目二期环评公众参与计划等；举办中资企业的党建交流座谈会，组织秘鲁矿业人员参与使馆和协会组织的境外安全、金融和法律方面的知识讲座以及党建知识竞赛；主办了中资企业第二届“中铝—华为杯”羽毛球赛，组织秘鲁矿业中方员工参加中资协会举办的第五届田径运动会、球类比赛、庆祝中华人民共和国成立70周年文艺会演、迎春晚会演出等活动。

精挑细选50名职工成立企业文化宣传委员会。组织了庆祝建党98周年系列活动，开展了观看国庆阅兵式直播、升国旗唱国歌、新中国科技发展成果照片展、中华传统文化欣赏及美食品鉴等庆祝新中国70周年系列活动，组织举办了“庆祝中华人民共和国成立70周年主题国际巡展”的图片展。

九、履行社会责任

坚持管理层定期到所管理区域一线与员工座谈。

中铝矿业国际2019年捐赠扶贫款1030万元（阳新县370万元、援藏560万元及援青100万元）。

十、重要纪事

5月10日，瑞士通标标准技术服务有限公司SGS给秘鲁矿业颁发了OHSAS18001职业健康安全认证证书。

5月31日，秘鲁矿业通过竞拍，购置了秘鲁南部两块矿权Colca和Jalaoca。

6月5日，秘鲁矿业获得ORP(职业风险预防国际基金会)颁发的国际安全奖。

8月14日，铜回收率达89.34%，创自商业化生产以来单日最高回收率纪录。

8月28日，法庭正式宣布正式解除34公顷土地限制令，秘鲁矿业得以重启搬迁工作。

9月4日，中国铜业总裁许波一行拜访秘鲁财政部长和副部长。

10月25日，秘鲁矿业与Worley公司就Jacobs法律纠纷问题达成和解，成功化解了困扰公司未来3年的重大法律风险。

11月2日，中铝集团独立董事到秘鲁矿业矿山现场调研。

12月31日，特罗莫克二期项目磨矿区域主体设备安装完成。

撰稿 / 徐 行

中铜矿产资源有限公司

一、基本情况

中铜矿产资源有限公司（简称中铜资源）成立于2010年4月，原名中铝矿产资源有限公司，2019年12月18日改为现名。成立之初，承担中国铝业集团有限公司（简称中铝集团）在全球范围内合作、勘查和开发矿产资源的任务。

2017年1月，中铝集团决定将中铝资源纳入中国铜业有限公司（简称中国铜业）管理。2019年7月，中铝资源召开中国铜业资源类企业整合大会，云铜勘查收购玉溪飞亚矿业开发管理有限责任公司地质勘查类资产，并完成工商变更，云铜勘查正式成为其全资子公司。

截至2019年底，中铜资源股权结构为：中国铜业持股92.43%，中国铝业持股6.68%，中国稀有稀土持股0.89%。注册资本金为5.9506亿元。

经营范围：地球物理勘查；地球化学勘查；地质勘查工程施工；工程地质勘查、地质测绘与工程测量；地质勘查技术咨询与服务；矿业咨询与技术服务。

2019年基本情况数据一览表

表1

资产总额（亿元）	负债率（%）	员工总数（人）	平均年龄（岁）	学历结构	
11.97	58.09	189	40.47	大学专科及以下（人）	106
				大学本科（人）	64
				硕士及以上（人）	19

二、组织机构

（一）领导班子

2019年领导班子成员一览表

表2

姓名	职务	2019年职务变动
姚志华	党委书记、董事长	—

续表2

姓名	职务	2019年职务变动
沃拥军	党委委员、总经理、安全总监	至2月
王 强	党委副书记、纪委书记、工会主席	—
赵 飞	财务总监	—

续表 2

姓名	职务	2019 年职务变动
赵高举	党委委员、副总经理、安全总监	7 月起任
祝瑞勤	副总经理、安全总监	2—6 月任职

（二）机构设置

本部部门：综合部（人力资源部）、财务资产部、党群工作部（纪检监察部、工会工作部）、安全环保健康部。

所属企业：中铜西藏矿业有限公司、中铜矿产资源有限公司青海分公司、青海中铝黄金有限公司、云南铜业矿产资源勘查开发有限公司。

三、生产经营

2019 年主要生产经营指标一览表

表 3

指标名称	2018年	2019 年	同比增长（%）
销售收入 （亿元）	0.35	1.094	212.57
利润额 （亿元）	−0.53	−2.71	−411.32
纳税额 （亿元）	0.04	0.03	−25
人身伤亡事故 （起）	0	0	—
工亡人数 （人）	0	0	—
重伤人数 （人）	0	0	—
轻伤人数 （人）	0	0	—

（一）资源获取

收集并组织研究菲律宾坦帕坎 (Tampakan) 铜矿、刚果（金）欧亚资源、巴基斯坦雷克迪克铜金矿、哈萨克斯坦铜业公司等 20 余个国外项目和新疆火烧云铅锌矿项目、四川盐源县王家铺子铜矿、云南景谷铜铅锌矿等 30 余个国内项目。向中国铜业推荐的菲律宾坦帕坎 (Tampakan) 铜金矿项目获中国铜业立项并组织开展尽职调查；牵头组织推荐的新疆火烧云铅锌矿项目得到地方政府“由中铝集团主导该项目的开发”的大力支持。

加快海外布局，实现海外布局新突破。派出由 2 名业务骨干陪同中铜领导赴非洲刚果（金）资源及湿法冶炼项目的考察，布局非洲刚果（金）、南美秘鲁 2 个海外资源获取工作点建设，派出工作组到达刚果（金）正式开启海外资源工作，已初步搜集项目信息 80 余宗，筛选出可供进一步开展工作的项目 10 宗。

（二）地质勘查

积极主动开拓中国铜业内外部地质勘探业务，云铜勘查地勘业务合同金额 5385.93 万元，其中中国铜业内部 4984.48 万元、外部项目 401.45 万元；完成产值 3515.79 万元，收费 3275.50 万元。其中铜板块内部市场签订合同额为 2614.21 万元，中国铜业内部市场占有率为 62.44%。

（三）钻探施工及工程勘查

一方面积极开拓外部地质勘查市场，另一方面积极拓展绿色矿山、工程勘查等新业务。与国家重点工程川藏铁路和金鼎锌业签订并实施工程勘查施工业务，实施绿色矿山项目 2 项，共计合同金额为 53.6 万元。实施工程勘查项目 2 项，共计合同金额为 347.85 万元。2019 年装备 5 台新型轻便高效式钻机，开展与外部先进钻探企业对标，内部加强管理，打造具有“六个核心竞争力”的六好型钻探公司。

四、企业管理

（一）金龙矿权调规

西藏自治区林业调查规划研究院于 6 月 9 日

出具了《关于西藏阿里改则县多龙矿集区与西藏自然保护区位置关系的咨询报告相关材料》，调整后金龙矿集区涉及保护区实验区面积占勘查区面积比从原来的 44.06% 降至 10.85%，已有重大找矿成果的铁格隆南和拿若两矿区主矿体铜资源量 1349 万吨均已从保护区调出。

（二）新疆煤炭诉讼项目

配合北京市海淀公安局对涉案企业、嫌疑人和相关人员的资产进行查封冻结，涉及价值达 680 万元。

（三） PE 公司股权处置

专家评审认为“PE 公司的三个项目均存在品位低、规模小、找矿前景不大、不建议继续投资”，为减少亏损，研究上报了随 PE 公司一起转让处置 PE 股权的意见。中国铜业下达“不再投入资金开展新的地质找矿勘查工作，转让处置 PE 股权”的批复意见。

（四）中铝力拓清算收尾

完成中铝力拓清算的审计评估工作，向中铝集团备案完毕。清算双方对中铝力拓固定资产的分配方案达成一致，已对资产进行清点核实。

（五）安全环保工作

按照安全、职业健康、质量三大攻坚战的部署和要求，组织开展各项活动，年内印发 6 项安全环保制度，成立中铜资源职业健康安全和生态环境保护委员会。组织开展“领导下班组、全员查隐患”活动、安全生产月活动和全国质量月活动，动员全体员工参加安全知识竞赛和质量知识竞赛，参加中国铜业安全环保培训，强化全员安全环保意识。按中国铜业要求，组织完成中铜资源安全环保“一案一档一册”、环保小册子及中央环保督察迎检资料的准备工作，并及时上报中国铜业，保持生产安全的稳定态势。制定绿色勘查规范，在勘查实施中做到本质安全和环保。

五、深化改革

平稳有序推进资源类企业整合和一体化管理。中铜资源和云铜勘查按程序推进云铜勘查、玉溪飞亚勘查类资产的审计评估工作，6 月 10 日签署中铜资源收购云铜勘查 100% 股权的股权转让合同，6 月 29 日签署云铜勘查收购玉溪飞亚勘查类资产的合同，7 月 2 日召开资源类企业整合大会，7 月 10 日完成云铜勘查工商变更。中铜资源本部和云铜勘查机关实行“一体化”管理。

推进股权转让。推进青海黄金和藏东矿业股权转让，积极寻找意向合作方，先后与多家单位开展了项目推介和技术交流活动，安排潜在投资人到现场考察，与当地相关部门进行接触。青海黄金与某企业达成合作框架协议，待上级审批；昂青矿业大股东方表示在昂青项目取得采矿证、妥善处理遗留事宜可收购藏东矿业股权。5 月再次启动勐海布朗西定矿权转让评估工作， 12 月布朗西定矿权在北京产权交易所完成挂牌。

处置低效无效矿权。经组织专家现场考察、专家评审，西藏矿业和金泰矿业的 12 宗矿权，最终保留 3 宗、注销 8 宗、1 宗考虑转让无果后注销。跟踪协调国龙卡矿权压覆补偿协议和压覆赔偿款等事宜。

六、党建与企业文化建设

签订《党建工作目标责任书》和《党风廉政建设目标责任书》，制定“一岗双责”责任清单，全面压实党委主体责任，严格规范落实“三重一大”决策及党委会前置程序，落实党风廉政建设监督责任，用身边的人和事来教育党员、警示干部，做到警钟长鸣。

扎实推进“不忘初心、牢记使命”主题教育，创新学习方法丰富学习内容，思想政治建设得到进一步加强，党委凝聚作用得以有效发挥。

扎实推进巡视整改工作，全面完成整改工作并落实落地。

长效推进“两带两创”活动，充分发挥支部战斗堡垒和党员先锋模范作用，将党建工作深度融入日常经营工作中。

积极参与中铝集团、中国铜业文化创建，通过党建带工建，强文化聚人心。

七、重要纪事

2 月 15 日，中铝集团党组副书记、总经理余德辉，中铝集团党组成员、副总经理刘建平到中铝资源调研。

4 月 28 日，中铝资源向中国铜业推荐菲律宾坦帕坎 (Tampakan) 铜金矿项目。

5 月 9 日，中铝资源领导拜访中国矿业联合会会长彭齐鸣，洽谈绿色矿山、尾矿治理、绿色勘查等相关业务。

5 月 18 日至 20 日，中铝资源与和田行署、和田军分区，就火烧云铅锌矿项目进行沟通交流。

6 月 9 日，西藏自治区林业规划院出具证明材料，中铝资源所属西藏金龙公司绝大部分矿权面积出羌塘自然保护区，特别是已有重大找矿突破的铁格隆南和拿若两矿区主矿体均从保护区调出。

6 月 10 日，中铝资源组织专家对 PE 公司秘鲁 Pecoy、Hurricane 和 Tororume 3 个项目进行找矿潜力评价分析。

6 月 17 日，中铝资源签订股权收购协议，收购云铜集团持有的云铜勘查的 100% 股份，云铜勘查为中铝资源的全资子公司。

7 月 2 日，中铝资源完成收购云铜勘查，云铜勘查收购玉溪飞亚地质勘查类资产人员等工作。

9—12 月，中铝资源党委全级次组织开展“不忘初心、牢记使命”主题教育集中学习。

9 月 29 日，中铝资源收到云铜勘查提交的矿权潜力地质调查报告，并通过专家评审。

10 月 1 日，中铝资源下属云铜勘查第一个工勘项目川藏铁路工勘工程正式开钻。

11 月 16 日，中铝资源派项目组到刚果（金）开展资源找矿工作，3 天后卢本巴希 K 矿区首钻开孔钻探，标志着中铝资源在刚果（金）资源工作正式启动。

12 月 18 日，中铝资源正式更名为中铜矿产资源有限公司，领取新的营业执照。

12 月 23 日，中铜资源与巴基斯坦 MVM 矿业公司签署战略性框架协议。

撰稿 / 段江燕

中铜（上海）铜业有限公司

一、基本情况

中铜（上海）铜业有限公司（简称上海铜业）是中国铜业控股子公司，注册资本 152324 万元，由中国铜业、上海仪电资产、上海工投、上海闵马 4 家股东组成，占股比分别为 55.15%、33.04%、9.62%、2.19%。办公地址设在上海市浦东新区长清北路 53 号中铝大厦 7 楼。

经营范围包括金属制品、有色金属制品、金属盐类、半导体材料的加工、切割、销售；从事货物及技术的进出口业务、实业投资、投资管理、资产经营管理。

2019 年基本情况数据一览表

表 1

资产总额（亿元）	负债率（%）	员工总数（人）	平均年龄（岁）	学历结构	
11.96	125.5	473	52	大学专科及以下（人）	433
				大学本科（人）	34
				硕士及以上（人）	6

二、组织机构

（一）领导班子

2019 年领导班子成员一览表

表 2

姓名	职务	2019 年职务变动
姜敢闯	党委书记、董事长、总经理	无
谭　秋	财务总监	无
张火兴	副总经理、纪委书记、工会主席	无

（二）机构设置

职能部门：综合管理办公室、党委工作部、人力资源部、财务部、企业管理部。

二级单位：资产管理分公司、行政服务分公司、工程建设分公司、电子新材料研发中心、工贸公司。

控股子公司：上海有色经贸物资有限公司、上海东方期货经纪有限公司。

参股企业：洛阳龙基铜业科技有限公司。

三、生产经营

2019年，上海铜业持续开展资产盘活工作，处置低效无效资产获得现金流收入20098万元，盘活不动产新增收益1002万元。争取政策支持，获取上海市产业结构调整政策资助291万元。完成“僵尸”企业专项治理目标，并获得国资委“处僵治困”专项审计检查组认可。推进吴淞厂区东部地块城市更新项目落地，2019年6月获得宝山区领导专题会审议通过，先行先试，加快启动建设。果断处置，维护权益，积极化解有色经贸公司经营风险。

2019年主要生产经营指标一览表

表3

指标名称	2018年	2019年	同比增长（%）
销售收入（亿元）	145	59.07	−59.3
利润额（亿元）	2.24	−9.48	−80.9
纳税额（亿元）	0.16	0.09	−43.8
人身伤亡事故（起）	0	0	—
工亡人数（人）	0	0	—
重伤人数（人）	0	0	—
轻伤人数（人）	0	0	—

四、企业管理

一是落实安全环保责任。二是开展安全警示教育和培训。三是加强现场安全监管。四是开展专项安全活动。五是加强环保管理，不得违规排放。六是落实2019年安全环保攻坚战实施意见计划。确保重伤工亡事故为零、环保事件零处罚。

五、科技创新

围绕“科技、贸易、投资、服务”转型发展主题，上海铜业积极做好现有专利和商标的知识产权维护工作。

六、深化改革

2019年，上海铜业深化改革重点是东方期货股权转让工作。9月30日，将持有的75%股权在北京产权交易所预挂牌。

七、党建和企业文化建设

守初心、担使命，扎实开展主题教育工作。

牢牢掌握意识形态领域主动权。积极做好宣传报道工作。开展庆祝新中国成立70周年“六个一”系列活动。

坚持厂务公开制度。坚持月度职工思想动态分析制度。实施“一个覆盖、一个优先、一个普惠”“三个一”实事项目，提高职工获得感。抓好评选表彰活动。

八、履行社会责任

精准服务、精准帮扶，为职工做实事、解难题。一是为1076名退休职工办理住院互助保障。二是为533名（含101名女职工）员工办理四项保障。三是为545名在册持有上海工会会员卡职工办理工会会员专享保障。四是为大病职工减负，为困难职工群众排忧解难。2019年帮困送温暖、探望、慰问住院职工等费用9.98万元（112人次），10人次困难职工得到元旦、春节帮扶2.8万元。

九、重要纪事

6 月 30 日，宝山区领导专题会审议通过中铝上铜城市更新项目。

7 月 18 日，中铝集团党组成员、副总经理刘建平到上海铜业调研。

9 月 30 日，上海铜业持有的上海东方期货经纪有限责任公司 75% 股权在北京产权交易所预挂牌转让。

11 月 7 日，中铝集团党组书记、董事长姚林到上海铜业调研。

12 月 13 日，中铝上海铜业有限公司更名为中铜（上海）铜业有限公司。

撰稿 / 黄政义

中铜华中铜业有限公司

一、基本情况

中铜华中铜业有限公司（简称华中铜业）成立于2005年9月，位于矿冶工业基地湖北黄石，主营产品为高精度引线框架铜带、高氧韧铜（铜箔带坯）、新能源汽车用铜、液晶显示器溅射靶材、压延铜箔、青铜白铜合金材料等。

通讯地址：湖北省黄石市下陆区铜鑫路特1号。

邮政编码：435005。

2019年基本情况数据一览表

表1

主要产品产能	资产总额（亿元）	负债率（%）	员工总数(人)	学历结构	
铜带材9万吨/年	22.51	81.88	730	中专及以下（人）	290
				大学专科（人）	264
				大学本科（人）	168
				硕士及以上（人）	8

二、组织机构

（一）领导班子

2019年领导班子成员一览表

表2

姓名	职务	2019年职务变动
明文良	党委书记、董事长、总经理	—
刘长奎	财务总监	—
陈立彬	党委副书记、工会主席	—
戴　伟	副总经理	—
高　克	副总经理	—

（二）机构设置

职能部门：综合管理部、党群（工会）工作部、财务部、市场营销部、生产部、技术质量开发部、装备保障部。

中心：铜箔中心。

子公司：黄石华中铜业金地科技有限公司。

临时机构：二期项目指挥部。

三、生产经营

2019年，华中铜业完成铜带材产量4万吨，创历史新高。

成功研发C10500A、C14415、青铜带、紫铜箔等新产品，OLED背板、C7025、蚀刻材料等新材料成功试制送样，全年新产品产量超过8000吨。

2019年主要生产经营指标一览表

表3

指标名称		2018年	2019年	同比增长（%）
主要产品产量	铜带材	31035	4044.76	29
工业总产值	（亿元）	17.10	19.16	12.05
销售收入	（亿元）	14.41	17.15	19.01
利润额	（亿元）	−0.69	−0.69	持平
所有者权益	（亿元）	6.70	4.08	−39.1
纳税额	（亿元）	0.07	0.05	−28.57
净资产收益率	（%）	−17.15	25.83	增加42.98个百分点
产值劳动生产率	（千元/人）	3646.48	2801.17	−23.18
人身伤亡事故	（起）	0	1	—
工亡人数	（人）	0	0	—
重伤人数	（人）	0	0	—
轻伤人数	（人）	0	1	—

四、重大发展项目

二期项目主体工程，1月24日正式投产，5月25日全线贯通，全年试生产产量超过7900吨。成功研发光箔、红化箔、抗氧化箔等新产品，送样检测质量达标。成功轧制8微米合金箔，达到行业先进水平。

重大项目情况表

表4

项目名称	设计规模（万吨）	投资规模（亿元）	当年完成投资额（亿元）	年内项目建设形象进度
高精度铜板带箔项目二期工程	5	11.277	1.34	全面建成，投入试生产

五、企业管理

深入开源节流，降本增效2730万元以上。一是“三年降本”7个模块有序推进，累计降本增效2000万元以上。二是政策争取持续发力，13个项目累计增效730万元。三是两金压降、综合能耗完成年度目标。

持续夯实基础，提升企业综合形象。现场管理从严格监管向自主管理阶段提升，考评达4.1分，再创历史新高，在中国铜业保持领先优势。

财务基础管理持续加强，被中铝集团授予“2018年度会计财务决算暨会计管理先进单位”荣誉称号。阿米巴管理快速导入，为2020年划小核算单元奠定了基础。

安全环保管理平稳提升。贯彻落实CAHSE建设梳理安全环保管理薄弱环节，在2019年12月中国铜业对华中铜业进行的年度CAHSE考评中，职业健康安全得分为69.65分、环境保护得分为73.10分，在中国铜业2019年安全生产先进评选中，华中铜业获得“安全生产先进单位”荣誉。

六、科技创新

华中铜业2019年获得湖北省企业技术中心认定，被黄石市知识产权局评为“黄石市2019年度知识产权示范企业”，取得2项发明专利、14项实用新型专利。攻关解决黑线、横向辊印、横向擦划伤等疑难问题。气泡损失率同比下降3.51个百分点，二机架轧制道次优化、罩式炉光亮退火、双面“一遍铣”等科技攻关项目取得阶段性进展。

2019年科技创新数据一览表

表5

科技创新投入（万元）	申请专利（件）	授权专利（件）	科技人员占比（%）
6472.5	5	2	11

七、深化改革

2019 年，持续深化“双百行动”综合改革，一是优化组织机构及分工。二是强化干部人才市场化管理和员工动态管理。三是建立市场营销及生产经营管理 24 小时决策机制。四是建立稽核监管机制。华中铜业改革做法得到国务院国资委改革办等领导肯定。

八、党建与企业文化建设

华中铜业在“双百行动”综合改革中不断加强党的领导党的建设。扎实开展“不忘初心、牢记使命”主题教育，华中铜业荣获中铝集团党务人员技能比武决赛二等奖。党建“双百分”年度考核排名在中国铜业保持领先优势。

九、履行社会责任

对口帮扶阳新县三溪镇柏树村，2019 年该村贫困户年人均收入提升至 7000 余元。

坚持“以员工为中心”的发展理念，通过“建家活动”解决员工运动健身、读书学习等问题，保障员工权益，提升员工幸福感。

十、重要纪事

1 月 24 日，华中铜业二期高精度铜板带箔项目主体生产线建成投产。中铝集团党组书记、董事长葛红林，集团党组成员、副总经理刘建平，湖北省黄石市委书记、市人大常委会主任董卫民，黄石市委副书记、代市长吴锦出席投产活动并启动了项目投产球。

1 月 29 日，黄石市委书记、市人大常委会主任董卫民到华中铜业调研并慰问黄石市铜加工产业技术研究院专家沈韶峰。

3 月 13 日，中铝集团外部董事张富生、邓志雄、张元荣、彭辰到华中铜业调研。

7 月 10 日，中铝集团党组成员、副总经理张程忠到华中铜业开展“不忘初心、牢记使命”主题教育专题调研。

8 月 8 日，湖北省人大常委会党组书记、常务副主任王玲到华中铜业调研。

8 月 21 日，中铝集团党组副书记、董事敖宏一行到华中铜业调研。

10 月 30 日，国务院国资委改革办副主任、国务院国有企业改革领导小组办公室中央企业改革协调组副组长季晓刚到华中铜业调研“双百行动”综合改革方案落实落地情况。

11 月 8 日，华中铜业通过湖北省企业技术中心认定。

撰稿 / 王梓旭

中铝洛阳铜加工有限公司

一、基本情况

中铝洛阳铜加工有限公司（简称洛阳铜加工）是中铝洛阳铜业有限公司的全资子公司，承接了洛阳铜业的优质资产，成立于2016年7月29日，同年12月以企业法人身份独立运营。

洛阳铜加工现有包括铜镍材加工、铝镁材加工和配套的国家级企业技术、检测中心在内的研、产、供、销体系，主要生产铜镍及其合金板、带、箔、管、棒材，铝镁板带材等有色金属加工制品。

洛阳铜加工是国家“一五”期间建设投产的156家国家重点企业之一，是国内极具影响力的综合性有色金属加工企业，拥有“国家级企业技术中心”“河南省铜镁合金加工工程研究中心”“国家认可实验室”“中国有色金属工业重金属加工材质检站”“国家铜合金标准样品生产许可证”，通过ISO 9001:2008质量管理体系、GJB 9001B-2009武器装备质量管理体系、GB/T 24001-2004/ISO14001:2004环境管理体系、GB/T 28001-2011/OHSAS 18001:2007职业健康安全管理体系认证，取得了近百项专利、工艺技术、产品开发科研创新成果，承担着国家重点工程项目，参与国家正负电子对撞机、欧元造币材料、嫦娥卫星探月工程等关键材料的研发及供应，编制铜加工行业重要产品国家标准，研发与生产一直保持着行业主导地位。

通讯地址：河南省洛阳市涧西区建设路50号。
邮编：471003。

2019年基本情况数据一览表

表1

主要产品产能	资产总额（亿元）	负债率（%）	员工总数（人）	平均年龄（岁）	学历结构	
铜板带材 年产能12万吨	27.18	65.16	1631	45	大学专科及以下（人）	1269
					大学本科（人）	365
铜管棒材 年产能1.5万吨					硕士（人）	5
铝镁板带材 年产能0.3万吨					博士及以上（人）	1

二、组织机构

（一）领导班子

2019 年领导班子成员一览表

表 2

姓名	职务	2019 年职务变动
曹钦润	党委书记、执行董事	—
王华星	副总经理	3 月起任
陈江桥	副总经理、工会主席	—
董运华	党委副书记、纪委书记	—
朱盘根	财务总监	—
秦光文	副总经理	3 月起任

（二）机构设置

职能部门：综合部（武装保卫部、保密办公室）、财务部、党群工作部（工会工作部）、人力资源部、纪检审计部、生产管理部、安全环保健康部、质量管理部、装备管理部。

生产及辅助单位：熔铸厂、板带厂、电子带厂、管棒厂、镁板带厂、技术中心（军工配套办公室）、物资供应中心、营销中心。

三、生产经营

2019 年，洛阳铜加工实现铜及其合金加工材产量 72217 吨、销量 67379 吨，资产负债率 59.59%，现金流为正，保持了持续平稳发展局面，为实现企业战略规划奠定了坚实基础。

通过合同倒排的方式确定各工序物料通过时间，提升重点设备产出效率，准时化交货率 87.49%，同比提高 1.23%，比年度目标减少了 4.51 个百分点。因环保提标改造对铸锭产出造成较大影响，虽采取生产组织提前制订外采计划等措施，但实现产量比计划降低了 17%，同比降低了 4.4%。

铜加工材综合成品率累计完成 55.51%，同比提高 0.06%；退换货率累计完成 12.36‰，同比降低 0.64‰，均完成年度考核目标。质量管理体系、国军标、IATF16949 汽车行业质量体系通过外部审核。“求质”QC 小组项目得到中国铜业通报表彰。

2019 年主要生产经营指标一览表

表 3

指标名称		2018年	2019 年	同比增长（%）
主要产品产量	1. 铜加工材　（万吨）	7.3768	7.054	−4.38
	2. 铝镁材　（万吨）	0.1769	0.1677	−5.20
工业总产值　（亿元）		32.78	31.99	−2.41
销售收入　（亿元）		34.73	38.88	11.95
利润额　（亿元）		0.02	−2.52	-12700.00
所有者权益　（亿元）		11.97	9.47	−20.89
纳税额　（亿元）		0.09	0.22	144.44
净资产收益率　（%）		−0.05	−23.49	降低 23.44 个百分点
产值劳动生产率（千元 / 人）		2020.82	1951.68	−3.42

四、重大发展项目

2019 年，洛阳铜加工共投资“熔铸厂收尘系统改造项目”等共计 33 项（含限上项目），完成 26 项，续建 7 项；计划投资 4661.5 万元，累计完成投资 3206 万元，全年投资完成率为 90.64%，资金来源全部为企业自筹。

重大项目情况一览表

表 4

项目名称	投资规模	年内项目建设形象进度
熔铸厂收尘系统改造项目	1574 万元	全面建成，投入试生产

五、企业管理

（一）质量体系运行情况

2019 年组织构建 IATF16949 汽车质量管理体

系，并通过了江苏艾凯艾国际标准认证有限公司的IATF16949汽车质量管理体系认证审核，这标志着洛阳铜加工产品获得了进入汽车市场领域的绿色通行证，为洛阳铜加工参与汽车行业市场竞争提供了有力保障。通过了北京天一正认证中心对洛阳铜加工国标等质量管理体系的年度监督审核工作。对重要产品生产过程、介质管理等过程实施了14次专题审核，通过审核完善修订管理制度17个。完成了百余家客户对洛阳铜加工质量管理体系的现场审核和文审稽核工作，对巩固现有客户，开发新用户，促进洛阳铜加工合同量的提升发挥了积极作用。

2019年，洛阳铜加工以“安全发展、绿色发展”为指导思想，紧密围绕安全环保攻坚战主线，相继开展了CAHSE体系建设、风险分级管控与隐患排查治理体系建设、承包商安全管控、全面加强环保风险管控等，全年洛阳铜加工重伤以上事故为零，未发生新增职业病病例，未发生重大消防、厂内交通事故，未发生环境污染事件，20万工时损工率同比2018年下降52.7%。

六、科技创新

2019年科技创新数据一览表

表5

科技创新投入（万元）	申请专利（件）	授权专利（件）	科技人员占比（%）
17625	10	5	14.7

洛阳铜加工2019年科技投入占企业营业收入的4.4%。

2019年，洛阳铜加工被河南省工信厅、财政厅认定为河南省技术创新示范企业；国家级企业技术中心通过了2019年国家发展改革委评价，评价结果为良好。完善技术创新工作协同推进机制，制定和推进《新产品协同推进考核办法》《研发成本核减办法》。以市场需求为导向，抓住高附加值重点品种，在新一代信息技术、新能源汽车、高端装备等战略新兴产业用铜合金新材料方面取得进展。

随着电子信息行业的快速发展，对高强高导铜合金的需求日益增加，洛阳铜加工通过自主研发和攻关，研制出新一代高强高导铜合金带材，并实现批量化生产，实现了进口替代，填补了国内空白。

2019年洛阳铜加工承担国家重大配套科研项目5项，国家重点研发计划项目2项，河南省重大科技专项1项，国家/行业标准项目7项，发布国家标准1项。

重大科技项目明细一览表

表6

序号	项目名称	项目类型	方式
1	海水管路材料研制	国家配套科研项目	主研
2	特种铜合金材料及构件研制	国家配套科研项目	主研
3	特殊用途镁合金板材研制	国家配套科研项目	主研
4	结构—功能一体化铜合金新材料制备关键技术研究及产业化	河南省重大科技专项	主研
5	高强高弹铜镍硅合金带材关键技术开发及产业化	国家重点研发计划项目	参研
6	大直径高耐蚀铜合金管材成套技术	国家重点研发计划项目	参研
7	特殊用途铜合金棒材研制	国家配套科研项目	参研
8	特殊用途铜合金线材研制	国家配套科研项目	参研

洛阳铜加工2019年共申请专利10项，其中发明专利6项；专利授权5项，其中发明专利2项。

七、深化改革

（一）优化机构职能

一是成立了物资供应中心，装备管理部原辅助材料、工具备件等物资采购、仓储管理及采购资金支付职能及营销洛阳铜加工原料采购、期货市场操作、套期保值等职能划入。二是成立电子带厂，确定科学管理幅度，提升信息流转速度，突出市场竞争优势。三是撤销工艺管理部，相应职能划转生产分厂及技术中心。同时，将装备管理部维保业务模块及职能、质量管理部工序质量检查模块及职能划转相应主体生产分厂，建立生产、装备、技术与质量一体化运行模式，形成稳定的生产运营体系。

（二）建立完善薪酬考核体系

一是以主体生产单位为试点，统一设置岗位薪酬标准。二是制定差异化考核办法。在营销洛阳铜加工建立以加工费收入为主要考核指标的考核办法、在主体单位建立以销量为主要考核指标的考核办法、在主要职能部门建立以重点职能为主要考核指标的考核办法等，发挥绩效考核的导向作用。三是调整完善干部日常考评机制。对中层干部绩效评价体系进行调整和完善，建立了洛阳铜加工主要生产经营指标日考核、周通报、月评价机制，实施考评结果定向反馈。四是初步建立员工能力考评机制。实施了员工年度岗位履职考评及任职能力评价工作，并注重考评结果运用，对表现优异的员工实施了绩效奖励。

八、党建与企业文化建设

扎实开展主题教育，做到人员、时间、材料、质量“四落实”。两级班子成员严格落实联系点制度，开展调研座谈，听取职工意见和建议。对照党章党规、对照初心使命、对照上级反馈和自身发现的问题，查摆自身不足，制定整改措施，明确整改期限。

坚持推进习近平新时代中国特色社会主义思想学习，制订落实月度、季度、年度学习计划。层层逐级签订党建工作目标责任书，制定《党建“一岗双责”责任清单》；落实“双基”工作清单，规范党建基础、主题党日和“三会一课”等工作。

以“弘扬爱国奋斗精神、建功立业新时代”为主要内容，组织开展了“我和我的祖国”庆祝新中国成立70周年大型文艺演唱会、“团结奋进、拼搏向上”闹元宵活动、“礼赞新中国、奋进新时代”演讲比赛，组织职工进行了《我和我的祖国》观影活动，提升职工的爱国爱企热情。

九、履行社会责任

关爱员工：坚持开展“送温暖”活动，救助困难职工62名，发放慰问金9.21万元；为10名困难劳模申请到省、市救助款共计5.2万元；组织职工健康体检；落实职工“普惠制”福利待遇，发放慰问品价值85.3万元。为女职工办理特病保险及“两癌”筛查专项体检。

环境保护：投资对熔铸厂熔铸炉进行超低排放改造，采用全密闭罩车加覆膜布袋收尘方式，项目改造完成后，烟气中烟尘颗粒物排放浓度不高于10毫克/标准立方米，与原有收尘系统排放浓度相比，每年减少向环境中排放烟尘340吨以上，将极大改善当地的大气环境。

十、重要纪事

1月10日，洛阳铜加工450铜带生产线进入有负荷调试阶段。

1月12日，中铝集团党组书记、董事长葛红林到洛铜调研。

2月19日，由洛阳铜加工参与策划拍摄的大型纪录片《记住乡愁》第五季，第三十三集《洛阳涧西工业遗产街——不忘初心薪火相传》在中央电视台中文国际频道播出。

7月5日，中铝集团党组成员、副总经理张程忠到洛阳铜加工调研，其间与正在洛阳铜加工访问的日本东洋电机代表团进行了会谈。

7月29日，洛阳铜加工投资1396万元的熔铸炉组收尘改造项目举行签约仪式。

8月14日，洛阳铜加工顺利通过河南省武器装备科研生产单位二级保密资格现场审查。

9月18日，洛阳铜加工党委组织开展“不忘初心、牢记使命”主题教育第一次集中学习，正式拉开了洛阳铜加工主题教育的序幕。

9月27日，洛铜举办庆祝中华人民共和国成立70周年职工演唱会。

11月7—10日，洛阳铜加工通过IATF 16949汽车质量管理体系认证审核，标志着洛阳铜加工产品获得了进入汽车市场领域的绿色通行证。

撰稿 / 李瑞华

中铜国际贸易有限公司

一、基本情况

中铜国际贸易集团有限公司（简称中铜国贸）2018年11月12日在上海市浦东新区注册，注册资本6亿元。办公地点位于上海市浦东新区长清北路51号中铝大厦南楼10层。

中铜国贸作为中国铜业营销体系一体化运作平台，借鉴同行业企业和国际先进企业对营销体系建设的经验和做法，以“集中化管理、专业化运作”为原则，对原中国铜业营销单元和业务进行整合、提升。对内，统一采购销售，承担中国铜业所属企业的原料、材料采购和产品销售工作，运用金融衍生品工具，管控好价格风险，高质量服务实体企业；对外，提升市场研发能力，创设以产业链、供应链和商品为载体的全价值链盈利模式，整合市场要素和外部资源，提升可持续盈利能力。

二、组织机构

（一）领导班子

2019年领导班子成员一览表

表1

姓名	职务	2019年职务变动
马惠智	党委书记、董事长、总经理	—
王磐松	副总经理	—
徐鹏宇	党委副书记、纪委书记	—
许玉龙	党委委员、副总经理	1月任职
王德忠	党委委员、财务总监	—
李　浩	党委委员	8月任职

（二）机构设置

业务中心：金属业务中心、原料业务中心、运营管理中心、市场研发中心、采购物流中心。

职能部门：综合管理部（安全环保健康部）、党群工作部（人力资源部）、财务金融部、法律与风控部、纪检监察部（审计部）。

子公司：中国云铜（澳大利亚）投资开发有限公司、云铜香港有限公司。

三、生产经营

中铜国贸2019年1月1日正式运营。年内，完成了期货及大宗交易平台、黄金交易所开户，取得了开具千万元版临时增值税专用发票权限；完成云铜香港、CYC的股权吸收；融资授信额度不断取得突破，完成销售收入916亿元（以中铜国贸为主体的销售收入477.96元），利润8493万元（以中铜国贸为主体的利润0.58亿元），实现了当年运营当年盈利。

立足物流前端保供、后端保销的基本任务，通过比质询价，公开招标，优选物流服务，确保物流畅通，节约物流成本。物流发运量大幅增加，单吨运费成本有效降低。

2019 年主要生产经营指标一览表

表 2

指标名称	2019 年
销售收入 （亿元）	916
利润额 （亿元）	0.8493
所有者权益 （亿元）	6.43
纳税额 （亿元）	0.33
净资产收益率 （%）	16.47%

说明：2019 年 1 月 1 日运营，无历史数据

四、深化改革

借鉴先进管理经验，搭建前中后台分离的运营管控模式，梳理工作流程、职责边界、工作内容的标准，强化业务管理的风险管控制约机制。系统规划并着手制定业务管理制度，将制度规定落脚在流程管控上，推动制度规定与业务流程的有机结合。

2019 年 5 月 18 日，中铜国贸实现上海总部运营，借助上海国际经济中心、金融中心、贸易中心和航运中心的城市功能，在融资授信、人才引进、信息获取等方面取得突破。探索“先行先试”政策，创新人才引入，建立市场化人才引入机制，搭建专业化团队；加强薪酬激励制度创新，积极探索市场化人才收入分配机制，尝试全员评价机制。2019 年，调入和引入市场运营、市场研发、原料、物流、期货及现货交易等各类人才 11 名。结合经营组织架构，逐级压实经营管理责任。

五、党建与企业文化建设

（一）以主题教育坚定理想信念

一是强化引领与统筹。坚持“两学一做”学习教育常态化制度化，以党委理论学习中心组学习为引领，推动武装头脑。二是强化问题导向。开展调查研究、讲授专题党课，召开专题民主生活会，检视问题与不足，并落实整改措施。

（二）以组织建设力促作用发挥

一是健全领导班子，完成“两委”选举工作。二是把党的领导嵌入法人治理结构，把党建工作写入公司章程，制定《党委会议事规则》。三是落实前置决策程序，研究薪酬与福利制度、高端人才引入制度。四是抓实党建基础工作，落实年度党建重点工作、党建“一岗双责”责任清单。

（三）以思想文化建设提升形象

加强思想政治工作，开展政治理论、形势任务教育。落实“四统一”要求，宣贯中铝集团企业文化。完成企业精神、企业核心价值观上墙，规范视觉识别系统应用。拍摄《奋斗“铜”行，梦想同行》微视频。开展新中国成立 70 周年系列活动。

（四）以人才队伍建设提升核心竞争力

一是采取职工整体借调方式，确保基本队伍稳定，业务有序运转。二是积极争取内部支援，与兄弟单位沟通协调，调入急需的运营、物流等专业人才。三是以政治理论与专业知识培训相结合方式，开展管理干部及业务骨干培训。

（五）以党风廉政建设营造良好风气

严肃党内政治生活，召开领导班子民主生活会，认真开展批评和自我批评。认真落实约谈制度，开展“一岗双责”约谈 32 人次、节假日期间落实中央八项规定精神和劳动纪律执行集体约谈 2 次。

抓实培训和警示教育，800余人次接受培训教育；推进反腐倡廉宣传教育月“四个一”活动。统筹推进“三不”机制建设，编制“不能腐”体制机制制度清单，2019年下发10项制度。监督大宗物资采购开标邮箱、采购评标议标。推行阳光廉洁操作协议，进一步监督、规范前台业务合同的执行。

六、履行社会责任

2019年，积极履行社会责任，在产品销售上推动供应商管理分类制度，在原料采购全价值链中倡导绿色采购、绿色运输，为打赢“蓝天保卫战”贡献智慧。1人获中国铜业社会责任工作优秀个人荣誉，1案例荣获中国铜业社会责任实践优秀案例；入围“中国优质电解铜贸易商二十强”；“铁峰”牌银锭获“2019年全国用户最喜欢的白银品牌”。

中铜国贸把公平运营和绿色发展作为社会责任实践的重点，统筹推进品牌建设与社会责任工作，提升了“铁峰”品牌美誉度和公司核心竞争力。

深入调研市场，真诚服务客户，加强供应链管理，对销售客户进行分类管理，优化客户结构，建立忠实客户群，在供应链上下游形成合作共赢理念及机制。

落实“绿色发展”理念，首创铜精矿原料转运不落地，封闭式卸矿，杜绝二次污染；改变原料装运方式，减少发运途损及路途污染。

加强供应链合作，协助1家企业完成社会责任自评调查、经营管理承诺书签订，确保2020年度有关长单合同按时签订。

七、重要纪事

6月28日，中铜国际贸易集团有限公司在上海揭牌。

5月18日，中铜国贸总部从昆明迁至上海办公。

8月13日，中铜国贸召开党员大会，选举产生中国共产党中铜国际贸易集团有限公司委员会委员5名、纪律检查委员会委员3名。

9月16日，中铜国贸与云铜股份成功完成“上海银”集中定价试运行业务，标志着中国铜业深度融入白银现货市场迈出重要一步。

11月21日，中铜国贸会同国内相关企业与Freeport确定了2020年Benchmark。

11月5日至10日，在第二届进博会期间，中铜国贸与国外供应商签署9个框架协议，为2020年原料供应奠定基础。

12月26日，在第四季度CSPT会议上，中铜国贸代表CSPT轮值企业中国铜业有限公司参会，并与其他成员一起制定了2020年第一季度现货加工费参考数字。

撰稿／陈丽明

云南金鼎锌业有限公司

一、基本情况

云南金鼎锌业有限公司（简称金鼎锌业）是集采、选、冶为一体的有色冶金企业，位于国家“三区三州”深度贫困的云南省怒江州兰坪县金顶镇。

金鼎锌业成立于2003年7月，注册资本9.73亿元；股权结构为中国铜业有限公司78.4%、云南冶金集团股份有限公司20.4%、云南铜业（集团）有限公司1.2%。

2019年基本情况数据一览表

表1

主要产品产能	资产总额（亿元）	员工总数（人）	平均年龄（岁）	学历结构	
采矿：172万吨/年	36.9	5394	39.7	大学专科及以下（人）	5038
选矿：240万吨/年				大学本科（人）	345
冶炼：12万吨/年				硕士（人）	11
硫酸：6万吨/年					

二、组织机构

（一）领导班子

2019年领导班子成员一览表

表2

姓名	职务	2019年职务变动
何光深	党委书记、常务副总经理	—
陈　青	总经理	—
杨国政	党委副书记、工会主席	—
王　奇	党委副书记、纪委书记	—

续表2

姓名	职务	2019年职务变动
王小军	副总经理	—
李四光	副总经理	—
王光明	副总经理	—
李成厚	总工程师	—
谭俊俊	总工程师	—
邓声忠	副总会计师	—

（二）机构设置

职能部门：党群工作部、党政办公室、工会、财务资产部、组织人力资源部、纪检监察部、安全环保健康部、生产运营部、市场运营部、基建工程部、科技部、资源管理部、质检质管部、保卫武装部。

生产单位：采矿一厂、采矿二厂、南场采选厂、一选厂、二选厂、三选厂、四选厂、一冶炼厂、二冶炼厂、硫酸厂、机械修理厂、尾矿综合处理厂、试验研发中心。

三、生产经营

2019 年，矿山系统生产形势严峻，跑马坪、峰子山井下矿山受“采矿许可证”和“安全生产许可证”过期制约不能依法合规组织生产；选矿系统受哨上尾矿库库容制约尾矿排放困难，一、二、三选厂最高只能按 80% 的负荷计划生产，冶炼系统受渣库库容和原料条件制约（氧化锌富矿资源枯竭）无法按设计产能计划组织生产。对此，金鼎锌业采取多种措施，降本增效。

2019 年主要生产经营指标一览表

表 3

指标名称	2018年	2019 年	同比增长（%）
工业总产值（亿元）	20.85	19.88	-0.97
销售收入（亿元）	22.34	19.25	-3
利润额（亿元）	3.26	3.46	-1.47
所有者权益（亿元）	5.89	8.88	-13.59
纳税额（亿元）	5.32	3.75	-0.19
净资产收益率（%）	43.8	33.55	下降 10.25 个百分点
产值劳动生产率（千元 / 人）	394	383	—
人身伤亡事故（起）	0	1	—
重伤人数（人）	0	0	—
轻伤人数（人）	4	1	—

四、重大发展项目

老姆井尾矿库项目设计规模总库容为 5548.97 万立方米，有效库容 4439.17 万立方米，服务年限为 25 年。2019 年 3 月 29 日正式启动道路等部分子项建设。

100 吨 / 日浸出渣冶选联合工艺中试项目设计规模为 100 吨 / 日，2019 年 4 月 15 日主体工程完工。总投资为 4500 万元。

重大项目情况表

表 4

项目名称	设计规模	投资规模（万元）	当年完成投资额（万元）	年内项目建设形象进度
老姆井尾矿库项目	总库容为 5548.97 立方米	92423.7	3457	1# 应急救援道路与 1# 施工便道连通。2# 应急救援道路施工至 3# 隧洞入口。2# 施工便道开挖至 1# 隧洞入口。
浸出渣冶选联合工艺中试项目	100 吨 / 日	4500	4522.74	主体工程完工。完成第一阶段验证工业试验

五、企业管理

落实安全生产主体责任。金鼎锌业以安全生产责任制为主线，突出安全责任主体，层层分解落实安全目标。加大对外包工程施工、设计、监理单位的管理力度，有效控制外包板块的事故发生。

推进安全环保职业健康标准化、规范化、精准化管理，形成82个较完整的安全环保管理制度、应急预案体系。

金鼎锌业全面贯彻落实《国务院关于落实科学发展观加强环境保护的决定》，推进立项申报“四个一批”环保整治工程，重点解决历史遗留环保问题。即：加快建设一批、补短板新增一批、加快验收一批、巩固评价一批。2019年七大环保工程共计投入2.6亿元专项资金，实施系统改造升级和专项整治，完善安全环保设备设施，改善安全环保条件，提升本质化安全环保管理水平。

推动完成老姆井尾矿库重大设计变更、哨上尾矿库闭库工程、歪山梁子排土场整改扩容工程、三选厂改扩建工程等7个项目的安全、环保、职业卫生设施“三同时”行政许可手续相关工作。

组织并开展标准和产品质量成果展示、“提标提质”大讨论、“对标对表”活动、企业标准宣贯会4项活动。组织实施了内部审核工作，对体系覆盖各单位的工作职责、质量目标及过程控制等工作实施情况，进行了全面的审核验证。7月1日顺利通过云南评审中心监督审核。

六、科技创新

2019年金鼎锌业内部开展研发项目14个，涵盖生产工艺技术攻关，生产工艺流程改进、现场管理等方面。研发经费共投入6172万元，占销售收入的3.1%。

2019年新申请专利17个，其中发明专利2个，实用新型专利15个均取得了受理通知书。其中2个发明专利已进入实质审核阶段。“选择性浸出氧化锌与弱酸性浮选硫化锌的冶选联合工艺”获云南省市场监督管理局公示，该专利项目获得二等奖。

2019年4月，投资4500万元的100吨/日浸出渣冶选联合工艺中试线建成，开展“先冶后选、冶选联合”验证性试验。2019年，二选厂（300吨/日）进行浮选生产尾矿中硫铁矿和氧化锌小型工艺技术攻关研究试验，取得突破性成果。

2019年科技创新数据一览表

表5

科技创新投入（万元）	申请专利（件）	授权专利（件）	科技人员占比（%）
6172	33	19	13.8

七、深化改革

2019年，三项存量资产盘活共实现收入126.34万元。

通过市场公开竞租，实现兰坪县城17间商铺规范出租，实现年租金与2018年比增加13.15万元；实现下关办事处办公楼整体出租，年租金与2018年比增加37万元。

实现职工公用住房及外单位租用房屋规范管理，每年增加租金28万元。

八、党建与企业文化建设

金鼎锌业党委对党组织结构进行了调整，设置2个党总支、13个党支部，总支下设6个党支部。推进“两学一做”常态化制度化，加强党员教育，实现了所有党员32学时学习全覆盖。开展“四风”专项整治、“不忘初心、牢记使命”主题教育等活动。

积极发展后备力量，入党积极分子增加报备2名，确定10名发展对象，优选发展7名预备党员。

坚持定期分析员工队伍思想状况，定期上报职工队伍思想动态情况。重视舆情管理，积极回应关切。

成立了统战领导小组，建立了统战对象基本信息台账，制定了《防范处理邪教应急预案》，召开了退伍军人和统战人士座谈会。召开了第一次团员大会，选举产生了共青团第一届委员会，优化设置了团组织构架，选优配齐团委班子。

抓宣传思想文化建设，搭建宣传媒介新通道，形成了“一刊、一报、一微”的宣传媒介新格局，创办《金鼎锌业》微信公众号，创建《金鼎锌业》通讯报，对《金鼎锌业》杂志进行了改版。

金鼎锌业在中国铜业2019年农民工法律知识竞赛中获团体一等奖，6名员工获竞赛一等奖；2名职工在云南省第十二届“红土地之歌”演讲大赛选拔赛上获三等奖。

九、履行社会责任

对符合2019年“金秋助学”的9户困难职工12个子女进行帮扶，共发放助学金4.35万元。

组织开展公司“金鼎儿女英才”奖学金活动，对29名职工29名子女进行奖励，共发放奖学金22万元。

对在工会帮扶管理系统中14户困难职工进行了中秋国庆送温暖活动，实物帮扶5名全国帮扶工作管理系统在档单亲困难职工。

对金鼎锌业挂联箐门村委会开展帮扶，2019年投入帮扶资金15.5万元。

2019年，1名员工获2018年度中国铜业社会责任工作先进个人，一个实践案例获中国铜业有限公司2018年度社会责任优秀案例。

十、重要纪事

3月24日，云南省委书记、省人大常委会主任陈豪到金鼎锌业调研。

4月29日，金鼎锌业100吨/日浸出渣冶选联合工艺中试项目顺利试生产，成功产出了硫化锌精矿以及第一块银色的锌片。

7月27日，中国铜业组织专家和有关单位在昆明有色院召开“云南金鼎锌业有限公司沘江河流域水污染重点治理选矿项目配套老姆井尾矿库工程初步设计”专家审查会，对老姆井尾矿库工程初步设计进行审查。

8月27日，在“8·7”复产自救现场指挥部及全体施工人员的共同努力下，选矿系统全面恢复生产。

11月29日，中央金融单位定点扶贫工作研讨会与会嘉宾到金鼎锌业调研参观。

撰稿/和建成

云南文山斗南锰业股份有限公司

一、基本情况

云南文山斗南锰业股份有限公司（简称斗南锰业）前身为文山州斗南锰矿，始建于1973年，1995年进行改制，由云南冶金集团股份有限公司控股，设立云南文山斗南锰业有限责任公司。2005年进行股份制改造，变更为云南文山斗南锰业股份有限公司。2007年，云南文山斗南锰业股份有限公司、云南建水锰矿有限责任公司、云南省建水县锰业有限公司3家企业合并重组，成立云南文山斗南锰业股份有限公司。2018年11月，随云南冶金划转中国铜业有限公司。截至2019年底，注册资本金36196万元。

斗南锰业矿山资源储量500余万吨。主要产品有锰矿石、锰系铁合金、天然放电锰粉、高锰酸钾等。

2005年，斗南锰业经国家发改委公告，成为国家第一批铁合金行业市场准入企业，主要工艺技术装备和技术经济指标达到国内同行业领先水平，矿山安全达到国家矿山安全质量标准化二级企业标准。2009年通过国家高新技术企业认定，是云南省工程技术研究中心（锰系产品）、云南省创新型试点企业和云南省发展工业循环经济100户试点企业之一。

2019年基本情况数据一览表

表1

主要产品产能	资产总额(亿元)	负债率(%)	员工总数(人)	平均年龄(岁)	学历结构	
锰矿开采35万吨/年	4.26	449.50	516	43	中专及以下（人）	238
锰系合金30万吨/年					大学专科（人）	219
放电锰粉2万吨/年					大学本科（人）	53
高锰酸钾0.3万吨/年					硕士（人）	6

二、组织机构

（一）领导班子

2019年领导班子成员一览表

表2

姓名	职务	2019年职务变动
王恒胜	党委书记、董事长	—

续表 2

姓名	职务	2019 年职务变动
吕达海	党委副书记、总经理	—
王建波	党委委员、纪委书记	—
赵艳春	党委委员、总会计师	—
蒋　强	党委委员、工会主席	—

三、生产经营

2019 年主要生产经营指标一览表

表 3

指标名称		2018年	2019 年	同比增长（%）
工业总产值	（亿元）	5.7	5.20	−9.05
销售收入	（亿元）	6.03	5.48	−9.12
利润额	（亿元）	−0.9	−1.14	26.67
所有者权益	（亿元）	−13.65	−14.79	8.35
纳税额	（亿元）	0.41	0.32	−21.95
净资产收益率	（%）	6.7	7.72	提高 1.02 个百分点
人身伤亡事故	（起）	0	0	0
工亡人数	（人）	0	0	0
重伤人数	（人）	1	0	−100
轻伤人数	（人）	12	19	58

四、重大发展项目

斗南锰业原料预处理系统安全环保隐患技改项目为消除原料制备系统安全、环保隐患，属安全环保隐患技改项目。该技改项目通过对隧道窑点火炉燃烧装置、回转窑粉煤燃烧装置进行改造，使用天然气作为燃料直接替代粉煤及自产水煤气。主要改造项为在厂区新建 LNG 气化站 1 座，天然气（水容积）储量 100 立方米，将液化天然气汽化后通过管道输送至用气端，将现有粉煤燃烧系统燃烧器改为天然气燃烧器，增加相关配套设备。改造完成后每年可减少一氧化碳排放 120 吨、二氧化硫 53 吨以上。

2019 年重大项目情况表

表 4

项目名称	设计规模	投资规模（万元）	当年完成投资额（万元）	年内项目建设形象进度
原料预处理系统安全环保隐患技改项目	燃气（水容积）储量 100 立方米	629	629	10 月 28 日回转窑改用天然气试生产

五、企业管理

安全环保攻坚战标志性项目结项 18 项，编制《斗南锰业 2019 年 CAHSE 自评报告》，做好西南督察局、东北督察局、中铝集团、中国铜业等督察组的现场督察检查工作，并强化整改落实。2019 年斗南锰业发生轻伤事故 20 起。

全年无质量重大事故。

六、科技创新

2019 年投入研发费用合计支出 2854.61 万元，开发研究 10 个项目，其中 7 个项目已经结题。

截至 2019 年底，企业拥有有效授权专利 50 件，其中发明专利 24 件。2019 年新授权 15 件（实用新型）。

2019 年科技创新数据一览表

表 5

科技创新投入（万元）	申请专利（件）	授权专利（件）	科技人员占比（%）
2854.61	0	15	17.26

七、深化改革

推进债股转让。先后与相关意向方进行了广泛接触和深度洽谈，推动中铜专题会和办公会就公司股债转让进行决策和立项，年底川投峨铁尽职调查机构进场，完成现场尽调工作。

实施瘦身健体。汇通锰业吸收合并方案已通过董事会、股东会审核，资产评估报告上报审核，安置员工 3 人，协解 9 人，支付补偿金 191.8 万元。建水锰业“股权 + 债权”转让方案已获中国铜业批复。

推进资产盘活。斗南锰业本部宾馆、同利厂等盘活处置增利 520 万元；建锰公司高速公路征地、处置淘汰电炉盘活增效 637 万元。

推进“三供一业”移交。斗南锰业“三供一业”所有移交工作全部按计划完成。建水锰矿，供水完成改造移交，供电改造基本完成，物业改造主体工程完成。

八、党建与企业文化建设

深入开展“不忘初心、牢记使命”主题教育、“解放思想大讨论和我为扭亏脱困献一计”活动，深入矿山车间和职工群众之中开展党建工作调研。结合人力资源优化，职工思想波动巨大，劳动强度增大等情况，耐心细致地做好职工思想政治工作，培育党员干部职工同甘共苦、敢拼能赢的集体意志，积极营造团结拼搏、努力进取的干事创业良好氛围。

层层签订党建和党风廉政建设责任书，形成一级抓一级、层层抓落实的责任体系，定期专题研究党风廉政建设、群团工作、意识形态工作，把党建和党风廉政建设主体责任纳入党政领导班子、领导干部目标管理，保证党建和党风廉政建设工作与公司经营工作同部署、同落实、同检查。

在选人用人工作中，坚持和落实“好干部”标准和国企领导人员“二十字”要求，鲜明树立重实干重实绩的用人导向，突出“五个过硬”的用人标准。认真执行《干部选拔任用工作条例》，做到严格选拔标准，坚持和落实好干部选拔任用的基本条件。对中层管理干部进行年度综合考评和述责述廉，强化结果运用。年度提拔任用中层管理人员 6 人，调整任期干部 16 人次，树立重实干重实际的选人用人导向，进一步规范干部动议提名、组织考察、讨论决定等程序，注重在基层一线和困难艰苦的岗位培养锻炼年轻干部。进一步优化结构，突出政治标准，突出团结干事，选好用好各年龄段干部。

落实党建“双百分”和“双基”工作清单要求，结合“两带两创”和“三亮三比”主题实践活动。以“基层党建巩固年和支部规范化建设达标创建”为抓手，党委申报了 7 个党支部为达标党支部，并接受了上级党委的考核验收，6 个（本部 4 个、建锰 2 个）支部通过验收。“七一”建党节期间，评比表彰了优秀共产党员 20 名，优秀党务工作者 3 名；走访慰问困难党员 13 人。年度党委重新调整设立 1 个党总支、2 个支部，并及时开展了增补委员和相关选举工作。积极组织基层党务工作者参加中铝集团、中国铜业组织的领导干部管理能力提升培训、基层党支部书记培训、企业卓越内训师能力提升等专题培训。

召开党风廉政警示教育会议，通报中纪委公开曝光的 8 起违反中央八项规定精神问题和中铝集团通报的有关典型案例，进行教育和警示。

推进以职工全员参与的精细化运行体系建设，进一步梳理完善管理流程、风险控制、制度审定工作，共修订完善了岗位说明书104个、管理制度166项、技术标准61个。

强化工团工作，组织开展“对标先进、降本增效”劳动竞赛、合理化建议、“安全、干净、文明班组”创建，大力开展纪念新中国成立70周年系列庆祝活动、书画摄影作品征集、红土地之歌演讲比赛、青年大学习等。召开了第四次工会代表大会，表彰优胜和进步班组，被中国铜业评为2019年度“对标先进、降本增效”班组劳动竞赛优胜单位，荣获中国铜业“银点子”合理化建议1项。

九、履行社会责任

积极开展送温暖工作，慰问123人次，发放慰问金29.27万元。

2019年斗南锰业4名驻村干部，对包干江那镇舍不那村贫困户定期进行走访，29户贫困户全部实现脱贫。

十、重要纪事

2月14日，斗南锰业获评“云南省高新技术企业”。

4月1日，斗南锰业吸收合并全资子公司云南汇通锰业有限公司。

4月24日，中国铜业董事长刘建平到斗南锰业调研。

12月1日，办理采矿许可证变更及延续登记。

12月31日，斗南锰业本部全面完成“三供一业”分离移交。

撰稿 / 李宗南

云南永昌硅业股份有限公司

一、基本情况

云南永昌硅业股份有限公司（简称永昌硅业）位于云南省保山市龙陵县，由中国铜业有限公司控股，龙陵县国有资产经营有限责任公司参股，注册资本为3.9亿元。

永昌硅业始建于2005年，属于云南永昌铅锌股份有限公司（以下简称“永昌铅锌”）下属分公司。2018年，按照中铝集团与云南省人民政府签署的《合作协议》，永昌硅业全面融入中铝、进入中国铜业，迎来新的发展机遇。

永昌硅业主产品为2202、3303、441、421等各种牌号金属硅产品，并可以根据用户需求生产各种粒度的工业硅粉。企业通过质量、环境、职业健康安全标准认证、能源管理体系认证和党建体系认证。

永昌硅业被认定为国家“高新技术企业”“国家级绿色工厂”，连续多年被评为“云南省工业硅行业能效领跑者”单位，是“GB/T2881-2014工业硅国家标准”“GB/T2881-2014工业硅单位产品能源消耗限额国家标准”“云南省工业硅单位产品能源消耗限额标准”“工业硅行业安全生产规范”“工业硅化学分析法”等标准的主起草单位，率先在国内工业硅冶炼电炉实现余热发电和烟气脱硫。

通讯地址：云南省保山市龙陵县龙山镇大坪子。

2019年基本情况数据一览表

表1

主要产品产能	资产总额（亿元）	负债率（%）	员工总数（人）	平均年龄（岁）	学历结构	
工业硅 10万吨/年	5.58	100.05	703	35	中专及以下（人）	323
					大学专科（人）	249
					大学本科（人）	127
					硕士（人）	4

二、组织机构

（一）领导班子

2019年领导班子成员一览表

表2

姓名	职务	2019年职务变动
毕红兴	党委书记、董事长	—

续表 2

姓名	职务	2019 年职务变动
王世宇	总经理	6 月止
文建华	党委副书记、纪委书记	—
杨定文	工会主席	—
包广华	营销总监	—
卢国洪	副总经理	—
房家辉	总会计师	—

（二）机构设置

职能部室：党政办公室、组织宣传与人力资源部、纪检监察部、工会团委、财务部、生产技术质量部、安全环保管理部、销售贸易部、采购部、机电能源部。

生产分厂：冶炼一分厂、冶炼二分厂、冶炼三分厂、配料分厂、机动分厂。

三、生产经营

2019 年，永昌硅业累计生产工业硅 7.8 万吨，实现营业总收入 9.77 亿元，实现工业总产值 9.07 亿元，缴纳税收 2388 万元。

2019 年主要生产经营指标一览表

表 3

指标名称	2018年	2019 年	同比增长（%）
工业总产值（亿元）	11.5	9.07	−2.43
销售收入（亿元）	12.736	9.768	−3
利润额（亿元）	−1.317	−1.186	0.13
所有者权益（亿元）	1.164	−0.0029	−1.16
纳税额（亿元）	0.3691	0.2388	−0.13
净资产收益率（%）	−53.08	−207.44	—
产值劳动生产率（千元/人）	230.04	217.14	—
人身伤亡事故（起）	0	0	—
工亡人数（人）	0	1（承包商）	—
重伤人数（人）	0	0	—
轻伤人数（人）	0	0	—

四、企业管理

加强制度建设，夯实管理基础，全年修改完善并下发了 172 项规章制度。

以“全面进入中铜、融入中铝”为契机，强化职业健康安全环保管理工作。贯彻职业健康安全环保责任制，落实职业健康安全环保精准管理体系，认真开展事故警示教育、职业健康安全环保应急演练、职业健康安全环保隐患排查。按照“后环评”批复要求，结合中铜环保督察组和生态环境部西南督察局督查组到永昌硅业督查问题的整改要求，对包括历史性遗留和习惯性忽略的所有环保问题进行彻底整改。

优化生产管控，压实管理责任，2019 年，永昌硅业紧紧围绕“对标先进、降本增效”工作主线，以问题为导向，全面“找差距、补短板、促提升”，抓实各项专项工作。一是抓两金压降，实行大宗原辅料采用均衡进货控制库存，年末原材料库存金额同比下降 45%；加强应收账款的控制，取消贸易中间商授信，严格按中铜客户授信管理推行客户信用管理，年末应收账款同比下降 82%。二是抓采购降本，充分利用阳光采购平台，进行多轮公开竞价采购，洗精煤、石油焦、木头、硅石、电极等物料采购成本大幅下降，全年采购降本共计 6807 万元。三是抓销售增效，采取“快产快销、即产即销”节奏，紧盯市场，在维护好长单客户的同时，开发出多家稳定的合作客户。

五、科技创新

2019 年，永昌硅业重点开展了还原剂低成本优化组合使用研究和硅渣电选试验研究，积极研究工业硅产品实现机械化精整、硅渣重选能力实现翻番。参与起草了《工业硅单位产品能源消耗限额 GB31338-2014 国家标准》，主导起草了《工业硅单位产品能源消耗限额云南省标准》，并获得奖励。

2019 年科技创新数据一览表

表 4

科技创新投入（万元）	申请专利（件）	授权专利（件）	科技人员占比（%）
2025	2	1	17.04

六、深化改革

2019 年，永昌硅业为强化生产组织，细分管理单元，压实管理责任，撤销了冶炼厂，将冶炼厂划分为 5 个管理单元，进一步提升生产管理单元的责任。

推动岗位竞聘制，对落聘人员实行考核教育再上岗。推行薪酬绩效改革，工资与生产经营目标完全挂钩考核。

七、党建与企业文化建设

聚焦目标任务，扎实开展“不忘初心、牢记使命”主题教育。在中国铜业第四指导组的指导下，永昌硅业党委紧紧围绕“守初心、担使命、找差距、抓落实”的总要求，扎实开展主题教育。落实全面从严治党要求，加强党风廉政建设工作。

按中铝企业文化“四统一”要求，通过微信平台、文件会议、文化走廊等形式，宣贯中铝集团企业文化，从“思想、战略、组织、管控和文化”等 5 个方面全方位融入中铝集团。

八、履行社会责任

永昌硅业以构建资源节约型、环境友好型的绿色和谐企业为目标，生产的产品无渣外排，均进行外销创效，生产用水实现循环利用，非生产用水通过治理达标排放，工业硅大型电炉冶炼技术运用和生产技术指标在行业处于领先地位，在国内首家实现工业硅冶炼电炉余热发电。2019 年，率先在行业内开展对尾气进行脱硫处理，建成了烟气脱硫项目，且各项指标均达到设计要求并远低于国家排放标准。

2019 年，永昌硅业积极参与龙陵县脱贫攻坚，制定了资金扶持、干部帮扶、教育帮扶、就业帮扶、农特产品收购、人居环境物资帮扶等措施，分两批共 6 名工作人员驻村协助地方政府开展帮扶工作。永昌硅业被龙陵县扶贫开发领导小组授予“2019 年度脱贫攻坚先进单位”荣誉称号。

九、重要纪事

1 月 8 日，永昌硅业荣获“云南省第二批制造业单项冠军示范企业”。

2 月 5 日，永昌硅业荣获“云南省诚信 100 强企业”荣誉称号。

6 月 8 日，永昌硅业在工业硅行业首家建设的烟气脱硫系统正式投入运行。

9 月 9 日，保山市人民政府与云南能源投资集团在保山市永昌会堂签订发展水电硅材战略合作协议。

9 月 27 日，永昌硅业荣获“中国金属硅行业十大明星工厂”荣誉。

10 月 9 日，永昌硅业被评为云南省工业企业能效“领跑者”企业，连续 4 年获此项荣誉。

撰稿 / 李本国

中铜投资有限公司

一、基本情况

中铜投资有限公司（简称中铜投资）成立于2011年9月，通讯地址为云南省昆明市盘龙区华云路1号中铜大厦22楼（邮编650051），系中国铜业有限公司下属全资子企业，注册资本10亿元。经营范围为股权投资，项目投资及管理，经济、商务信息咨询等。根据中铝集团“4+4+4”产业发展以及中国铜业“三个千亿”产业发展战略，中铜投资主动融入，定位为“2+5+N”战略的协同产业平台——“股权管理平台”。

2019年基本情况数据一览表

表1

资产总额（亿元）	负债率（%）	员工总数（人）	平均年龄（岁）	学历结构	
22.55	91.42	46人（含内退4人）	38.5岁（含内退）	大学专科及以下（人）	6（内退1）
				大学本科（人）	32（内退2）
				硕士（人）	6（内退1）
				博士及以上（人）	2

二、组织机构

（一）领导班子

2019年领导班子成员一览表

表2

姓名	职务	2019年职务变动
孙　勇	董事长（执行董事）	3月22日任职
刘建良	党委书记、总经理	6月20日任职
温晓云	党委副书记、纪委书记	8月29日任职

续表2

姓名	职务	2019年职务变动
马　雯	风控总监	12月3日离职
	副总经理	12月3日任职
林泽银	副总经理	—
	风控总监	12月3日任职
罗　胜	党委委员	10月12日任职
	副总经理	10月14日任职

续表 2

姓名	职务	2019 年职务变动
高　芳	工会主席	4 月 16 日任职
高泽碧	财务总监	12 月 12 日任职
张艳梅	总会计师	12 月 12 日调离
黎小浪	党委副书记、纪委书记、工会主席	8 月 28 日离职
张丽萍	副总经理	4 月 14 日离职

（二）机构设置

本部下设“一室六部”，即办公室、产业投资部、资本市场部、风控部、财务部、组织人力资源部、纪检监察审计部。

全资子公司：云南冶金股权投资基金管理有限公司。

控股子公司：上海滇鑫浦慧融资租赁有限公司、云南冶金集团珺安保险经纪有限公司、云南云创招标有限公司、北京云冶汇金投资有限公司、云南诚源投资股份有限公司。

三、生产经营

2019 年，中铜投资经营指标总体呈现“一减一降一增”。

营业收入减少。2019 年，累计实现营业收入 2.53 亿元，完成年度目标 3.6 亿元的 70.28%，较上年同期 6.85 亿元减少 4.32 亿元，减幅 63.07%。

费用下降。2019 年，销售费用较上年同期降低 76.83%；管理费用较上年同期降低 43.88%。

利润实现增长。2019 年完成利润总额 3710 万元（剔除影响因素），与 2018 年相比，增幅 21.87%。

2019 年主要生产经营指标一览表

表 3

指标名称	2018年	2019 年	同比增长（%）
工业总产值（亿元）	−1.17	−0.64	45.30
销售收入（亿元）	6.85	2.52	−63.07
利润额（亿元）	−2.54	−1.42	44.09
所有者权益（亿元）	3.94	2.20	−44.16
纳税额（亿元）	0.66	0.37	−43.94
净资产收益率（%）	−75.05	−66.52	提升 8.53 个百分点
产值劳动生产率（千元/人）	−531	−391	—
人身伤亡事故（起）	0	0	—
工亡人数（人）	0	0	—
重伤人数（人）	0	0	—
轻伤人数（人）	0	0	—

四、重大发展项目

参股的红塔证券于 2019 年 8 月 20 日发行上市，实现了中铜投资参控股公司 A 股主板上市零的突破。

实现对浩鑫 1.5 亿元的再次投放。引入国新租赁有限公司，为云铝泽鑫公司引进年利率 6.7% 的低成本资金 2.2 亿元。

五、企业管理

强化公司治理。建立健全党委会、董事会、总经理办公会、经济活动分析会、专题会、周例会等工作机制，严格执行“三重一大”决策机制；通过工作约谈、专题调研、签订扭亏增盈责任书等方式，强化工作落实；通过选派，兼职等方式，为控股和参股子公司派出常务副总，党组织负责人，财务总监，董秘和技术骨干等，支持和加强下属企业的经营管理。

完善内控体系。以开展“不能腐”体制机制建设为契机，加强制度梳理，形成制度清单271项。结合中铜投资公司发展定位，对组织架构和制度体系进行了全面梳理完善，梳理中铜投资层面制度80余项，形成了“废改立”清单。

实施人才强企。不断优化人力资源，加强干部队伍建设，根据《中国铜业有限公司年轻干部推荐实施方案》，组织开展年轻干部推荐工作。明确用人导向，组织开展了产业投资部、财务部、资本市场部3个部门副经理人选的推荐工作，按程序开展7名试用期满干部转正工作。

六、深化改革

资本运作。明确了中金岭南定增项目处置思路，争取到云南冶金5.3亿元的资金支持专项用于解决项目的资金兑付和成本置换，将该项目年综合持仓成本从4088.54万元下调至2793.80万元。

“瘦身健体”。收回871文投公司股权转让并完成工商变更。完成云创招标、云南珺安保险股权转让所有转让决策程序，进入备案程序。云南省黄金工业公司于2019年10月中旬完成首批改制工作，领取了新的营业执照。云南省黄金技术开发公司于2019年12月完成工商清算注销；证交中心破产方案获中国铜业原则同意，已将申请破产材料递交法院；云冶塑木、云冶松香股权处置形成初步方案。

企业改制。明确企业定位为股权管理平台，由中国铜业收购云南冶金持有公司100%股权，履行中铜股权管理职能，实现股权保值增值。正式变更为“中铜投资有限公司”。架构优化、人员优化等工作正在同步策划推进中。

七、党建与企业文化建设

2019年，中铜投资围绕党的建设，重点开展以下工作：通过开展“不忘初心、牢记使命”主题教育、党委理论学习中心组专题学习会、“三会一课”、组织人员参加“万名党员进党校”等形式，抓好主题教育，突出政治理论学习，强化思想引领。二是加强组织建设，筑牢发展堡垒。组织实施“两带两创”和“双提升”活动，强化落实各项工作。组织召开了庆祝新中国成立98周年纪念大会和庆祝新中国成立70周年纪念活动。针对中信塑木、北京汇金、云创招标、珺安保险4家所属企业股权划转、注销等工作实际，进一步理顺党群组织关系。完成团委、直属党支部的换届。2019年，发展1名预备党员，确定1名入党积极分子，1人提交了入党申请书。组织开展“五个一”文化活动，征集到书画作品、文化短语、视频、照片，举办企业文化讲堂。持续加强警示教育，组织警示教育4次，通报内部案例2个、外部案例41个，发送廉洁提醒短信411条。开展“举一反三减存量、主动作为遏增量”自查自纠专项活动，查找问题已全部整改完成，整改完成率100%。2019年全年党纪处分1人，诫勉谈话2人，提醒谈话6人。发挥好工会和共青团联系干部职工的桥梁和纽带作用，加强自身建设，提升服务能力和水平。组织开展了学习分享会、知识讲座和职工技能竞赛等活动。组织参加“红土地之歌”演讲比赛等活动。

八、重要纪事

1月1日，云南冶金资本运营管控中心、法务中心不再与中铜投资归集合署办公。

7 月 5 日，中铜投资公司参股的红塔证券 A 股在上海证券交易所主板上市，发行价为 3.46 元 / 股，首日收盘价为 4.98 元 / 股，涨幅达 43.93%。

9 月 12 日，中国铜业批复同意“云南冶金集团投资有限公司”更名为“中铜投资有限公司”。

9 月 16 日，中铜投资党委组织开展“不忘初心、牢记使命”主题教育启动会暨第一次专题理论学习。

10 月 11 日，中铜投资党委召开党员大会，补选党委和纪委委员。

10 月 17 日，中铜投资顺利完成云南省黄金工业公司改制工作，成为中国铜业 2019 年首批完成改制公司。

11 月 14 日，中铜投资迁至昆明市盘龙区华云路 1 号中铜大厦（时代之窗写字楼）办公。

撰稿 / 姜　楠

云南冶金集团金水资产经营有限公司

一、基本情况

云南冶金集团金水资产经营有限公司（简称金水资产）注册成立于2016年4月25日，注册资本金500万元，其中云南冶金集团股份有限公司（以下简称“云南冶金”）以云南冶金集团金水物业管理有限公司2015年12月31日经审计的净资产作价出资462.58万元，现金出资37.42万元。根据云南冶金2018年第一次办公会会议纪要，同意以云南省冶金医院2017年度经审计的净资产1434.82万元，对金水资产实施增资，增资后注册资本变更为1934.82万元，工商登记于2018年3月30日变更完成。2019年12月19日云南冶金增资3065.18万元，金水资产注册资本增至5000万元。

经营范围：企业管理；企业营销策划；企业自有资产重组、并购管理及咨询；接受委托对企业、单位的非金融资产进行管理；物业管理；餐饮企业管理；自有房屋租赁；公共服务投资；汽车租赁；停车场运营；会议服务；国内贸易、物资供销；人才交流及管理；职业服装加工；教育信息咨询；信息化农业的研发；设计、代理、制作、发布国内各类广告业务。

通讯地址：昆明市盘龙区箬泰路88号。

邮政编码：650216。

2019年基本情况数据一览表

表1

资产总额（亿元）	负债率（%）	员工总数（人）	平均年龄（岁）	学历结构	
0.92	52.6	162	42	中专及以下（人）	36
				大学专科（人）	54
				大学本科（人）	69
				硕士（人）	3

二、组织机构

（一）领导班子

2019年领导班子成员一览表

表2

姓名	职务	2019年职务变动
赵　明	党委书记	1—6月党政负责人，6月任党委书记

续表2

姓名	职务	2019年职务变动
程　灏	党委委员、常务副总经理	—
丁　平	党委委员、副总经理，	9月起任职
赵光德	党委副书记、纪委书记	—

（二）机构设置

金水资产下设综合管理部（党群工作部）、资产财务部、市场拓展部 3 个直属职能部门，2019 年 10 月增设纪检监察部，与综合管理部、党群工作部合署办公。

下属单位有云南冶金集团金水物业管理有限公司（全资）、云南省冶金医院（全资）、云南冶金金水云泊车辆服务有限公司（持股 36%）、云南冶金云菇生物科技股份有限公司（持股 39.47%，2019 年 12 月已清算注销）、云南金水云生商贸股份有限公司（持股 30%）、云南金水众合健康产业投资运营有限公司（持股 45%）、云南亚能碳资产管理有限公司（持股 5%）。

三、生产经营

2019 年 7 月根据“三供一业”物业分离移交政策，退出原云南冶金本部、原新立钛业、进出口公司职工小区物业项目；2019 年 12 月退出云南冶金小康大道办公楼物业项目。现物业管理项目仅为金水湾住宅小区，逐步转型提供餐饮服务。

云南冶金医院拥有职业健康检查、职业病诊断、职业卫生技术服务 3 项资质。在云南省 116 家职业健康检查机构中占有 20% 以上的市场份额，服务于云南省冶金、化工、煤炭、建材等多个行业的职业病防治工作。

截至 2019 年 12 月 31 日，金水资产总额 9216.05 万元，较上年的 5475.41 万元增加 3740.65 万元，增加 24.3%。负债总额 4850.09 万元，较上年的 4771.28 万元增加 78.81 万元，增加 1.7% 。所有者权益总额 4365.97 万元，较上年的 704.13 万元增加 3661.84 万元，增加 520.1%。2019 年实现营业收入 5826.92 万元，较上年的 4268.34 万元增加 1558.58 万元，增加 36.5%。增加的主要原因是 2019 年度增加咖啡生豆贸易收入 1534.58 万元。

2019 年主要生产经营指标一览表

表 3

指标名称	2018年	2019 年	同比增长（%）
工业总产值（亿元）			
销售收入（亿元）	0.43	0.58	34.9
利润额（亿元）	−0.2	0.04	120.0
所有者权益（亿元）	0.07	0.44	528.6
纳税额（亿元）	0.04	0.05	25.0
净资产收益率（%）	−36	14.5	提高 50.5 个百分点
产值劳动生产率（千元 / 人）	156.4	165.42	5.8

四、企业管理

强化和落实企业安全生产主体责任，建立金水资产监督管理、企业具体责任、全员主动参与的安全管理机制，按照“管业务必管安全”“管工作必须管安全”的原则，建立安全生产目标责任制。成立金水资产安全委员会，落实各企业主体责任，明确各级管理人员的安全职责，进一步提高安全生产管理工作的组织、协调、指挥能力。建立健全安全生产责任体系和安全生产规章制度。结合金水资产实际情况，2019 年相继制定和完善《金水资产本部安全一岗双责责任清单》《安全生产事故隐患排查治理管理办法》《消防安全管理办法》《安全生产培训和教育制度》《消防安全应急预案》《防汛应急预案》一系列制度办法，提高安全生产管理水平，确保安全生产。严格落实“一岗双责”，将“一岗双责”的安全责任延伸到基层岗位和项目上。

找准管理短板，加快建章立制，促进规范管理，以构建安全高效、规范运作的管控体系为重点，从提高管理入手，完善制度、建立标准、规范流程、加强考核，持续提升金水资产经营服务水平、财务管理水平、基础管理水平和风险管理水平。

找准管理中存在的突出问题和薄弱环节，制定、完善了涵盖党建、经营、纪检、安全环保和财务管理等30余项制度，进一步优化业务流程，形成用制度管人、靠制度办事的良性机制。

构建大监督格局，形成以纪检、审计、法务、党群、人力资源、财务等监督为主体的全方位监督网络，形成监督合力，围绕容易发生风险的重要领域和关键环节，进行持续监督和评价，进一步提高了金水资产风险管控水平。

五、深化改革

金水资产牢牢树立改革创新思维，把改革创新贯穿于企业改革发展的各个领域、各个环节，以改革创新促发展，以改革创新促转型，激活、增强企业发展内生动力。一是结合金水资产职能定位，进一步明确金水资产本部管控重点，着力构建以资产为纽带的管风险、管融资、管平台共享的母子金水资产管控体系和运行机制，不断提高金水资产管控效率和风险控制能力。二是推动重点难点问题取得实质突破，努力实现企业资产价值最大化、综合利益最大化和运营效益最大化。金水资产顺利引入昆明市第二人民医院，2019年7月实现该部分资产得到有效盘活，资产方收到预付租金1080万元。完成马街保障房项目审计整改事项，收回房源645套。积极落实部分“问题房产”不动产证的办理，为资产盘活创造了积极条件。其中昆明东寺街新兴大厦20套公有产权房屋中的18套房屋取得了不动产权证书，保证了国有资产的安全，解决了长达19年的历史遗留问题。三是全力推进“瘦身健体”“三供一业”“两金压降”“风险资金”清收等专项工作，持续推动金水资产聚焦主业。顺利注销云南冶金云菇生物科技股份有限公司、关停西山新丰医院，圆满完成中铜年度瘦身健体考核目标。云南冶金本部（含原冶金汽修厂）、冶金医院、原新立钛业“三供一业”改造工程已接近收尾阶段。金水资产“两金”增幅得到较好控制，两金增幅未超过营业收入增幅；按照信用管理规定，没有新增逾期。专项资金清收成果显著，2019年全年累计清收72万元，超额完成50万元目标任务。

六、党建与企业文化建设

截至2019年末，金水资产共设立党委1个，党总支3个（云冶金水物管党总支、云南冶金医院党总支、社保马办党总支），党支部21个（其中金水资产党委直属党支部1个），在岗党员党组织8个，离退休党组织17个，共有党员694人，在岗党员58人，离退休党员（含内退）636人，女性党员219人，少数民族党员10人。

完成金水资产全级次企业党建工作总体要求纳入企业章程。全面落实党委决策前置程序，把党委研究讨论作为完善法人治理结构、经理层决策重大问题的前置程序，落实党委对企业改革发展重大决策前置制度，2019年金水资产党委共召开党委会议26次，党委会审议前置49项，将党的领导全面融入公司治理结构。

深入贯彻落实新时代党的建设总要求，用好党建法宝，促进党建与生产经营深度融合。制定印发《“党建 N+”品牌创新工程总体实施方案》，全面实施“党建 N+”品牌创新工程，切实发挥党建引领作用。进一步加强执行力建设，制定印发《党委督办工作制度》，开展专项督查督办工作，切实改进工作作风，确保政令畅通。

建立基层党建月度督导检查工作机制，启动月度党群工作例会制度，同步将月度督导检查结果与月度绩效工资考核挂钩，确保党建工作有效落实落地。主动走出去，学习取经促提高。组织党员干部和各级党组织书记前往西南铜业开展党建工作交流，学习优秀党建工作经验，进一步提高金水资产党建工作水平。组织全体在职党员和基层党务工作者 83 人次，通过网络平台参与党建知识答题和党务知识竞赛。积极推动标准化党支部创建，强化督导检查整改，严格标准考核验收，2019 年实现了党支部标准化达标率 100%。全年共完成 19 项党建基本制度修订、制定，不断提升党建工作的制度化和科学化水平。

严格落实党风廉政建设主体责任。制定印发《督察工作实施方案》，开展金水资产内部督察，深入细致查找问题，指导落实全面整改。积极推进金水资产“不能腐”制度体系建设，以“不能腐”为核心，完善制度，规范权力运行。推进专项工作排查治理，深入开展“形式主义、官僚主义”排查整治和“举一反三减存量、主动作为遏增量”专项整治工作。加强选人用人监督，开展任前谈话 4 人次，出具人事任免类廉洁从业情况说明 33 份。大力支持纪检干部“接地气”工作，实现廉洁风险实时提醒，程序违规立即叫停，切实筑牢思想道德防线。强化日常监督。以节假日“四风问题”排查为抓手，严格公车封存，发送廉政提醒，开展明察暗访，持续抓好党风党纪廉政建设。

统筹开展学习教育、调查研究、问题检视、整改落实。在“找差距”中补短板，在“抓落实”中见成效，聚焦生产经营、改革发展、职工关切的重点难点问题，形成主题教育问题清单 16 项，认真落实整改措施，截至年末，共完成整改 13 项，整改完成率 81.3%。深入开展党支部主题教育“八个一”，结合“两学一做”学习教育常态化制度化，依托“三会一课”、主题党日等载体，开展好党支部“八个一”。

持续加强和谐企业建设。开展“我和我的祖国”快闪视频拍摄和“与新中国同成长、与新中铜齐奋进”喜迎中华人民共和国成立 70 周年微视频、书画摄影作品征集活动。与云冶资源联合开展团建共建青年职业生涯导航活动，通过专家辅导、中铜人才队伍建设宣讲、劳模岗位建功经验分享、嘉宾“面对面”对话答疑解惑等环节，引导广大青年职工不断奋发向上，贡献青春力量。组织党员领导干部和共青团员到柯渡红军长征纪念馆参观，重走长征路，重温入党誓词，接受革命洗礼。积极组织职工开展烧烤、拔河、素质拓展等丰富多彩的文体活动，陶冶情操，促进职工身心健康发展。

七、履行社会责任

关心困难职工生活，开展元旦、春节、中秋、国庆送温暖慰问活动，共计慰问 33 人，发放慰问金 2.89 万元。

关心职工身心健康，组织全体职工参加健康体检，成立工会劳动保护监督检查委员会。

关注职工思想动态，积极组织职工参与网络问卷调研，收集职工建议和意见，及时了解干部职工的思想状况，做好疏通疏导工作。

维护职工队伍稳定，开展调研排查化解职工队伍稳定风险，切实推动解决职工反映的突出问题，密切关注信访突出问题，深入做好信访工作。

维护职工合法权益，按期签订《集体合同》和《女职工特殊保护专项集体合同》。

八、重要纪事

1 月 25 日，中国铜业工会主席尹立新一行，走访慰问云冶金水物管 3 户困难职工。

5 月 31 日，收回云南冶金马街保障房 645 套。

7 月 2 日，中国铜业董事孙小跃到金水资产调研，听取生产经营及发展的意见建议，并实地调研医养项目、马街保障房项目。

7 月 11 日，中国铜业党委常委、监事会主席周昌武到金水资产调研，听取资产盘活、“三供一业”分离移交推进等工作汇报。

7 月 12 日，成功引入昆明市第二人民医院与云南金迎健身娱乐有限公司签订资产租赁框架协议。

11 月 19 日，完成昆明东寺街新兴大厦 20 套公有产权房屋中 18 套房屋不动产权证书的办理，解决了长达 19 年的历史遗留问题。

12 月 18 日，完成云南冶金云菇生物科技股份有限公司清算注销。

12 月 20 日，中国铜业副总裁、中铜发展筹备组组长陈琳一行，到金水资产调研党组织和党员的具体组成情况以及资产盘活项目中存在的问题和困难，并提出了指导性意见和措施。

年内，依法依规、积极稳妥有序地开展原新立钛业 120 户拆迁补偿、14 户平房安置经济补偿工作，2019 年年内共完成拆迁补偿 119 户，平房安置经济补偿 6 户，历时 11 年的历史遗留问题取得阶段性进展。

2019 年，云南冶金本部（含原冶金汽修厂）、云南冶金医院、原新立钛业“三供一业”改造工程基本结束。

撰稿 / 刘　雁　董晓峰

邱　敏　杨　颖

中铜（昆明）铜业有限公司

一、基本情况

中铜（昆明）铜业有限公司（简称昆明铜业）于2009年7月2日在昆明市呈贡县注册成立，是一家专业从事高精电工铜材生产、销售和新产品研发一体化的现代化铜加工企业。

2018年11月25日，云南铜业（集团）有限公司向昆明铜业增资3亿元，注册资金增至10.7386亿元，于同年12月11日完成工商变更登记。

2019年3月25日进行工商变更登记，名称变更为中铜（昆明）铜业有限公司。

经营业务范围：铜、镍及其合金铸造、加工产品、销售、检验、研发、推广及咨询服务；机电设备制造、设计、安装、检验；废旧金属收购；理化检验；与公司业务相关的原辅料、机电设备、仪器仪表、技术的进出口业务；物流运输；工业地产。

2019年基本情况数据一览表

表1

主要产品产能	资产总额（亿元）	负债率（%）	员工总数(人)	平均年龄（岁）	学历结构	
电工用铜线坯19.5万吨/年	8.04	112.97	199	33	中专及以下（人）	54
					大学专科（人）	75
上引无氧铜线坯、精整铜排等2.5万吨/年					大学本科（人）	64
					硕士（人）	6
					博士及以上（人）	0

二、组织机构

（一）领导班子

2019年领导班子成员一览表

表2

姓名	职务	2019年职务变动
曹旗文	党委书记、执行董事	3月起
	副总经理	至3月

续表2

姓名	职务	2019年职务变动
牛大志	执行董事	至3月
牛占先	党委书记、总经理	至3月
	党委副书记、总经理	3月起

续表 2

姓名	职务	2019 年职务变动
魏建芳	党委副书记、纪委书记、工会主席	至 3 月
	纪委书记、工会主席	3 月起
何剑辉	副总经理	—
罗　兴	财务总监	—
胡瑜华	副总经理（挂职）	11 月起

（二）机构设置

职能部门：综合管理部、党政办公室、党群工会工作部、纪检监察室、财务部、安全环保部、企业管理部。

生产单位：线材事业部、扁材事业部。

托管单位：云南三益储运。

三、生产经营

2019 年昆明铜业生产铜加工材产品产量 17.42 万吨，完成全年计划的 111.69%；综合成品率：95.56%，比考核值高出 1.06 个百分点；质量异议同比减少 28%；累计亏损 2794.63 万元，同比减亏 4.05%。

2019 年主要生产经营指标一览表

表 3

指标名称	2018年	2019 年	同比增长/%
工业总产值　（亿元）	76.67	73.46	−7.8
销售收入　（亿元）	78.97	74.66	−5.46
利润额　（亿元）	−0.29	−3.86	−1231
所有者权益　（亿元）	2.81	−1.04	−137
纳税额　（亿元）	0.12	0.09	−25
净资产收益率　（%）	−19.47	−435.96	—

续表 3

指标名称	2018年	2019 年	同比增长/%
产值劳动生产率（千元/人）	40442.85	35831.81	—
人身伤亡事故　（起）	0	0	—
工亡人数　（人）	0	0	—
重伤人数　（人）	0	0	—
轻伤人数　（人）	0	0	—

四、企业管理

2019 年昆明铜业对三大体系运行管理工作进行评审，开展有针对性的各级培训，将三标融入日常工作。重视持续改进，达到过程管理规范化、痕迹化效果。

制定《干部选拔任用管理办法》，按照淡化职级、强化职务的方式选聘部门负责人 4 人。举办多类多种培训，帮助各级管理人员开拓思路、提升能力。

以六大人才工程为抓手，开展培训 75 项，其中内部培训 40 项、外部培训 35 项，共计培训 844 人次，培训时长达 1102.5 个学时。

五、科技创新

2019 年度科技创新投入 641.19 万元，科技创新财政补贴收入 38 万元，主要开展了国家重点研发计划项目子项目“高性能铜合金镀膜丝线材成套技术”的推进工作及自选项目“高端汽车线用电工用铜线坯的开发”的实施工作，新产品销售收入 232.59 万元。

高性能铜合金镀膜丝线材成套技术项目：已制备出直径小于 0.03 毫米、导电率大于 78%IACS 的铜锡合金丝材，完成一项发明专利。

高端汽车线用电工用铜线坯的开发项目：依托项目申请并获得授权实用新型专利 2 项，2019 年 10 月新申请实用新型专利 1 项。向下游高端汽车线厂家发汽车线用电工铜线坯产品合 1452.301 吨，试用效果反馈良好。

2019 年度新获授权实用新型专利2项，新申请4项发明专利。新获授权专利为“SCR 连铸连轧生产线线杆涂蜡器的防蜡液回流装置（专利号：201821485911.8）”“一种用于SCR连铸连轧生产线的扒渣装置（专利号：201821486114.1）”；新申请专利为“一种用于上引连铸的铜合金液净化装置及净化方法（申请号：201911052005.80）”“一种铜排轧头送料机构（申请号：201921667459.10）”“一种用于上引连铸的铜合金液净化装置（申请号：201921873749.10）”“一种具有动态调氧装置的 SCR 连铸连轧生产线溜槽(申请号: 201922285049.70）”。

2019 年科技创新数据一览表

表 4

科技创新投入（万元）	申请专利（件）	授权专利（件）	科技人员占比（%）
641.1937	4	2	61.90

六、深化改革

完成组织架构变革，5 月成立扁材事业部、撤销扁材车间， 6 月为进一步优化机构职能和人员配置，实施组织机构变革，组织机构总数由 11 个压缩至 8 个，管理层级由三级压缩为两级；推进线材产品营销模式变革，中铜国贸买断线材产品营销。

1 月完成所有不动产产权证办理工作，根据中国铜业的工作安排，配合昆明重工完成落地配套的用电、用气、用地和吊装等条件的现场落实工作；完成 3 台丝包机资产评估及委托中铝保险经纪丝包机的挂牌交易相关事宜。

七、党建与企业文化建设

党委会前置审议事项落实率 100%，把方向、管大局、保落实的能力持续增强。

扎实推进“不忘初心、牢记使命”主题教育，深化党内教育，巩固“学”“做”成果。规范组织建设，完成对支部书记、支部委员的调整和增补选工作，标准化党支部达标率为 100%。对 5 年来发展党员工作情况进行自查；2019 年发展党员 4 人，程序合规、资料完备。

新建修订《党建工作目标管理考核办法》等 18 项规章制度，严格规范党费的管理和使用，足额计提党组织工作经费，党费支出严格履行程序。

把握舆论导向，强化正面教育，建立舆情监测日报告机制，无重大舆情发生。

认真组织开展庆祝新中国成立 70 周年系列活动、快闪拍摄等活动，及时听取广大员工的呼声和意见，努力破解重点难点问题。

加强文化引领，培育品牌优势。印发《企业文化管理办法》，规范应用中铝集团企业文化识别系统。通过各类活动持续提升文化的感召力和影响力，“昆铜”牌产品占有川渝地区市场份额约 33%，省内市场份额约 45%，为区域内最大的铜线杆供应商。

建好群团组织，发挥纽带作用。及时任命团委书记，完善二级工会和团支部组织。健全完善《工会经费收支管理实施细则》等 3 项工作制度，规范工会经费收支、困难职工帮扶等工作。

抓好劳动创新，开展劳动竞赛，多项技术经

济指标得到了持续改善提升。依托云之家信息化平台，实现班组交接班等多项工作的掌上记录。持续开展合理化建议活动，一项建议荣获中铝集团“银点子”。

八、履行社会责任

参与《铜及铜合金板带材安全生产规范》等4项强制性国家标准的评审。参与“2019年(第四届)中国铜杆及线缆行业发展论坛”。2019年9月组织4家铜线杆企业在昆明铜业召开铜线杆企业西南市场战略研讨会，协同规范市场，停止价格战。

青年志愿者参加义务劳动社区公益民活动；承办中铜团委和五华区团委主办的“滇池情·为爱行”青年志愿公益徒步主题活动。积极组织爱心助学捐款。

投入44.98万元，建设一般固废暂存间，并于2019年3月验收后投入使用。具备了危废和一般固废全面规范管理的基础。

九、重要纪事

1月，完成所有不动产产权证办理工作，涵盖了现有全部房产及土地。

3月，中国铜业对昆明铜业领导班子进行调整和充实，并更换了法人代表和执行董事。

3月，原中铝昆明铜业有限公司变更为中铜(昆明)铜业有限公司，成为中国铜业旗下第一个规范名称变更的企业。

5月，实施扁材车间的机制变革，构建了模拟自主经营的独立业务板块。

6月，组织机构从11个压缩至8个，管理层级从三级压缩为两级。

2019年，昆明铜业获得“2019年中国铜杆线行业最受欢迎品牌二十强”，位列第二位。

12月25日，昆明铜业《三年扭亏脱困方案》获得中国铜业总裁办公会通过。

撰稿/李锋帆 杨致远 刘满红
普兰叶 赵昆荣

云南铜业科技发展股份有限公司

一、基本情况

云南铜业科技发展股份有限公司（简称云铜科技），成立于2000年6月，是云南省科技厅、工信委、国资委、总工会联合认定的云南省第八批创新型试点企业，云南省科技厅认定的云南省高新技术企业、昆明市科技局认定的“昆明市铜及稀有金属新材料工程技术研究中心”，全国首批企业集体挂牌“全国中小企业股份报价转让系统”（简称“新三板”）的高新技术企业。注册资本9220万元，证券代码430530。

云铜科技位于昆明市高新开发区二环西路625号，是由云南铜业（集团）有限公司、云南铜业股份有限公司、昆明高新技术产业开发区开发建设总公司、昆明贵金属研究所、昆明理工大学、浙江大学、洛阳有色金属加工设计研究院7名发起人以货币资金和土地使用权出资，共同发起设立的。云铜科技针对有色多金属复合伴生难分离矿和有色金属冶炼渣尘（可再生资源）的综合回收利用以及深加工的产业化技术开发、集成、推广和服务，实现资源的综合回收利用和产业链的有效延伸，提高附加值。拥有从冶炼废物中提取硒、铋、碲、汞等稀有金属，高效节能电机用铸铜转子，电子浆料用导电银粉，多金属矿山采选等的先进技术和中试（生产）能力，以及为有色金属产业提供先进技术和服务的能力。初步形成了覆盖综合回收、深加工产品开发、危废物料处理、多金属矿山综合采选、新技术孵化和服务等多元化科技产业群格局。

2019年基本情况数据一览表

表1

资产总额（亿元）（含托管单位）	负债率（%）（含托管单位）	员工总数（人）（含托管单位）	平均年龄（岁）（含托管单位）	学历结构（人）（含托管单位）	
3.03	25.94	245	39.5	中专及以下（人）	57
				大学专科（人）	81
				大学本科（人）	94
				硕士（人）	12
				博士及以上（人）	1

二、组织机构

（一）领导班子

2019 年领导班子成员一览表

表 2

姓名	职务	2019 年职务变动
王运正	董事长、法人代表	3 月 6 日起任
王　冲	董事长、法人代表	至 3 月 6 日
赵　群	总经理、党委副书记	—
彭　扬	党委书记、副总经理	—
丛永进	财务总监、董事会秘书	1 月 7 日起任
浦琼芝	财务总监、董事会秘书	至 1 月 7 日
张武伟	党委副书记、纪委书记、工会主席	—

（二）机构设置

机关部门：综合管理部、党群工作部、生产运行部、安全环保健康部、项目部、财务部。

分公司：云南铜业科技发展股份有限公司硒业分公司。

控股生产企业：云南铜业压铸科技有限公司、云南铜业企业孵化园有限责任公司。

参股单位：云南云铜马关有色金属有限责任公司、昆明贵研催化剂有限责任公司。

托管单位：云南铜业（集团）西智电子材料分公司、富民工贸有限公司。

三、生产经营

2019 年，粗硒价格达到历史最低、铸铜转子订单急剧下滑，营销公司通过多跑市场、做出合理预判，抢占先机，取得了优于同行的销售业绩。

全年生产硒锭 387.46 吨，实现年初下达目标的 161.4%；铸铜转子 75001 个，实现年初下达目标的 101.3%；粗铜 393.18 吨，实现年初下达目标的 135.6%；粗硫酸锌 5284.50 吨，实现年初下达目标的 120.6%；电铅 2336.55 吨，实现年初下达目标的 116.8%；阳极泥 671.84 毛吨，实现年初下达目标的 100.8%；银丝 1238.06 千克，实现年初下达目标的 101.5%；铜模 700 块，实现年初下达目标的 105.7%。

2019 年主要生产经营指标一览表（含托管单位）

表 3

指标名称	2018年	2019 年	同比增长（%）
工业总产值（亿元）	2.0344	1.8521	−8.96%
销售收入（亿元）	2.2728	1.7991	−20.70%
利润额（亿元）	−0.0732	0.0231	131.56%
所有者权益（亿元）	2.2428	2.2459	0.14%
纳税额（亿元）	0.0991	0.1218	22.94%
净资产收益率（%）	−3.36%	0.15%	—
人身伤亡事故（起）	0	0	—
工亡人数（人）	0	0	—
重伤人数（人）	0	0	—
轻伤人数（人）	1	0	—

四、重大发展项目

为了优化硒真空提取技术工艺、节能降耗、延长产业链，抓住有色金属市场经济回暖的背景下求得生存和发展，云铜科技决定实施粗硒真空蒸馏扩大实验项目，该项目属于“粗硒真空蒸馏技术升级研发及中试生产线建设”项目的拓展项目。项目通过与昆明鼎邦科技公司深入合作，新增一台相同型号的真空蒸馏装置，以扩大现有的生产试验能力，达到生产试验能力 600 吨 / 年。同时新增设备后可减少每天的生产炉次，有利于延长冷却时间，有效降低无组织气体排放。2019年4月11日通过投资项目备案，7月分别获得项目环评、安全批复，8月12日开始土建施工，9月26日完成设备安装调试，9月27日进行投料试运行，同时逐步按项目建设“三同时”要求开展项目的安全、环保、职业健康评价验收。项目概算总投资196万元，实际完成总投资为245万元。与概算总投资相比超概算49万元（主要为项目环保、电气工艺部分增加了相应设备设施）。

五、企业管理

抓实精准管理，优化技术指标。通过穿透式管理，阳极泥含铅降到历史最好水平；建立了金属物料流程占用标准，对各流程的金属物料占用严格界定，有效降低物料库存占用。

抓实财务管理，有效控制成本。全面落实预算管理，建立云铜薪冶工贸工序成本法。

抓实三大攻坚，做好强基固本。全年修订完善并正式发布安全环保职业健康管理制度28个，开展班组（岗位）级安全培训考核。推广学习“三项安全管理工具”，在云铜薪冶工贸开展“轮值安全员”试点活动。

抓实风控制度建设，做好风险防控。开展风控制度体系“废改立”工作。2019年，“废改立”制度73个。

六、科技创新

2019年，云铜科技承担的昆明市稀土冶金院士工作站建设期满通过考核验收；云铜科技申报的云南省熊守美专家工作站授牌；云铜科技下属云铜压铸公司通过了高新技术企业的重新认定评审；云铜科技所属云铜薪冶工贸通过了昆明市企业技术中心认定；云铜压铸公司参加中铝创新创意大赛获得一等奖；云铜科技开展了“高纯硒（5N硒）材料制备技术研究开发”等19个在研新研科技项目的实施开发。同时，承建的“粗硒真空蒸馏扩大实验项目”“西科还原炉升级改造项目”等项目圆满完成。

2019年重点开展了“新能源汽车用高性能铸铜转子驱动电机研发”（省科技厅科技计划项目）、“昆明市稀土冶金科学与工程领域院士工作站（2016）”（昆明市科学技术局）、“铜冶炼资源综合利用关键技术研究及产业化”（中铝基金）等多个项目的立项研发。

“高纯硒（5N硒）材料制备技术研究开发”（科技公司重点项目）项目取得重大突破，成功研制出含硒99.99966%的高纯硒新材料产品。云铜合金成功采用“非真空上引连铸＋连续挤压”工艺生产出了符合要求的电阻焊电极用Cu-Cr-Zr合金材料，新增一项核心竞争力技术。云铜压铸取得AS9100D航空管理体系证书，进军国际航空航天工业领域，获得批量供货订单，

2019年，“一种真空熔料系统的加料装置”等3项专利获专利授权；“一种粗硒产品制备高纯硒的方法”等14项专利申请受理；“中小型电动机用铸铜转子产业化”项目获中国铜业科技进步三等奖；

2019年科技创新数据一览表

表4

科技创新投入（万元）	申请专利（件）	授权专利（件）	科技人员占比（%）
503.96	14	3	39.3

七、深化改革

建立“大营销”管控模式，形成以云铜科技

为平台的铜冶炼渣尘——小金属系列产品、铜产压铸特种产品业务并行发展的一体化营销格局。风控管理也实现全层级、全方位覆盖和统一，形成了业务前台、后台“流水线式”互动作业。

八、党建与企业文化建设

云铜科技坚持党的全面领导，加强党的建设，实施党建“根魂”战略，推动“一核两翼”发展。

坚持党内民主集中制原则，推行月季年工作机制，强化党建生产经营“双百分”考核，推进标准化党支部创建、业绩对话、党务人员技能比拼等活动；出台一般管理人员考核制度、干部挂职交流管理制度，严格党员教育管理，100 名在岗党员参加轮训，发展党员 4 人。

扎实开展“不忘初心、牢记使命”主题教育，组织党员干部到遵义、丹桂村等红色教育基地培训，增强党员干部思想意识。

坚持抓好“两个责任”落实，严肃监督执纪问责，开展经商办企业治理，推进巡察整改，强化督查督办。

坚持“每周一课”，每季度开展一次职工思想动态调研，及时回应职工群众反映的需求和问题。开展创新创意大赛、合理化建议征集、班组建设、职工活动等。捐资助学 15678 元。铸铜转子参加云南省“辉煌 70 年展览”，全面提升企业影响力、文化力。

九、重要纪事

粗硒产销规模跃居全国第一

2019 年，硒业分公司加快硒产能提升步伐，顺利完成粗硒真空蒸馏扩产项目，具备了 600 吨 / 年硒锭生产能力，粗硒产销量规模跃居全国第一。

科技创新喜结新成果

通过自主创新，成功研制出纯度为 99.99966% 的高纯硒。“一种真空熔料系统的加料装置”“一种真空蒸馏炉冷凝罩开启用的辅助装置”喜获国家授权专利证书，“铅冶炼分银渣化学分析方法”荣获 2019 年度全国有色金属标准化技术委员会技术标准优秀奖，“熊守美专家工作站” 成功入驻云铜科技。

营销改革迈出新步伐

推动营销机构改革，对分散在二级单位的营销业务及资源进行集中整合，人员集中管理，统一考核，优化合同及信用体系管理，构建了专业化负责、分权监督的营销新格局。

铸铜转子再获新荣誉

“铸铜转子航空质量体系认证”项目夺得中铝集团创新创意大赛一等奖；云铜压铸荣获云南省委、省政府“70 年辉煌成就展”荣誉称号；铸铜转子荣获中国节能减排协会“节能减排科技进步二等奖”。

装备认定取得新突破

薪冶工贸大力推进“火法熔炼炉”升级改造，环保节能指标大大提升，顺利通过专家及政府部门认定，“火法熔炼炉”更名为“西科炉”，解决了产业限制、环保受限问题。

撰稿 / 王　俊

中国云南国际经济技术合作有限公司

一、基本情况

中国云南国际经济技术合作有限公司（简称云南国际）前身为云南省对外经济联络办公室，1983年4月27日经国务院批准改制为国有大型外经贸企业，2007年云南省政府批准将云南国际整体划转云南铜业（集团）有限公司。2018年12月，由全民所有制企业改制为云铜集团一人出资的有限责任公司，注册资本1.57亿元。办公地址为昆明市官渡区春城路202号。

主营业务：承包国外工程、境内外资工程；承担我国对外经济援助项目；承包工程所需的设备、材料的出口；对外派遣工程、生产及服务行业劳务人员；在海外举办非贸易性企业，房屋建筑工程施工，市政公用工程施工，环境污染治理工程，机电设备安装工程，建筑装饰装修工程施工和设计（凭许可证经营）。

2019年基本情况数据一览表

表1

主要产品产能	资产总额（亿元）	负债率（%）	员工总数（人）	平均年龄（岁）	学历结构	
水泥18.63万吨/年	4.46	47.18	84	45.5	大学专科及以下（人）	32
					大学本科（人）	49
					硕士（人）	3

二、组织机构

（一）领导班子

2019年领导班子成员一览表

表2

姓名	职务	2019年职务变动
杨春银	执行董事、总经理、党委书记	9月任职

续表2

姓名	职务	2019年职务变动
刘　伟	执行董事、总经理、党委书记	9月调离
欧阳继勇	党委委员、副总经理	1月任职
陈学良	党委委员、副总经理	6月任职
王艳红	纪委书记、工会主席	1月任职

（二）机构设置

职能部门：党政办公室、人力资源部、财务部、企业管理部、党群工作部。

经营单位：老挝水泥公众公司、老挝包装制品有限公司、劳务分公司、商务贸易分公司、海外项目开发部。

三、生产经营

2019 年，云南国际累计实现营业收入 8009.9 万元，营业总成本 11384.38 万元，投资收益 2842.62 万元。

2019 年主要生产经营指标一览表

表 3

指标名称		2018年	2019年	同比增长（%）
工业总产值	（亿元）	0.95	0.801	−0.16
销售收入	（亿元）	0.88	0.801	−0.44
利润额	（亿元）	0.067	0.055	−0.30
所有者权益	（亿元）	2.07	2.36	0.14
纳税额	（亿元）	0.078	0.056	−0.39
净资产收益率	（%）	3.15	2.32	下降 0.83 个百分点
人身伤亡事故	（起）	0	0	—
工亡人数	（人）	0	0	—
重伤人数	（人）	0	0	—
轻伤人数	（人）	0	0	—

四、企业管理

针对中国铜业第二巡察组反馈的 40 个问题，云南国际成立巡察反馈问题整改领导小组，以问题为导向，制定整改方案，整改措施，明确时间表、路线图、责任人，扎实推进整改。 2019 年 12 月 6 日，中国铜业党委同意云南国际通过巡察整改。

2019 年，云南国际新增、修订各类制度文件 20 项，党建群团、纪检监察、生产经营、安全环保、风险防控、内部管理各个方面进一步规范和加强。消除了云南国际失信记录。2019 年全年云南国际未发生一起安全、环保事故。

五、深化改革

2019 年云南国际完成了昆明赛尼工贸有限公司的清算注销，转让了曲靖兴诚餐饮娱乐服务有限公司 25% 的股权。

六、党建及企业文化建设

2019 年，云南国际党委贯彻落实全面从严治党要求，压实各层级工作责任，以政治思想为引领，充分发挥把方向、管大局、保落实的核心作用。实施“两带两创”项目、开展职工思想动态分析，推进“双百分”考核。认真组织开展了“不忘初心、牢记使命”主题教育。在 2019 年度中国铜业党建考核中得到 100.72 分，评定为 A 档。

工团组织充分发挥联系职工、联系青年的优势，通过开展学习教育、文体活动、节日慰问等丰富多彩的活动，服务、教育、引导职工。积极推动解决拖了 10 年之久的下马村职工回迁安置问题，切实维护云南国际和云南国际职工的合法权益。

七、重要纪事

12 月 18—20 日，云南省委常委、常务副省长宗国英率领的云南省政府代表团访问菲律宾。其间，云南国际驻菲律宾（马尼拉）办事处积极做好协调保障工作，协助代表团圆满完成了此次访问任务。

撰稿 / 张鹏飞

中国稀有稀土股份有限公司

一、基本情况

中国稀有稀土股份有限公司（简称中国稀有稀土）是中铝集团四大主要业务板块之一，其前身是创立于1988年、隶属原国家经贸委的中国稀土开发公司。主要经营稀有稀土金属矿产资源开发、冶炼分离、深加工和贸易业务。2016年3月，整体改制为中国稀有稀土股份有限公司。

中国稀有稀土为股权多元化的混合所有制企业。截至2019年末，中铝集团持有中国稀有稀土47.18%股权，中国铝业股份有限公司持有23.94%股权，焦作万方铝业股份有限公司持有11.73%股权，有研稀土新材料股份有限公司持有2.77%股权，中国—比利时直接股权投资基金持有1.50%股权，海通开元投资有限公司持有1.43%股权，曾阳庆持有3.05%股权，江苏旭昱科技有限公司持有1.99%股权，阜宁稀土实业有限公司持有1.99%股权，江苏卓群纳米稀土股份有限公司持有1.99%股权，常熟市盛昌稀土科技有限公司持有1.69%股权，江苏保利有色金属有限公司持有0.45%股权，赵平华持有0.30%股权。

2019年基本情况数据一览表

表1

资产总额（亿元）	负债率（%）	员工总数（人）	学历结构	
48.86	27.7	1788	大学专科及以下（人）	1422
			大学本科（人）	292
			硕士（人）	68
			博士及以上（人）	6

二、组织机构

（一）领导班子

2019年领导班子成员一览表

表2

姓名	职务	2019年职务变动
冷正旭	董事长、党委书记	无

续表2

姓名	职务	2019年职务变动
胡谷华	总裁、党委副书记	无
张士国	财务总监	2月26日任职
贺海钧	副总裁、工会主席、纪委书记	无
杨　杰	副总裁	无

（二）机构设置

本部部门：综合部〔党委（纪委）办公室、董事会办公室〕、财务部、投资管理部、安全生产管理部。

所属企业：中稀（江苏）稀土有限公司、中铝广西有色稀土开发有限公司、中稀（四川）稀土有限公司、中稀（山东）稀土有限公司、中稀国际贸易有限公司、中稀依诺威（山东）磁性材料有限公司。

三、生产经营

2019 年主要生产经营指标一览表

表 3

指标名称		2018年	2019 年	同比增长（%）
工业总产值	（亿元）	26.88	34.69	29
销售收入	（亿元）	33.55	41.22	23
利润额	（亿元）	1.56	0.99	−37
所有者权益	（亿元）	32.7	35.32	8
纳税额	（亿元）	1.99	1.09	−45
净资产收益率	（%）	4.0	2.3	下降 1.7 个百分点
人身伤亡事故	（起）	0	0	—
工亡人数	（人）	0	0	—
重伤人数	（人）	0	0	—
轻伤人数	（人）	0	0	—

专利申报成果显著。组织完善离子型矿山开采专利技术申报工作，形成离子型矿山开采技术体系。获得授权专利 69 项，其中发明专利 9 项。新增阜宁稀土 1 家高新技术企业，江苏国盛获批江苏省稀土功能材料工程技术研究中心。截至 2019 年底，中国稀有稀土拥有专利 232 项（其中发明专利 57 项），拥有高新技术企业 7 家，省级研发平台 8 个。

科技创新取得成效。稀土矿山氨氮处理顺利推进，崇左浸萃一体化通过验收；启动大型高效节能稀土金属清洁生产技术半工业化试验，并取得阶段性成果；广西国盛完成冶炼分离污水处理设施改造并通过专家组验收，相关技术成果获得中国有色金属行业协会科技二等奖。

新产品开发进展顺利。常熟稀土高纯产品实现稳定供应；广西国盛开展高纯镝、铽、镥等生产线技术改造，产品提质升级取得成效；江苏国盛实现了高纯氧化镧、高纯钆、高比重碳酸钇等在催化、医药和电子陶瓷领域应用的特殊物性产品开发，产品竞争力和影响力持续提升。

产业发展得到政策支持。南方离子型稀土矿资源税下调获得国家层面批复；中国稀有稀土关于强化境外资源获取技术管控等建议措施获得采纳；崇左稀土产业化浸萃一体化技术入选《产业结构调整目录（2019 年）》鼓励类技术；广西环境问题整改获得肯定；江苏省稀土中和渣获得豁免。

四、板块建设

（一）运营管理

深入推进精准管理。在常熟稀土开展精准管理试点，培养了一批初步掌握精准管理理论知识和工具方法的骨干团队。中国稀有稀土年内新增 5 个中铝集团“安全、干净”示范班组。

资源保障与布局取得突破。广西藤县、玉林综合回收项目 2 个车间投产、2 个车间开工建设。历时 6 年取得贺州花山稀土采矿证，在广西初步形成 “2+2+2” 资源保障布局。加快在东南亚等境外稀土资源布局，通过主办中国—东盟矿业合作企业家对话会，与马来西亚、缅甸、越南等东南亚国家的资源合作取得积极进展。

积极推进稀有产业发展。在中铝集团支持下，完成金属镓资产并购，金属镓产量占全球原生镓产量三分之一，稀有金属产业实现突破。

全面夯实风险管理。完善风险管理体系，实现企业风险管理体系搭建全覆盖，完成全级次企业内控现场核查。问题清单整改率 77%，较年初提升 48 个百分点。

（二）重大项目进展

江苏国盛稀土分离生产线异地升级改造项目（二期工程）：2019 年投资 9800 万元，年底完成主体工程建设，试生产。项目建成后广西国盛稀土分离年产能从 3000 吨提升到 5500 吨（REO）。

南宁研发中心项目：完成竣工验收，搭建起了中铝广西稀土研发平台，发挥科技引领和科技支撑作用。

东洋电机项目：中国稀有稀土投资参股设立中稀东洋永磁电机有限公司，引进日本先进的工业节能稀土永磁电机制造技术，建设年产 20 万千瓦稀土永磁电机项目。该项目是中铝集团第一个中日合资项目，实现了进军工业节能用稀土永磁电机领域目标。

（三）安全环保

安全生产稳定运行。根据年度安全攻坚战工作安排，通过综合检查和专项检查相结合，交叉检查与企业自查相结合，深入排查安全隐患并完成整改。组织开展“安全生产月”和“安全生产万里行”活动，安全生产形势保持稳定。

环保问题整改取得阶段性成果。配合国家及广西壮族自治区验收工作组，平稳完成中铝广西稀土环保事件停产项目退出及环保销号验收工作。

环保瓶颈取得突破。加强与行业协会、主管部门沟通，江苏省稀土中和渣获得豁免，中稀江苏稀土作为牵头单位，研究推进中和渣合规处置工作。常熟稀土完成排污口迁移工作，环保历史遗留问题得到妥善解决；阜宁稀土环保整改、产能优化完成阶段性工作；常州稀土完成水处理、萃取车间废气排放环保改造。

五、重要纪事

1 月 29 日，中铝集团党组副书记、总经理余德辉到中国稀有稀土调研。

2 月 20 日，中铝集团党组成员、副总经理张程忠到中稀依诺威调研。

3 月 4 日，澳大利亚 Kalbar 资源公司董事 Neil O’loughlin 一行到访中国稀有稀土。

3 月 11 日，自然资源部审查通过中铝广西稀土广西钟山—富川花山稀土矿区南矿段稀土矿《矿山地质环境保护与土地复垦方案》，并予以公告。

6 月 10 日，中稀东洋永磁电机有限公司成立。

7 月 23 日，中铝集团党组成员、副总经理张程忠到中稀国贸调研。

8 月 9 日，中国稀有稀土发布 2018 年社会责任报告。

10 月 31 日，中国稀有稀土与中铝股份召开金属镓资产交接会议。

11 月 13—17 日，2019（第十届）中国—东盟矿业合作论坛暨推介展示会在广西南宁举行，中国稀有稀土承办中国—东盟及“一带一路”沿线国家矿业合作企业家对话会。

12 月 18 日，中铝集团党组成员、副总经理陈琪到中稀江苏稀土和中铝广西稀土在苏企业调研。

撰稿 / 王亚娟

中稀（江苏）稀土有限公司

一、基本情况

中稀（江苏）稀土有限公司（简称江苏稀土）位于江苏省常熟市常福街道义虞路 9 号，于 2011 年 4 月 26 日成立。江苏稀土注册资本 62330 万元，由中国稀有稀土股份有限公司与江苏省 4 家获得指令计划的稀土冶炼分离企业及 1 家贸易公司共同出资组建。

江苏稀土业务范围包括：稀土氧化物及化合物、稀土磁性材料、稀土发光材料、纳米稀土材料的研发（生产性项目另设分公司或子公司生产）；稀土金属（危险化学品除外）销售；稀土提炼机械设备的研制、销售；稀土技术咨询、技术服务；从事货物及技术的出口业务，财产出租和租赁。

江苏稀土具备年稀土分离能力 13200 吨。拥有多个国家和省级重点高新产品，以及多项实用新型专利，具备稀土分离研发生产能力，生产规模、技术装备、产品品种等综合实力居江苏省稀土分离冶炼企业首位。

2019 年基本情况数据一览表

表 1

主要产品产能	资产总额（亿元）	负债率（%）	员工总数（人）	学历结构	
稀土矿分离能力 13200 吨 / 年	12.25 亿元	55.49%	644 人	大学专科及以下（人）	587
				大学本科（人）	52
				硕士及以上（人）	5

二、组织机构

（一）领导班子

2019 年领导班子成员一览表

表 2

姓名	职务	2019 年职务变动
安恩法	总经理	无变动

续表 2

姓名	职务	2019 年职务变动
梅　毅	党委副书记、副董事长	无变动
刘长河	副总经理	无变动
郭朝阳	纪委书记	无变动
庞旭勤	财务总监	无变动

（二）机构设置

机关部室：综合部、投资发展部、财务部、安全生产管理部、党委（纪委）工作部、营销部。

二级单位：中稀（常州）稀土新材料有限公司、中稀（阜宁）稀土新材料有限公司、中稀（宜兴）稀土新材料有限公司、中稀（常熟）稀土新材料有限公司，江苏比昂电子材料有限公司（参股）。

三、生产经营

2019 年，江苏稀土较好地完成了年初制定的主要目标任务。完成营业收入 12.90 亿元，同比增长 18.46%；累计自产氧化物 5391.74 吨，累计销售 5056 吨；充分发挥贸易作用，实现贸易创效获利 295 万元。

2019 年主要生产经营指标一览表

表 3

指标名称		2018年	2019 年	同比增长（%）
主要产品产量	稀土氧化物（吨）	5849	5391.73	−7.82
工业总产值	（亿元）	10.89	12.34	13.36
销售收入	（亿元）	0.02	−0.07	−535.70
利润额	（亿元）	0.05	0.04	−15.22
纳税额	（亿元）	0	0	—
人身伤亡事故	（起）	0	0	—
工亡人数	（人）	0	0	—
重伤人数	（人）	0	0	—
轻伤人数	（人）	0	0	—

四、重大发展项目

江苏国源稀土新材料有限公司钕铁硼废料回收综合利用项目取得实质性进展，完成合资公司注册、资产交割；完成了阜宁槽体料注资广西国盛资本运作项目；与北京大学苏南研究院联合实施的稀土转光剂产业化项目完成 10 吨中试线建设并生产出中试产品；与中科院宁波所共同研发的新型稀土永磁材料完成阶段性成果，具备结题条件。

2019 年重大项目情况表

表 4

项目名称	设计规模	投资规模（万元）	当年完成投资额（万元）	年内项目建设形象进度
江苏国源稀土新材料有限公司钕铁硼废料回收综合利用项目	年处理 8 万吨钕铁硼废料、2000 吨抛光粉废料	8809.99	3959.99（资产评估作价）	完成合资公司组建
阜宁槽体料注资广西国盛资本运作项目	—	17005	5402.31（槽体料评估作价）	阜宁稀土槽体料通过评估注资广西国盛项目

五、企业管理

2019 年，江苏稀土紧盯矿源优化生产组织结构，紧贴市场强化营销集中管控，严管经营现金流提高资金周转效率，严抓管理变革完善制度建设，不断夯实企业管理基础。

坚决贯彻落实习近平新时代生态文明思想和国家安全环保政策方针以及中铝集团和中国稀有稀土安全环保工作要求，以迎接中央环保督察为重点，全力开展安全环保隐患排查及整改，认真组织开展安全环保教育培训，全员安全培训持证上岗率100%；危险作业分级审批和监护执行率100%；风险总值相比降低20%； 20万工时损工率相比降低20%以上。

借力中铝集团专家团队开展精准管理专项提升工作，推进工艺技术升级和基础管理提升，各工序关键控制参数和岗位操作规程得到进一步优化完善，现场“跑、冒、滴、漏”现象得到进一步有效整治。

六、科技创新

坚定不移推进科技创新工作，组织开展江苏省博士后工作站创新基地创建工作，加大产品科研开发力度，全年申报专利23项，其中发明专利1项，实用新型专利21项；授权专利37项，其中发明专利2项，实用新型专利35项。

加强对外合作交流，尽快转型升级步伐，与中国科学院宁波材料技术与工程研究所和中铝山东依诺威强磁材料有限公司合作开展的“高丰度混合稀土（Y）永磁材料关键制备技术研发”项目，按计划推进；与北京大学苏南研究院展开合作，开展转光剂的中试研究。

2019年科技创新数据表

表5

科技创新投入（万元）	申请专利（件）	授权专利（件）	科技人员占比（%）
2718.11	23	37	6.39

七、深化改革

一是推进机构改革，探索管理变革，员工结构、队伍建设不断优化完善。成立江苏稀土深化改革工作领导小组，完成本部机关和常熟稀土机一体化管理改革，原有中层及以下管理人员46人，优化调整后，设6个管理部门，管理人员共38人。

二是成立项目工作组，选拔专业对口员工和优秀青年员工专兼职参与转型项目工作，转型发展得到有效推进，员工专业水平和干事热情得到充分发挥。

八、党建与企业文化建设

江苏稀土坚持全面从严治党向基层延伸，突出政治核心作用，逐级压紧压实责任，持续深化企业管理改革，坚定不移推进转型发展，各项工作取得较好业绩。

一是开展“不忘初心、牢记使命”主题教育，开展中心组扩大学习，形成调研报告5篇。

二是落实好主体责任、一岗双责、党员责任清单，层层压实党建责任。认真落实“三会一课”制度，围绕中心工作广泛开展“两带两创”、党员“双提升”和“党员模范岗”等活动。完善修订制度，确保基层党建工作落到实处，党章党纪党规和各项制度贯彻执行到位。

三是强化监督执纪问责。紧盯关键岗位、关键人群和重要时点抓落实，拓宽监督举报渠道，充分运用“四种形态”，加大监督执纪力度，引导领导干部和关键岗位人员筑牢拒腐防变的思想道德防线。及时受理、调查处置信访举报和上级转办线索和问题，开展专项整治。

四是依法合规做好企业工会工作，切实维护广大职工合法权益。按照程序做好工会建会，选举产生首届工会委员会和经审委员会，有序推进工作平台和工作机制建设。开展精准扶贫、困难慰问，将组织的关怀和温暖及时送至员工。2019年，江苏稀土员工陆梅和周建芳分别被授予中铝集团“三八红旗手”和“劳动模范”，常州稀土沉淀车间和常熟稀土环保车间荣获中铝集团“安全、干净”班组。

九、履行社会责任

一是加强源头管控、过程控制和末端治理，聚焦短板弱项，实施精准攻坚，常州稀土废水废气环保改造、常熟稀土排污口调整等重点领域整改均顺利完成。全年安全隐患整改完成率达99%。

二是组织全体员工开展职业病体检及健康体检，按时发放高温费、防暑降温福利，对患病员工实施精准帮扶，切实维护员工权益。

三是积极履行社会责任，实施企地教育帮扶。2019年，江苏稀土所属宜兴稀土为当地“鹅州教育基金”捐款5万元。与地方基层党组织开展党建共建活动，与常熟常福街道碧海社区党委、中国建设银行常熟分行党委签署共建协议，开展组织建设互帮共建，加强双方党员干部之间的沟通交流，促进党建各项工作再上新台阶。

十、重要纪事

3月12日，江苏省稀土行业协会在中稀（江苏）稀土有限公司召开稀土冶炼废渣处置工作研讨会。江苏省核与辐射环境局局长唐振亚、江苏省核与辐射安全监督管理中心总工程师朱晓翔、常熟市环保局副局长刘玮、江苏省稀土行业协会会长钱元英等出席会议。

4月19日，江苏稀土被中国稀土行业协会授予企业信用评价AAA级信用企业。

12月18日，中铝集团党组成员、副总经理陈琪到江苏稀土和中铝广西稀土在苏企业调研。

撰稿 / 毕京平

中铝广西有色稀土开发有限公司

一、基本情况

中铝广西有色稀土开发有限公司（简称中铝广西稀土）位于广西壮族自治区南宁市兴宁区松柏路31号兴宁创业园3号楼16层，2011年7月19日在广西南宁市成立。

中铝广西稀土股东是中国稀有稀土股份有限公司、广西有色金属集团，注册资金7.5亿元人民币；两家股东分别持有60%、40%股权。

中铝广西稀土主要经营范围：稀土、矿产资源的勘查和开发；稀土、有色金属、矿产品及其冶炼分离产品、加工产品的研究、开发、生产和销售；稀土相关设备的研制和销售；稀土资源的技术咨询、技术转让、技术服务；实业投资；进出口贸易。

2019年基本情况数据一览表

表1

主要产品产能	资产总额（亿元）	负债率（%）	员工总数（人）	学历结构	
1. 稀土矿开采：2500吨/年	27.58	32.48	869	大学专科及以下（人）	652
				大学本科（人）	197
2. 稀土冶炼分离：9000吨/年				硕士及以上（人）	20
3. 稀土金属：2000吨/年					
4. 稀土永磁产品：2000吨/年					

二、组织机构

（一）领导班子

2019年领导班子成员一览表

表2

姓名	职务	2019年职务变动
李　兵	党委书记、董事长	—
杜栋斌	总经理	—
蒙利溢	党委副书记、纪委书记、工会主席	—
娄战荒	副总经理	—
张新光	副总经理	—
姚莉丽	财务总监	—

（二）机构设置

机关部室：综合管理部（董事会秘书室）、党委工作部（纪检监察审计部）、财务部、安全生产管理部（安全环保部）、科技部、矿山事业部。

全资及控股企业：广西稀有稀土贸易有限公司（全资），中稀（广西）金源稀土新材料有限公司（持股55%）、江苏国盛新材料有限公司（持股80%）、广西国盛稀土新材料有限公司（持股82.33%）、广西国兴稀土矿业有限公司（持股55%）、贺州稀有稀土矿业有限公司（持股55%）、梧州稀有稀土矿业有限公司（持股50%、广西稀有稀土贸易有限公司持5%）、岑溪稀有稀土矿业有限公司（持股55%）、玉林稀有稀土矿业有限公司（持股55%）。

参股企业：腾冲中铝矿业开发有限公司（持股35%），广西国瑞稀钪新材料科技有限公司（持股31%），商丘星林电子产业有限公司（持股20%）。

三、生产经营

资源获取和矿权申办工作取得突破。花山矿权取得采矿证并筹备开工建设；糯垌矿权完成了勘查实施方案评审和详查报告编制送审；拟新设六陈、大洲等靶区矿权完成相关地质资料的对接和收集；推进了金东、上大地等多金属矿权的合作洽谈。藤县、玉林回收项目实现投产并稳定运行。积极寻求境外稀土资源合作，资源团队重点考察了老挝、缅甸、马来西亚稀土成矿区，与多个境外矿企进行合作洽谈。推动矿山事业部整合优化。

推进重点项目建设、夯实转型基础。围绕“固基地、强龙头、补链条、聚合作、成集群”产业发展思路，加快推进年度重点项目工作。完成了矿山事业部合并办公、南宁研发中心竣工验收、江苏国盛500吨铈锆储氧材料生产线建成投产及萃取废气治理项目、金源公司灼烧窑煤改气项目及工程中心创新能力提升建设项目、浸萃一体化验收及工业化推广、广西国盛二期竣工试产；28个限下项目全部完成并显现积极作用。

2019年主要生产经营指标一览表

表3

指标名称		2018年	2019年	同比增长（%）
主要产品产量	1. 稀土矿产品（万吨）	0.1326	0.1096	−19.90
	2. 稀土氧化物（万吨）	0.3210	0.4275	33.17
	3. 稀土磁性材料(万吨)	0.1022	0.1149	12.42
工业总产值（亿元）		26.67	27.58	3.41
销售收入（亿元）		19.62	22.57	15.03
利润额（亿元）		1.45	0.72	−50.34
纳税额（亿元）		1.60	0.6	−62.5
人身伤亡事故（起）		0	0	—
工亡人数（人）		0	0	—
重伤人数（人）		0	0	—
轻伤人数（人）		0	0	—

四、重大发展项目

江苏国盛稀土分离生产线异地升级改造项目（二期），可实现产量跨越式提升，提升经济效益。根据新的环保节能要求实施的节能环保设施技改工程实现了广西国盛产能提升，降本减排和环保达标。

2019年重大项目情况表

表4

项目名称	设计规模	投资规模（万元）	当年完成投资额/（万元）	年内项目建设形象进度
江苏国盛稀土分离生产线异地升级改造项目（二期）	增加萃取产能2500吨	9660	7400	项目于年底试产

五、企业管理

全面开展安全环保质量攻坚战行动。安全方面，按照“全覆盖”要求开展风险辨识，对每个岗位、生产环节、作业区域等进行危险（有害）因素辨识并评估分级，完成风险分级管控清单和隐患排查清单编制；推进物理隔离，对皮带、转动设备、临边、高处安全防护设施，特别是矿山水冶车间工艺池开展物理隔离改造工程。环保方面，分离企业全面完成无煤化改造。建立固体废物清单，全面规范废物收集、包装、转移、贮存和处置流程及台账；加大投入提标改造环保设施。质量方面，围绕降本增效、质量提升等开展小改小革和合理化建议，分离企业高价元素高效提取分离、有机钙皂化改造、废水综合回收利用、磁材质量提升和跟踪服务等实现突破并推广。

扎实推进 CAHSE 精准管理体系运行，持续强化各项管理措施。经集团审核，中铝广西稀土安全得分 65.37 分，环保得分 75.05 分，较 2018 年取得了明显进步。

六、科技创新

中铝广西稀土实现新立项项目资金 1025 万元，到位资金 1561 万元（含续研）。科技创新平台建设方面，完成广西壮族自治区人才小高地、博士后工作流动站申报，及时与广西科技厅沟通汇报，做好两个“院士工作站”等科技平台维护工作。科技成果申报方面，编制完成科技项目结题验收材料 17 项，通过项目结题验收 15 项；获得 4 项成果奖，其中：广西国盛稀土冶炼产品相继获得自治区工信厅、国家工信部绿色产品认定，“稀土分离皂化废水深度处理及其循环综合利用示范项目”获 2019 年度中国有色工业科技进步奖二等奖；金源公司专利成果“X 波段新型磁性吸波材料的制备及应用”获得 2019 年度自治区技术发明奖三等奖；申请专利 37 件（获授权专利 29 件）。

2019 年科技创新数据一览表

表 5

科技创新投入（万元）	申请专利（件）	授权专利（件）	科技人员占比（%）
876	37	29	0.84

七、深化改革

中铝广西稀土通过落实“加减乘除”，不断深化改革发展，夯实动能转换基础。“加”：切实做好“2+2+2”的工作，在花山项目和境外资源实现突破；在产业链的完善上做足“加”、做好“加”，在转型升级上做深“加”，江苏国盛的铈锆，广西国盛的 SCR，广西稀土的“小细精特”产品开发。“减”：深化矿山改革，抓住时机实现矿山公司改革的终极目标；强化实体企业地位，本部管计划、管投资、管指标和工资总额，切实按“总部机关化”整改方案，企业管生产、管经营、管效益。“乘”：着力抓好科研创新平台建设和科技人才队伍建设，以南宁研发中心建设为基础，以科研项目实施为抓手，积极引进人才、培育人才，打造科技创新核心竞争力。“除”：以推进企业高质量发展、提高盈利能力为目标，抓好机关服务基层、科技服务一线工作，把做实做强实体企业作为工作的重点，不断提高企业的市场竞争力。

八、党建与企业文化建设

中铝广西稀土党委聚焦主题教育，党建引领工团，党的建设再上新台阶。深化政治建设和思想建设，深入开展“不忘初心、牢记使命”主题教育和“两带两创”活动。工会组织参加中铝集团各类技术比赛，评选 3 个优秀创意项目参加中铝集团第三届创新创意大赛；深入开展“安全，干净”班组竞赛、“示范班组”评选活动。广西国盛公司荣获广西壮族自治区“五一劳动奖状”、中铝集团2019年度先进集体。

九、履行社会责任

中铝广西稀土以建设绿色矿山、和谐矿山为重点，积极破解发展中的难题，新矿区实现“采矿无痕”，组建稀土矿业工程技术中心，建立产学研合作平台，开展离子型稀土资源环保、高效利用系统性技术研究，努力通过科技进步推动绿色矿山建设。研发并成功应用了原山浸取稀土采矿新工艺，采矿一年后，采矿区植被基本恢复，取得“采矿无痕”的突出环保成果。积极推进“自动化、信息化”管理和技术创新，建立离子型稀土矿开采工艺优化数学模型，优化勘探、开采方案设计，重点实施生产用水循环使用、废水利用工作；实施雨污分流工程和工艺液体防渗漏工程，优化注液浸矿方案和集液工艺，努力减少辅料硫酸铵的使用，实施节电节水工作，全面开展综合治理，大幅减少“三废”排放。主动承担老矿区生态恢复的历史责任，投入2500余万元，开展环境整治和植被恢复工作。老矿区生态破坏区域已完成91.6%的植被恢复工作，新增耕地400多亩。坚持精准扶贫，引导周边群众在复垦区种植甘蔗、木薯等经济作物近400亩，年增收约150万元。

十、重要纪事

3月，自然资源部发布2019年第9号公告，中铝广西稀土广西钟山—富川花山稀土矿区南矿段稀土矿等40个矿山地质环境保护与土地复垦方案通过审查。

4月28日，中铝广西稀土与有研稀土等单位共同承担的科技部科技支撑计划项目“离子型稀土矿产基地资源高效清洁开发技术研究与示范”通过验收。

6月5日，中铝广西稀土召开矿山事业部成立大会，矿山事业部正式成立。

6月12日，工业和信息化部原材料工业司司长王伟到中铝广西稀土就稀土资源开发与保障、产业发展与规划布局、稀土深加工及应用现状、稀土绿色高效开发利用等开展调研。

6月12日，中铝广西稀土《广西钟山—富川花山稀土矿区南矿段稀土矿项目环境影响评价报告》通过广西壮族自治区生态环境厅组织的专家评审。

7月15日，广西壮族自治区年中工作会议第六观摩组到中铝崇左稀土产业园调研稀土产业发展情况。

9月17日，“稀土冶炼分离废水绿色环保治理技术及装备”项目通过中国有色金属工业协会组织的专家验收。

11月13日，中铝集团党组成员、副总经理张程忠与缅甸自然资源与环保部副部长叶明水一行在南宁会谈，双方就“深化中缅矿业互利合作，促进经济共赢发展”交换意见。

11月14日，由自然资源部和广西壮族自治区人民政府主办，广西壮族自治区自然资源厅、中国稀有稀土股份有限公司等单位承办的中国—东盟及“一带一路”沿线国家矿业合作企业家对话会在广西南宁举行。

11月15日，中铝广西稀土与马来西亚霹雳州务大臣公司、诚阳控股有限公司签署合作备忘录，就深入开展稀土矿开发经营相关合作达成一致意见。

撰稿 / 黄宗东

中稀（四川）稀土有限公司

一、基本情况

中稀（四川）稀土有限公司（简称中稀四川稀土）位于四川省凉山彝族自治州德昌县，于2014年4月8日成立。中稀四川稀土注册资本8000万元，由中国稀有稀土股份有限公司、乐山盛和稀土股份有限公司、四川汉鑫矿业发展有限公司、北京有研稀土新材料股份有限公司、中国地质科学院矿产综合利用研究所5家企业共同出资组建。

中稀四川稀土采用市场化运营原则，引进中央企业、地方国企、民营企业等多种经济成分，是四川省稀土资源整合的平台，并积极推进下游应用产业。

中稀四川稀土业务范围包括：稀土有色金属矿产品、冶炼分离产品、加工产品的研究和开发；相关设备的研发和销售；技术咨询、技术转让、技术服务；项目投资；进出口业务。

通讯地址：四川省凉山州西昌市建昌西路16号。

邮政编码：615000。

2019年基本情况数据一览表

表1

资产总额（亿元）	负债率（%）	员工总数/人	学历结构	
0.86亿元	0.41	6	大学专科（人）	1
			大学本科（人）	2
			硕士（人）	2
			博士（人）	1

二、组织机构

（一）领导班子

2019年领导班子成员一览表

表2

姓名	职务	2019年职务变动
贺海钧	董事长	无

续表2

姓名	职务	2019年职务变动
杨振海	总经理、党支部书记	无
周继海	总工程师（兼）	无
杜元忠	副总经理（兼）	无
张祖炫	财务总监	无

（二）机构设置

机关部室：综合部、财务部。

暂无并表实体企业。

三、生产经营

2019 年，中稀四川稀土在全力做好推进四川稀土资源整合有关工作的同时，加强贸易工作，超额完成了中国稀有稀土总部下达的年度经济目标责任书中的利润目标。

中国稀有稀土、中稀四川稀土积极主动向国家工信部汇报四川整合思路，在 2019 年多次考察和对接工作的基础上，根据四川省经信厅、凉山州县政府、相关企业的反馈意见，认真调查、反复研究，提出了稀土整合相关方案建议，并起草了《四川省人民政府和中铝集团战略合作框架协议》。

2019 年，中稀四川稀土积极推动四川稀土整合工作和相关项目。

四川地矿局持有四川和地矿业发展有限公司（大陆槽 1 号矿）100% 产权，是中国稀有稀土最希望优先掌控的稀土资源。中国稀有稀土、中稀四川稀土与四川地矿局多次沟通，并提出两个整合方案。截至 2019 年底，大陆槽 1 号矿体的持有单位四川地矿局和托管单位盛和资源进入清算程序。

中稀四川稀土作为最小参股股东，对冕里稀土的生产、经营、财务、货款回笼等进行了认真监管。针对冕里稀土会计基础薄弱，协同建立完善财务管理、规范会计核算。持续协调盛和资源、冕里稀土、子午线公司、凉山州及冕宁县相关部门、四川省自然资源厅，推动矿权扩界申报材料的审核进程。

督促冕宁矿业做好安全环保和恢复生产工作，并依据投资协议书协调深圳盛屯获得了截至 2019 年底的 10% 投资收益。冕宁矿业由大股东深圳盛屯借款开展业务，完成弃渣历史遗留问题环境整治及验收，开展了土地征用、选厂建设、尾矿库审批等工作，并由中国地质科学院矿产综合利用研究所进行选矿实验。

银峰矿业目前处于低成本运营阶段，中稀四川稀土工作人员全面接手银峰矿业各项工作，负责日常管理、考核、财务、贸易、矿权延续、党务等业务，维持银峰矿业正常运营。积极开展排除安全隐患等工作，消除了矿部存在的安全隐患，对维护当地藏区的安全稳定具有重要意义。

四、深化改革

根据中铝集团和中国稀有稀土有关要求，中稀四川稀土及时召开了股东会议，并与四川省凉山彝族自治州德昌县工商管理部门多次沟通协调，于 2019 年 12 月 16 日收到德昌县工商部门核发的新营业执照，字号由“中铝四川稀土有限公司”变更为“中稀（四川）稀土有限公司”，并对涉及的税务变更、资质变更、产权变更、银行账户变更、更名公告等工作进行完善。

五、党建与企业文化建设

认真开展“不忘初心、牢记使命”主题教育活动。召开了“不忘初心、牢记使命”专题组织生活会，将其作为“守初心、担使命，找差距、抓落实”的一次政治体检，作为检验主题教育成效的一项重要内容。

认真开展经常性谈话谈心活动。每季度认真做好公司员工思想动态分析，按时上报季度思想动态分析报告。党建工作纪实《雪域高原小支部凝心聚力做实事》一文刊登于 2019 年 11 月 16 日的《中国有色金属报》。

银峰矿业所在地海拔高，地理位置偏僻，时有野兽出没，生活、工作条件艰苦，有的员工思想有波动，党支部及时开展谈心活动，形成了团结一致、坚守岗位的良好局面。

六、履行社会责任

中稀四川稀土作为中国稀有稀土在四川的整合平台公司，对下达稀土生产总量控制计划企业及参股企业，认真督促其落实安全、环保等保障措施，核实分配计划企业是否符合产业政策条件、资质，并积极向企业所在地工业主管部门以及自然资源主管部门做好汇报沟通。

中稀四川稀土积极响应中国稀有稀土党委向西部贫困地区献爱心活动的安排，全体 6 名员工共计捐款 2100 元；银峰矿业驻地附近村子的一位藏族同胞因电伤事故住院，矿部 3 位员工向其献爱心捐款 1500 元。

七、重要纪事

2 月 26 日，工信部副部长王江平到四川省凉山彝族自治州调研稀土产业，中铝集团党组成员、副总经理张程忠随行考察，并赴凉山州德昌县大陆槽 1 号矿体、3 号矿体现场具体调研。

6 月 25 日，中国稀有稀土董事长冷正旭率中稀四川稀土负责人到成都市参加四川省政府组织召开的 2019 川商发展大会。

11 月 15 日，中稀四川稀土全体股东以通讯形式召开 2019 年第一次临时股东会。

撰稿 / 吴　磊

中稀国际贸易有限公司

一、基本情况

中稀国际贸易有限公司（简称中稀国贸）位于天津自贸试验区（东疆保税港区）。

主营业务：自营和代理货物及技术进出口；稀土氧化物、碳酸稀土、氯化稀土、混合稀土金属、稀土合金、磁材、催化剂等稀土贸易业务。

通讯地址：天津市滨海新区融和路 681 号宝策大厦十楼。

2019 年基础数据一览表

表 1

资产总额（万元）	负债率（%）	员工总数（人）	学历结构	
11457.78	58.20	10	大学专科及以下（人）	1
			大学本科（人）	7
			硕士及以上（人）	2

二、组织机构

2019 年领导班子成员一览表

表 2

姓名	职务	2019 年职务变动
黄玮泽	总经理	2 月任职
赵世伟	副总经理（兼）	—
郝　鑫	副总经理	7 月任职
曾　麓	财务总监	—

三、生产经营

2019 年主要生产经营指标一览表

表 3

指标名称		2018年	2019 年	同比增长（%）
销售收入	（亿元）	5.61	5.97	6.42
利润额	（亿元）	−0.108	0.06	158
纳税额	（亿元）	0.02	0.04	100%
人身伤亡事故	（起）	0	0	—

续表 3

指标名称		2018年	2019年	同比增长（%）
工亡人数	（人）	0	0	—
重伤人数	（人）	0	0	—
轻伤人数	（人）	0	0	—

四、深化改革

与民营贸易公司对标，进行组织机构、人力资源等方面改革，取消综合部、财务部、业务部等部门设置，实行一岗多责、一人多岗。改革后不产生直接效益的非生产人员只有 3 人，其余人员全部对外开展业务并承担业绩指标。

强化激励，从创造效益和节约成本两方面对全体员工进行考核，对超过指标部分，按超额部分净利润的 20% 提成；坚决辞退不能胜任岗位或富余的人员，年内辞退员工 2 人；实施对业务人员的“子公司”化自主管理模式，把每一个业务人员作为一个“子公司”进行考核。

充分利用钉钉平台，实现了办公、考勤、风控、合同审批、会议等的网络化、无纸化、异地化，大幅提高了工作效率，同时节约了大量的办公成本。

五、重要纪事

7 月 23 日，中铝集团党组成员、副总经理张程忠视察中稀国贸。

撰稿 / 孙志兴

中稀依诺威（山东）磁性材料有限公司

一、基本情况

中稀依诺威（山东）磁性材料有限公司（简称中稀依诺威）位于山东省肥城市高新技术开发区工业三路311号，成立于2015年12月，注册资本5000万元，由中国稀有稀土股份有限公司（控股51%）和山东依诺威强磁材料有限公司（参股49%）两位股东组成。主要生产和经营烧结钕铁硼永磁材料及器件，兼营钐钴、铝镍钴、铁氧体等磁体产品。

2019年基本情况数据一览表

表1

主要产品产能	资产总额（亿元）	负债率（%）	员工总数（人）	学历结构	
高性能钕铁硼强磁材料：1000吨/年	1.2	56	91	大学专科及以下（人）	82
				大学本科（人）	8
				硕士及以上（人）	1

二、组织机构

（一）领导班子

2019年领导班子成员一览表

表2

姓名	职务	2019年职务变动
张书凯	总经理	—
董贤庭	副总经理	9月任职
李山祥	副总经理	—
胡秀丽	财务总监	6月任职
华秋生	财务总监	5月离职
黄秀启	副总经理	5月离职

续表2

姓名	职务	2019年职务变动
郝　鑫	副总经理	7月离职

（二）机构设置

职能部门：生产部、营销部、财务部、综合部。

生产单位：一车间、二车间。

三、生产经营

2019年，中稀依诺威强化生产运营管理。一是优化改进产品配方和生产工艺，灵活调整生产策略，订单持续向中高端倾斜，全年中高端产品比例70%以上。磁体坯料合格率96.10%，退货率0.31%，客户满意率99%。二是灵活调整销售策略，全年成品订单比例超40%，前5家重点大客户占比60%以上。严格信用管理，修订了信用管理办法，完善了授信业务流程。三是拓展国际市场，对日本东洋电机实现批量供货，对部分其他日本客户进行了试单。

2019年主要生产经营指标一览表

表3

指标名称		2018年	2019年	同比增长（%）
主要产品产量	（吨）	550	600	9.1
工业产值	（亿元）	0.93	0.96	3.2
销售收入	（亿元）	0.94	1.15	22.3
利润额	（万元）	−61	15.38	125.2
纳税额	（万元）	97	77	−20.6
人身伤亡事故	（起）	0	0	—
工亡人数	（人）	0	0	—
重伤人数	（人）	0	0	—

四、重大发展项目

2019年，中稀依诺威投资760万元，开展了设备填平补齐升级改造项目，在关键工序补充了关键生产设备。截至年底，已完成原有生产线设备搬迁安装及主要主体设备安装调试运行。

2019年重大项目情况一览表

表4

项目名称	设计规模	投资规模（万元）	当年完成投资额（万元）	年内项目建设形象进度
设备填平补齐升级改造	可新增产能300吨左右	760	684	完成原有生产线设备搬迁安装及主要主体设备安装调试运行

五、企业管理

（一）**持续深化“三大攻坚战”**。一是强化安全攻坚。健全完善安全生产管理制度、机制，增加生产领域业务外包合同安全刚性约束条款，将业务外包合同管理纳入安全生产管理。持续开展“安全、干净”班组竞赛，实现了全覆盖。充实安全环保队伍，开展了安全环保业务培训和事故警示教育。定期开展安全自查，每月开展风险辨识评价、隐患排查情况及问题整改。二是强化环保攻坚。进一步落实环保管理制度、岗位责任制，完善了环保履职考核机制，实施环保全过程监控，定期开展厂区、现场环境卫生整治。迎接中央环保督查华东局环保现场检查，对发现的2条问题进行了整改。三是强化质量攻坚。进一步理顺了质量管理体系，并严格质量管理及考核，全年产品缺角率降至3.25%，创建厂以来最好水平。通过了IATF16949体系认证，顺利拿到证书。

（二）**持续深化精准管理**。一是持续推进了精准管理。推广应用精准管理先进成果及经验，开展了生产现场岗位专项提升活动。二是持续推进了内控管理。完成了体系建设，建立了完善有效的内控管理体系。三是健全完善了全面风险管理体系、制度和机制，严格重大风险监控和报告，落实管控措施。四是持续推进了问题整改。加强中央巡视、中央环保督察、中铝集团巡视、板块巡察反馈问题、各级地方政府安全环保查出问题及问题清单整改，整改率89%。建章立制，制修订各类制度15项。

六、科技创新

强化重点项目科研攻关。成功研发45UH、

48SH、50SH 等高牌号、高性能产品，并已工业化生产。高丰度含钇磁材项目完成年度既定目标，部分产品初步具备工业化生产、批量供应市场能力。研制开发的无重或少重稀土高性能磁体产品，部分品种投入批量生产并供应市场。以高丰度含钇磁材项目为基础，申报了山东省重大科技创新工程项目，项目 2019 年 5 月启动。

持续实施科技创新。申报的 4 项实用新型专利获得授权通知书。完成科研项目 3 项、新产品开发 2 项，工艺技术改进优化 1 项。获得中铝集团银点子 1 项。创建并启用了创新工作室。

2019 年科技创新数据一览表

表 5

科技创新投入（万元）	申请专利（件）	授权专利（件）	科技人员占比（%）
547	0	4	15

七、党建与企业文化建设

加强思想政治建设。坚持“两学一做”常态化、制度化，制定了思想政治教育及学习计划，开展了专题学习。

开展“不忘初心、牢记使命”主题教育。成立了领导机构，制定了实施方案，认真开展了学习教育、调查研究、问题检视，强化问题整改，解决了一些制约公司高质量发展、影响企业经营业绩提升及员工关心关注的问题。

加强“三基建设”。变更了党组织隶属关系。开展了标准化党支部建设，建设并启用了标准化党支部学习室。

加强企业文化及群团建设。参加中铝集团第二期企业文化调研，开展了企业文化主题活动。落实职工思想动态和工会重点工作调研机制，开展了群众性劳动竞赛、小改小革、合理化建议征集等活动。

八、履行社会责任

坚持与供货商、客户平等合作，以合同为准则，以质量为保障，加强沟通交流，实现合作共赢。

落实厂务公开制度，定期公开重大事项、重要信息。落实员工关心关爱机制，对困难员工进行走访慰问，对婚丧嫁娶的员工进行看望慰问。

组织员工进行职业健康查体，及时足量为员工提供劳保用品。

九、重要纪事

2019 年，中稀依诺威赢利 15.38 万元，实现了扭亏为盈。

2019 年，以高丰度含钇磁材项目为基础，申报了山东省重大科技创新工程项目，获得山东省大额财政补贴 1230 万元。

2019 年，实现了安全、环保零事故，质量同比提升。

撰稿 / 王敬文

中铝国际工程股份有限公司

一、基本情况

中铝国际工程股份有限公司（简称中铝国际）前身为中铝国际工程有限责任公司，于2003年11月6日经中国铝业公司批准组建，同年12月16日经国家工商行政管理总局批准注册成立。2012年7月6日中铝国际在香港联交所主板成功上市（股票代码为：2068），2018年8月31日中铝国际在上海证交所挂牌上市（股票代码为：601068）。

截至2019年底，中铝国际拥有4家有色金属冶炼设计研究院、2家有色金属勘察设计研究院、1家有色金属加工设计研究院、5家大型冶建企业，旗下企业在过去60年里承担了近百项国家重点科研项目。

中铝国际业务涉及多个行业，范围覆盖30个省（自治区、直辖市），多次荣获优秀工程勘察和优秀工程设计金奖、银奖、铜奖，以及工程建设鲁班奖。

2019年基本情况数据一览表

表1

资产总额（亿元）	负债率（%）	员工总数（人）	平均年龄（岁）	学历结构	
564	72	14685	39	大学专科及以下（人）	6569
				大学本科（人）	6797
				硕士及以上（人）	1319

二、组织机构

（一）领导班子

2019年领导班子成员一览表

表2

姓名	职务	2019年职务变动
贺志辉	党委书记、董事长、工会主席	2019年1—2月
武建强	党委书记、董事长	2019年2—12月
宗小平	党委副书记、总裁、董事	—

续表2

姓名	职务	2019年职务变动
王永红	副总裁、安全总监	—
吴志刚	副总裁、董事	—
范光生	党委副书记、纪委书记、监事会主席、职工代表监事	2019年3—12月
刘瑞平	副总裁	—
贺斌聪	党委副书记、纪委书记、监事会主席、职工代表监事	2019年1—3月

续表 2

姓名	职务	2019 年职务变动
张　建	财务总监、董事、董事会秘书	—
毕效革	副总裁	—

（二）机构设置

机关部室：总裁办公室（董事会办公室）、党委工作部（人力资源部）、纪检监察部、财务部、市场开发部、企业管理部（科技管理部）、安全生产管理部、法务与风控部。

二级单位：沈阳铝镁设计研究院有限公司、贵阳铝镁设计研究院有限公司、长沙有色冶金设计研究院有限公司、中色科技股份有限公司、长沙勘察设计研究院有限公司、昆明勘察设计研究院有限公司、昆明有色冶金设计研究院股份公司（托管）、中国有色金属工业第六冶金建设有限公司、中国有色金属工业第九冶金建设有限公司、中色十二冶金建设有限公司、中铝西南建设投资有限公司、中铝国际（天津）建设有限公司、中铝山东工程技术有限公司、中铝国际技术发展有限公司、中铝国际工程设备有限公司、北京紫宸投资发展有限公司、中铝国际铝材科技产业有限公司、中铝国际香港有限公司。

三、生产经营

有色市场继续拓展。中铝国际及成员企业深耕有色市场，发挥独有的专利技术和产业链优势，继续巩固和强化有色行业领军地位：沈阳院签订的赤峰氧化铝项目，是沈阳院首个从可研到施工图全过程参与的项目；贵阳院利用专有技术，成功签订安顺电解 EPC、豫联集团中孚搬迁等电解铝项目；长沙院强化大客户理念，签订了中金岭南丹霞冶炼锌渣绿色化升级改造项目。

民用市场不断扩大。重点立足市政基础设施建设，不断扩大民用市场占有率。年内，中铝国际与华侨城云南集团合作的普洱康养小镇项目、与内蒙古平台公司合作的和林格尔新区市政道路项目、与四川铁投合作的宜宾智轨等一系列重点项目相继落地或建成。整合内外部优势资源推进工程用铝业务，一次性中标赤峰 6 座铝天桥项目。

区域布局初显成效。六冶以深耕云南及贵州盘县市场为抓手，全年实现合同新突破；九冶形成了“1 个营销总部 +N 个营销中心”的营销体系；十二冶中标河南项城产业聚集区棚改区项目，创十二冶单项合同额历史新高；昆勘院持续深化与大型优质房地产商合作，继续保持了云南市场较高的占有率。

海外市场态势良好。中铝国际本部与沈阳院携手，成功签署意大利维斯梅港电解铝项目，实现了首次将具有自主知识产权的电解铝技术输出到欧盟国家；印尼曼帕瓦 100 万吨氧化铝项目已签署 EPC 合同。

2019 年主要生产经营指标一览表

表 3

指标名称	2018年	2019年	同比增长（%）
销售收入（亿元）	335	310.60	−13.88
利润额（亿元）	6.56	3.45	−66.99
所有者权益（亿元）	132	153.95	26.94
纳税额（亿元）	7.7	7.47	−18.72
净资产收益率（%）	3.86%	1.56	−4.70

四、板块建设

（一）运营管理

截至 2019 年底，中铝国际已具备 1+3 资质结构，除工程业绩以外，申报指标均已达到住建部现行规定要求。

修订了市场营销、扩大铝应用、“两金”清欠及项目管理考核激励办法；完善了年度绩效考核及薪酬分配方案；在长沙院和六冶开展分红激励试点；通过一系列激励措施，激发企业内生动力。加强了成员企业间协同管理，出台了《市场营销协同管理规定（试行）》等系列规定，规范了市场开发秩序。

连续 5 年荣获中国证券金紫荆奖——“最佳公司治理上市公司”奖和“年度卓越 CFO”奖；在 300 余家央企上市公司中脱颖而出入选央企创新驱动指数成分股清单；中铝国际本部取得高新企业认定证书。年内对 20 余项低效闲置资产进行盘活。按照昆明院托管方案，加快了本部与昆明院的工作对接。“三供一业”34 个项目均已完成移交，移交率为 100%。

（二）重大项目进展

承建工程进展：截至 2019 年底，赤峰铜项目提前产出第一批阴极铜，实现 1 个月达产达标的承诺；华昇项目全面进入设备安装阶段；文山项目已开工子项基本满足进度要求；白音华项目在现场召开了标杆项目观摩大会，项目现场管理标准化和信息化得到提升；云南高速公路群项目科学组织、严格奖惩，项目正在稳步推进。

（三）安全环保

完成了安全环保“一岗双责”清单全覆盖，持续推进职业健康安全环保精准管理体系及风险分级管控体系的建设工作，通过开展“领导进班组、全员管安全”“安全卫士”评选和生产设备专项治理等多项活动，夯实了安全管理基础。中铝国际首次实现全年安全、环保、质量三项事故为零的好成绩。

（四）其他工作亮点

一批科技成果获奖。中铝国际全年有 1 项成果获贵州省科技进步一等奖，2 项成果分别获湖南省科技进步一等奖和二等奖，1 项成果获得“第二十一届中国专利奖优秀奖”，10 项成果分别获得有色协会科学技术一、二、三等奖，2 项成果获得行业协会工程建设科学技术奖二等奖，有 11 项重要技术成果，经行业协会评定为国际领先水平。中铝国际山东工程“物联网在企业物流信息管理中的应用”项目荣获“中铝国际杯”中铝集团第三届创新创意大赛决赛“工业与商业服务”三等奖；中铝国际“KTEM 多旋翼无人机瞬变电磁采集设备”荣获中铝集团 2018—2019 年度“银点子”奖项。中铝国际荣获“中铝国际杯”中铝集团第三届创新创意大赛优秀组织奖。

一批重要成果脱颖而出。沈阳院研发的 500 千安、600 千安高效能超大型铝电解槽技术，在国内外电解铝项目得到应用；贵阳院首创的“铝电解系列安全不间断生产与维护新工艺”，解决了行业技术难题，并出口印度等国家；长沙院“硫化铜精矿加压浸出铜冶炼及综合利用技术研究”取得重大突破，成功列入科技部重点研发计划国际合作专项；山东工程凭借在国内处于行业领先地位的分子筛技术，成为行业核心设备提供商；技术公司主导的拜耳法赤泥两组分烧结新技术在集团内得到推广应用。

科研平台持续增加。沈阳院筹建的铝工业节能环保技术国家地方联合工程研究中心正式挂牌；长沙院第 4 家省级科技创新平台申报成功，并获批湖南省企业技术中心创新平台；长勘院申报的“湖南省矿山安全智能化监控技术与装备工程技术研究中心”获湖南省科技厅批准；截至 2019 年底，中铝国际拥有国家级创新平台数量增至 6 家、省级创新平台增至 15 家。

党建工作成果丰硕。中铝国际荣获中铝集团“不忘初心、牢记使命”党务人员技能比武决赛二等奖；中铝国际党委代表队一队荣获中铝集团“不忘初心、牢记使命”党务人员技能比武“情景模拟剧”单项优胜奖，中铝国际昆明有色张燕荣、孙沛江，中铝国际山东工程赵秋梦、李秀玉荣获“不忘初心、牢记使命”党务人员技能比武“理论测试”单项优胜奖；中铝国际昆明院王鹤文荣获中铝集团庆祝新中国成立 70 周年系列活动“我和祖国共成长”中铝故事二等奖。

五、重要纪事

1 月 8 日，在中共中央、国务院召开的 2018 年度国家科学技术奖励大会上，长沙院与深圳市中金岭南有色金属股份有限公司、北京矿冶科技集团有限公司等单位共同完成的“锌清洁冶炼与高效利用关键技术和装备”技术荣获国家科学技术进步二等奖。

1 月，在中国国家知识产权局和世界知识产权组织 (WIPO) 共同主办的第二十届中国专利奖颁奖大会上，长沙院开发的“一种控制硫化锌精矿加压浸出物料粒径的方法”（专利号 ZL201210474376.7）荣获中国专利优秀奖。

是月，在中国有色金属建设协会组织的 2018 年度优秀思想政治工作优秀论文评选活动中，中铝国际所属企业获优秀论文一、二、三等奖共计 10 篇。

是月，中铝集团对在 2018 年全面完成质量攻坚战各项任务中做出突出贡献的单位和个人进行了表彰：中色科技制造的“有色金属板带轧制装备”获首届中铝产品质量奖，获 20 万元奖励；九冶固荣获“2016—2017 年度国家优质工程奖”，获得 20 万元奖励。

是月，昆勘院获云南省科学技术厅、省财政厅、省国家税务局和省地方税务局联合颁发的高新技术企业证书，有效期为 3 年。根据相关规定，自获得高新技术企业重新认定后连续三年内（2019—2021 年）昆勘院将享受高新技术企业的相关优惠政策。

2 月 21 日，中铝集团党组对中铝国际领导班子进行调整：武建强任中铝国际党委书记、董事，为董事长建议人选；贺志辉调任中铝股份总裁、党委副书记，不再担任中铝国际党委书记、董事长、工会主席职务。

2 月，世界著名品牌大会（WFBA）在加拿大温哥华公布“2018 年度中国著名品牌 500 强”名单。中铝国际入选铝业类品牌企业。

4 月 26 日，经财政部批准、由财政部《新理财》杂志社主办的 “第十四届中国 CFO 大会暨 2018 中国 CFO 年度人物颁奖典礼” 在北京举行。经过专家投票打分，共产生了 12 名“2018 中国 CFO 优秀人物”，中铝国际的张建名列其中。

6 月 12 日，2019 年度有色金属工业工程质量监督工作会议在南京召开，会议表彰了 2017—2018 年度中国有色金属行业优质工程。中铝国际成员企业承揽的 5 个工程及子项被评为年度中国有色金属行业（部级）优质工程。

7 月 9 日，中铝国际成功发行 10 亿元超短融，期限 270 天，利率 3.5%。发行利率比同期银行基准贷款利率下降 20%。

7 月 10 日，财富中文网发布了 2019 年《财富》中国 500 强排行榜，中铝国际在其年度 500 强榜单中排名第 264 位。

7 月 25 日，美国《工程新闻纪录》（ENR）揭晓 2019 年“全球工程设计公司 150 强”和“国际工程设计公司 225 强”榜单：中铝国际营业收入位列“全球工程设计公司 150 强”榜单 80 位，海外收入位列“国际工程设计公司 225 强”榜单 104 位，在两榜的排名均较上年度提升 19 位。

8 月 21 日，《工程新闻纪录》（ENR）杂志公布了 2019 年度全球承包商 250 强和国际承包商 250 强榜单。中铝国际再上双榜，列 2019 年度国际承包商 250 强第 209 位；列 2019 年度全球承包商 250 强第 74 位，较上年前进 13 位。

9 月 4 日至 6 日，由国际铝土矿、氧化铝及铝行业协会（IBAAS）联合贵阳院主办，主题为“氧化铝、电解铝、铝加工、节能 环 保 及智能制造等技术进步 —— 聚焦中国”的第八届 IBAAS 国际会展在贵阳召开。中铝集团党组成员、副总经理张程忠出席并致欢迎辞。

11 月 4 日，中国施工企业管理协会公布了 2018—2019 年度第二批“国家优质工程奖”入选工程名单，中铝国际所属单位的 7 个项目荣获“国家优质工程奖”。

12 月 5 日，由香港大公文汇传媒集团联合北京上市公司协会、香港中国企业协会、香港中国金融协会、香港中资证券业协会、香港特许秘书公会、香港证券学会等两地权威机构共同举办的“波澜壮阔 70 年——第九届中国证券金紫荆奖颁奖典礼”在香港隆重举行，中铝国际工程股份有限公司荣获“最佳公司治理上市公司”奖，财务总监张建荣获“年度卓越 CFO”奖。

12 月 10 日，中铝国际所承建的 3 项工程项目荣获中国建筑业协会评选的 2018—2019 年度中国建设工程鲁班奖，这是中铝国际成立以来，年度获得“鲁班奖”最多的一次。

12 月 12 日，由中铝集团、中铝国际、六冶与雄安新区瑞安学校联合举办的“雄安新区中铝集团技能大师工作室”揭牌仪式在雄安新区举行。全国劳动模范、全国“五一劳动奖章”获得者、国务院政府特殊津贴专家、电焊工高级技师杨红雷受聘为该工作室首席专家，这是在雄安新区成立的首个技能大师工作室。

撰稿 / 张　婷

沈阳铝镁设计研究院有限公司

一、基本情况

沈阳铝镁设计研究院有限公司（简称沈阳院）始建于 1951 年，隶属于世界 500 强企业中国铝业集团有限公司，是中铝国际工程股份有限公司的成员企业，是国家最早建立的大型综合性甲级设计研究单位，是全国勘察设计综合实力百强单位，是国家级“守合同、重信用”单位。

沈阳院专业齐全、业务范围广泛，能够全方位满足国内外工程项目的合作需求，是一家集科技研发、工程咨询、工程设计、节能环保设备、智能化控制、工程总承包于一体的国际工程公司。

沈阳院拥有先进的工程技术中心和产业化基地，建有国家级铝工业节能环保技术工程研究中心和 6 个省部级工程技术研究中心，获得国家、省、部级科技进步奖和优秀工程设计咨询奖 500 余项，拥有有效专利 550 余件，国际专利 120 余件次，主编或参编国家和行业标准 15 项。

沈阳院坚定实施国际化发展战略，业务遍及全球 40 多个国家和地区，拥有专业的国际项目管理体系和实施团队。2019 年，沈阳院签订的意大利电解铝复产升级改造项目，将自主创新的电解技术输出欧洲发达国家。

沈阳院本部位于辽宁省沈阳市和平区和平北大街 184 号。

2019 年基本情况数据一览表

表 1

资产总额（亿元）	负债率（%）	员工总数（人）	学历结构	
24.49	62.34	654	中专及以下（人）	48
			大学专科（人）	74
			大学本科（人）	321
			硕士及以上（人）	211

二、组织机构

（一）领导班子

2019 年领导班子成员一览表

表 2

姓名	职务	2019 年职务变动
马　宁	党委书记、执行董事、总经理	2 月始任

续表 2

姓名	职务	2019 年职务变动
阮左正	党委书记、执行董事、总经理	2 月离任
朱佳明	党委副书记、副总经理	—
姜跃华	副总经理、总工程师	—
周凤禄	副总经理	4 月离任
步　前	党委副书记、纪委书记	2 月始任
刘　义	副总经理	10 月始任
邱　阳	副总经理	10 月始任

（二）机构设置

职能部门：项目管理部、设计管理部、专家办公室、国内业务部、海外事业部、法务与合规部、科技管理部、企业管理部、安全环保健康部、总经理办公室、督办工作部、财务部、纪检监察审计部、人力资源部、党委工作部、工会。

生产科室：氧化铝室、电解铝室、电力自动化室、土建室、公用工程室、工程经济室、工程技术中心、康加陆建筑设计事务所。

二级公司：沈阳博宇科技有限责任公司、沈阳铝镁科技有限公司、沈阳铝镁设计研究院建设监理有限公司、北京华宇天控科技有限公司。

三、生产经营

2019 年，沈阳院成功签订赤峰启辉氧化铝、云南文山项目电解槽及母线设计、茂名石油焦煅烧等项目。

2019 年，协助中铝国际成功签署意大利电解铝厂复产及升级改造项目合同，该项目是我国自主知识产权的电解铝技术首次输出到欧盟国家。协助中铝国际成功签署印尼 BAI 氧化铝项目总承包合同，签署印尼拉曼氧化铝 FEED 设计合同。沈阳院实施的南非煅烧焦项目，考核指标全部达标，获得圆满收官。沈阳院国际市场开拓的突出业绩获得中铝集团、中铝国际充分肯定，获得 2019 年中铝国际总裁特别奖。

2019 年主要生产经营指标一览表

表 3

指标名称		2018年	2019 年	同比增长（%）
销售收入	（亿元）	18.11	17.02	−6.02
利润额	（亿元）	0.44	1.54	250.00
纳税额	（亿元）	0.30	0.40	33.33

四、企业管理

建立起国际项目高阶段设计管理体系。结合中铝印尼、中铝几内亚氧化铝项目银行级可研合同的执行，形成全套银行级可研阶段设计管理及设计成品文件标准化模板，编制专项工作制度 10 余项，编制管理类、文件类标准化模板 30 余项。

首次将质量、环境和职业健康安全 QHSE 三体系与安全环保精准管理系 CAHSE 相结合审核，由企业管理部、安全环保健康部联合组织生产部门共同组成内审组，联合审核。

强化安全“一岗双责”责任清单及履职考核，实行生产经营与安全工作同部署、同落实。进一步完善风险防控制度和流程，强化风险预警和监控，确保重大风险可控。

五、科技创新

2019 年 1 月 31 日，“铝工业节能环保技术国家地方联合工程研究中心”获得国家发展和改革委员会批准成立。4 月 2 日，国家级工程研究中心正式揭牌。截至 2019 年底，沈阳院已建成“一个

国家级 + 六个省级”的科技创新大平台。2019 年，沈阳院新签科研合同超过 1000 万元，到账科研经费 1300 余万元。

2019 年，沈阳院印发《专利申请评审实施细则》。沈阳院“大型氧化铝气态悬浮焙烧炉系统的研发与应用”“基于全价值链信息集成的铝电解云端 MES 系统的研发与应用”两项科技成果通过协会评价，被认定为国际先进和国际领先水平。

2019 年科技创新数据一览表

表 4

科技创新投入（万元）	申请专利（件）	授权专利（件）	科技人员占比（%）
4046	50	17	41

六、深化改革

修订完善了科技创新奖励、项目市场营销考核激励、工程总承包项目薪酬等 10 项激励政策，政策覆盖两金清欠、工程用铝等重点专项工作。

针对海外项目开发和实施的特点，组建海外事业部。将项目管理部拆分成设计管理部和项目管理部，设置项目部管理部内设机构。成立法务与合规部，负责法律事务和两金工作。组织机构的调整，为理顺管理职责、强化专业管理奠定坚实基础。

七、党建与企业文化建设

沈阳院党委扎实开展“不忘初心、牢记使命”主题教育。召开中共沈阳院第十五次党代会，确定今后 5 年工作思路和重点工作，选举产生新一届党的委员会和纪律检查委员会。

积极组织“七个一”系列活动喜迎中华人民共和国成立 70 周年。组织拍摄《匠心》《我和我的祖国》《为祖国祝福》微视频，分别荣获中铝集团喜迎中华人民共和国成立 70 周年系列活动一等奖、最佳组织奖和特别组织奖。精心组织“辩思企业发展 · 辩响铝镁乐章”辩论赛。

八、社会责任

沈阳院积极响应国家环保政策，积极推广焙烧炉烟气净化及脱硫环保技术、沥青烟蓄热式焚烧环保技术。研制的“大型氧化铝气态悬浮焙烧炉系统的研发与应用”项目，是目前国际上主炉结构最大的焙烧系统，实际运用中有效降低了运行成本，各项经济技术指标优异，环保指标明显优化研制的蓄热式焚烧炉（RTO）烟气处理系统成功在国内铝厂应用。攻克设备制作难题，开发出联合法治理技术，适合处理含水、含尘的浓度高沥青烟气，各项排放指标均低于国家限定值，能耗指标明显降低。

沈阳院积极响应沈阳市教科工委为沈阳实现新一轮全面振兴助力的呼吁，为新民市大红旗镇三合村捐建“红烛家园”红色乡村文化广场一个，帮助建设红色乡村文化广场。

九、重要纪事

2 月 14 日，中铝集团党组成员、副总经理张程忠参加沈阳院干部大会，宣布中铝集团党组关于调整沈阳院班子成员任职的决定。马宁任职沈阳院党委书记、执行董事、总经理。

4 月 2 日，铝工业节能环保技术国家地方联合工程研究中心揭牌仪式在沈阳院举行。

6 月 18 日，中铝集团党组成员、副总经理张程忠到沈阳院调研指导工作。

7 月 5—6 日，中铝集团党组成员、副总经理卢东亮到沈阳院进行“不忘初心、牢记使命”主题教育调研。

8月29日，中铝集团纪检监察组组长、党组成员许质武到沈阳院调研。

10月16日，中铝集团党组成员、总会计师叶国华到沈阳院调研。

12月10日，以沈阳院为实施主体的总承包项目“越南仁基650千吨/年氧化铝项目”荣获中国建筑业协会颁发的中国建设工程鲁班奖（境外优质工程）。

12月19日，沈阳院“大型氧化铝气态悬浮焙烧炉系统的研发与应用”通过中国有色金属工业协会科技成果评价。

12月27日，沈阳院与赤峰启辉铝业发展有限公司在沈阳院签订年产650万吨氧化铝项目设计合同。

撰稿/韩齐卓

贵阳铝镁设计研究院有限公司

一、基本情况

贵阳铝镁设计研究院有限公司（简称贵阳院）成立于1958年，隶属于中国铝业集团有限公司，是中铝国际工程股份有限公司的成员企业，是我国最具实力的轻金属冶炼设计科研单位之一，拥有国家铝镁电解装备工程技术研究中心、博士后工作站、国家企业技术中心，是本行业领域21家重点高校、科研院所、大型企业“产学研联盟”的依托单位。

贵阳院成立以来，先后承担过国内外各类工程设计1000余项和国家863项目、国家重点科技攻关项目60余项，获国家级科技进步奖及优秀设计金（银）奖60余项，省部级奖400余项。

通讯地址：贵州省贵阳市观山湖区金朱西路2号。

2019年基本情况数据一览表

表1

资产总额（亿元）	负债率（%）	员工总数（人）	平均年龄（岁）	学历结构	
39.66	71.23	700	38	大学专科及以下（人）	101
				大学本科（人）	424
				硕士及以上（人）	175

二、组织机构

（一）领导班子

2019年领导班子成员一览表

表2

姓名	职务	2019年职务变动
吕维宁	党委书记、执行董事	—
袁　赤	党委书记、总经理	—

续表2

姓名	职务	2019年职务变动
颜　彪	党委副书记、纪委书记	—
刘　迅	党委委员、副总经理	—
宁前进	党委委员、副总经理	—
骆先庆	党委副书记、副总经理	—
周文科	党委委员、财务总监	—

（二）机构设置

党群系统：党群工作部、纪检监察部、巡察办公室。

职能管理部门：总经理办公室、人力资源部、财务部、企业管理部、审计部、技术管理部、质量安全环保部、两金压控办公室、老院区管理服务中心。

经营科研生产部门：国内业务部、国际业务部、设计管理部/专家办公室/信档文印室/三维小组、冶金工程分院、市政环保分院、电气工程分院、建筑设计院/铝应用工程事业部、技术研发中心、总承包业务部、物业管理部、博士后工作站、国家铝镁电解装备工程技术研究中心、铝电解工程事业部、工程造价事业部、中铝国际海外项目实施一部。

二级公司：贵阳振兴铝镁科技产业发展有限公司、贵州创新轻金属工艺装备工程技术研究中心有限公司、贵阳新宇建设监理有限公司、贵阳铝镁设计研究院工程承包有限公司、贵州顺安机电设备有限公司、贵州匀都置业有限公司。

三、生产经营

贵阳院加大有色设计市场的跟踪，签订安顺电解 EPC、豫联集团中孚搬迁、昭通二期、云南文山等电解铝项目。签订灵石赤泥固废利用、三门峡铝业湿法脱硫、遵义东能氧化铝安全设施设计及节能评估报告合同。签订神华高铝粉煤灰综合利用项目设计合同。

国际市场上，与印度 VEDANTA 公司签订了600万吨氧化铝及300万吨电解铝产能提升项目谅解备忘录。积极拓展澳大利亚新兴市场，深度开发力拓高端客户，并探索澳洲尾矿堆场闭库新业务。与塞拉利昂全国仅有的2家铝土矿生产商建立了合作关系。自主执行的 RainCarbon 项目设计供货合同顺利推进。

继续巩固石墨电极设计绝对优势地位，签订山西梅山湖、平顶山旭阳、方大眉山蓉光、中冶南方邯郸武彭炭砖、方大合肥、中石化镇江焦化针状焦煅烧等项目设计合同。

建设工程顺利推进。遵义二期项目顺利完成；中电投务川项目焙烧炉具备烘炉条件。高压辊终粉磨系统投料试车。中铝华昇氧化铝蒸发项目、华银项目按计划顺利推进。广西华磊项目电解车间、净化车间、整流系统获部优工程奖。

设计的云南鹤庆、四川林丰、云南神火等电解项目和山东八三、吉蒙、源鑫等炭素项目相继投产；设计的国电投务川氧化铝、华昇氧化铝顺利推进。

2019年主要生产经营指标一览表

表3

指标名称		2018年	2019年	同比增长（%）
销售收入	（亿元）	17.33	11.48	−33.76
利润额	（亿元）	1.05	0.44	−57.8
纳税额	（亿元）	0.34	0.57	67.65
净资产收益率	（%）	5.03%	2.12%	下降2.91个百分点

四、企业管理

根据转型发展需要，选定攀成德管理咨询公司为企业开展组织机构、薪酬激励、绩效考核、运营模式、职业通道等方面的管理咨询工作，推进企业深化改革。

积极推进实施差异化绩效考核体系，对创收创效部门，实行年度绩效考核指标与部门年度工资总额基数挂钩。结合转型发展实际，修订了市场营销、项目管理、两金清欠、扩大铝应用 4 个激励政策。制定《三年降本增效方案》，加强财务管控。贷款利率从年初 5.61% 压降至 4.78%。

五、科技创新

依托“3 个国家级 +3 个省级 + 中铝中央研究院贵阳分院”创新平台，开展技术创新。申报并获得中铝集团青年科技人才启明星计划项目 2 项。

国家铝镁电解装备工程技术研究中心能力建设、铝电解智能管控关键技术研究及产业化、铝用碳阳极钢结构的高温腐蚀机理及危害研究、复杂铝电解质氧化铝溶解性能研究、铝电解槽巡检机器人、中国制造 2025——有色金属工业核心领域技术规划及智能化工厂框架设计、装配式建筑应用研究等 7 项课题通过结题验收。

遵义铝业的生产管理驾驶舱和部分铝电解 MES 功能模块投入使用。遵义电解铝、华昇氧化铝、中铝云南文山电解铝等多个项目智能制造初步设计通过评审。揭榜工信部“新一代人工智能产业创新重点任务”——“智能铝电解多功能机组核心装置”，获得工信部的重点支持。

与株洲天桥联合研制的“大型槽用铝电解多功能机组关键技术及应用”被刘友梅院士为组长的专家组一致评价为“项目创新突出，整体技术达到国际先进水平”，并获得湖南省 2019 年度科技进步一等奖。“炭素及石墨制品沥青烟气全流程吸附净化技术”经中国有色金属工业协会鉴定达到国际先进水平。通过审核完成国家级企业技术中心、高新技术企业的再认定。“双阳极扭拔机构及打壳机构的连接方法及其装置”荣获中国优秀专利奖。首创的“铝电解系列安全不间断生产与维护新工艺”，解决了特大槽安全停开、带电焊接等在线生产与维护难题，在全国数十个铝电解系列中推广应用，并出口印度等国，取得显著的经济和社会效益，荣获贵州省科技进步一等奖。

2019 年科技创新数据一览表

表 4

科技创新投入（万元）	申请专利（件）	授权专利（件）	科技人员占比（%）
3113	50	33	40

六、深化改革

致力高质量发展，明确“一主一拓”业务定位，制定了“2+3”科技发展规划。

开展了新一轮干部选拔聘任工作，贵阳院中层干部 48 人，“70 后”中层干部 18 人，占比 37.5%；“80 后”中层干部 17 人，占比 35.5%；“80 后”正职 4 人，占中层正职的 17%。

提前一年完成劳务派遣用工问题整改目标，将劳务派遣用工数量从 327 人减少到现在的 74 人。

七、党建与企业文化建设

扎实开展主题教育，召开了题为“守初心、担使命，转作风、抓实干”和“高质量发展创新之路”专题研讨。

着力构建“1233”党建工作机制。“1”，把握好“党建是搞好央企的法宝”一条主线；“2”，履行好党建“一岗双责”2 个层面要求：班子成员和党支部书记“一岗双责”；“3”，抓好季度标准化党支部考核 3 项工作：基础工作检查、问题清单、整改结果公布；“3”，落实好党建载体 3 项重点任务：党建工作考核“双百分”、“两带两创”和党员“双提升”，完善工作机制提升党建工作质量。

为纪念新中国成立70周年，弘扬爱国主义精神，举办新中国成立70周年职工文艺会演。9月30日，进行庄严的国庆升旗仪式，举办庆祝新中国成立70周年职工书画摄影诗歌展。

八、履行社会责任

按照贵州省扶贫工作部署总要求，成立扶贫工作领导小组。党委班子主要领导多次带队深入扶贫点调研，党委委员积极带领各党、团支部前往金坑村开展主题党日活动，看望和慰问困难村民，开展爱心助困。贵阳院驻村干部被评为“优秀驻村第一书记”。2019年共投入帮扶金45.5万元，协调资金800万元。4月24日，贵州省人民政府正式批准施秉全县成功脱贫摘帽，贵阳院党建扶贫点金坑村以认可度100%的优异成绩脱贫出列。

九、重要纪事

3月25日，“安顺市铝业有限公司铝业等量置换技术改造工程EPC项目”签约仪式在贵阳院举行。

4月29日，贵阳院总承包的贵州华仁新材料项目368台电解槽实现全部投产。

4月，贵阳院扶贫点牛大场镇金坑村以认可度100%的优异成绩脱贫出列。

7月3日，“贵阳院与遵义铝科技创新合作基地”“国家铝镁电解装备工程技术研究中心和贵州轻金属工艺装备工程技术研究中心工业化试验基地”挂牌。

8月6日，贵阳院在北京与印度Vedanta集团签订电解铝与氧化铝项目合作谅解备忘录。

9月4日至6日，贵阳院联合国际铝土矿、氧化铝及铝行业学会（IBAAS）主办的“第八届IBAAS国际会展”成功召开。

9月11日，中铝集团党组成员、副总经理卢东亮到贵阳院调研。

12月8日，中国共产党贵阳铝镁设计研究院有限公司第九次代表大会召开。会议选举产生新一届党委和纪委。

撰稿 / 韦玉台

长沙有色冶金设计研究院有限公司

一、基本情况

长沙有色冶金设计研究院有限公司（简称长沙院）位于湖南省长沙市木莲东路 299 号。2011 年 3 月 28 日，长沙院改制为一人有限责任公司，名称由“长沙有色冶金设计研究院”变更为“长沙有色冶金设计研究院有限公司”。

长沙院主营业务：从事冶金行业、煤炭行业、建筑行业、市政行业、机械行业、商物粮行业、建材行业、电力行业、化工石化医药行业、环境工程资质范围内的咨询、设计及工程总承包；上述工程项目的科学研究及设备、材料的销售；岩土工程、工程测量、固体矿产勘查资质范围内的工程勘察；城乡规划编制、建设项目环境影响评价、工程造价咨询；压力容器设计、压力管道设计；承担资质范围内的国（境）外工程的勘察、咨询、设计和监理项目及上述工程项目所需的设备、材料出口；承包与其实力、规模、业绩相适应的国外工程项目，对外派遣实施上述境外工程所需的劳务人员；自有房屋租赁。

2019 年基本情况数据一览表

表 1

资产总额（亿元）	负债率（%）	员工总数（人）	学历结构	
29.62	65.88	1124	大学专科及以下（人）	340
			大学本科（人）	493
			硕士及以上（人）	291

二、组织机构

（一）领导班子

2019 年领导班子成员一览表

表 2

姓名	职务	2019 年职务变动
廖江南	党委书记、执行董事	—

续表 2

姓名	职务	2019 年职务变动
谭荣和	党委副书记、总经理、总工程师	—
康国华	党委副书记、纪委书记	—
黄　飞	副总经理、安全总监	—

续表 2

姓名	职务	2019 年职务变动
杨　震	副总经理	—
廖梁进	财务总监	—
朱建国	副总经理	—

（二）机构设置

职能部门：总经理办公室、党委工作部（工会、团委）、人力资源部（离退休管理中心）、财务部、科技管理部、纪检监察部、法务与合规部。

业务部门：经营部、研发中心、工程管理部、招标采购部、信息档案部、资产管理中心、安全环保健康质量部。

事业部：矿山事业部、冶金事业部、化工事业部、电力事业部、建筑规划设计院、市政事业部、能源事业部、水工事业部；

专业部：土建部、总图部、工程经济（规划咨询）部；

分子公司：厦门分公司、珠海分公司、西宁分公司、工程勘察分公司、湖南华楚项目管理有限公司、湖南长冶建设工程施工图审查有限公司、华楚智能科技（湖南）有限公司、中铝国际南方工程有限公司。

三、生产经营

2019 年，长沙院以习近平新时代中国特色社会主义思想为指导，坚持改革创新转型升级总基调，认真贯彻中铝集团、中铝国际工作要求，抢抓市场机遇，坚持创新求强，用汗水浇灌收获，以实干笃定前行。

2019 年主要生产经营指标一览表

表 3

指标名称		2018年	2019 年	同比增长（%）
销售收入	（亿元）	34.69	22.12	−36.24
利润额	（亿元）	0.81	0.72	−11.11
纳税额	（万元）	8910.01	10279	15.36
净资产收益率	（%）	8.26	4.56	下降 3.7 个百分点
人身伤亡事故	（起）	0	0	—
工亡人数	（人）	0	0	—
重伤人数	（人）	0	0	—
人轻伤人数	（人）	0	0	—

四、重大发展项目

2019 年重大项目情况一览表

表 4

项目名称	设计规模（万吨）	投资规模（万元）	当年完成投资额（万元）	年内项目建设形象进度
中铝国际南方工程有限公司搬迁项目	2760.62 平方米	4000	3868.74	完成建设

五、企业管理

修改完善体系文件，实施内审，通过第三方监督审核；融合贯彻落实 CAHSE，通过中铝国际 CAHSE 考评；三大攻坚战标志性项目全部完成并销号；被评为中铝集团 2019 年度安全生产先进单位。

改进“两金”压降举措，成立“两金”攻坚突击队进行任务包保；根据项目具体情况梳理成八大类别，分别制定清收措施，逐一逐项分解到人；重点项目“点对点”，法务助力“两金”清收。

加强依法治企建设，设立公司总法律顾问，合并法律部与审计部为法务与合规部，建立合同管理信息化平台，完善重大案件督办机制与诉讼管理机制。

六、科技创新

2019 年，长沙院开展 50 项科研、业建项目；发表技术论文 79 篇。主编国标 4 部；参编国标 4 部；审查国标、行标 40 部；复审国标 4 部。荣获科技进步奖、优秀工程设计 / 咨询奖、工法、QC 成果共 47 项。

2019 年，长沙院承担科研项目 33 项，其中，国家科研项目 11 项、省级科研项目 9 项、中铝集团科研项目 2 项。尤其是与蒙古国、中科院和中金岭南合作开展的重大科研项目“硫化铜精矿加压浸出铜冶炼及综合利用技术研究”已完成中试研究并取得重大突破，成功申报列入国家科技部重点研发计划国际合作专项；“选矿全过程信息融合管控系统关键技术研究”成功申报国家重点实验室开放基金项目；“面向有色金属冶炼流程精细管控的网络协同制造关键技术与平台研发”获国家重点研发计划重点专项立项支持；“全尾砂固废充填协同虚拟仿真技术研究”“基于数字仿真技术的磨矿过程智能优化控制技术开发与应用”获批中铝集团启明星计划项目。

成功申报第四家省级科技创新平台——湖南省再生金属资源循环利用工程技术研究中心；获批湖南省企业技术中心创新平台；在蒙古国建立了硫化铜精矿加压浸出铜冶炼试验基地，与广西南方联合建立重金属固废资源化处理工业化试验基地；组建“去工厂化”工作室。

2019 年科技创新数据一览表

表 5

科技创新投入（万元）	申请专利（件）	授权专利（件）	科技人员占比（%）
8102.8	55	30	70.9

七、深化改革

启动以干部管理、薪酬改革、激励机制为重点的内部改革，完成人力资源管理体系问题诊断、职能部门定位与职责优化及结构调整方案、职能部门定岗定编方案等成果。

与中铝环保合资成立中铝环保节能科技（湖南）有限公司；以华恒园与华楚高科为主体先期合并成立华楚智能科技（湖南）有限公司。

山东建设本部由山东淄博迁至湖南长沙，并更名为中铝国际南方工程有限公司。

八、党建与企业文化建设

扎实开展“不忘初心、牢记使命”主题教育，推动基层党组织组织力不断增强，党建工作质量持续提升。

结合重点工作，全面推进企业文化建设；拓宽宣传渠道，加强企业文化理念宣贯效果；丰富文化活动载体，促使企业文化理念深入人心。

九、履行社会责任

维护职工合法权益，收集职工代表意见和建议，随时监督、认真落实。

完善职工福利政策；定期组织员工体检，评估员工健康状况，倡导健康生活理念；对困难员工、新进员工给予一定补助，慰问烈士家属；做好离退休服务管理工作。

定点扶贫沅陵县荔溪乡高家村成功脱贫摘帽。

十、重要纪事

3 月 15 日，中铝集团外部董事到长沙院调研。

6 月 28 日，中铝集团党组成员、副总经理张程忠到长沙院调研。

9 月 18 日，中铝集团党组书记、董事长葛红林到长沙院调研。

12 月 18 日，中铝集团党组成员、副总经理刘建平一行到长沙院总承包的东南铜项目现场调研。

撰稿 / 尹　恒

中色科技股份有限公司

一、基本情况

中色科技股份有限公司（简称中色科技），成立于2002年1月，由洛阳有色金属加工设计研究院有限公司发起设立，注册地址：中国（河南）自由贸易试验区洛阳片区高新开发区凌波路中段。

2011年中色科技成为中铝国际工程股份有限公司（简称中铝国际）的控股子公司，业务范围包括有色金属加工行业规划、工程咨询设计、装备研制、科研及科研成果产业化、工程总承包等。

2019年基本情况数据一览表

表1

资产总额（亿元）	负债率（%）	员工总数（人）	平均年龄（岁）	学历结构	
19.80	93.89	1139	39	大学专科及以下（人）	244
				大学本科（人）	679
				硕士及以上（人）	216

二、组织机构

（一）领导班子

2019年领导班子成员一览表

表2

姓名	职务	2019年职务变动
黄粮成	党委书记、董事长	—
罗爱华	党委副书记、总经理	—
余铭皋	副总经理	—
秦建平	财务总监	—
袁南天	副总经理、安全总监	—

续表2

姓名	职务	2019年职务变动
娄建亭	副总经理	—
毕　琳	副总经理	4月离任
张　浩	党委副书记、纪委书记	—
王小波	副总经理	10月始任

（二）机构设置

职能管理部门：综合管理部、人力资源部、财务部、企业管理部、科技部、党群工作部、纪检监察部（审计部）、安全环保部。

生产管理部门：国内业务部、国际业务部、设计管理部、工程总承包管理部、BIM 技术中心。

专业室：工艺设计室、土建设计室、电力设计室、公用设计室。

事业板块：装备技术公司、建筑设计分院、环境保护工程所、消防智能化工程所、工程造价咨询公司、工业和信息技术服务公司。

控股公司：洛阳金诚建设监理有限公司、洛阳开盈科技有限公司、洛阳佛阳装饰工程有限公司、苏州中色德源环保科技有限公司。

分公司及经营部：苏州分公司、霍林郭勒分公司、青海分公司、广西分公司、崇州分公司、雄安经营部。

三、生产经营

坚持大客户战略，签订了多项大型项目合同，其中包括设计咨询业务的忠旺项目，湖南中创空天项目；装备业务的宁波博威、河南中孚高端铜铝冷轧机。工程总承包取得突破，在涧西区、西工区、汝阳县、栾川县中标项目，合同额占中色科技合同总额的三分之一。

海螺集团泰国项目采用美标设计，顺利通过当地审查。东轻公司气垫式退火炉辅机系统提前交付试生产。贵铝项目完成年度重要节点目标，瑞闽项目提前 50 天投产，华中铜业废水零排放项目通过验收，北京中铝金融大厦装修通过初验。

2019 年主要生产经营指标一览表

表 3

指标名称		2018年	2019年	同比增长（%）
工业产值	（亿元）	5.51	8.07	46.46
销售收入	（亿元）	5.51	8.07	46.46

续表 3

指标名称		2018年	2019年	同比增长（%）
利润额	（亿元）	−0.81	−0.84	−3.7
纳税额	（亿元）	0.29	0.39	34.48
净资产收益率	（%）	−27.07	−51.19	下降 24.12 个百分点
人身伤亡事故	（起）	0	0	—
工亡人数	（人）	0	0	—
重伤人数	（人）	0	0	—
轻伤人数	（人）	0	0	—

四、企业管理

坚持依法治企，制定、修订制度 72 项，开展制度执行情况专项检查，查堵管理漏洞。加强风险管控，重大事项、销售合同、规章制度法律审核 100%。

加强分包商管理，建立供应商交易记录和黑名单，实行供应商信用评级和定期更新，举办首届“金牌供应商”评选授牌活动，与 20 多家企业签订了战略合作协议。建立合同管理信息系统和设计变更管理系统，应用手机客户端提高工作效率。

压实安全责任，全员签订责任书，常态化组织安全培训、安全检查、应急演练和领导干部进班组。完善 CAHSE 体系建设，组织开展“安全、干净”班组创建，发布《指导手册》，消防所研发中心班组当选中铝集团“安全、干净”示范班组。制定实施《危险废物管理办法》，合规处置危废 17.2 吨。全年接受环保督查检查 36 次，无超标、违规排放问题。

开展质量攻坚，组织“设计回头看”和 QC 小组活动。15 项成果获中国有色金属建设协会奖励，获奖项目为历史最多。4 项 QC 小组成果分别获得有色建设协会和中铝集团奖励。

五、科技创新

与中南大学自动化学院签署战略合作协议，联合实施研发项目。完善了国家企业技术中心管理架构和科研项目管理制度，立项实施12个研发项目。铜板带加工企业智能化物流、高端铝合金圆铸锭智能工厂设计等取得阶段性成果，铝带碱清洗技术、连续热处理关键工艺及装备等成果得到推广应用，备品备件平台实现线上自主采购和备件共享，“1200毫米中子吸收板热轧机组装备研制”获有色金属工业协会科技进步二等奖。完成《有色金属行业智能加工工厂建设指南》《有色金属加工工程项目规范》等4项标准编写。

2019年科技创新数据一览表

表4

科技创新投入（万元）	申请专利（件）	授权专利（件）	科技人员占比（%）
4244	75	21	67

六、深化改革

改进对事业部和分（子）公司的管理，进一步松绑放权，实行战略管控、工资总额管理和绩效管理。

强化目标导向，实行分类考核，增强了绩效考核的导向性、激励性和公平性。

七、党建与企业文化建设

扎实开展“不忘初心、牢记使命”主题教育。集团党组书记、董事长姚林指导中色科技班子民主生活会并给予肯定。全年立项实施党员攻关项目43个、“两带两创”项目88个，促进了党建与中心工作深度融合。全面开展党员“双提升”，举办了党务干部“大学习大练兵大比武”活动。对8家单位进行政治巡察和“回头看”。把“企业文化年”与庆祝新中国成立70周年结合起来，组织开展系列活动，营造团结、进取、奉献的“家”文化氛围。

八、履行社会责任

按照洛阳市委扶贫工作统一安排，对口帮扶新安县仓头镇王村村脱贫攻坚。引入农机技术下乡活动，帮助42人取得了农机驾驶证，对450米道路进行了硬化，组织种植花椒树271.79亩。向贫困户送去食用油、大米等生活用品。2019年，全村贫困发生率由25.6%下降至0.26%。

九、重要纪事

1月12日，中铝集团党组书记、董事长葛红林和党组副书记、副总经理敖宏到中色科技调研。

3月22—23日，河南铝加工熔铸供坯论坛在中色科技举行。

6月20日，中国工程院院士、中南大学教授桂卫华访问中色科技，并被聘任为中色科技有色金属加工工业互联网平台首席科学家。

8月14—15日，中铝集团党组成员、副总经理张程忠到中色科技调研。

8月27—28日，河南省铝加工新技术应用及发展论坛在中色科技举行。

10月23—24日，中色科技承办中铝集团“不忘初心、牢记使命”党务人员技能比武中部片区比赛。

12月3日，中铝集团党组书记、董事长姚林通过视频仿真方式指导中色科技党委领导班子专题民主生活会。

撰稿 / 李振强

中国有色金属长沙勘察设计研究院有限公司

一、基本情况

中国有色金属长沙勘察设计研究院有限公司（简称长勘院），位于湖南省长沙市雨花区振华路579号康庭园1栋，成立于1964年4月，隶属于中国铝业集团有限公司，是中铝国际工程股份有限公司的成员企业，是国家住房和城乡建设部审定的综合类甲级勘察设计单位。2019年，长勘院荣获中国勘察设计协会颁发的“优秀勘察设计企业”奖和“2019年湖南省地理信息产业十强企业”“湖南省建筑工程质量检验检测机构AAA信用登记企业”称号。

长勘院主营业务：测绘工程、工程地质勘察、水文地质勘查、岩土工程（勘查、设计、治理、监测、监理）、地基与基础工程（桩基础施工、地基处理、基坑支护、边坡与滑坡治理）、固体矿产勘查、地质灾害治理工程（勘查、设计、施工）及地质灾害危险性评估、建筑工程设计、工程建设监理、环境评价咨询、岩土建材试验、水质分析。还拥有在线监测与智能管控技术研发中心，在工程安全监测、三维地理信息系统等领域具有较高的知名度。

2019年基本情况数据一览表

表1

资产总额（亿元）	负债率（%）	员工总数（人）	平均年龄（岁）	学历结构	
11.49	64.87	538	37.88	大学专科及以下（人）	127
				大学本科（人）	343
				硕士及以上（人）	68

二、组织机构

（一）领导班子

2019年领导班子成员一览表

表2

姓名	职务	2019年职务变动
廖从荣	党委书记、执行董事	—

续表2

姓名	职务	2019年职务变动
金义元	总经理、党委副书记	—
史焕献	副总经理、安全总监	—
杜年春	副总经理、总工程师兼科研中心主任	—

续表 2

姓名	职务	2019 年职务变动
匡　林	副总经理、工会主席兼北海项目开发部经理	—
张美娟	党委副书记、纪委书记、监事	11 月 8 日任职

（二）机构设置

职能部门：总经理办公室、党群工作部、纪检监察审计部、人力资源部、财务部、企业管理部、科技质量部、安全环保健康部、离退休办公室。

二级单位：长沙分公司、科研中心、深圳公司（深圳分公司）、珠海分公司、广西分公司、厦门分公司、海南分公司、重庆分公司、昆明分公司、郑州分公司、建筑设计分公司、工程监理分公司、试验中心、投资开发公司、后勤服务中心、湖南长勘商业管理有限公司。

参股、控股公司：湖南通都投资有限公司、长沙通湘建设有限公司、中铝环保生态技术（湖南）有限公司、中铝智能（杭州）安全科学研究院有限公司。

三、生产经营

2019 年，长勘院全力开拓市场，合同额创出历史新高，经营质量明显提升，业务结构持续优化。市政投资类项目签订合同额同比增长 27.44%，测绘类业务签订合同额同比增长 33.56%，地灾治理类签订合同额同比增长 73.82%，试验检测类、在线监测类、岩土设计类等高毛利率业务同比均呈大幅增长。

2019 年主要生产经营指标一览表

表 3

指标名称	2018年	2019年	同比增长（%）
合同额（亿元）	12.07	12.99	7.62
销售收入（亿元）	8.32	9.96	19.71
利润额（亿元）	0.82	0.87	6.10
所有者权益（亿元）	2.42	3.26	34.71
纳税额（亿元）	5487.22	5847.02	6.56
净资产收益率（%）	31.56%	21.42	下降 10.14 个百分点
全员劳动生产率（万元/人年）	180.85	206.25	14.04
人身伤亡事故（起）	0	0	—
工亡人数（人）	0	0	—
重伤人数（人）	0	0	—
轻伤人数（人）	0	0	—

四、企业管理

人才队伍建设全面加强。进一步修订完善了选人用人制度，满意度由 2018 年的 92.53% 上升至 2019 年的 94.02%。实施企业年金制度，收入分配继续向骨干人员倾斜，员工收入保持连年增长。

三大攻坚战精准发力。颁布实施了《安全环保质量全面大整改攻坚战方案》，高标准进入攻坚“第二战役”。六大工程 19 项标志性项目建设高标准结项销号，23 项重点工程方案确保院级审核，27 个班组高质量开展“安全、干净”班组建设。保密工作得到强化。

五、科技创新

“AL-SAR 工程灾害形变智能监测雷达系统”“矿山废渣堆场生态地质环境修复技术”完成可行性研究。“安全与环境机器人广义巡检系统”完成方案设计和产品选型。“自动化钻探系统”进入装备组装阶段。“安全环保有色云中心”“三维智慧工厂”“采空区探测”项目顺利通过验收。“地下空间智能化全息探测技术与装备研究”被中国有色金属协会评价为“整体技术达国际先进，部分技术达国际领先”水平。完成“长沙市工程技术研究中心”“企业技术中心”两个市级创新平台的创建，并顺利通过验收，成功获批“湖南省矿山安全智能化监控技术与装备工程技术研究中心”省级创新平台。

2019 年，参编 1 项规范规程，获科技进步二等奖 1 项，优秀工程一等奖 5 项，二等奖 3 项，三等奖 9 项。

2019 年科技创新数据一览表

表 4

科技创新投入（万元）	申请专利（件）	授权专利（件）	科技人员占比（%）
1302.67	15	8	11.9

六、深化改革

袁家岭基地开发正在全力推进，项目定位得到长沙市委书记批示。“三供一业”移交全部完成施工改造和资产划转，移交过程平稳有序，长勘院老院区和职工家属区面貌焕然一新。

七、党建与企业文化建设

坚持以政治建设为统领，扎实推进党的建设与公司治理有机统一。修订完善了“三重一大”民主决策制度，严格落实党组织在公司治理结构中的法定地位。坚持和持续完善“双向进入、交叉任职”的领导体制，切实落实“一岗双责”。从严从实开展“不忘初心、牢记使命”主题教育，学做结合，查改贯通，推进中心工作全面进步。党建季度考核查、改、治一体推进，基层建设得到夯实。37 个“两带两创”课题创新增效，“我和我的祖国”系列活动深入开展。规范悬挂标识标牌，建设企业文化展厅，制作企业文化宣传片。坚持贴近青年服务青年，开设“青年大讲堂”，完善单身公寓设备设施，搭建青年爱心志愿平台，引导广大青年“青春心向党，建功新时代”。认真解决职工合理诉求，落实福利慰问，提升就餐补贴，创办“职工小家”，丰富文体活动。

2019 年，长勘院在中铝集团庆祝新中国成立 70 周年“六个一”活动中荣获“最佳组织奖”。《我和我的祖国》快闪在中铝集团庆祝新中国成立 70 周年“六个一”活动中荣获三等奖。朱洁霞小组的作品《AL-SAR 中铝雄鹰系统》获得中铝集团创新创意大赛总决赛第三名。员工粟闯荣获共青团湖南省委第五届“向上向善湖南好青年”称号。员工孙杰峰提出“塑料排水板在基坑工程中的应用”建议被中铝集团授予“银点子”建议。

八、履行社会责任

2019 年春节期间共慰问困难职工、去世职工家属、军烈属、劳模等 100 人，发放专项慰问金 33600 元，全年共帮扶符合条件的职工 17 人，发放帮扶金 16.43 万元。

长勘院根据湖南省委组织部整体部署，承担双峰县沙塘乡民实村 2018—2020 年的驻村精准帮扶工作，帮助驻点村完善好各类公共服务设施及基础设施，通过结对帮扶、帮助村民销售农产品、爱心助学、完善村公共设施等举措，帮助村民脱贫。长勘院党委书记、执行董事廖从荣，党委副书记、总经理金义元，副总经理、总工程师杜年春率 7 位结对帮扶干部到双峰县沙塘乡民实村开展调研及“一进二访”工作。组织开展了“帮助贫困学生、用爱助梦飞翔”学雷锋主题志愿服务活动，组织31名青年职工走进长勘院对口扶贫点的双峰县沙塘乡石桥学校，开设了青年小讲堂，为孩子们带去科技和绿色环保小知识；向贫困学生捐赠学习用品；青年志愿者与学校的留守儿童结成助学对子，帮助留守儿童健康成长。

“驻村帮扶，精准脱贫”荣获中铝集团2018年度社会责任实践十大优秀案例。

九、重要纪事

1月8日，长勘院入驻新办公大楼。

3月15日，中铝集团外部董事张富生、邓志雄、张元荣、彭辰一行到长勘院调研。

3月5日，长勘院团委联合扶贫工作队到湖南省娄底市双峰县沙塘乡石桥学校开展“帮助贫困学生，用爱助梦飞翔”为主题的学雷锋志愿服务活动，33名青年志愿者参加了活动。

5月23日，长勘院与西勘院签署了陕西有色尾矿库在线监测信息系统技术合作框架协议。

6月4日，江西省勘察设计研究院党委委员、副院长万强，湖南分院院长毛先珂一行到长勘院开展工作交流。

9月17—18日，中铝集团党组书记、董事长葛红林一行到中国有色金属长沙勘察设计研究院有限公司指导“不忘初心、牢记使命”主题教育并调研企业生产经营情况。

9月27日，长勘院党委慰问新中国成立前参加革命工作的老干部和老党员，向他们颁发了由中共中央、国务院和中央军委授予的“庆祝中华人民共和国成立70周年纪念章”。

10月17日，中铝集团党组第三巡视组进驻长勘院开展巡视工作。

11月5日，长勘院与雨花区知识产权局就“GNSS服务器技术专利预警”项目签约。

11月8日，长勘院召开中层以上管理人员大会，宣布了中铝国际党委关于张美娟任职的通知决定，张美娟任中国有色金属长沙勘察设计研究院有限公司监事、党委副书记、纪委书记。

2019年，廖从荣、杜年春、张栋材分别被中国勘察设计协会授予“优秀企业家”称号、“科技创新带头人”称号和“杰出人物”称号。

撰稿／傅蓓喆

中国有色金属工业昆明勘察设计研究院有限公司

一、基本情况

中国有色金属工业昆明勘察设计研究院有限公司（简称昆勘院）（英文名：Kunming Prospecting Design Institute Of China Nonferrous Metals Industry Co.,Ltd）成立于1953年，是集勘察（查）、设计、施工、咨询研究为一体的大型综合甲级工程勘察设计研究单位。曾先后隶属于重工业部、冶金部、中国有色金属工业总公司、国家有色工业局、云南省人民政府、云铜集团，现隶属于中铝国际工程股份有限公司。

企业注册地址在云南省昆明市东风东路东风巷1号。

经营范围：建筑工程设计；冶金行业设计；工程地质和水文地质勘查及凿井；工程测量、不动产测绘、摄影测量与遥感、地理信息系统工程、测绘航空摄影及监理；不良地质条件的处理，地球物理勘探，水、土、岩试验；矿产地质调查、勘查；水文地质、工程地质和地球物理勘查；地质测绘；地质勘探工程；岩石、矿物、土地及水质的分析、化验、鉴定与测试，工程咨询、地质灾害危险性评估、地质灾害治理工程勘查、设计施工，城市规划编制；地基与基础工程专业承包壹级；水工建筑物基础处理工程专业承包叁级；承担高速公路路基、标准公路和独立大桥的施工。

兼营范围：钻探机具修理及设备加工，测绘仪器及计算机修理，勘察，设计的技术咨询，技术培训。承包水文地质，工程地质钻探，水井，地热井钻井，桩、基础工程，软弱地基基础处理工程，特种钻探工程，验桩工程；土石方工程专业承包；特种专业工程专业承包；矿山机械销售，机电设备销售，地理信息系统及数据库建设，工程监理，无人飞行器航摄，计算机软硬件开发、设计与技术咨询，信息系统集成。

2019年基本情况数据一览表

表1

资产总额（亿元）	负债率（%）	员工总数（人）	学历结构	
10.56	65.42	747	大学专科及以下（人）	119
			大学本科（人）	513
			硕士及以上（人）	115

二、组织机构

（一）领导班子

2019 年领导班子成员一览表

表 2

姓名	职务	2019 年职务变动
赵志锐	党委书记、执行董事、总经理	11 月 6 日起任党委书记
袁小军	党委书记、工会主席	11 月 6 日离任
刘文连	党委委员、副总经理、总工程师	—
邹国富	党委委员、副总经理	—
周　罕	党委委员、副总经理	—
段小清	党委副书记、纪委书记	—
吴　昊	党委委员、副总经理	—
付冬琳	党委委员、财务总监	—

（二）机构设置

机关职能部门：总经理办公室、党委工作部（人力资源部）、财务部、企业管理部（生产运营部）、市场开发部（投融建事业部）、安全环保部、科技质量部、纪检监察审计部。

二级生产经营部门：恒基岩土工程公司、地质与环境工程院、岩土勘察分院、测绘分院、第五分公司、实验中心、勘测物探公司、呈贡分公司、地质工程公司、第一分公司、地下水资源公司、仁和工程公司、工程勘测院、地下空间开发工程公司、施工图审查中心、设计分院、建筑分院、矿冶分院、地质研究院。

驻外分院：海南分公司、深圳分公司、成都（攀枝花）分公司、北方分公司、红河分公司、迪庆分公司（普朗指挥部）、广西分公司、普洱（版纳）分公司、贵阳分公司、非洲刚果（金）公司。

运营管理中心：后勤服务中心、昆勘科技大厦建设筹备领导小组办公室。

全资或参股公司：昆明勘察院科技开发公司、迪庆兰宝灵矿业有限公司、云南弥玉高速公路投资开发有限公司。

三、生产经营

加速发展步伐，做实做细增量。一是增在地域。“走出去”战略不断升级，非洲刚果（金）子公司建设迈出实质步伐，实现签订或拟签订合同金额近 500 万美元。积极融入中铝印尼 SGAR(BAI) 氧化铝项目，开展岩土工程勘察全项目过程咨询海外业务。二是增在领域。践行“绿水青山就是金山银山”理念，以矿山冶金、生态环境恢复治理等行业为突破口，实现转型升级绿色发展，持续拓展矿山采空区治理、矿山复绿、生态环境修复治理等新兴业务，累计签订合同超过 1 亿元，绿色环保产业链延伸正当时。三是增在模式。参股弥玉高速公路项目，设立项目总承包部，紧盯项目超 10 亿元，开创了投融建业务发展的新模式。

2019 年主要生产经营指标一览表

表 3

指标名称	2018年	2019 年	同比增长（%）
工业产值　（亿元）	12.4882	13.5263	8.32
销售收入　（亿元）	10.74	11.4901	6.95
利润额　（万元）	6538.00	6173.44	−5.58
纳税额　（万元）	5938.30	4871.76	−17.96
人身伤亡事故　（起）	0	0	—
工亡人数　（人）	0	0	—

续表 3

指标名称	2018年	2019年	同比增长（%）
重伤人数（人）	0	0	—
轻伤人数（人）	0	0	—

四、企业管理

推进精准管理，提升发展质量。紧紧围绕“提质增效”，提高管理效能。一是发布《规章制度管理办法》，梳理完善制度136项，持续优化符合昆勘发展的制度体系；二是发布内部控制手册、业务流程手册及内控对标检查矩阵，完善内控体系建设，加强重点部位和关键环节管理的有效识别；三是建立完善全过程项目管控体系，贯彻落实中铝国际项目管理标准化核心要义，严格项目“两制”落实和项目“两金”管理，严控质量、安全、环保及法律等风险，改善资产结构。

2019年昆勘院从更加符合企业发展和管控实际出发，对体系文件进行了彻底的修编换版工作，11月份顺利通过外审。此次换版工作，是体系运行10余年后的一次彻底更新，确保了体系文件的适宜性和符合性。全年无质量事故、无质量异常、无顾客投诉。

全年完成营业执照范围变更1项，完成资质延续5项、新申报5项、新增1项、增项1项，其中施工总承包三级资质填补公司承接工程施工（地基与基础工程除外）的空白，为拓展总承包领域业务奠定了基础。

2019年，昆勘院紧紧围绕2019年“三条主线”工作，落实“四会”精神，牢固树立“一切风险皆可控制、一切事故皆可预防”安全环保理念，根据《2019年安全环保质量攻坚战实施方案》要求，坚持“强基础、抓重点、补短板”的工作思路，以安全环保问题为导向，以巩固日常工作为落脚点，以抓好重点工作为突破口，坚实履行部门职能职责，牵头推进安全环保6项工程、23项标志性项目的具体实施，夯实基础管理，实现了安全零工亡、环保零污染的目标。

夯实基层管理，强化本质安全。2019年投入安全生产费用699万元，同比增长6.4%；建立了承包商红、黑名单，其中：优秀分包商2家，合格分包商181家；修订完善劳务派遣、劳务分包、实习生三类职业健康安全环保协议；完成“金属与非金属矿产资源地质勘探安全生产许可证”延期换证及“金属与非金属矿山采掘施工类安全生产许可证”新取证工作。

加强环保管控，践行绿色发展，分6个专业类别，共识别了84项环境因素，评价出4项重要环境因素，督促各单位、各项目部加强对固废和危废的管控力度，规范固废和危废的收集、贮存、运输、利用、处置，并建立相关台账。

对昆勘院有效技术标准目录进行核查，对作废标准进行更新或删减，发布2019年有效技术标准目录清单。

五、科技创新

2019年，修订《科技项目管理办法》和《科技经费管理办法》。

组织中铝集团、中铝国际重点研发课题申报4项，获得中铝国际立项课题1项，获得200万元科研经费支持；组织中铝集团启明星课题5项，获得支持1项，获得40万元经费支持；新立科研课题15项。全年共实施科研课题43项，6项公司课题通过验收，3项云南省科技厅课题启动结题材料编制及资料提交工作。

积极组织技术成果评价、鉴定和科技奖申报，“滨海地区软土地基处理”和“高寒高海拔地区高陡边坡植被恢复治理”两项课题取得阶段性成果并完成评价；“昔格达组地层形成机理及工程特性关键技术”完成第三方成果鉴定；申报国家科学技术一等奖项目已完成初评；组织1个项目参加有色系统科学技术奖评奖。

全年申请专利37项（其中发明专利14项），获授权实用新型专利20项；组织申获各类优秀工程奖18项（其中获建设部鲁班奖1项，中国勘察设计协会国家行业优秀工程4项，中国勘察设计协会庆祝中华人民共和国成立70周年优秀项目4项，省部级优秀工程奖9项）；申获省部级优秀QC成果奖7项。

年内，由昆堪院主编的8本有色行业标准均通过工信部的报批公示，其中《边坡工程勘察规范》《天然建筑材料勘探规程》《静力触探试验规程》《现场直剪试验规程》4本规程已发布；新参编国家标准4项、团体标准1项、地方标准1项。

2019年科技创新数据一览表

表4

科技创新投入（万元）	申请专利（件）	授权专利（件）	科技人员占比（%）
3378	37	20	18

六、党建与企业文化建设

作为第二批开展主题教育的企业，昆勘院各级党组织和党员干部认真落实“守初心、担使命，找差距、抓落实”总要求，以严实作风抓好主题教育，取得实效。在昆勘院内网上开辟了“不忘初心、牢记使命”“廉洁从业微课堂”“安全月优秀作品”等系列专栏。

结组织开展主题演讲比赛、知识竞赛、征文书画比赛、老照片展、微党课、“我和我的祖国”微电影、“我和国旗合个影”等活动；组织参加中铝国际创新创意大赛、三维数字建模设计大赛、综合办公技能竞赛、知识竞赛、学习标兵评选、改革发展论坛等活动；基层党支部到当地爱国主义教育基地开展了各类主题党日及庆祝活动。

七、履行社会责任

2019年，昆勘院推进企业年金，保障职工权益。开展“中铝助学、奉献爱心、你我同行”爱心助学捐款活动，有432人参加了爱心助学捐款活动。

充分发挥专业技术优势力量，积极参与地质灾害治理等国土资源灾害排查、治理工作，服务社会，贡献社会。

八、重要纪事

昆勘院获2018—2019年度中国建设工程鲁班奖（国家优质工程）、获全国勘察设计行业庆祝中华人民共和国成立70周年系列推举活动“优秀勘察设计企业”称号。

2019年，昆勘院新增国家勘察大师1人、入选云南省“万人计划”1人、获评“中国勘察设计行业优秀企业家”1人。

2019年，昆勘院获中国勘察设计协会优秀勘察设计奖4项，其中一等奖1项。

2019年，昆勘院在非洲刚果（金）设立子公司。

撰稿 / 管力瑶

中国有色金属工业第六冶金建设有限公司

一、基本情况

中国有色金属工业第六冶金建设有限公司（简称六冶）始建于1963年4月，先后隶属原冶金工业部、中国有色金属工业总公司、国家有色金属工业局、中国铝业集团有限公司。本部办公地点在河南省郑州市淮河路36号。

六冶主营业务包括工程总承包、施工总承包、装备制造、物资贸易等，具备建筑工程施工总承包特级资质和建筑行业甲级设计资质，市政公用、公路、冶金、机电安装、矿山5项施工总承包一级资质，钢结构工程专业承包一级资质，对外承包工程经营资格，以及非标准设备制作安装、三类压力容器和压力管道制作安装等专项资质。

2019年基本情况数据一览表

表1

资产总额（亿元）	负债率（%）	员工总数（人）	学历结构	
122.9	76.13	3150	大学专科及以上（人）	2190
			大学本科（人）	1602
			硕士（人）	29

二、组织机构

（一）领导班子

2019年领导班子成员一览表

表2

姓名	职务	2019年职务变动
周永康	党委书记、执行董事	—
王伟峰	副总经理	—

续表2

姓名	职务	2019年职务变动
纪　行	副总经理、安全总监	—
柴　卫	副总经理	—
石天昊	副总经理、工会主席	—
廖梁进	财务总监	—
马建民	党委副书记、纪委书记	—

（二）机构设置

职能部门：办公室、企业管理部、市场开发部、安全环保部、工程管理部、技术中心、财务部、人力资源部、纪委工作部、党群工作部、风控与成本管理部、法律事务部、后勤服务中心。

二级公司：第一分公司（工业安装分公司）、第六分公司、洛阳有限公司、洛阳机电安装有限公司、六冶（郑州）科技重工有限公司、郑州中铝建设开发有限公司、中铝长城建设有限公司、云南分公司、贵州分公司、西安分公司。

窗口公司：北京公司、上海公司、深圳公司、湖南公司、四川公司。

事业部公司：贸易公司、设计研究分公司、海外工程公司。

三、生产经营

2019年六冶新签合同223项，合同总额200.27亿元。河南省内区域市场布局逐步合理，全年签订合同45.1亿元。云南区域市场建设取得成效，承建云南公路、文山铝业、普洱小镇等工程113.2亿元。房建工程业绩实现新突破，签订成都阳狮广场超高层建筑承包合同。海外市场打开新局面，签订合同7.08亿元。

2019年主要生产经营指标一览表

表3

指标名称	2018年	2019年	同比增长（%）
工业产值（亿元）	68.37	83.48	22.1
销售收入（亿元）	68.2	72.8	6.11
利润额（亿元）	3.22	3.36	3.85
纳税额（亿元）	1.17	1.65	41
人身伤亡事故（起）	0	0	0
工亡人数（人）	0	0	0
重伤人数（人）	0	0	0
轻伤人数（人）	0	0	0

四、企业管理

围绕职能职责、规章制度、施工管理、成本管理标准化建设，制定标准化建设实施方案，加强顶层设计，统筹协调推进。梳理148项规章制度分类管理清单，落实“废改立”责任到部门，全年完成143项制度的修订和编制。通过反复修订和征求意见，近80个项目管理工作标准陆续发布试行。

按照“干得好、管得好、处得好”的要求，实施工程管理“1530”措施，加强月度考核和奖罚兑现。普朗铜矿球磨车间、越南仁基氧化铝2个项目荣获建设工程鲁班奖。郑州污水处理厂项目被评为国家优质工程。广西华磊电解车间AB栋、CD栋、中州铝业、华云新材料等项目被评为省部优，获奖数量为六冶历年之最。

五、科技创新

完成国家高新技术企业重新认证，通过郑州市高新技术龙头企业认定。申报并受理专利20项，授权17项。开发企业工法32项，评定部级工法11项。建立六冶BIM中心，成立项目BIM团队16个，组织技术创新活动68项。

六、深化改革

2019年，六冶整合分包管理和预结算力量，设立风控与成本管理部，项目部明确合约主管领导和责任人，初步实现了成本管理机构和人员到位。

七、党建与企业文化建设

建立党建工作清单，落实“双百分”考核措施。创新党建模式，积极在云南、盘县等项目建设联合党支部。确定“两带两创”课题78个，把党组织和党员创新创效落到实处。推进“党建+”工作体系建设。扎实开展“不忘初心、牢记使命”主题教育，确保了主题教育取得阶段性成果。六冶机电公司连续6年荣获全国“安康杯”竞赛优胜单位称号，六冶五公司、一公司获得河南省安康杯竞赛优胜单位。

八、重要纪事

4月，六冶有8个建设项目获中国有色金属工业协会部级优质工程。

6月18日，中铝集团党组成员、副总经理张程忠到六冶调研。

8月8日，六冶与洛阳美伦集团有限公司签订战略协议。

8月14日，六冶与中矿国际建设工程有限公司签订非洲区域市场开发协议。

9月29日，中铝集团党组副书记、总经理余德辉和党组成员、副总经理刘建平到六冶调研。

12月，六冶承建的越南仁基氧化铝工程、普朗铜矿一期采选工程磨浮工程分别获得国家优质工程（境外工程）鲁班奖和国家优质工程鲁班奖。郑州污水处理厂获国家优质工程。

撰稿 / 王卫宏

九冶建设有限公司

一、基本情况

九冶建设有限公司(简称九冶)是集工程施工总承包、钢结构装备制造、房地产开发为一体的国家大型综合性建筑施工总承包特级企业，总部地处陕西省西咸新区，为央企、上市公司中铝国际工程股份有限公司成员企业。通讯地址为陕西省西咸新区秦汉新城渭城路 11 号。

2019 年基本情况数据一览表

表 1

资产总额（亿元）	负债率（%）	员工总数（人）	学历结构	
97.83	88.71	2524	大学本科及以下（人）	1521
			大学本科（人）	978
			硕士及以上（人）	25

二、组织机构

（一）领导班子

2019 年领导班子成员一览表

表 2

姓名	职务	2019 年职务变动
聂玉栋	总经理、党委副书记、副董事长	4 月任职
袁小军	党委副书记、纪委书记	11 月任职
张全万	党委书记、董事长	12 月退休
周永康	总经理、党委副书记，副董事长	4 月调离

续表 2

姓名	职务	2019 年职务变动
刘志兵	副总经理，安全总监、技术总监、总工程师	—
屈　斌	副总经理	—
田刚强	副总经理、工会主席、总法律顾问	8 月兼任总法律顾问
苏文菊	财务总监	—

（二）机构设置

机关部室：总经理办公室、工程管理部、安全环保部、技术中心、企业管理部、合同造价管理部、人力资源管理部、财务管理部、法务与风控部、党群工作部（董事会监事会办公室）、纪检审计部、市场营销公司、钢结构桥梁事业部。

二级单位：九冶建设有限公司第一工程公司、九冶建设有限公司第二工程公司、九冶建设有限公司第五工程公司、九冶建设有限公司第七工程公司、九冶建设有限公司机电安装工程分公司、九冶建设有限公司钢结构科技分公司、九冶建设有限公司安康分公司、郑州九冶三维化工机械有限公司、陕西中勉投资有限公司。

三、生产经营

2019 年主要生产经营指标一览表

表 3

指标名称		2018年	2019 年	同比增长（%）
市场营销	（亿元）	93.85	92.07	−2
施工产值	（亿元）	59.22	67.50	14
营业收入	（亿元）	51.87	56.57	9
利润额	（亿元）	2.16	1.81	−16
纳税额	（亿元）	1.63	1.52	−6.75
人身伤亡事故	（起）	0	0	0
工亡人数	（人）	0	0	0
重伤人数	（人）	0	0	0
轻伤人数	（人）	0	0	0

四、企业管理

2019 年，九冶夯实“一岗双责”、加强队伍建设、补齐安全生产短板、落实 CAHSE 体系标准，安全生产、工程质量、环保形势稳定，未发生生产安全、质量、环境污染等事故。

五、科技创新

2019 年，九冶立项并组织开展科研项目 33 项，形成关键技术共计 13 项，在钢结构生产制造、工业建筑、民用建筑施工及设备制造安装等领域取得技术进步，并在工程中进行转化应用。组织申报专利 15 项（发明 3 项、实用 12 项），授权实用新型专利 18 项，计算机软件著作权 5 项，参编行业标准 2 项。完成国家高新技术企业新一轮认定签订并获取证书。

2019 年，九冶获有色行业部级工法 13 项、获得工程建设科学技术进步奖二等奖 2 项。

2019 年科技创新数据一览表

表 4

科技创新投入（万元）	申请专利（件）	授权专利（件）	科技人员占比（%）
18243.3	15	18	16.8

六、深化改革

确定了九冶“一主一拓”业务定位。“一主”包括 3 个方面，即“建筑、市政、冶金有色工程施工总承包”作为九冶的主业方向，集中优势资源定向发力，进行大力发展。“一拓”包括两个方面，即“公路工程施工及铝钢结构装配式建筑”两类细分行业作为拓展方向，进行精心培育，简称“3+2”业务。成立钢结构桥梁工程事业部、安康分公司，为市场营销领域、地域的精耕细作奠定了基础。

七、党建与企业文化建设

2019 年，九冶扎实开展“不忘初心、牢记使命”主题教育，以“两带两创”、党员“双提升”积分以及打造党建品牌项目为有力抓手，进一步规范和夯实党建基础工作，为生产经营提供了坚强组织保障。

九冶党委持续规范和改进干部管理工作，加大青年干部人才培养培训力度，开展青年大学习、青年演讲比赛、青安杯竞赛等活动。编讲“中铝故事”“九冶故事”，激发榜样力量；开展“每月一语”廉政教育，筑牢思想防线，防范廉洁风险。

2019年，九冶获陕西省职业技能大赛（一类）团体第二名。九冶安装公司员工王会军荣获“陕西省五一劳动奖章”“陕西省三秦工匠”称号，汉中公司员工黄春波荣获全国技术能手。另有2人分别荣获“中铝集团三八红旗手”和“中铝集团劳动模范”称号。

八、履行社会责任

大力开展“送清凉”“送温暖”和互助险等关心关爱员工活动，2019年深入车间、项目部77个，慰问员工3542人次，发放“送清凉”慰问物资27.21万元。号召广大干部员工参加“中铝助学、奉献爱心、你我同行”爱心助学捐款活动，发布《爱心助学捐款倡议书》，共有1988人参与募捐，募集金额达20万元。开展“送清凉”活动，九冶一公司三星电子科技产业园项目青年志愿服务队荣获“中铝集团优秀青年志愿服务队”称号。

九、重要纪事

1月4日，九冶中标启点科技城总承包(EPC)项目，合同签约量32.76亿元，是九冶自成立以来签约最大的综合体项目。

6月27日，九冶实现单户银行授信超过10亿元目标，有效缓解了融资授信难题，优化了融资结构。

9—12月，九冶组织开展“不忘初心、牢记使命”主题教育。

12月4日，九冶获得中国施工企业管理协会“2019年度工程建设诚信典型企业”称号，并通过了工程建设AAA信用等级评价，彰显了企业诚信履约形象。

12月5日，九冶承建的全球首条商业化快运系统运营线——四川省宜宾市智能快运系统（ART）T1线正式全线运营，同日，由九冶建造制安的首座铝合金人行天桥投入使用。

2019年，九冶44人通过一级建造师考试，专业人才结构得到进一步提升和优化。

撰稿 / 罗拱北

中色十二冶金建设有限公司

一、基本情况

中色十二冶金建设有限公司（简称十二冶）始建于1964年，先后隶属于国家冶金部、中国有色金属工业管理总局、中国有色金属工业总公司，现为中国铝业集团有限公司工程技术板块——中铝国际工程股份有限公司的全资子公司。

十二冶拥有冶金工程施工总承包特级资质，建筑工程、矿山工程、石油化工工程、市政公用工程、机电工程5项施工总承包壹级资质，钢结构工程、地基基础工程、建筑装修装饰工程3项专业承包壹级资质，公路工程、电力工程2项施工总承包贰级资质，输变电工程专业承包贰级资质，及冶金行业（金属冶炼工程、冶金矿山工程）专业甲级设计资质和中华人民共和国对外承包工程经营资格等。

十二冶本部位于山西省太原市杏花岭区胜利街280号中铝十二冶大厦。

2019年基本情况数据一览表

表1

资产总额（亿元）	负债率（%）	员工总数（人）	学历结构	
52.83	81.7	2383	大学专科及以下（人）	1649
			大学本科（人）	703
			硕士及以上（人）	31

二、组织机构

（一）领导班子

2019年领导班子成员一览表

表2

姓名	职务	2019年职务变动
刘瑞平	党委书记、执行董事	—
李星泽	党委副书记、纪委书记、监事	—

续表2

姓名	职务	2019年职务变动
黄国保	副总经理	—
杨云山	财务总监	—
邱俊民	副总经理、工会主席	1月27日当选工会主席
马　征	副总经理	—
杜继雷	副总经理	—

（二）机构设置

职能部室：综合管理部、党群工作部（人力资源部）、纪检监察审计部、财务部、企业管理部、法律事务部、市场开发部、经营管理部、工程管理部、安全环保部、物资设备部、技术信息中心、“两金”清理办公室。

分公司：安装公司、矿山市政工程公司、山西房屋建筑工程分公司、金属结构公司、华北分公司、西北分公司、中南分公司、西南分公司、设计部、国际工程公司、工程承包公司、十二冶基地管理公司。

子公司：中色十二冶金重庆节能科技有限公司、山西中色十二冶物贸有限公司、山西龙冶建筑劳务有限公司、中色十二冶印度尼西亚有限公司、中色十二冶韩国有限责任公司、山西中色十二冶新材料有限公司、云南昆冶建设发展有限公司、贵州通冶建设发展有限公司、贵安新区大学城置银项目发展有限公司。

直属项目部：贵州贵安新区“幼小初高”项目部、福建中铝瑞闽项目部。

三、生产经营

2019年，十二冶经营状况逆势而上、持续好转。“一主一拓”业务定位更加精准，冶金、矿山和房建类项目占全年合同总额的98%。一批大项目相继落地，中标河南项城9.25亿元棚改项目，创十二冶单项合同额历史新高。

由十二冶承建的重点项目进展顺利。广西华昇项目，分解分级30台分解槽主体完成；赤泥沉降18台沉降槽主体完成。新疆和田玉河第五期改扩建建设项目第二标段施工任务全部结束，移交业主使用。云南云铝海鑫铝业鲁甸6.5级地震灾后恢复重建水电铝项目（二期）电解厂房第三段厂房建筑工程，氧化铝输送基础完成，烟气净化垫层完成，电解厂房基础完成过半。

2019年主要生产经营指标一览表

表3

指标名称		2018年	2019年	同比增长（%）
工业产值	（亿元）	19.36	25.39	31.15
销售收入	（亿元）	20.13	24.35	20.96
利润额	（亿元）	−2.44	−1.71	29.92
纳税额	（亿元）	0.35	0.29	−17.14
人身伤亡事故	（起）	0	0	—
工亡人数	（人）	0	0	—
重伤人数	（人）	0	0	—
轻伤人数	（人）	0	0	—

四、企业管理

6项QC成果获2019年中国有色建协优秀QC成果奖。

2019年度三大体系审核首次取得无“不合格项”的好成绩，实现了全年安全环保质量零事故的目标。

入选了“太原市政府投资项目房屋建筑和市政建设类预选承包商库”名录。

在建项目平均毛利率较2018年提升2.88%；一批项目获得业主和地方政府肯定和赞扬，长兴吉利项目登陆中央电视台《新闻联播》。

五、科技创新

全年科技创新投入7867.87万元，用于科研项目支出、工法和专利申报及科技人员培训、奖励等。

大力推广BIM技术应用，推进BIM技术人才培养储备。采用BIM技术进行铝围挡设计投标，树立了雄安新区铝围挡标准，成为唯一指定产品；广西华昇项目应用BIM技术模拟槽罐倒装法施工并进行技术交底，实现施工现场可视化；BIM小组荣获山西省机冶建工会2019年“职工创新工作室”荣誉。

全年共评选企业级工法15项，获得省级工法4项、部级工法3项，获得专利授权4项，新申请专利5项；参编山西省地方标准并成功立项1项。

2019年，十二冶获得山西省科学技术厅颁发的“高新技术企业证书”。

2019年科技创新数据一览表

表4

科技创新投入（万元）	申请专利（件）	授权专利（件）	科技人员占比（%）
7867.87	5	4	10.31

六、深化改革

“三供一业”10个项目，除河津物业由地方政府主导推进外，其余9个项目改造工作均按照集团要求完成节点目标。

通过清理、返岗、退休等方式，清理待岗人员100余人，政策性减少不在岗人员近200人。

七、党建与企业文化建设

十二冶党委按照“做到三个坚持、提升四种能力、抓好六项工作”党建工作思路，层层签订党建工作目标责任书、制定“一岗双责”清单、党员责任清单，进一步明确了党建工作责任。

扎实开展“不忘初心、牢记使命”主题教育，十二冶党委在中铝集团主题教育推进交流会上做了典型经验介绍，派队参加中铝集团主题教育技能比武获得单项优胜奖。

2019年，十二冶举办庆祝新中国成立70周年、十二冶建司55周年暨首届职工文化艺术节系列活动。

组织召开宣传思想政治工作座谈会，明确全年宣传思想工作的形势任务、主要方向；以“我的十二冶”为主题，组织开展宣讲教育、企业文化宣传等活动，进一步激发了全员信心和斗志。

八、履行社会责任

员工权益。支持员工发展，杨虹等5人入选2018年度山西省“三晋英才”支持计划青年优秀人才，获得政府奖励。工会组织送温暖活动，向下岗待岗职工、大病重病人员、残疾人、遗孀遗属等发放送温暖款116万元；开展金秋助学，向困难职工子女发放助学金1.1万元，为困难职工发放救济金8.5万元。

公平运营。8月，组织12家优秀分包商召开座谈会，向其传达十二冶的管理思路，听取对方的意见和诉求，巩固长期合作关系，打造命运共同体。

参与社区发展。主动服务驻地社区，开展公共卫生大扫除、社区幼儿宣教活动，到特殊教育中心学校开展学雷锋志愿服务活动。

九、重要纪事

2月23日，由十二冶自主研发的全铝制装配式多功能铝围挡，亮相雄安国际科技成果展示交易中心开工仪式。

5月10日，中铝集团党组副书记、总经理余德辉一行调研十二冶。

8月，十二冶入选“太原市政府投资项目房屋建筑和市政建设类预选承包商库”。

9—11 月，十二冶组织开展“不忘初心、牢记使命”主题教育系列活动。

11 月 29 日，十二冶承建的漯河锦绣江南小区一期一标段二标段工程荣获“全国有色金属建设行业 2019 年度建设工程项目施工安全生产标准化工地（部级）”荣誉称号。

12 月 10 日，十二冶承建的越南仁基氧化铝项目荣获 2018—2019 年度中国建设工程最高奖（境外工程）——鲁班奖，实现鲁班奖“零”的突破。

撰稿 / 徐岱儒

中铝资产经营管理有限公司

一、基本情况

中铝资产经营管理有限公司（简称中铝资产）是中国铝业集团有限公司的全资子公司。中铝资产主要承担中铝集团的非主业资产和受托管理企业资产的经营管理职责，按照“改革、减震、盘活、增利”的定位，对这些资产进行专业化经营、管理和处置，推进改革改制，盘活存量资产，整合优势资源，实施转型发展，形成新的利润增长极。

中铝资产所属企业工业产品共有12大类100多种，涉及工业润滑油、耐磨材料、耐火材料、过滤材料、化工产品、絮凝剂产品、建筑材料、铝加工、包装产品、劳保工装、装备制造等。在工业服务领域实力突出，具有为氧化铝、电解铝、铝加工、铜冶炼、铜加工企业提供生产运营、机修检修、系统诊断、技术改造、工程设计、监理与施工等全产业链的工业服务能力。

2019年基本情况数据一览表

表1

资产总额（亿元）	负债率（%）	员工总数（人）	学历结构（在岗）	
265.58	47	15509（在岗10350）	大学专科及以下（人）	7644
			大学本科（人）	2523
			硕士（人）	182
			博士及以上（人）	1

二、组织机构

（一）领导班子

2019年领导班子成员一览表

表2

姓名	职务	2019年职务变动
刘为胜	党委书记、执行董事、总经理	3月任职

续表2

姓名	职务	2019年职务变动
吴茂森	党委书记、执行董事、总经理	3月离任
石宇权	副总经理、总法律顾问	—
徐子彪	财务总监	—

续表 2

姓名	职务	2019 年职务变动
韩自强	纪委书记	—
郭 欣	副总经理、工会主席	—

（二）机构设置

本部部门：综合部、党群工作部（人力资源部）、财务部、资产经营部、地产开发部、安全生产管理部、市场开发部、纪检监察工作部

全资子公司：山东铝业有限公司、中国长城铝业有限公司、贵州铝厂有限责任公司、中铝山西铝业有限公司、平果铝业有限公司、河南中州铝厂有限公司、青海铝业有限责任公司、兰州铝厂有限公司、兰州连城铝业有限责任公司、郑州轻金属研究院有限公司、沈阳华汇资产管理有限公司、贵阳铝镁资产管理有限公司、珠海长冶资产经营管理有限责任公司、洛阳有色金属加工设计研究院有限公司、湖南长勘商贸发展有限公司、郑州中铝建设开发有限公司、山西十二冶资产管理有限公司、中铝工业服务有限公司、中铝润滑科技有限公司、苏州有色金属研究院有限公司。

控股公司：中铝投资发展有限公司、甘孜州银峰矿业有限责任公司。

托管公司：包头铝业（集团）有限责任公司、中铝科学技术研究院有限公司、中铝河南铝业有限公司。

三、生产经营

超额完成全年生产经营任务。2019 年，中铝资产突出目标导向，加强精细化管理，强化激励考核，大力开拓内外部市场，充分发挥企业市场主体地位，倡导多贡献多收益的绩效激励政策，强化运营质量和运行效率提升，全年实现利润 7.07 亿元（其中生产经营利润 4.21 亿元、资本运作利润 2.86 亿元），超年度奋斗利润目标 2.07 亿元。

企业盈利能力不断增强。17 户企业完成年度奋斗目标，其中 3 户实现利润 1 亿元以上，3 户实现利润 5000 万元以上，8 户实现利润 1000 万元以上。

运营质量大幅提高。资产负债率 45.98%，较年初下降 1.17 个百分点，较年度考核目标降低 4.21 个百分点；自由现金流净流入 17.11 亿元，较年度考核目标增加 10.49 亿元；成费比 97.4%，低于年度目标 0.6 个百分点，同比下降 1.92 个百分点。

固本强基取得实效。“两金”净额控制在 30.24 亿元，创历史新低。全年清理外部逾期应收款项 2.76 亿元，清理内部逾期应收款项 3.1 亿元，全年无新增外部逾期款项。

2019 年主要生产经营指标一览表

表 3

指标名称		2018年	2019 年	同比增长（%）
工业总产值	（亿元）	35.41	41.01	15.81
销售收入	（亿元）	117.90	94.97	−19.45
利润额	（亿元）	0.19	−3.57	−1978.95
所有者权益	（亿元）	142.25	143.11	0.60
纳税额	（亿元）	7.17	6.17	−13.95
净资产收益率	（%）	−0.36	−3.24	−2.88
人身伤亡事故	（起）	1	2	100%
工亡人数	（人）	1	2	100%
重伤人数	（人）	0	0	−
轻伤人数	（人）	2	3	50%

四、板块建设

2019年，中铝资产扎实开展主题教育，加强党的建设，突出抓好业绩提升、“三大攻坚战”、市场开拓、改革减负、资产盘活等重点工作，发展质量不断提高，经济效益持续提升，各项工作取得了突出成绩。

（一）党建“根”和“魂”作用突出

扎实开展“不忘初心、牢记使命”主题教育，积极开展庆祝新中国成立70周年系列活动，升国旗，同唱《我和我的祖国》，拍摄快闪视频。

2019年，中铝资产所属企业较大及以上安全事故为零，环保处罚为零，质量事件为零。

（二）改革减负成效明显

剥离企业办社会职能全面完成，通过持续努力，所属企业23项市政社区职能、5项消防职能、7所幼儿园完成剥离移交，11所医院完成改革改制，国家有色金属工业局北戴河疗养院完成关闭注销，“三供一业”分离移交基本完成。所属14家相关企业本着对员工负责、对历史负责的态度，克服各种困难，所有项目均完成协议签署、职能移交和资产划转，75个项目具备清算条件；积极推进并完成43户厂办大集体改革，完成率98%，妥善分流安置2000余名大集体人员，“僵特”企业人员分流安置目标1367人，实际完成1960人，完成143%。

（三）资产盘活持续发挥作用

2019年，中铝资产完成14项资本运作项目，实现收益2.86亿元。先后完成河南铝业开盈公司、洛阳院佛阳公司股权转让、山西铝业资产对价等工作。全力配合集团推进重大股权转让、整合，完成广州冶炼厂100%股权转让。积极配合平果铝业股权转让、长城铝业股权整合、监理公司整合等工作。土地盘活持续推进，开展不动产排查摸底，积极通过租赁方式盘活土地、房产实现收益约1900万元。通过与地方政府沟通协调，对不具备盘活条件的土地进行收储或置换。加强与中海地产、保利地产等房地产企业交流合作，并组织到苏研院、贵铝修文矿、洛阳院、郑州冷轧厂等地实地考察，共同探讨土地盘活方案和思路。

（四）市场开拓力度不断加大

全面跟踪新增市场，积极赴云铝股份、驰宏锌锗、广西华昇、秘鲁铜业等单位进行业务对接，协调推进内部市场交易全面落地，基本实现了重点产品全覆盖。以问题为导向促进服务质量提升，客户综合满意度达到96%。在巩固内部交易的同时，坚决贯彻中铝集团“依靠而不依赖内部市场”的要求，大力推行向外发展战略，八大重点产品外部销售收入实现跨越式增长，取得了历史新突破，全年实现外部销售收入1.72亿元，同比增长114%。

五、重要纪事

1月9日，中铝资产召开2018年度民主生活会。中铝集团党组成员、副总经理冯贵权出席会议并讲话。

1月21日，中铝资产召开2019年度工作会。中铝集团党组副书记、总经理余德辉，中铝集团党组成员、副总经理冯贵权出席会议并讲话。

2月26日，中铝资产组织了山东铝业中铝科创园一期项目可行研究报告专家评审会，科创园一期项目可研报告顺利通过专家论证。

3月18—19日，中铝资产2019年土地盘活经验交流会在郑州市上街区召开。中铝集团党组成员、副总经理冯贵权出席会议并讲话。长城铝业等 17 家内部企业进行了经验分享。华润置地等 4 家特邀单位就产城融合发展模式等内容进行了分享和解读。

3 月 27 日，中铝资产组织所属企业以仿真视频会议形式传达中铝集团资本运营部对于不动产清查工作的相关要求，部署所属企业开展不动产调查工作，并编制不动产调查报告。

4 月 10 日，为推进中铝润滑保障房项目建设，中铝资产与国家知识产权局专利局就推进项目建设进行了会谈。

4 月 15 日，由全国阀门标准化技术委员会主办，中铝资产、中铝工服及其控股的杭州耐特阀门股份有限公司承办的氧化铝专用料浆阀行业标准发布会在北京召开。

4 月 23 日，中铝集团党组副书记、总经理余德辉到中铝资产调研，集团党组成员、副总经理冯贵权一同调研。

4 月 24—26 日，中铝资产举办第一期企业班长组安全培训班。

9 月 6 日，中铝集团党组成员、副总经理卢东亮到中铝资产调研。

10 月 18 日，中铝资产与中建一局会谈。双方围绕加强沟通交流，拓展合作领域方面进行了会谈。

10 月 21 日，中铝资产在广东深圳与中海地产就中铝资产自有土地盘活进行交流，随后组织中海地产到苏研院、贵铝修文矿、洛阳院、郑州冷轧厂等地进行实地考察。

11 月 7 日，中铝集团党组成员、副总经理陈琪一行到中铝资产调研，并听取中铝资产工作情况汇报。

11 月 10 日，中铝资产召开社会责任管理模块建设启动会，推动社会责任工作更好地融入日常生产经营管理。

11 月 14 日，中铝资产党委召开 2019 年党建工作会议。

12 月 5 日，中铝资产所属中铝工服宁国耐磨产业基地一期项目通过了宁国市政府相关部门组织的可研报告专家审查。

12 月 10 日，中铝资产在上海参加由中国有色金属工业协会主办的 2019 年中国有色金属供应链发展论坛。

撰稿 / 王林涛

山东铝业有限公司

一、基本情况

山东铝业有限公司（简称山东铝业）位于山东省淄博市张店区，1954 年 7 月 1 日建成投产，2017 年正式改制为全民所有制。

主要产品有水泥、液碱、液氯、铝型材等。

2019 年基本情况数据一览表

表 1

主要产品产能	资产总额（亿元）	负债率（%）	员工总数（人）	学历结构（在岗）	
1. 水泥 330 万吨 / 年	35.72	57.43	1587	大学专科及以下（人）	1043
				大学本科（人）	456
2. 烧碱 18 万吨 / 年				硕士及以上（人）	88

二、组织机构

（一）领导班子

2019 年领导班子成员一览表

表 2

姓名	职务	2019 年职务变动
朱守河	党委书记、执行董事、总经理	2019 年 3 月任职
张占明	党委副书记	—
毛旭生	纪委书记	—
石　森	党委副书记、工会主席	—
魏立新	财务总监	—
张丰杰	副总经理	—
张正基		2019 年 3 月调出

（二）机构设置

与中铝山东合署办公部室：总经理办公室、党委工作部、人力资源部、纪检监察审计部、工会（团委）。

专业管理部室：财务部、综合管理部、企业管理部、安全环保部。

二级单位：氯碱厂、特材厂、离退休管理部、山东铝业职业学院（职业教育培训中心）、保卫部（人民武装部）、阳泉矿、铝加工厂、原料厂。

全资子公司：山东山铝机电科技有限公司、淄博东山实业有限公司。

控股公司：山东山铝环境新材料有限公司、青岛博信铝业有限公司、淄博大地房地产开发有限公司、中铝淄博齐鲁工业园发展有限公司。

参股公司：威海万丰奥威汽轮有限公司、中铝青岛国际贸易有限公司、北大医疗淄博医院有限公司、淄博颐丰铝硅纳米新材料有限公司。

三、生产经营

2019 年，山东铝业竞争实力显著增强，高标号水泥中标京台高速、潍日高速等重点工程项目，“山铝品牌”行业知名度进一步提升；财务管理更加精准。

2019 年主要生产经营指标一览表

表 3

指标名称		2018年	2019年	同比增长（%）
主要产品产量	1. 水泥（万吨）	294.96	283.25	−3.97
	2. 折百液碱（万吨）	19.81	18.17	−8.27
	3. 液氯（万吨）	16.46	14.60	−11.29
工业产值（亿元）		4. 铝型材 / 万吨	1.48	1.37
销售收入（亿元）		32.48	31.84	−1.97
利润额（亿元）		3.23	0.49	−84.83
纳税额（亿元）		0.34	0.16	−52.94
人身伤亡事故（起）		0	0	–
工亡人数（人）		0	0	–
重伤人数（人）		0	0	–
轻伤人数（人）		0	0	–

四、重大发展项目

编制完成了《山铝氢能发展规划》，山铝—青岛泊里氢能物流重卡示范项目已列入《山东省氢能产业中长期发展规划》。山东铝业被教育部、国家发改委纳入重点建设培育的 24 家产教融合型企业。中铝齐鲁工业园列入淄博市新材料产业发展规划，被定为淄博市新旧动能转换和产业升级发展先行区。

2019 年重大项目情况一览表

表 4

项目名称	项目类型（万吨）	投资规模（万元）	当年完成投资额（万元）	年内项目建设形象进度
煤场封闭项目	环保改造	408.4	417.4	已完工
废水零排放治理项目	环保改造	501.5	502	已完工

五、企业管理

以“十条禁令”和“危废管理”为切入点，全面推进 CAHSE 精准管理体系和“两抓两查严监管”工作。环境新材料公司通过山东省安全标准化二级企业评审，达到山东省标杆企业水平。氯碱厂实现了厂区废水综合利用，达到零排放的环保目标。

配合淄博市环保督察组，按照时间节点完成“二十四项反馈问题”整改，主动制定“重污染天气应急响应”应急减排措施。

六、科技创新

借助青岛地区轨道交通优势，以轨道交通、旋转门等型材精加工为切入点，加强与中国中车等央企合作，成功攻克了复兴号动车合金行李架、车辆轻量化 6082 合金产品，初步形成了青岛地区铝精深加工产业平台。建材产业成功研发海工、核电等特种水泥，全年高端水泥销售占比在 25% 以上。

2019 年科技创新数据一览表

表 5

科技创新投入（万元）	申请专利（件）	授权专利（件）	科技人员占比（%）
6826.63	9	13	15.7

七、深化改革

加快做实合金产业，成立了铝精深加工产业高质量发展工作组，以直交机器人合作项目为切入点，搭建铝型材加工产业链，谋划铝精深加工沿海产业平台；发挥上市存续一体化运作优势，加强生产组织协调，倒运费用和铲车费用同比下降 28%；工服板块整合内部资源，按照“业务整合、产权整合两步走”的方式，中铝山东工服中心划归存续企业东山实业公司管理，利用东山实业资质平台，提升了对内服务降本、对外增收创效的能力。

八、党建与企业文化建设

全面完成全级次企业党建工作入章程；修订完善《决策权限管理办法》《“三重一大”决策制度实施细则》。层层召开民主生活会、组织生活会，营造了积极向上、干事创业、风清气正的政治生态；建立“1331”学习法，“党建创新示范工程”形成论文成果 27 篇。

11 月 17 日，中国共产党山东铝业有限公司代表大会在中铝党校召开，补选中共山东铝业有限公司第十五届委员会委员和中共山东铝业有限公司纪律检查委员会委员。正式选举采取等额选举办法进行，产生中共山东铝业有限公司第十五届委员会补选委员名单：杜善国、秦念勇、钱记泽、高健康、傅佃亮；产生中共山东铝业有限公司纪律检查委员会补选委员名单：王磊磊、王凤忠 、李莹、宋强、梅海华。

九、履行社会责任

派驻村干部定点帮扶博山区下焦村，组织捐款 20 万元用于投资建设香菇大棚，走访 76 户困难户。推进“三供一业”分离移交改造工程，开展“大干一百天，社区换新颜”综合治理，132 栋旧楼墙体保温升级，140 条老路重新铺设。

十、重要纪事

3 月 13 日，中铝山东企业召开干部大会，朱守河任山东铝业有限公司党委书记、执行董事、总经理。张正基不再担任山东铝业有限公司党委书记、执行董事、总经理，调出。

7 月 1 日，中铝山东企业隆重举行纪念建厂七十周年暨第三届“优秀山铝人”代表颁奖典礼。

8 月 22 日，国家发改委调研组组长、中国国际经济交流中心常务副理事长张晓强一行到中铝山东企业调研。

9 月 12 日，山铝房改首批不动产权证书颁证仪式在山铝宾馆举行。

11 月 3 日，中铝集团党组书记、董事长姚林到中铝山东企业调研并召开座谈会。

撰稿 / 刘绪睿

中国长城铝业有限公司

一、基本情况

中国长城铝业有限公司（简称长城铝业）是集生产、建设、科研、经营于一体的综合性国有独资企业。始建于1958年，前身是我国第二个五年计划时期建设的郑州铝厂，1992年组建为中国长城铝业公司，2002年1月，原中国长城铝业公司的氧化铝和电解铝板块资产重组进入中国铝业股份有限公司河南分公司上市，存续部分仍称中国长城铝业公司。2017年12月，按照国资委实施全民所有制改制工作要求，中国长城铝业公司完成了公司制改制，更名为中国长城铝业有限公司。

营业范围：主要产品为水泥，兼营产品制造、机械加工、工程地产、物流贸易、信息技术、酒店服务等业务。

通讯地址为河南省郑州市上街区厂前路28号（邮政编码450041）。

2019年基本情况数据一览表

表1

主要产品产能	资产总额（亿元）	负债率（%）	员工总数（人）	平均年龄（岁）	学历结构（在岗）	
水泥产能100万吨/年	25.39	59.41	2381（在岗1839）	43	大学专科及以下（人）	1273
					大学本科（人）	525
多品种氧化铝0.8万吨/年					硕士及以上（人）	41

二、组织机构

（一）领导班子

2019年领导班子成员一览表

表2

姓名	职务	2019年职务变动
程运材	党委书记、执行董事	—
王小平	总经理、党委副书记	—

续表2

姓名	职务	2019年职务变动
孙玉和	党委副书记、工会主席	—
李忠良	纪委书记	—
江新民	副总经理	—
李世恩	副总经理	—
吴志伟	财务总监	—

（二）机构设置

机关部室：总经理办公室（合署）、党委工作部（合署）、纪检监察审计部（合署）、工会共青团部（合署）、人事部（合署）、财务部、企业管理部、安全环保部、营销中心。

分（子）公司：水泥厂、后勤服务管理中心、保卫消防中心、工业园区办公室、职业技术学院、文化产业发展公司、新闻中心、广州分公司、河南新长城实业有限公司、河南中铝建设工程有限公司、河南中铝装备有限公司、河南长兴实业有限公司、河南长铝工业服务有限公司、郑州银建房地产开发有限公司、河南长城众鑫实业股份有限公司、郑州铝城实业开发总公司、河南长城信息技术有限公司、中铝长城检测技术有限公司、郑州长城铝业炭素股份有限公司、河南长城物流有限公司。

三、生产经营

2019 年，长城铝业实现营业收入 11.91 亿元，利润总额 0.53 亿元，圆满完成了全年目标任务。

2019 年主要生产经营指标一览表

表 3

指标名称			2018年	2019年	同比增长（%）
主要产品产量	水泥	（万吨）	64.8	53.5	−0.17
工业产值		（亿元）	6.27	6.31	0.006
销售收入		（亿元）	15.1	11.91	−0.21
利润额		（亿元）	1.44	0.53	−0.63
纳税额		（亿元）	0.82	0.71	−0.13
人身伤亡事故		（起）	0	0	—
工亡人数		（人）	0	0	—
重伤人数		（人）	0	0	—
轻伤人数		（人）	0	0	—

四、重大发展项目

2019 年度，长城铝业获得总部批复年度总投资额 4448 万元，投资计划完成率 63.5%。其中，河南长兴实业多品种氧化铝搬迁项目因纳入绿色智造产业园区规划暂缓实施，导致年度投资完成额较计划减少 1550 万元。

2019 年重大项目情况一览表

表 4

项目名称	设计规模	投资规模（万元）	当年完成投资额（万元）	年内项目建设形象进度
河南长兴实业多品种氧化铝生产线搬迁	年产 11000 吨多品种氧化铝	1788	390	厂房基础建设完成
水泥厂水泥窑脱硝改造项目		1353	1353	2019 年建设完成

五、企业管理

全面加强安全环保质量管理，制定实施了三大攻坚战行动计划和安全管理三年三步走战略，实现安全环保质量“三零”目标。

紧扣发展形势，制定了“三年降本”工作方案，启动了“十四五”发展规划编制。

优化选人用人制度，构建人才发展平台，建立了“导师带徒”“五级工程师”“五级技师”等人才培养机制。

六、科技创新

长城铝业坚持创新驱动发展，保证产品和服务质量，科技创新取得新成效，完善了一批技术标准管理制度，全年累计申请受理专利 19 件。

2019 年科技创新数据一览表

表 5

科技创新投入（万元）	申请专利（件）	授权专利（件）	科技人员占比（%）
1621.32	19	3	0.0059

七、深化改革

有序推进剥离企业办社会职能，稳步开展了“三供一业”移交改造工作。

激活技术与资源优势，完成中铝长城检测与中铝环保、河南长城物流与河南豫森汽车股权合作，完成了广冶股权转让和 8 处房产的无偿划转，实现国有资产保值增值。

八、党建与企业文化建设

（一）党建工作

扎实开展“不忘初心、牢记使命”主题教育，围绕生产经营开展“两带两创”、做实“双百分”考核等活动，推动党建与生产经营深度融合。

（二）企业文化建设

2019 年，长城铝业多管齐下，组织开展了“中铝工匠故事会”，庆“三八”座谈会、征文，庆祝中华人民共和国成立 70 周年书画展等系列活动。

九、履行社会责任

大力实施“四项工程”，办理全国级建档困难职工脱困 9 户，救助困难职工 171 人，发放救助款 24.01 万元；争取各类帮扶款 12.04 万元；开展金秋助学、爱心捐款等活动，救助困难职工子女 55 人，发放助学款共计 4.53 万元。

十、重要纪事

1 月 13 日，中铝集团党组书记、董事长葛红林，中铝集团党组副书记、董事敖宏等一行到中铝郑州企业调研。

6 月 17—22 日，中铝集团班组长综合管理技能培训比武在长城铝业成功举办。

7 月 11—12 日，中铝集团党组成员、副总经理刘建平等一行到长城铝业调研。

9 月 17 日，中铝集团党组副书记、总经理余德辉，中铝集团党组成员、副总经理刘建平到中铝郑州企业调研。

9 月 26 日，长城铝业、中铝矿业举行“庆祝中华人民共和国成立 70 周年”纪念章颁发仪式，89 位老干部荣获中华人民共和国成立 70 周年纪念章。

10 月 14 日，中铝集团党组书记、董事长葛红林，中铝集团党组成员、副总经理卢东亮到中铝郑州企业调研。

撰稿 / 刘　林　王世闯

贵州铝厂有限责任公司

一、基本情况

贵州铝厂有限责任公司（简称贵州铝厂）始建于 1958 年，原名贵州铝业公司，1965 年更名为302厂，1972年更名为贵州铝厂。2002 年 2 月，原贵州铝厂正式分离为上市公司和存续企业两个单位，上市公司为中国铝业贵州分公司，存续企业为贵州铝厂。

2017 年 11 月 27 日，贵州铝厂完成了公司制改制，由全民所有制企业改制为国有独资公司，改制后股东为中铝资产经营管理有限公司。贵州铝厂注册资金 5 亿元；贵州铝厂被评为 2019 年贵州省优秀企业，名列 2019 贵州服务业企业 50 强。

企业所在地位于贵州省贵阳市白云区同心东路。主营业务包括现代工业服务、现代城市服务、现代物流（铁路专用线及公路）、房地产开发、职业教育学校、技术服务、建筑施工、餐饮住宿、交通印刷、科研所需原辅材料、机械设备、仪器仪表、零配件及相关技术的进口业务、经营本企业进料加工、“三来一补”等。还承担着贵州铝厂和中国铝业股份有限公司贵州分公司的土地管理及后勤服务等职能。

2019 年基本情况数据一览表

表 1

资产总额（亿元）	负债率（%）	员工总数（人）	平均年龄（岁）	学历结构（在岗）	
42.54	86.88	在册 3684 在岗 1294	46	中专及以下（人）	735
				大学专科（人）	311
				大学本科（人）	248

二、组织机构

（一）领导班子

2019 年领导班子成员一览表

表 2

姓名	职务	2019 年职务变动
陈 刚	执行董事、党委书记（法定代表人）	—

续表 2

姓名	职务	2019 年职务变动
聂亚文	副总经理（主持工作）、党委副书记	—
周双林	纪委书记	—
韩宝元	财务总监	—
彭 涛	副总经理、工会主席	—

（二）机构设置

职能部门：综合管理部、资产经营部、企业管理部、安全环保部、财务部、党委工作部、纪检监察部（审计部）、工会共青团工作部。

二级单位：贵州铝厂有限责任公司铝合金厂、贵州铝厂有限责任公司职业教育学院、贵州铝厂有限责任公司精细氧化铝厂、贵州铝厂有限责任公司后勤中心、贵州铝厂有限责任公司保安分公司。

全资公司：贵州贵铝现代城市服务有限公司、贵州贵铝技术服务有限责任公司、珠海亚奇纸塑制品有限公司、贵州铝兴物业管理有限公司、贵州中铝云顶旅游开发有限公司。

控股公司：贵州贵铝华颐房地产开发有限责任公司、贵州中铝彩铝科技有限公司。

参股公司：中铝贵州工业服务有限公司、贵州贵铝物流有限公司、贵州中天贵铝房地产开发有限公司。

三、生产经营

2019 年，贵州铝厂实现盈利 9280 万元，连续 4 年超额完成年度利润奋斗目标。通过优化运营协调，加强财务监管，狠抓生产组织和市场营销，贵铝技服、贵铝职教学院、贵铝保安、贵铝精细氧化铝厂、贵铝城服公司等 9 家单位实现了年度奋斗目标。

2019 年主要生产经营指标一览表

表 3

指标名称		2018年	2019年	同比增长（%）
主要产品产量	1. 铝型材（万吨）	0.25	0.14	−44.00
	2. 彩 铝 （万吨）	0.12	0.18	50.00
工业产值（亿元）		0.84	0.92	9.52

续表 3

指标名称	2018年	2019年	同比增长（%）
销售收入（亿元）	11.14	5.21	−53.23
利润额（亿元）	−0.39	−1.46	−274.36
纳税额（亿元）	0.49	0.30	−38.78
净资产收益率（%）	−4.28	−22.89	—
人身伤亡事故（起）	1	1	—
工亡人数（人）	0	0	—
重伤人数（人）	0	0	—
轻伤人数（人）	1	1	—

四、重大发展项目

（一）金融北城项目基本落地

2019 年 8 月 12 日，贵阳市第十四届人民政府第 58 次常务会议原则同意按低效用地协议出让补缴土地价款的方式，推进贵州铝厂电解铝老工业区开发建设。土地出让及资金支付的路径已经打通，城市设计方案经贵阳市领导专题会议原则通过，项目建设工作稳妥推进。

（二）养老项目发挥示范引领作用

作为贵州铝厂重点战略转型项目和企业盘活国有资产的标志性项目，贵铝智慧幸福苑截至 2019 年底入住率达到 30%，累计实现现金流收入 632.78 万元，获得民政补贴 90 万元，开创了央企养老产业在半年内现金流为正的先河。

2019 年重大项目情况一览表

表 4

项目名称	年内项目建设形象进度
修文矿综合开发项目	三方参与项目工作专班组建完成
粉煤灰再生利用项目	获得环评批复并进行试生产
泥堆场场地综合利用项目	进行方案比选

五、企业管理

以“转变观念、提升服务”大讨论为思想引领，以“一抓一、强弱项”为抓手，增强服务意识，加强精准管理，中层管理人员 44 个“一抓一、强弱项”项目全部结项，取得预期成效。全面开展制度“废改立”，全年制修订重要管理制度 60 个，废止 22 个。在贵州省 2019 年企业管理创新成果评选中，贵州铝厂获得一等奖 3 个、二等奖 1 个、三等奖 3 个好成绩。

工服公司电解事业部遵铝电解检修班、技服公司渗滤液处置班获得中铝集团“安全干净”示范班组。

实现了零工亡、一般以上环境污染事件为零的目标；质量指标全线达标，2019 年获得的各类质量提升奖项在中铝资产名列前茅；安全生产、环境保护继续保持总体稳定的局面。在中铝集团体系审核评分中，获得安全结果性评分 70.89，环保结果性评分 77.34 的成绩。

贵州铝厂应急指挥中心对 39 个重点关注部位进行了无线远程监控。赤泥堆场在线监测及视频数据于 9 月 20 日正式接入中铝集团信息平台；完成赤泥库区、粉煤灰堆场及贵铝铝合金厂、贵铝工服、贵铝彩铝等 5 个危废间视频监控的联网；涉及危、固废管理单位的相关信息，已成功录入贵州省危、固废管理系统备案。

六、科技创新

技术研发项目取得成效。彩铝板涂装生产控制系统智能制造项目，获得第四届全国质量创新大赛 QIC- Ⅳ技术成果二等奖。贵铝工服“电动阳极车项目”在第四届国际创新创业博览会上获得优秀创新成果奖。工服公司阳极车研发和贵铝彩铝的彩铝智造项目，分获“中铝国际杯”中铝集团第三届创新创意大赛二、三等奖。在首届中铝集团 QC 成果大赛中，贵州铝厂获得一等奖、二等奖各一项，总成绩在中铝集团名列前茅。贵铝精细氧化铝厂 QC 小组获贵州省优秀 QC 成果。

通过积极开展知识产权专利申请，2019 年企业获得 8 项专利。下属单位现有 2 家贵州省高新技术企业，11 项专利，10 项软著，在中铝资产排名第一。

“数智贵铝”大数据应用服务云平台被评选为贵州省 2019 年“万企融合”省级标杆项目，获贵州省大数据局 200 万元扶持资金。

2019 年科技创新数据一览表

表 5

科技创新投入（万元）	申请专利（件）	授权专利（件）	科技人员占比（%）
4.67	12	8	7

七、深化改革

剥离社会化职能工作圆满收官。截至 2019 年底，经中铝资产核准，贵州铝厂已经完成供水、市政、幼教、物业及其他企业办社会职能的账面存量资产及管理职能的移交工作。

选人用人机制改革初显成效。制定下发《贵州铝厂有限责任公司市场化选人用人实施办法（试行）》，在贵铝铝合金厂引进 1 名销售职业经理人，在贵铝职教学院选用 5 名骨干教师，在贵铝工服选用 2 名技术骨干。稳妥推进人员分流安置，通过拓展外部安保业务，拓宽了人员分流渠道，增加外部就业岗位 309 个，企业全年转岗分流员工416人。

机构及人员配置持续优化。对机关各部门的工作职责、管理流程及职能进行优化调整；对电气维修专业人员进行资源整合；成立贵铝技服技术中心。

截至2019年底，中色鑫海公司的股权核销已经得到中铝资产批复；实施贵州昆展公司的关闭注销；宝化炭黑公司的破产裁定书由法院下达。

混合所有制改革加快推进，成立贵州中天贵铝房地产开发有限公司并正式启动金融北城项目开发工作；贵铝彩铝引入森特公司完成增资扩股，实现了与森特公司的战略合作；贵铝华颐与合作方股权转让进入洽谈阶段。

八、党建与企业文化建设

（一）党建工作

2019年，按照“守初心、担使命，找差距、抓落实”的总要求，深入开展“不忘初心、牢记使命”主题教育活动。党委班子专题民主生活会得到中央第十二巡回指导组的充分肯定。

严肃查处各类违规违纪行为，2019年共处置信访线索37件，党政纪处分18人，问责19人；开展巡察工作，发现问题、形成震慑，营造风清气正的工作氛围。

（二）企业文化建设

聚焦爱国奋斗，开展了选树企业楷模、微视频展、主题朗诵比赛、职工篮球比赛、职工合唱比赛、中老年健身运动会、主题团日等系列活动，庆祝新中国成立70周年。

积极开展企业文化的宣讲和企业精神的落地工作，在入党积极分子和新合金项目员工中开展厂史和企业文化专题培训，积极弘扬“五个特别”的贵铝精神和“五见五绝”的战斗精神。

深入开展形势任务宣讲和企业成果宣传，通过“榜样”“我和我的贵铝”“初心小故事”等栏目，宣传先进典型，凝聚贵铝情怀，激发正能量。在中国有色金属报社组织的五大类别好新闻评选中，中铝贵州企业分别获得消息、通信、言论等各类别好新闻一等奖4个、二等奖5个、三等奖5个。

在中铝集团党务技能大赛中，中铝贵州企业从60多家企业中脱颖而出，获西南地区第二名，中铝集团总决赛三等奖。贵铝城服、贵铝彩铝两个案例入选中铝集团社会责任实践和降碳优秀案例；在中铝集团“六个一”活动中荣获6个奖项。

贵铝彩铝涂装班获得2019年贵州省“工人先锋号”称号，贵铝工服电解事业部遵铝电解检修班获得2019年贵州省有色冶金工会“工人先锋号”称号。

九、履行社会责任

2019年对205名困难党员进行慰问，发放慰问金23.1万元。坚持运用“五大帮扶体系”，开展各类帮扶共计2793人次，发放帮扶资金172.58万元。积极推动员工工间餐和“三节一日”集体福利，提升员工的幸福感。通过精准金秋助学，为54个困难职工子女托起了希望之梦。

贵州铝厂通过了中铝集团CAHSE验收，修文矿被授予“修文县生态修复示范基地”称号。

连续29年组织青年志愿者开展“学雷锋便民服务一条街”活动，用实际行动弘扬雷锋精神，传承中华美德，传递助人为乐、奉献社会的正能量。

十、重要纪事

4 月 29 日，贵州铝厂“退二进三”转型发展重要项目——贵铝智慧幸福苑健康养老项目正式投入运营。

5 月，贵铝彩铝涂装班被授予“贵州省工人先锋号”。

7 月，贵铝工服电解事业部党支部获贵州省样板党支部称号。

9 月，“张根宝铝锭浇铸用分配器复合涂料”创新创意成果，在中铝集团“中铝国际杯”第三届创新创意大赛矿山与冶炼技术类复赛中取得第一名。

撰稿 / 冉袁川

中铝山西铝业有限公司

一、基本情况

中铝山西铝业有限公司（简称山西铝业）前身为山西铝厂。2017 年，山西铝厂实行公司制改制更名为中铝山西铝业有限公司。通讯地址为山西省河津市铝基地龙门大道北段 10 号。

主营业务：工程技术服务、工业产品制造、现代服务产业，并通过关联交易向中铝新材料有限公司提供基础设施服务和土地租赁业务。

2019 年基本情况数据一览表

表 1

资产总额（亿元）	负债率（%）	员工总数（人）	平均年龄（岁）	学历结构（在岗）	
35.56	43.24	在岗 2099	43	中专及以下（人）	1161
				大学专科（人）	522
				大学本科（人）	404
				硕士及以上（人）	12

二、组织机构

（一）领导班子

2019 年领导班子成员一览表

表 2

姓名	职务	2019 年职务变动
郭威立	执行董事	3 月任职
张　智	总经理	无
李安平	副总经理	无

续表 2

姓名	职务	2019 年职务变动
尹红卫	财务总监	无

（二）机构设置

机关处室：办公室、人力资源部、财务部、计划发展部、生产经营部、安全环保部。

二级单位：离退休管理服务中心（社会保险部、信访办）、武装保卫部、生活服务中心、销售中心（耐磨材料公司、过滤材料公司）、孝义铝矿、沁源阳坡铝矿、兴县公司、职工培训中心（党校）、介休综合事务管理中心、晋铝冶炼设备技术公司、工贸公司、宏泰粉煤灰开发公司。

全资子公司：山西晋铝物流有限公司、山西晋铝物业管理有限公司、山西碳素厂、山西晋铝矿山工程服务有限公司

控股子公司：山西中铝工业服务有限公司、山西晋正建设工程项目管理有限公司、山西铝业园林绿化工程有限公司、山西晋铝兴业冶金材料有限公司、山西铝业设计院有限公司、山西铝业黄河电器设备有限公司、山西晋铝资源综合利用开发有限公司。

参股子公司：山西介休鑫峪沟煤业有限公司、介休市煜业选煤有限公司、山西甘霖晋铝医疗投资有限公司、北京吉亚半导体材料有限公司、山西镓华天和电子材料有限公司、中国有色集团晋铝耐材有限公司、山西介休大佛寺南窑头煤业有限公司。

集体企业：晋铝实业总公司。

三、生产经营

2019 年主要生产经营指标一览表

表 3

指标名称		2018年	2019 年	同比增长（%）
主要产品产量	1. 粉煤灰砖（万块）	4536	4306	−5.07
	2. 氮化硅砖　（吨）	886.89	277.29	−68.73
工业产值　（亿元）		0.3587	0.3352	−6.55
销售收入　（亿元）		17.3	12.2	−29.49
利润额　（亿元）		−1.22	−4.92	−301.84
纳税额　（亿元）		1.35	0.87	−36.5
人身伤亡事故　（起）		1	1	0
工亡人数　（人）		1	1(劳务派遣)	—
重伤人数　（人）		0	0	—
轻伤人数　（人）		0	0	—

续表 3

说明：2019 年 2 月，山西铝业所属山西晋铝冶炼设备技术公司、山西晋铝矿山工程服务有限公司、计控信息中心、智能工程公司 4 家企业根据集团安排划转山西新材料公司，按照 2018 年水平测算，影响山西铝业营业收入 17622.64 万元。

2019 年 8 月，山西铝业所属山西晋铝兴业冶金材料有限公司申报进行破产处置，基本进入停产状态，年产量大幅度下降。

四、企业管理

（一）安全生产从紧从严

完善安全管理机构，出台了《中铝山西铝业有限公司安全管理机构设置及相关待遇规定》，组建了 140 人的专兼职安全管理队伍。管理中心下沉，制定下发了《检修施工现场危险源辨识及隐患排查治理管理规定》，规范现场安全管理。加强现场安全整治，以山西工服、黄河电器、宏泰公司、晋铝冶炼 4 家单位为试点，投入近 40 万元，进行了安全文化植入、现场物理隔离等安全措施完善。坚持“工会搭台，专业管理”原则，将“安全 . 干净”班组与“强基行动”验收标准相融合，提升班组安全管理水平。严格“四级”安全检查，加大安全督查力度，全年两级单位排查事故隐患 1379 项，全部按要求进行了整改。

（二）环保整治紧抓不放

从环保设施的运行、环境卫生的清理、厂区绿化美化 3 个方面，分区域、分项目、分阶段开展整治工作。狠抓重点部位和关键环节，宏泰公司投资完成原料堆场大棚密闭、运输车辆全自动

篷布苫盖、运输平台喷淋设施、运输道路修复等；山西工服新增电焊烟气净化器等环保设备；黄河电器对喷塑工序废气进行有组织排放处理。

（三）质量攻坚精工细作

开展质量提档升级、对标质量管理和质量品牌建设，重点对7个项目、9个产品进行质量管控，达标率100%，全年未发生质量事件。全面开展质量攻关活动，8个攻关项目达到预期目标，完成1项发明专利、5项实用新型专利的申报审核。在“质量月”活动中，广泛开展质量宣传、成果展示、标准宣贯，组织在岗员工参加“全国企业员工全面质量管理知识竞赛”。

（四）“强基行动”纵深穿透

在2018年“废改立”161项制度的基础上，2019年本部层面又出台实施了29项制度，其中新制定管理制度18项，业务细则6项，修订完善5项。推动基础管理达标升级，坚持自下而上，将“强基行动”覆盖延伸到班组、车间和二级单位，强化检查督导，组织观摩学习，开展总结评比，全年验收通过班组55个、车间19个、二级单位6个。1个班组获中铝集团“安全、干净”示范班组荣誉。坚持依法合规经营，做到合同、规章制度、重要决策100%法律审核。

五、科技创新

2019年，山西铝业首次组织科技成果（专利）申报活动，申报成果8项。11月完成知识产权代理服务的招标和合同签署，已经完成6个项目申报材料的编制，其中“一种脱硅槽管排调运支架授权”项目获得实用新型专利授权。

六、深化改革

按照“台账式管理、项目化运作”模式，把握政策，紧盯目标，明确责任，主动对接，全力以赴推进各项改革。

（一）“三供一业”改革取得实质突破

“三供一业”移交改造16个项目中12个项目维修改造年内基本完成，其余4个项目纳入到当地政府整体规划。孝义铝矿二期将分离移交方式由维修改造变更为整体搬迁，593户居民全部完成搬迁，实现了企业、地方政府、居民多方共赢，是国有企业独立工矿区“三供一业”分离移交方式的一次大胆创新，得到中铝集团的充分肯定。

（二）僵特企业处置取得积极进展

按法律程序推进山西碳素厂破产工作。晋铝兴业形成整体破产方案，并按计划和程序推进。山西碳素厂、晋铝兴业分别通过了2019年国资委中央企业“处僵治困”专项检查。

（三）厂办大集体改革稳妥有序推进

厂办大集体改革完成了中铝集团要求的基本完成人员协解目标，晋铝实业分流安置全民工59人，与374名集体合同工签订了协解协议，完成了毓秀市场、朝霞市场资产移交工作。山碳工贸参与改革的60名集体工全部签订了协解协议。实业公司完成了资料整理准备工作，晋铝修建公司确定了改革方向。

七、党建与企业文化建设

（一）党建工作

根据中铝集团党组部署，2019年3月，山西新材料、山西铝业实行一个党委、两个经营班子的管理模式。扎实开展“不忘初心、牢记使命”主题教育，修订完善并严格落实“三重一大”议事规则，深入开展“两带两创”“双提升”活动。

强化党建“三基”建设，持续开展标准化党支部创建，达标率达 94.3%。发挥巡察“利剑”作用，对生活中心进行了常规巡察，对山西工服进行了“三大攻坚战”专项巡察，对招投标管理进行了“机动式”巡察。

（二）群众与青年工作

发挥群团工作的桥梁纽带作用，开展各类劳动竞赛；开展创新工作室创建工作，“王建伟劳模创新工作室”顺利通过中铝集团和运城市总工会验收。丰富职工文化体育生活，组织开展了第九届职工文化艺术节系列活动。

（三）企业文化建设

按照“一个党委、两个经营班子”的管理模式，山西新材料与山西铝业两公司企业文化工作实行统一管理。

利用铝基地现有场地，在生活区增设 5 组企业文化创意小品和 4 组灯箱宣传栏。将晋铝宾馆作为企业的宣传窗口，设置企业历史、企业风光、一线写真等具有较高艺术水准的企业图片，增设 6 块产品推广宣传牌和 1 块多媒体文化宣传电子屏，滚动播放企业新闻、形象宣传片等相关视频图片。

八、履行社会责任

坚持绿色发展理念，响应国家环保要求，强化原燃物料无组织排放管控，完成了宏泰粉煤灰开发公司原料堆场大棚密闭建设，对运输车辆由原来机械密封改造成为全自动篷布苫盖，修复了排灰专线道路，对喷淋设施进行了改造更新，有效降低了车辆行驶过程的扬尘。投入 19 万余元用于安装空气净化器，从源头减少了山西工服中频炉烟气的排放量和焊接烟气无组织排放。对生产制造部喷塑工序固化过程烘烤炉所产生的废气进行了整治。

全方位帮扶困难职工，开展两节期间“送温暖”活动和“金秋助学”活动。开展第十期职工大病医疗互助工程，参与互助工程人员达 500 名，为职工申办大病医疗互助金 30000 余元。持续组织开展“夏送清凉”活动，分期分批到高温和艰苦岗位送清凉，慰问职工人数达 600 人。

九、重要纪事

2 月 21 日，山西铝业一届二次职代会召开，贯彻中铝集团工作会议精神，明确 2020 年形势和任务，并提出工作思路和奋斗目标。

6 月 3 日，山西铝业全面启动“安全生产月”活动。

8 月 15 日至 16 日，中铝集团党组书记、董事长葛红林，中铝集团党组成员、副总经理刘建平到山西新材料、山西铝业就生态环境治理、生产经营和安全环保项目建设进行调研。

8 月 24 日，山西铝业与湖北宜化集团有限责任公司在湖北宜化集团总部举行战略合作签约仪式。

9 月 6 日，山西铝业“质量月”活动正式启动。

9 月 15 日至 16 日，山西新材料、山西铝业举办第九届职工文化艺术节文艺演出。

10 月 29 日，中国共产党中铝山西新材料有限公司举行第二次代表大会，选举产生中国共产党中铝山西新材料有限公司第二届党委、纪委委员。

撰稿 / 梁江华

中铝润滑科技有限公司

一、基本情况

中铝润滑科技有限公司（简称中铝润滑）成立于2008年11月，是中铝资产经营管理有限公司全资子公司。

中铝润滑是具有独立法人资格的一人有限公司，注册资本3700万元。主要从事有色金属新材料的科技及产业化开发；润滑油品及相关原辅材料的研发、生产、销售及相关咨询业务；有色金属的销售；进出口业务；仓储服务业务。被认定为北京市高新技术企业。

2019年基本情况数据一览表

表1

主要产品产能	资产总额（万元）	负债率（%）	员工总数（人）	平均年龄（岁）	学历结构（在岗）	
轧制油添加剂2000吨（年）	13984	51.11	85（在册） 46（在岗）	41	大学专科及以下（人）	24
设备润滑油					大学本科（人）	20
					硕士（人）	2

二、组织机构

（一）领导班子

2019年领导班子成员一览表

表2

姓名	职务	2019年职务变动
王　松	执行董事、总经理	—
蒋玉文	副总经理	—
李　轶	副总经理	—

（二）机构设置

职能部门：综合部（党群工作部）、财务部、营销中心、安全环保部（生产技术部）、热轧乳液事业部。

分公司：中铝润滑科技有限公司河南分公司。

三、生产经营

2019年，中铝润滑实现利润1102万元，创历史最好成绩，超额完成中铝资产下达的年度奋斗目标，经营业绩连续5年持续增长。

2019年主要生产经营指标一览表

表3

指标名称		2018年	2019年	同比增长（%）
主要产品产量	轧制油添加剂、设备油（吨）	3680.90	2910.19	−20.94
工业产值	（万元）	5412.55	4205.62	−22.30
销售收入	（万元）	13958.77	17,822.35	27.68
利润额	（万元）	942.57	1,102.23	16.94
所有者权益	（万元）	6196.83	6,837.02	10.33
纳税额	（万元）	397.99	541.93	36.17
净资产收益率	（%）	13.82	14.38	—
产值劳动生产率	（万元·人）	115.16	116.82	—
十万人死亡数	（起）	0	0	—
千人负伤数	（人）	0	0	—

四、重大发展项目

2019年，中铝润滑完成生产线异地搬迁扩能改造项目，形成年产1万吨设备润滑油和2000吨工艺添加剂的生产规模，产能的提升增强了企业在市场中的竞争力。

2019年重大项目情况一览表

表4

项目名称	设计规模	投资规模（万元）	当年完成投资额（万元）	年内项目建设形象进度
生产线异地搬迁扩能改造项目	1.2万吨/年	3016	150.64	投入试运行

五、企业管理

2019年，中铝润滑新建和修订规章制度23项，建立线上产供销及仓储系统、钉钉办公软件系统及重点工作督办机制。

中铝润滑以排查安全隐患为抓手，积极开展安全环保三大攻坚战，完善安全环保相关制度。全年安全事故及人员伤亡率为零，产品质量合格率为100%，新进员工岗前培训率100%，特殊工种持证上岗率100%。

创新服务模式，搭建技术服务团队。在山东氯碱厂、东北轻合金等企业开展油品使用技术培训、与20多家企业进行全方位技术交流和油品延伸服务，加大对客户的技术服务力度。2019年获得东北轻合金、山西新材料、包头铝业等企业评定的优秀供应商。

六、科技创新

2019年，中铝润滑加快产品结构调整步伐，完成高附加值低温液压油、淬火液等新项目的研发及市场投入使用；完成铝轧制油添加剂替代进口产品ZLT−12X项目和38#和68#无渍液压油的开发。

七、深化改革

2019年，中铝润滑强化营销机制改革，加大外部市场激励机制，深化片区营销模式，完善营销业务绩效考评程序。针对外部市场拓展，实行三级对接回访机制，出台《中铝润滑科技有限公司外部市场开拓奖励办法（试行）》，年内实现外部市场销售量同比增长95%。

八、党建与企业文化建设

中铝润滑党支部按照“守初心、担使命、找差距、抓落实”的总要求，扎实开展“不忘初心、牢记使命”主题教育；坚持“111”党建工作机制，建立“361”标准化支部创建模式，2019 年顺利通过中铝资产党委标准化党支部星级达标验收。

中铝润滑党支部积极探索基层党建 + 创新模式，走出中铝与北京中石油润滑油有限公司党委结对子，签署《互联共建协议书》；深化“两带两创”活动，在党组织带党员外部市场创效项目获得中铝资产党委评选二等奖。

中铝润滑组建中铝润滑篮球队、足球队，举办纪念五四运动 100 周年知识竞赛和庆祝中华人民共和国成立 70 周年快闪等活动，积极参加中铝资产组织的“迎国庆，健步走”等活动，充分展示中铝润滑简单、积极、团结、向上的企业文化。

九、社会责任

为配合北京市昌平区的安全环保整改，完成北京疏解非首都核心功能的相关部署，中铝润滑积极组织生产线由北京至河南郑州上街的搬迁工作。2019 年 4 月，顺利完成生产、检测、库房、运输等业务的交接。

十、重要纪事

1 月 24 日，中铝集团党组副书记、总经理余德辉到中铝润滑调研。

4 月 13 日，中铝润滑新生产线扩能搬迁项目整体搬迁至河南上街。

10 月 24 日，中铝润滑通过 ISO9001 质量管理体系认证。

11 月 29 日，成立中铝润滑退休人员社会化管理领导小组。

12 月 24 日，完成中铝润滑 2020 年投资计划和“十四五”发展规划的三年滚动规划编制。

撰稿 / 李鲜俊

中铝投资发展有限公司

一、基本情况

中铝投资发展有限公司（简称中铝投资）于2004年4月在国家工商行政管理总局注册登记，注册地址为北京市海淀区西直门北大街62号中国铝业大厦19层。企业前身为中铝置业发展有限公司，2015年11月名称变更为中铝投资发展有限公司。

经营范围：实业投资；物业管理；房屋租赁；室内外装饰装潢；建筑材料及有色金属产品销售；焦炭、化工产品（不含危险化学品）、五金交电、机械、电器产品及备件的销售；停车场的管理；会议服务；承办展览展示；住宿（限分支机构经营）。

2019年基本情况数据一览表

表1

资产总额（亿元）	负债率（%）	员工总数（人）	学历结构（在岗）	
30.07	2.57	49	大学专科及以下（人）	20
			大学本科（人）	26
			硕士及以上（人）	3

二、组织机构

（一）领导班子

2019年领导班子成员一览表

表2

姓名	职务	2019年职务变动
刘为胜	董事长	9月30日任职
郭　欣	总经理（法定代表人）	—
胡炜东	副总经理	—

续表2

姓名	职务	2019年职务变动
赵　锋	副总经理	—

（二）机构设置

职能部门：综合部（党群工作部）、财务部、资产管理部和安全生产管理部。

独立全资子公司：北京中铝联合物业管理有限公司、天津中铝置业投资有限公司、晋铝房地产开发有限公司。

分公司：中铝投资发展有限公司深圳分公司、中铝投资发展有限公司北戴河分公司、中铝投资发展有限公司兰州分公司。

三、生产经营

2019 年中铝投资累计实现收入 1.66 亿元，完成利润 8492 万元（全部为生产经营利润），成费比 70.08%，2019 年末资产负债率 2.57%。自由现金流、外部逾期应收款清理、两金压降、资金集中度全面超额完成年度各项目标任务。

2019 年主要生产经营指标一览表

表 3

指标名称		2018年	2019年	同比增长（%）
销售收入	（亿元）	1.59	1.68	5.66
利润额	（亿元）	0.67	0.86	28.36
纳税额	（亿元）	0.49	0.47	−4.08
人身伤亡事故	（起）	0	0	—
工亡人数	（人）	0	0	—
重伤人数	（人）	0	0	—
轻伤人数	（人）	0	0	—

四、企业管理

2019 年，中铝投资对本部 4 个部门的职责进行了调整。在中铝物业成立了采购部，明确为中铝投资和中铝物业采购归口管理部门，对采购业务实施集中管理。

制定中铝投资《总经理会议规则》《采购管理办法（试行）》《供应商管理办法（试行）》《招投标管理办法（试行）》等 30 余项制度。

规范资产经营管理，明确了中铝投资经营性房产对外租赁业务归口部门和审批流程，制定租赁合同模板，在新签合同中增加违约条款，降低经营风险。

坚决贯彻落实“安全第一、预防为主、综合治理”的安全方针，认真做好安全监督检查工作，着重注意日常防火、防爆、防盗工作，坚持月度大检查工作，确保了中铝大厦的正常运转。定期巡查大厦设备设施，保障大厦驻楼人员的人身安全。

五、深化改革

2019 年 2 月中铝投资按照北戴河改革工作组《关于开展北戴河地区培训疗养机构专项核查和编报改革意向的通知》（〔2018〕3 号），制定了“自主清理方式”的改革实施方案。经中铝集团、中铝资产研究审议同意，由中铝集团资本运营部以《中国铝业集团有限公司所属北戴河地区疗养机构总体情况报告》向北戴河改革工作组上报改革实施方案。

按照中铝集团确定的改革实施方案及中铝资产的相关批复，2019 年 5 月完成了中铝北戴河培训中心的注销，11 月完成了有色疗养院的注销。

六、党建与企业文化建设

强化政治建设和思想引导。重点抓好“不忘初心、牢记使命”主题教育。开展“岗位标兵”评选，并在中铝物业劳务派遣员工中进行“优秀员工”和“红旗班组”评选，形成“学先进、争标杆、做贡献、干事创业”的良好氛围。

加强组织建设。完成中铝投资支部换届，选举产生新一届支部委员。严格落实党建考核细则，抓实“三会一课”，严格按程序开展党员“双提升”。

突出抓好党建促经营。选取“提升中铝大厦

餐饮服务水平”和“安全环保质量全面大整改攻坚战”为“两带两创”项目，运用PDCA循环管理模式强化项目推进，提升餐饮服务水平，安全环保质量实现“零”事故。

七、重要纪事

1月，对采购业务实施集中管理，统一招投标管理，规范资产经营。

5月，完成中国铝业公司北戴河培训中心的注销。

8月30日，组织召开“不忘初心、牢记使命”主题教育组织生活会并开展民主评议党员。

9月30日，召开中铝投资第二届董事会第一次会议，选举刘为胜为中铝投资第二届董事会董事长。

11月13日，同甘肃华鹭铝业有限公司续签《天津中铝置业托管协议》。

11月15日，完成国家有色金属工业局北戴河疗养院的注销。

撰稿 / 杨　丹

中铝资本控股有限公司

一、基本情况

中铝资本控股有限公司（简称中铝资本）成立于2015年4月，注册资本41.25亿元人民币，由中国铝业集团有限公司控股、中国铝业股份有限公司参股，是中铝金融产业投资、管理、监督和服务的平台。

中铝资本主要从事金融投资及资产管理；资产受托管理；投资策划；咨询服务等业务。对所属全资、控股、参股企业的有关国有资产和国有股权行使出资人权利，对有关企业国有资产和国有股权依法进行经营管理和监督，并相应承担资产保值增值责任。涵盖银行业务、保险经纪、融资租赁、商业保理、期货、基金等领域。

2019年基本情况数据一览表

表1

资产总额（亿元）	负债率（%）	员工总数（人）	学历结构（在岗）	
120.68	47.02	29	大学本科（人）	5
			硕士（人）	22
			博士及以上（人）	2

二、组织机构

（一）领导班子

2019年领导班子成员一览表

表2

姓名	职务	2019年职务变动
葛小雷	党委委员	—
于红卫	党委委员、工会主席	—

续表2

姓名	职务	2019年职务变动
黄　薇	党委委员、纪委书记	—
张自义	副总经理	—
杨　旭	副总经理、安全总监	—
张翔宇	总经理助理	—
芦　骏	投资总监	—

（二）机构设置

本部部门：综合管理部、人力资源部、计划财务部、战略发展部、投资运营部、金融市场部、信息科技部、法律与风控审计部、党委工作部、纪检监察部。

控参股企业：中铝财务有限责任公司、中铝保险经纪（北京）股份有限公司、中铝融资租赁有限公司、中铝商业保理（天津）有限公司、中铝创新发展股权投资基金管理（北京）有限公司、中铝建信投资基金管理（北京）有限公司、云晨期货有限责任公司、农银汇理基金管理有限公司、中企云链（北京）金融信息服务有限公司。

三、生产经营

2019 年主要生产经营指标一览表

表 3

指标名称		2018年	2019年	同比增长（%）
销售收入	（亿元）	4.10	4.96	20.98
利润额	（亿元）	2.63	3.05	15.97
所有者权益	（亿元）	30.13	63.94	112.21
纳税额	（亿元）	0.75	0.92	22.67
净资产收益率	（%）	7.29	5.39	下降 1.9 个百分点
人身伤亡事故	（起）	0	0	—
工亡人数	（人）	0	0	—
重伤人数	（人）	0	0	—
轻伤人数	（人）	0	0	—

四、板块建设

2019 年，中铝资本圆满完成各项目标任务，为集团转型升级和企业增收创效提供金融新动能。中铝资本获评中铝集团 2019 年创业楷模称号。

（一）服务主业水平持续提高

中铝租赁为中铝萨帕、东轻、广西华昇等提供金融支持，高效服务集团大型重点项目；视频设备租赁由内及外创出品牌，成为国资委指定视频设备租赁服务商。中铝商业保理发行 10 亿元全国首单有色行业供应链优化 ABS；中铝 E 信平台建设进度加快，与铝拓网、骏鑫科技开展供应链合作，提升了集团主业支撑能力。

风险管理能力稳步增强，推动集团统保全覆盖，加大海外项目降费力度，提升统保理赔效率，助力集团成员企业增收节费；协同集团安环部构建了隐患排查整改闭环机制。全年进场挂牌交易项目 170 宗，为企业增值 2.8 亿元，切实提升了产权经纪服务水平。云晨期货实施保证金分级管理，加大内部客户服务力度，为重点客户减收资金 2.14 亿元；围绕集团风险管理和保值需求，提供多品种期权交易策略；期货业务权益规模不断扩大，全年日均权益同比增长 26%。

（二）全面融资能力取得突破

基本建成了功能完备、品种齐全的融资体系，全年实现外部融资 67.6 亿元；成功落地了 4 个“首笔”市场化融资，融资成本和效率处于行业优秀水平；丰富运用“信用证 + 福费廷”等多种金融工具降低融资成本，平均融资利率低于 LPR 5BP。

（三）市场化开拓能力大幅提升

加大市场化业务开拓力度，全年市场化收入同比增长 27%。其中，中铝租赁市场化业务收入同比增长 29 %，中铝商业保理同比增长 278%。基金平台管理规模稳步提升，拉动铝铜应用成效明显；成功落地 4 支基金，组建完成小型基金群；储备高端装备制造、工业互联网、矿产等项目百余个。

（四）改革创新工作持续深化

完善薪酬激励体系，完成了保理公司业绩激励制度，启动了基金单元市场化激励改革；进一步健全干部员工合理流动机制；改进月度例会机制，会议效率明显提升；完成了在京支部建制调整，形成了三级党建责任清单。全面推行外部业务往来廉洁协议书，探索实施市场化业务“飞行检查”监督；稳步推进云冶财务合并工作。

中铝租赁探索可循环型融资租赁业务模式，加快推进了铝模板业务落地。基金业务为中铝萨帕设计混改方案，成功引入外部战略投资。中铝保险经纪探索统保业务增长点，推出首笔关税保证保险。云晨期货加快发展风险管理创新业务，基差业务逐步形成新的利润点。中铝商业保理售电贸易企业循环池保理业务案例获评行业创新奖。

（五）战略引领落地作用更好发挥

积极践行集团扩大铝铜应用战略部署，综合运用金融工具，推动铝铜应用；成立骏鑫科技平台，实现首批30辆全铝智能货舱上路运营。夯实战略引领基础，金融平台实现增资总量28.4亿元，保理、租赁、期货公司增资至行业中游水平。搭建了产融智库体系，初步形成金融行研品牌。

（六）风险管控体系不断扎牢

理顺两级风控管理体系，完善业审会审批和委员选聘机制；成功拦截了北大方正等高风险项目，妥善解决了大唐电厂欠款事件，山东华宇风险事件处理取得阶段性进展；全部授信业务实现零逾期、零不良；法律审核实现两个“100%”全覆盖。

（七）金融科技服务能力再上台阶

加快布局板块信息化总体框架，推动租赁业务系统、保理供应链金融平台系统和保险经纪系统升级建设；创新开展中铝金融大厦智能化楼宇建设，加快推进新机房及网络规划建设，优化升级核心系统环境；板块信息系统全年连续稳定运行。

（八）财务战略转型扎实推进

建立了财务类、经济技术类、作业类三级指标体系，成费比控至49.2%，优于目标4.8个百分点。加强管理会计体系建设，全面预算、资产负债和业绩考评等管理水平持续提升，财务公司存贷款转移定价和租赁公司业务定价方案制定完成。建立分层、分条线、分专业的矩阵式组织架构，增强了财务服务效能。

（九）文化凝聚能力得到激发

发布了《企业文化手册》，形成了奋斗求强的企业文化价值共识。企业文化案例荣获全国优秀成果一等奖。在集团各类竞赛活动及作品评比中赢得10余项奖励；租赁、保理、保险经纪、期货业务获9项行业类奖项。中铝金融故事《边陲小城的“芳华”》荣获中铝集团品牌故事二等奖。

（十）党建及党风廉政建设成果不断巩固

编制党建“双基”提升手册；开展“两带两创”项目22个，创效近1亿元，科技引领创效项目获评集团优秀项目。

强化党风廉政建设，在京内外8个支部设立了纪检委员和纪检观察员，形成监督全覆盖。组织年度专项巡察工作，开展“思政课进廉政课堂”和特色警示教育大会，营造了风清气正的政治生态。

积极开展支教助学、爱心捐款、定点扶贫等公益活动，中铝资本“大手拉小手”志愿服务队获得2018年度中铝集团优秀志愿服务队称号。中铝资本团委获评中铝集团2018年度五四红旗团委称号。

五、重要纪事

1月19日，中铝资本荣获集团2018年度总经理特别奖。

1月28日，云晨期货荣获上海期货交易所2018年度“优秀会员银奖”“市场进步奖”殊荣。

1月，中铝保险经纪获上海联合产权交易所颁发“2018年度产权交易组织金奖”。

2月，云晨期货荣获“大连商品交易所优秀投研团队”称号。

4月18日，中铝商业保理获得全国保理行业协会颁发的第四届行业创新奖。

6月28日，全国首单有色行业供应链ABS——中铝商业保理供给侧改革1号资产支持专项计划发行成功。

8月，中铝资本荣获2018—2019年度全国企业文化优秀成果一等奖。

12月12日，中铝租赁在“2019中国融资租赁年会”中斩获成就奖。

12月27日，中铝资本成功发行首单北金所债权融资计划5亿元。

12月，中铝资本成功发行全市场首单央企AA+金控平台可续期公司债券5亿元。

撰稿/申江涛

中铝财务有限责任公司

一、基本情况

中铝财务有限责任公司（简称中铝财务）为中国银监会批准设立的非银行金融机构，由中国铝业集团有限公司控股，中铝资产经营管理有限公司、中铝资本控股有限公司参股。2019 年 1 月，注册资本增至 40 亿元人民币。中铝财务以加强中铝集团资金集中管理和提高资金使用效率为目的，服务集团的供应链、资金链、产业链，为成员企业提供本外币存款、结算、贷款、跨境业务、担保、票据承兑及贴现、委托贷款、结售汇、同业拆借、有价证券投资、委托投资、承销成员单位的企业债券、财务顾问、资信证明等金融服务。

2019 年基本情况数据一览表

表 1

资产总额（亿元）	负债率（%）	员工总数（人）	学历结构（在岗）	
303.81	82.27	42	大学本科（人）	19
			硕士及以上（人）	23

二、组织机构

（一）领导班子

2019 年领导班子成员一览表

表 2

姓名	职务	2019 年职务变动
蔡安辉	董事长	12 月 31 日离任
葛小雷	总经理	—
于红卫	副总经理	—
黄　薇	副总经理	—

（二）机构设置

综合管理部、人力资源部、计划财务部、信贷业务部、结算业务部、金融市场部、信息科技部、风险管理与法律合规部、审计稽核部。

三、生产经营

2019 年，中铝财务积极应对经济金融市场环境、利率市场化和监管政策变化，保持盈利增长，全面完成年度经营目标任务。截至年末，中铝财务管理资产总额达到 859 亿元。

2019 年，中铝财务资产规模在全国 254 家财务公司中排名第 56 名，利润总额排名第 46 名，资金运营能力优势显著。在存贷利差低于同业 40 BP 的情况下，净利差高于同业 22 BP，实现了流动性、安全性、收益性的平衡。对外提高了资金收益，同业业务净息差 3.73%。全年债券投资收入 1.32 亿元，同比增长 41.55%，收益率 6.19%，同比提升 69BP。全年实现同业融资 7579 亿元，银行非标、债券市场和同业市场等主要渠道全线畅通。全面提升了同业市场融资质量和效益，日均融资超过 32 亿元，同比增长 82%，位列全行业第 6 名，票据再（转）贴现规模突破 10 亿元，全年同业融资成本 2.25%，同比下降 44 BP。

2019 年主要生产经营指标一览表

表 3

指标名称	2018年	2019年	同比增长（%）
销售收入（亿元）	9.53	8.99	−5.66
利润额（亿元）	4.94	6.43	30.22
纳税额（亿元）	1.97	2.22	12.82
人身伤亡事故（起）	0	0	—
工亡人数（人）	0	0	—
重伤人数（人）	0	0	—
轻伤人数（人）	0	0	—

四、企业管理

强化服务主业能力。信贷保障方面，发挥主业协同支撑功能，全年为集团内部企业提供资金支持 270 亿元，同比增长 10.7%。企业信贷保障更加全面，全年投放 225 亿元，累计日均信贷资产 138 亿元。深化了信贷应急保障机制，为困难企业提供应急资金支持 35 亿元，同比增长 59%。资金集约管理方面，全口径日均资金集中度仍稳定在 42%，本外币结算量保持在 2.3 万亿元的高位，上市公司关联交易限额从 169 亿元增至 178 亿元。“资金池”系统和资金监控系统完成上线，集团内部商票实现全流程线上管控。国际业务能力不断增强，代理结售汇 2.1 亿美元，同比提高 64%，创历史新高。跨境本外币资金池获北京地区首批重检核准，通道额度从 39 亿美元扩大至 65 亿美元。

筑牢金融安全防线。持续跟进监管政策，加强风险预警，全部授信业务实现零逾期、零不良。扎实开展金融统计工作，获中财协会“2019 年度行业数据统计优秀单位”称号。

提升金融科技服务水平。全面优化核心业务系统，建设内部资金监控系统，初步具备了对资金流动、存款账户监测的条件。升级财务核算系统，成功切换至集团统一核算。信息系统全年连续稳定运行。

财务转型扎实推进。围绕集团司库体系建设，开展了系列同业对标调研。落实集团固本强基工作部署，建立了财务类、经济技术类、作业类三级指标体系。加强管理会计体系建设，全面预算、资产负债和业绩考评等管理水平持续提升，财务公司存贷款转移定价方案制定完成。

五、党建与企业文化建设

以抓好思想政治工作为重点，以强化管理为手段，从严从实推动标准化党支部建设。中铝财务党支部科技引领创效项目荣获集团 2018 年度党组织带党员创效优秀项目

深入开展“不忘初心、牢记使命”主题教育活动，做实“两带两创”，以项目为契机，整合内部资源，紧跟重点项目，推动党建工作和金融

创效深度融合。建立了党组织带党员创效项目“资金集中及投资创效党员突击队”以及党员带群众创新项目“信贷创效服务先锋队”。

青年志愿者积极参与 “大手拉小手 一齐向前走”志愿服务活动，公益品牌影响力不断提升。

六、履行社会责任

中铝财务积极开拓绿色金融业务，助推产业转型升级，以绿色信贷为抓手，在信贷定价、信贷资产配置比例及审批流程等方面给予环保企业价格优惠和政策支持。通过绿色金融产品为环保企业提供高效专业优质的绿色金融服务，向北京铝能清新环境技术有限公司发放了首笔绿色贷款，金额5000万元，专项用于环保设备建造，向集团内企业提供环保设施和技术服务，为推动集团新能源、新材料、节能环保产业发展提供了有力的金融支撑。

七、重要纪事

1月，中铝财务开展首笔外部财务公司承兑票据贴现业务。

3月31日，中铝财务成功纳入海关总署担保主体目录，财务公司开立的关税保函可以全国通用，为成员单位与海关开展业务奠定资质基础。

11月21日，中铝财务注册资本金增至40亿元。

12月，中铝财务荣获中财协会“2019年度行业数据统计优秀单位”称号。

是月，中铝财务选送案例《助力资产证券化融资，提供全程顾问服务》被《中国企业集团财务公司行业发展研究报告（2019）》采用。

是月，中铝财务开展首笔财票“直贴＋转帖”业务。

12月31日，根据中铝任字〔2019〕253号文，蔡安辉不再担任中铝财务董事长职务。

撰稿／崔　巍

中铝融资租赁有限公司

一、基本情况

中铝融资租赁有限公司（简称中铝租赁）是商务部批准设立的中外合资融资租赁公司，成立于 2015 年 5 月，注册地在天津自贸区，经营地在北京，由中铝资本控股有限公司、中铝海外控股有限公司发起设立，注册资金 8 亿元人民币，2019 年 6 月增资到 16 亿元人民币。

2019 年中铝租赁全力落实“大发展”要求，以加快推进“新业务、新领域”建设为抓手，持续扩充特色金融平台功能，不断培育新的增长点，为集团和实体企业转型发展蓄积新动能。

中铝租赁提供新购设备直租型融资租赁、新购设备直租型经营租赁、售后回租型融资租赁、联合租赁、转租赁、租赁财产的残值处理及维修、租赁交易咨询和担保，兼营与主营业有关的商业保理业务，其他资产管理等创新的产品和服务。

2019 年基本情况数据一览表

表 1

资产总额（亿元）	负债率（%）	员工总数（人）	平均年龄（岁）	学历结构（在岗）	
65.08	72.4	26	31	大学本科（人）	6
				硕士及以上（人）	20

二、组织机构

（一）领导班子

2019 年领导班子成员一览表

表 2

姓名	职务	2019 年职务变动
张翔宇	董事长	—
刘宇鹏	总经理	—
杜纪福	副总经理	—

续表 2

姓名	职务	2019 年职务变动
周　阳	财务总监	—
杨雯然	风险总监	—

（二）机构设置

综合管理部、计划财务部、业务一部、业务二部、业务三部、资产管理部、创新业务部、资金管理部、风险管理部。

三、企业管理

2019年，中铝租赁继续大力拓展市场化业务，不断加大外部创新力度，坚持在新领域、新业务、新产品上下功夫。全年投放租赁资产35.11亿元，截至12月末，资产总额同比增长35%。全年取得5项重大业务和产品创新突破，铝铜应用创新业务投放1亿元，全年保持零逾期零不良。不良资产率、人均资产规模、人均利润水平、净资产收益率4项指标持续保持行业优秀水平。

四、深化改革

作为“市场化、契约化”改革试点，中铝租赁组建了职业经理人团队，形成了中铝金融特色职业经理人管理体系，初步建成了人力资源管控机制。

五、重要纪事

6月，中铝融资租赁增资8亿元，注册资本金达16亿元。

11月，中铝融资租赁在“2019中国融资租赁年会”中斩获“成就奖”。

撰稿/王　毅

中铝保险经纪（北京）股份有限公司

一、基本情况

中铝保险经纪（北京）股份有限公司（简称中铝保险经纪）于2013年1月经中国保险监督管理委员会批准设立，总部设于北京，是一家全国性、综合性的专业保险中介机构。股东为中铝资本控股有限公司、中国铜业有限公司和启天控股有限公司。

主营业务：为投保人拟定投保方案、选择保险人、办理投保手续；协助被保险人或受益人进行索赔；再保险经纪业务；为委托人提供防灾、防损或风险评估、风险管理咨询服务；产权经纪业务。

2019年基本情况数据一览表

表1

资产总额（亿元）	负债率（%）	员工总数（人）	平均年龄（岁）	学历结构（在岗）	
1	19%	14人	33岁	大学专科及以下（人）	0
				大学本科（人）	7
				硕士（人）	6
				博士（人）	1

二、组织机构

（一）领导班子

2019年领导班子成员一览表

表2

姓名	职务	2019年职务变动
王光伟	总经理	无

（二）机构设置

统保业务部、市场发展部、产权经纪部、客户服务部、再保经纪部、业务管理部、风险管理部、综合管理部、计划财务部。

三、生产经营

2019年，中铝保险经纪完成各项统保续转，推进云冶集团统保，建设中铝集团保险机构备选库，开展新材料首批次保险补贴申领，为东轻、西南铝和中铝瑞闽获得保费补贴1525万元。

做好秘鲁铜矿保险排分，整体保费下降7%。

跟随集团海外投资计划，为几内亚矿山及码头工程等项目提供方案咨询和保险安排。

再保业务取得突破，完成铝板块、铜板块再保险排分。

全年产权经纪服务进场挂牌交易项目170宗，挂牌金额45亿元，累计增值2.8亿元。2019年，中铝保险经纪获得北京产权交易所的“市场开拓奖”“优秀服务奖”，以及上海联合产权交易所的“优秀交易组织奖”。

创新防灾防损基金提取模式，由保险公司提取变为中铝保险经纪提取和统筹运用。

2019年主要生产经营指标一览表

表3

指标名称		2018年	2019年	同比增长（%）
销售收入	（亿元）	0.4	0.43	8
利润额	（亿元）	0.3	0.34	13
纳税额	（亿元）	0.1	0.11	10

四、企业管理

2019年中铝保险经纪全面推进制度“废改立”，新增及修订制度12项。加强系统建设，完成58项新需求开发上线，实现业务全流程线上管理。积极配合内外监管，全年完成市场乱象自查、内控自评价、风险自查等专项工作10余项。加强安全环保，厉行节约，建设绿色金融企业。

五、深化改革

中铝保险经纪根据业务需要，面向未来，以提升核心竞争力为导向，对组织机构进行优化调整，重组部门职责，理顺工作流程。

六、党建与企业文化建设

中铝保险经纪积极参与“不忘初心，牢记使命”主题教育等十九大专题学习活动，深入推进“两学一做”学习教育常态化制度化。

推进支部党建工作制度化、规范化，持续深化“三型”党组织内涵。成立“防灾防损党员突击队”，与集团安全环保健康部党建结对，把风险查勘工作嵌入到集团对企业的检查整改中，将企业风险问题整改形成闭环。

加强企业文化建设，紧密围绕金融板块发展战略，做好文化培育和传播，编撰品牌服务案例，积极开展案例的分享和宣传。

七、重要纪事

1月，保险经纪核心业务系统正式上线，实现业务线上全流程管理。

2月，保险经纪获得北京产权交易所“优秀服务奖”和上海联合产权交易所“优秀交易组织奖”。

是月，保险经纪代理中铝股份贵州分公司电解铝资产处置项目，增值1.5亿元，成为中铝集团资产处置增值额最高的项目。

3月，保险经纪首次获得北京产权交易所颁发的“市场开拓奖”。

4月，保险经纪完成中铝集团保险机构备选库建设工作。

5月，保险经纪在上海组织召开中铝集团安全事故预防及应急管理工作培训会。

6月，保险经纪完成铝板块2019—2021年度统保招标，代理完成云冶新立钛业68.10%股权及相关债权成交，成交金额8.29亿元。

8 月，保险经纪在中铝大厦推广中铝集团在京单位员工车险；完成秘鲁铜 3 号皮带赔案，获得赔款金额 860 万美元。

10 月，中铝集团首份关税保证保险出单。

11 月，保险经纪完成中铝集团保险公估机构备选库建设。

12 月，保险经纪赴几内亚博法项目开展风险查勘。

撰稿 / 徐　菲

中铝建信投资基金管理（北京）有限公司

一、基本情况

中铝建信投资基金管理（北京）有限公司（简称中铝建信基金）成立于2013年，由中铝资产经营管理公司和建信（北京）投资基金管理有限责任公司共同投资设立，注册地在北京，注册资本为3000万元人民币。

2015年，中铝资本控股有限公司（以下简称中铝资本）受托管理中铝建信基金；2016年初，中铝资本受让中铝资产经营管理公司所持有的股权，成为中铝建信基金控股股东。

中铝建信基金依托中铝集团的产业背景和建信信托有限责任公司广泛的金融网络，助推主业发展，服务有色产业，拓宽更广阔的产业与金融合作空间。

经营范围：非证券业务的投资管理、咨询。（不得从事下列业务：1.发放贷款；2.公开交易证券类投资或金融衍生品交易；3.以公开方式募集资金；4.对除被投资企业以外的企业提供担保。）

2019年基本情况数据一览表

表1

资产总额（万元）	负债率（%）	员工总数（人）	平均年龄（岁）	学历结构（在岗）	
3531.81	0.39	4	33	硕士（人）	4

二、组织机构

（一）领导班子

2019年领导班子成员一览表

表2

姓名	职务	2019年职务变动
芦　骏	董事长	—
白　廉	总经理	—

（二）机构设置

综合管理部、计划财务部、基金业务部、风险管理部。

三、生产经营

2019年，中铝建信基金实现营业收入239万元，其中包括基金管理费收入，利润总额246万元。

以“融融结合”模式为突破口，在业务范围、金融市场、投资策略与产品结构等方面大胆创新。

中铝建信基金通过四则基金为加快中铝集团成员企业结构调整、实现转型升级提供有力的资金支持。

四、企业管理

完善制度体系和内控体系，业务开展做到有章可循，探索投资人、管理公司、团队利益共享、风险共担的可持续共同成长机制。

撰稿 / 苑　鑫

中铝商业保理有限公司

一、基本情况

中铝商业保理有限公司（简称中铝商业保理）成立于2016年5月13日，注册地在天津自贸区，股东为中铝资本控股有限公司。2019年5月，中铝国贸、中铝物流各增资7859.93万元，由3亿元注册资本金增资至4.57亿元。

2019年5月，第一次股东会审议通过公司新章程，企业名称变更为中铝商业保理有限公司。

主营业务：中铝商业保理作为供应链中的核心企业，为其提供供应链类保理产品组合，涵盖了客户的付款和收款环节，包括预付保理、现付保理、应付保理、应付回购保理、应收回购保理、应收卖断保理等。

2019年基本情况数据一览表

表1

资产总额(亿元)	负债率（%）	员工总数（人）	平均年龄（岁）	学历结构（在岗）	
14.68	62.94	14	33.8	大学本科（人）	4
				硕士（人）	9
				博士（人）	1

二、组织机构

（一）领导班子

2019年领导班子成员一览表

表2

姓名	职务	2019年职务变动
黄　薇	董事长	5月任职
张翔宇	总经理	—
黄　越	副总经理	—

（二）机构设置

设置综合管理部、计划财务部、业务一部、业务二部、业务三部、资金管理部、风险管理部、资产管理部。

三、企业管理

中铝商业保理2019年实现业务投放38.83亿元。

创新业务模式，成功搭建中铝供应链金融服务平台，为供应链上下游企业提供高效便捷的融资通道。中铝商业保理针对中铝集团“两金”压降、降负债专项工作发行了全国首单有色行业应收账款 ABS“德邦—中铝商业保理供给侧改革 1 号资产支持专项计划”。

四、深化改革

设立董事会，黄薇当选董事长，张翔宇、陶甫伦、董克恭任董事。经职工大会选举，崔君飞任职工董事；张盛铭、李晓北为监事。

五、重要纪事

6 月，中铝商业保理成功发行了全国首单有色行业应收账款 ABS“德邦—中铝商业保理供给侧改革 1 号资产支持专项计划”。

12 月，中铝商业保理成功搭建中铝供应链金融服务平台。

撰稿 / 李珺佚

中铝创新发展股权投资基金管理（北京）有限公司

一、基本情况

中铝创新发展股权投资基金管理（北京）有限公司(简称中铝创投基金)成立于2017年12月，由中铝资本全额出资，注册地在北京，注册资本为1000万元人民币。

经营范围：投资管理；资产管理；投资咨询。为客户提供基金募集管理、投资管理、投后增值服务和投资退出等管理服务。

2019年基本情况数据一览表

表1

资产总额（万元）	负债率（%）	员工总数（人）	平均年龄（岁）	学历结构（在岗）	
10775	0	7	33	硕士（人）	7

二、组织机构

（一）领导班子

2019年领导班子成员一览表

表2

姓名	职务	2019年职务变动
芦　骏	执行董事	—
王　玮	副总经理	—
李　锦	副总经理	—
渠文静	监事	—

（二）机构设置

设置综合管理部、风险管理部、投资管理部、投后管理部、计划财务部。

三、生产经营

2019年，中铝创投基金完成利润303万元，设立4只股权基金，总规模达5.5亿元，拉动铝铜应用7580万元。

内外结合挖掘符合集团发展战略、与集团主业产生有效协同的优质项目，稳妥有序地开展基金投资。2019年为中铝萨帕、华中铜设计混改方案，引入外部战略投资者。

四、企业管理

推行客户经理制度，为客户提供一对一服务。

完善制度体系和内控体系。业务开展做到有章可循，探索投资人、管理公司、团队利益共享、风险共担的可持续共同成长机制。

五、重要纪事

12月，中铝创投基金分别与南京、扬州、台州、保定等地方政府设立4只基金，规模合计5.5亿元。

撰稿 / 苑　鑫

云晨期货有限责任公司

一、基本情况

云晨期货有限责任公司（简称云晨期货）成立于 2002 年，注册地昆明，注册资本 3 亿元。办公地址在云南省昆明市盘龙区华云路 1 号时代之窗 26 楼。

云晨期货在上海、昆明两地设有信息技术机房；是大连商品交易所、上海期货交易所、郑州商品交易所会员单位，上海国际能源交易中心会员单位及中国金融期货交易所交易结算会员。具备商品期货经纪、金融期货经纪、风险管理等业务资格。

2019 年基本情况数据一览表

表 1

资产总额（亿元）	负债率（%）	员工总数（人）	平均年龄（岁）	学历结构（在岗）	
19.67	79.43	94	33	中专及以下（人）	1
				大学专科（人）	5
				大学本科（人）	67
				硕士及以上（人）	21

二、组织机构

（一）领导班子

2019 年领导班子成员一览表

表 2

姓名	职务	2019 年职务变动
李旻昊	党支部书记	—
曹　辉	总经理	—
毛　瑞	首席风险官	—

（二）机构设置

云晨期货在上海设有 1 家全资风险管理子公司——上海滇晟商贸有限公司，在北京、上海、昆明以及蒙自、楚雄、曲靖等地设有 6 家分公司或营业部。

三、生产经营

云晨期货 2019 年实现利润总额 2503.23 万元，日均客户权益 12.09 亿元。完成仓单业务、基差交易两项业务创新。全年手续费收入2827.24万元，同比增加12.99%；成交额3343.51亿元，同比增长28.16%；成交量368.44万手，同比增长24.67%；利息及投资收益合计261.32万元，同比增长40.58%；管理费用3444.38万元，同比增长10.37%。

2019年主要生产经营指标一览表

表3

指标名称		2018年	2019年	同比增长（%）
销售收入	（亿元）	22.39	72.23	222.6
利润额	（亿元）	0.27	0.25	−7.4
纳税额	（亿元）	0.08	0.06	−25
净资产收益率	（%）	5.28	4.72	−0.56
人身伤亡事故	（起）	0	0	−
工亡人数	（人）	0	0	−
重伤人数	（人）	0	0	−
轻伤人数	（人）	0	0	−

四、重大发展项目

云晨期货机房搬迁系统项目主要包含信息中心（昆明）机房建设和会议视频系统建设，项目总建设费用为910万元。信息中心（昆明）机房位于时代之窗大楼8层，总建筑面积约335平方米。项目建设主要包含机房装修、供配电、UPS、模块化机房系统、动力环境监控系统、新风系统、等电位接地系统、机房布线系统、KVM系统、气体消防系统等10个子系统；主要功能分区有：主机房、配电室、运营商接入间、监控室、测试办公室5个分区。

2019年已完成信息中心（昆明）机房建设，项目费用720万元。

2019年重大项目情况一览表

表4

项目名称	投资规模（万元）	当年完成投资额（万元）	年内项目建设形象进度
云晨期货机房搬迁系统项目（昆明）	910	720	机房建设已全部完成并已投入生产使用

五、企业管理

开展专项自检自查，完成人力资源管理制度梳理和修订。年度围绕业务、管理提升等组织开展29项培训活动。

全面落实“百企计划”，客户营销工作全面有序推进，调研走访上下游企业495家，带动新增客户权益6141万元。推出铜品种周报和铜期权日报，提供多品种期权交易策略。出台《云晨期货业务操作指引手册》，规范员工业务系统的操作行为。荣获2019年度上海期货交易所优秀会员银奖。

六、科技创新

投研服务体系逐步健全。推动中铝产融研究共享平台建设，建立了7个大宗商品品种、5个维度、197个标准数据，初步搭建了铝、铜、锌大宗商品的价格预测模型。首次运用期权工具，满足产业客户保值增利需求，在主动风险管理工作上做出了探索和尝试。

自主开发的“企业风险管理决策系统”荣获中铝集团第三届创新创意大赛三等奖。

七、深化改革

调整充实领导班子；启动了组织架构、薪酬

结构调整为主要内容的人力资源改革工作；市场化选聘 2 名营业部负责人。

八、党建与企业文化建设

通过“不忘初心 牢记使命”主题教育，党员干部主动担当作为的意识增强，政治站位和大局意识明显提升。全力配合中铝资本党委巡察，抓好问题整改，落实从严治党责任。协助编撰《“双基”工作手册》，提升党建工作质量和效率。做好员工思想政治工作，积极为员工解决思想、工作和生活中的实际困难。年内多个作品分别荣获中铝品牌故事、创新创意大赛、中铝好新闻等奖项，扩大了云晨品牌影响力。

九、履行社会责任

组织“三八妇女节”女职工慰问、员工体检、集体生日会等活动，关爱职工生活，体现人文关怀。参加中铝集团爱心助学捐款活动，弘扬中华民族扶贫济困、友爱互助的传统美德。

开展“保护美丽抚仙，留住一湖清水”环保志愿活动，通过实际行动提高自身生态环保意识，为抚仙湖生态保护助力。

十、重要纪事

李旻昊任云晨期货有限责任公司党支部书记。

完成云晨期货信息中心（昆明）机房建设，基本达到了二类机房要求。

“企业风险管理决策系统”荣获中铝集团第三届创新创意大赛三等奖。

荣获上海期货交易所“优秀会员银奖”和“市场进步奖”。

云晨期货员工王少强、何媛荣获中铝六个一活动“中铝故事”二等奖。

撰稿 / 何　媛

中国铝业集团有限公司铝加工事业部

一、基本情况

2015 年 2 月 2 日，经中国铝业集团有限公司董事会审议，设立中铝集团铝加工事业部（简称铝加工事业部），是独立核算、纳入中铝集团考核的非法人实体，是铝加工企业运营管控中心。

2019 年基本情况数据一览表

表 1

资产总额（亿元）	负债率（%）	员工总数（人）	学历结构（在岗）	
299.67	71.53	14282	大学专科及以下（人）	11168
			大学本科（人）	2942
			硕士（人）	161
			博士及以上（人）	11

二、组织机构

（一）领导班子

2019 年领导班子成员一览表

表 2

姓名	职务	2019 年职务变动
张吉龙	总经理	—
蒋太富	副总经理	—
周韶峰	财务总监	—
渠文静	监事	—

（二）机构设置

本部部门：综合部、财务部、安全生产管理部、产业发展部、科技管理部（轻量化推进办公室）、营销管理部。

下辖企业：西南铝业（集团）有限责任公司（含中铝西南铝板带有限公司、中铝西南铝冷连轧板带有限公司、重庆西南铝民生实业公司）、东北轻合金有限责任公司、西北铝业有限责任公司、中铝瑞闽股份有限公司、中铝铝箔有限公司、中铝萨帕特种铝材（重庆）有限公司、中铝河南洛阳铝加工有限公司。

托管企业：中铝沈阳有色金属加工有限公司。

参股企业：中建铝新材料有限公司、华北铝业有限公司。

三、生产经营

2019年，铝加工事业部完成产量168.29万吨，同比增长5.51%；产能利用率达到87.1%，较目标提高2.1个百分点；准时交货率达94.89%，同比提高2.85个百分点。综合成品率达76.94%，较目标提高0.44个百分点；质量异议损失率0.21%，较目标降低0.04个百分点。全年完成销量168.1万吨，同比增长5.13%。

2019年主要生产经营指标一览表

表3

指标名称	2018年	2019年	同比增长（%）
工业总产值（亿元）	295.16	309.19	4.75
销售收入（亿元）	325.75	337.98	3.75
利润额（亿元）	1.24	1.03	—
所有者权益（亿元）	84.78	85.3	0.61
纳税额（亿元）	3.93	3.47	—
净资产收益率（%）	1.05	1.06	提高0.01个百分点
产值劳动生产率(千元/人)	154.25	162.80	—

四、板块建设

（一）运营管理

一是生产运行稳中有进。持续推行模拟连续生产，优化“生产、设备、质量”三类八项重点管控指标，产品质量不断改善，金属流转不断加快，准时交货率不断提高，产能利用率不断提升，连续均衡生产成效显著。二是三大攻坚战有序推进。开展安全环保质量三大攻坚战，推进10项工程、46项标志性项目和62项具体措施。组织开展安全“两抓两查严监管”行动，完成年度CAHSE体系审核。全面推行危废减量化、无害化、资源化处理，开展环保问题梳理整治，实施绿色低碳示范工程。三是财务管控力度加大。加强预算管理，保障资金安全。拓宽融资渠道，降低融资成本。

（二）市场营销

一是市场开发坚实有力。坚持实施大客户战略，与中国商飞在国产铝合金原材料产品鉴定和采购上达成共识并形成合作初步框架；与上汽合作开展商用车铝合金滑移门项目，完成设计、开发、冲压、总成等工作；与中车集团在煤车用铝材订单上保持优势。积极应对贸易战影响，金属包装材在北美市场获得突破，在荷兰、越南开展终端仓储销售。加大铝加工品牌宣传力度，组织中铝瑞闽协助中国驻几内亚使馆印制中国与几内亚建交60周年铝制邮票。二是资源协同成效明显。坚持做优原料保障，与中铝股份合作打造上下游命运共同体，全年铝锭内供率达97%，直供率达54.33%；扁锭内供率达63%。三是风险管控力度加大。严格执行信用风险管理办法，加强授信额度和客户信用管理。加大“两金”压降工作力度，全年应收账款同比减少0.69%。推进铝价风险管理工作，减少价格风险敞口。推动期货套期保值工作，建立风险预警和止损机制。

（三）深化改革

一是顶层设计不断加强。按照组建高端制造集团要求，提出了高端制造产业基地规划思路，完成了产业规划和投资规划编制。按照央企分类改革意见，改革考核顶层设计，对企业实行差异化考核。二是强身健体效果明显。西南铝加快“双百”改革，“红旗项目”成功落地，彻底解决了影响西南铝改革发展的股权结构问题。东轻与金川集团达成债转股协议。中铝萨帕成为国有企业混合所有制改革第四批试点单位，完成现场审计、评估、管理层路演、混改方案上报等工作。中铝沈加混合所有制改革稳步推进，提出了新的合作方案。中建铝加强合作交流，积极探索引入外部投资者。西北铝制定了扭亏脱困转型升级“3+1”方案，得到了集团政策支持。全面完成西南铝、西北铝“三供一业”移交各项收尾工作。三是分配激励有效运用。坚持以效益为导向，优化考核分配机制。完善工资总额分配向骨干员工倾斜的激励政策，健全员工工资与企业效益挂钩机制，加大了对经营业绩突出、效益改进明显企业的奖励力度。优化人员管理机制，加大劳务派遣用工规范整改。

（四）创新发展

一是科技创新大力实施。开展军工科研项目22项、其他国家部委科技项目10项、省级科技项目8项、集团科技发展基金项目42项、青年科技人才启明星项目16项，科技项目投入同比增加45%。全年获得授权专利195件。二是转型升级扎实开展。坚持向近终端调整、向价值链高端转型，汽车轻量化、特斯拉、产业合作三大专项扎实开展，转型升级成效不断显现。完成新能源客车后车身大部件加工成形优化和一次性组装，开展了长三角地区汽车轻量化及配套情况、产业投资政策等调研工作。三是项目建设稳步推进。西南铝2800毫米冷轧机、铝锂合金、辊底炉、气垫炉4个项目设备按预期进度制造；西南铝10米环项目完成立项；东轻气垫炉、高表面横剪项目带料试车；西北铝36兆牛挤压机、30米淬火炉、15兆牛拉伸机等项目建成投产；中铝瑞闽蓝园一期全部生产设备均进入试生产阶段，蓝园二期主要设备连退线、表面处理线已进行带负荷试车，蓝园三期已重新规划完成项目总体方案；中铝萨帕40兆牛挤压机建成投产。

（五）加强党建

一是管党治党坚实有力。全面从严管党治党，推进党建与业务工作深度融合。严格落实党建主体责任和“一岗双责”，开展责任清单全覆盖，推进党建结对共建。持续推进“361”标准化党支部建设，深入开展“两带两创”和“三亮三比”活动。二是整改落实力度加大。主动做好巡视整改工作，扎实推进“不忘初心、牢记使命”主题教育。三是作风建设不断加强。持续推进党风廉政建设，落实集团为基层减负要求，切实加强作风建设和纪律建设。

五、重要纪事

3月14日，铝加工事业部与中航物资装备有限公司签订年度铝材供需框架协议。

3月20日，铝加工事业部与中国航天科技集团有限公司签订年度型号铝材集中采购框架协议。

4月2日，铝加工事业部与中国兵工物资集团有限公司签订年度框架协议。

5月13日，铝加工事业部与中国华腾工业有限公司签订年度框架协议。

8 月 29 日，中铝集团与重庆市政府签订合作协议，共同建设具有全球竞争力的高端制造产业平台。

9 月 19 日，中国商飞向东轻公司颁发了 7055 预拉伸板工程批准证书，标志着该产品正式通过中国民用航空适航鉴定，列入 C919 飞机合格产品目录，成为国产民机用机翼壁板铝材合格供应商。

10 月 1 日，“中铝造”铝加工产品亮相新中国成立 70 周年大阅兵。

10 月 18 日，东轻自主研发的“一种航空用铝合金预拉伸板的制造方法”获第二十一届中国专利奖。

10 月 19 日，中国铝业集团高端制造有限公司在重庆市举行揭牌仪式。

11 月 18 日，中铝瑞闽生产、印制的铝制邮票在几内亚首都科纳克里举行的纪念中国—几内亚建交 60 周年活动上举行首发仪式。

撰稿 / 欧阳斌

西南铝业（集团）有限责任公司

一、基本情况

西南铝业（集团）有限责任公司（简称西南铝）位于重庆九龙坡区西彭镇。

主营业务：铝及铝合金、镁合金、钛合金、高温合金以及铝基复合材料等金属材料的生产和销售；铝及铝合金等金属材料的技术开发和服务；货物及技术进出口（法律、法规禁止的项目除外）。

2019 年基本情况数据一览表

表 1

主要产品产能	资产总额（亿元）	负债率（%）	员工总数（人）	学历结构（在岗）	
铝材 89 万吨 / 年	109.3	77.79	6702	大学专科及以下（人）	4957
				大学本科（人）	1146
				硕士及以上（人）	61

二、组织机构

（一）领导班子

2019 年领导班子成员一览表

表 2

姓名	职务	2019 年职务变动
尹雪春	党委书记、执行董事	6 月任执行董事，董事长自然免除
黎　勇	总经理、党委副书记	—
雷正平	党委副书记、工会主席、监事	6 月任监事，职工董事自然免除
荣　梅	财务总监	—
宋　昇	纪委书记	—
杨　璐	副总经理	—

续表 2

姓名	职务	2019 年职务变动
王建国	副总经理	—
李　响	副总经理、总工程师	—

（二）机构设置

机关部室：办公室、党委组织部、党委宣传部、纪检监察部、工会、生产运行部、规划发展部、财务部、科技管理部、投资管理部、安全环保部。

生产厂：熔铸厂、压延厂、锻造厂、挤压厂。

专业单位：销售公司、进出口公司、物资供应公司、技术中心、质量管理中心、动力保障中心。

子公司：精密加工公司、机电设备公司、运输公司、装饰工程公司。

中铝集团授权管理单位：高精板带事业部、民生实业公司。

集体企业：重庆西南铝民生实业有限责任公司。

三、生产经营

生产经营再创新高。全年产品外销 41.7 万吨，同比增长 3.5%；产品出口 9.1 万吨，同比增长 21.4%，出口创汇 2.3 亿美元，同比增长 5.9%。

2019 年主要生产经营指标一览表

表 3

指标名称			2018年	2019年	同比增长（%）
主要产品产量	铝材	（万吨）	110.59	118.13	6.82
工业产值		（亿元）	181.18	195.67	7.99
销售收入		（亿元）	205.81	217.06	5.47
利润额		（亿元）	−0.04	−4.44	—
纳税额		（亿元）	1.94	2.01	3.61
人身伤亡事故		（起）	1	0	−100
工亡人数		（人）	1	0	−100
重伤人数		（人）	1	0	−100
轻伤人数		（人）	3	1	−66.7

四、重大发展项目

2019 年重大项目情况一览表

表 4

项目名称	设计规模	投资规模（万元）	当年完成投资额（万元）	年内项目建设形象进度
推进式加热炉	12.5 万吨 / 年	2950	2080	建成投产

续表 4

项目名称	设计规模	投资规模（万元）	当年完成投资额（万元）	年内项目建设形象进度
1 万吨多向模锻水压机改油压机	改造后增加产量 500 吨 / 年	2960	2395	建成投产
多辊矫直机	热轧厚板的矫直 8000 吨 / 年	2850	1360	完成主体设备合同签订、设计审查，进入设备制造
2800 毫米六辊不可逆式全油润滑冷轧机组	形成高精铝合金蒙皮板及汽车板轧制能力 10 万吨 / 年	28500	10700	完成主体设备制造
厚板生产线增产量设备建设项目	新增厚板淬火能力 10000 吨 / 年	17102	7540	完成主体设备设计审查，进入设备制造
航空薄板及汽车板生产设备建设项目	形成汽车板及航空薄板产能 45000 吨 / 年	29681	8900	完成主体设备合同签订，前后工艺配套设备设计审查

五、企业管理

2019 年，西南铝顺利通过了 CQC、BV、BSI、LR、TUV、Nadcap 和天一正公司的三方审核和西飞、无锡透平、昌飞等单位的两方审核，质量管理运行有效。全年成品率比计划提高 0.40 个百分点，比 2018 年同比提高 2.47 个百分点；质量外异比计划指标降低 0.08%，比 2018 年下降 0.05%。

切实推进强基固本。制定安全环保消防累进式奖励管理办法，进一步夯实了管理基础。推行“536”

标准化班会，确保了安全生产各项重大指标为零。实现了工业废水、工业废气等污染物排放稳定达标，无环境事件发生。制定了质量攻坚战实施方案，从严推进质量要素管理，逐级落实质量损失货币化考核。2019 年，西南铝分别被重庆市、中铝集团评为年度安全生产先进单位，保持“重庆市环境友好企业”称号，获得由重庆市环保局和市经委等 10 家市级部门联合评审的“生态文明示范企业”称号。近 3 年，在重庆市环境信用评价系统获得“环保良好企业”称号。

六、科技创新

全年科技投入 3.3 亿元，其中研发费用 1.25 亿元。设立 QC 课题 102 项，参与率 25%；成立 10 个青年创新工作站，举办西南铝创新创意大赛和“创新论坛”。

强化科技创新能力建设，加快研发平台提档升级，在技术中心先后组建 5 个专业化研究室，初步形成集基础研究、仿真模拟、材料研制于一体的，专业分工更加精细、技术支撑趋于协同的科技研发体系；通过国家级企业技术中心、高端新型研发机构中期检查评估；与中国商飞上飞院、有研工研院、中铝材料应用研究院等建立联合创新实验室，多领域广泛开展合作，产学研用联合创新平台得到加强。2019 年西南铝申报外部项目 22 项（含参研），获批 18 项；获得省部级科学技术进步奖 10 项；获得国家发明专利和实用专利授权 72 项；主导或参与发布国家标准 6 项。

全年成功开发新产品 15 项，实现新品销量 2.1 万吨。其中，6 项 ARJ21 模锻件通过上飞院适航认证，获列中国商飞 QPL 目录；3 项汽车材料通过认证，新增定点供货零件 2 项；ABB 公司锻件开发成功并获得生产许可证。7B52 新一代叠层装甲板顺利通过装车试验；陶铝材料超大规格厚壁管试制成功；2219 合金 10 米级整体环件和 7050 合金 5 米级环件交付用户成功试用。7050 高表面型材、2195 铝锂合金板材、马达西奇异型空心型材实现小批量供货。高端阳极氧化料、汽车覆盖件、薄型罐料实现交付 18000 余吨。

全年通过了 3 家客户、3 个型号、5 个品种国产化认证。荣获探月工程嫦娥四号任务“突出贡献单位”、中航工业银牌供应商、中国兵器工业集团优秀供应商等荣誉称号。

2019 年科技创新数据一览表

表 5

科技创新投入（万元）	申请专利（件）	授权专利（件）	科技人员占比（%）
33523	99	72	16

七、深化改革

2019 年西南铝按照“双百行动”实施方案，扎实推进全面深化改革工作，启动厂办大集体管理改革，将 13 家集体企业整合为 5 家；优化西南铝股权，西南铝成为中铝集团的独资子公司；“三供一业”、医院、幼教等社会职能已完全剥离；积极推行职业经理人制度，以“市场化选聘、契约化管理”为手段，在精密加工公司试点职业经理人制度改革；积极推进高精板带事业部市场化改革；主动对接地方政府，积极推进退休人员社会化管理工作，成立了工作领导小组，完成了统筹外费用清理统计、管理服务摸底登记等基础工作，制订了实施方案及维稳预案。历史遗留问题基本解决。

八、党建与企业文化建设

（一）党的建设

按照新时代党建工作要求，结合企业实际，总结提炼形成了具有西南铝特色的“1234N”党建工作体系。

开展“不忘初心、牢记使命”主题教育，得到中铝集团第四巡回指导组的好评，先后在中铝集团党组主题教育推进交流会和中央主题教育第十二巡回指导组在成都举办的交流会上进行发言。

层层签订“党建工作目标责任书”，全面实施“双百分”考核，修订各级党组织及班子成员的党建责任清单和党员个人责任清单，落实党建责任。19个直属党组织和基层党支部按期完成换届，89个党支部被命名为标准化党支部，10个党支部命名为活力党支部；对3个软弱涣散党支部开展集中专项整治达到预期效果；消除17个无党员班组（科室）。做好党建与业务工作深度融合。持续抓好“两带两创”活动，全年实施“两带两创”项目381个，2个项目荣获中铝集团优秀项目；扎实开展党员“双提升”活动。

（二）巡视整改和巡察监督

配合中央第十巡视组到西南铝调研，对上一轮中央巡视反馈问题整改落实情况进行自查；完成中铝集团党组第一巡视组巡视发现问题的核查处理及整改工作；开展形式主义、官僚主义专项巡察监督。全年开展巡察、检查监督271次，发现问题660项，整改602项 。

（三）企业文化建设

在继续弘扬“三线精神”“改扩建精神”“扭亏脱困精神”的基础上，总结提炼出“拒绝理由、拒绝平淡、永不自满、勇挑极限”的新时代“跨越精神”，构建起具有鲜明特色的西南铝企业文化体系。企业微信公众号添加人数突破8000人，“中铝西南铝造”亮相新中国成立70周年大阅兵微信阅读量超过1.3万人次。对外，央视《焦点访谈》《光明日报》《人民日报》中央人民广播电台对西南铝进行了重点宣传。

制定了《西南铝职工“帮、贺、问、访、谈”活动管理办法》，党政工团共同开展“1234567润心工程”。群众性创新活动蓬勃开展，开展劳动竞赛、开展合理化建议和修旧利废活动， 2条合理化建议分别被评为中铝集团“金点子”和“银点子”奖。组队参加“中铝杯”“中铜杯”等技能竞赛，承办了“中铝工匠赛”精整剪切工种决赛，均取得较好成绩。

以庆祝新中国成立70周年为主题，举办了职工篮球比赛、“光荣与梦想”职工合唱会演等20余项文体活动。承办了中铝集团纪念五四运动100周年暨2019年“五四”表彰大会、中铝集团第四期团干部培训班及团干部业务技能大赛、重庆市团干部岗位实践能力大比武国有企业团干部专场决赛等重要活动。扎实开展青年创新工作站建设，连续4年开展了创新创意大赛，全年两个创新创意项目分获中铝集团二、三等奖。

九、履行社会责任

（一）认真做好绿色低碳发展

实施节能技术项目，全年能源降本1970万元；企业固废处置合规率100%，环境问题整改计划完成率100%；持续开展自行监测和环境信息公开，监测结果公布率分别达100%和99%；实现工业废水、工业废气等污染物排放稳定达标，无环境事件发生； CAHSE考评得分83.2分，达到钻石级；

“履行责任，合金报国”入选中铝集团社会责任十大优秀案例；“信息化助力节能降碳”和“以铝代钢、促进汽车轻量化‘产业革命’”入选中铝集团降碳十大优秀案例。

（二）保障员工权益

一是制定职工职业发展通道建设方案，打通管理、专务、技术、技能四支队伍晋升通道。二是开展管理人员铸魂培训、技术人员专业培训、一线操作工人技能培训、“劳模创新工作室”建设等，大力提升职工素质。三是大力开展“润心工程”，切实关心职工工作和生活。四是实施精准扶贫脱困，投入帮扶资金 102.43 万元，争取到重庆市总工会帮扶资金 63 万余元，困难职工全部实现解困脱困。五是职工收入稳步提升，实现“三连增”，三年累计增幅达到 28%。

（三）积极参与社会公益事业

一是制定公益支持规划和方案，全年捐款 39.26 万元。二是开展志愿服务活动，开展知识普及宣传、组织志愿者义务清扫社区公共场所等各类志愿服务活动。三是西南铝专职消防队为驻地周边民众出警 95 次。

十、重要纪事

（一）生产经营稳中有升，军工保障再立新功

全年完成商品产量同比增长 7.3 %，营业收入同比增长 3%，A 类产品销量同比增长 17%，提前一个月完成中铝集团下达的各项经营指标，实现了我国关键铝合金材料自主可控。

（二）“中铝西南铝造”亮相新中国成立 70 周年大阅兵

10 月 1 日，“中铝西南铝造”亮相庆祝中华人民共和国成立 70 周年大阅兵，机电设备公司还圆满完成了中华人民共和国成立 70 周年重庆晋京游行展演中的“两江水”彩车项目。西南铝 3 万吨模锻水压机入选“伟大历程辉煌成就——庆祝中华人民共和国成立 70 周年大型成就展”。

（三）西南铝获得“中铝首届质量奖质量管理奖”

西南铝 2019 年荣获“中铝首届质量奖质量管理奖”，所生产的7050铝合金预拉伸板材还获得“中铝首届质量奖产品质量奖”。

（四）扎实推进“双百改革”

一是优化股权结构。二是剥离社会职能。三是完成厂办大集体整合改革。四是完善市场化经营机制。五是健全激励约束机制。

（五）大力推进关键技改项目建设

2019 年，西南铝多个技改项目开工建设，为企业未来发展奠定了基础。西南铝新 2800 毫米冷轧线项目等四个重点项目开工建设，总投资约 10. 8 亿元。项目建成后，将大大提升西南铝保障我国高端铝合金材料需求的能力。

（六）中铝高端制造公司在重庆成立

8 月 29 日，中铝集团与重庆市政府签订合作协议，共同建设具有全球竞争力的高端制造产业平台。中铝高端制造注册资金 150 亿元，由中铝集团和重庆市按照 65% 和 35% 的持股比例共同组建。10 月 19 日，中国铝业集团高端制造有限公司在重庆市举行揭牌仪式，标志着我国有色金属行业规模最大、实力最强、技术领先、世界一流的高端制造航母正式启航。中铝高端制造已在重庆市九龙坡区注册成立，将以“1+2+N”，即 1 个高端制造集团总部 + 中国轻量化材料工程研究院和国家先进制造业创新中心 +N 个高端制造企业为总体格局，加快产业链向价值链高端延伸。

（七）中央电视台焦点访谈等多家中央媒体到西南铝采访

11 月，中组部组织中央电视台《焦点访谈》栏目、《光明日报》等中央媒体到西南铝就“党建与业务工作深度融合”进行深入采访报道。

（八）西南铝强力推进安全自主化管理

5 月起，西南铝与管理咨询公司合作，在事业部、挤压厂两个试点单位推行“安全自主化管理提升”项目。项目以推行 15 种安全工具在班组落地为核心，从意识、行为、能力、培训等方面提升员工自主安全管理能力。截至年底，15 种安全工具全部在西南铝落地应用。

撰稿 / 程　钢

东北轻合金有限责任公司

一、基本情况

东北轻合金有限责任公司（简称东轻）位于哈尔滨市平房区新疆三道街 11 号，始建于 1952 年 ,1956 年建成投产，属于国家“一五”期间重点工程。1995 年被国务院发展研究中心认定为中国最大的铝镁合金加工基地，1998 年 6 月改制为国有独资公司。2007 年 9 月，中国铝业公司与哈尔滨市人民政府重组东轻，中国铝业公司控股东轻。

东轻主要产品为“天鹅”牌铝、镁及其合金板、带、箔、管、棒、型、线、锻件等 18 大类。

2019 年基本情况数据一览表

表 1

主要产品产能	资产总额（亿元）	负债率（%）	员工总数（人）	学历结构（在岗）	
17 万吨 / 年	55.07	72.39	2950	大学专科及以下（人）	2072
				大学本科（人）	806
				硕士及以上（人）	72

二、组织机构

（一）领导班子

2019 年领导班子成员一览表

表 2

姓名	职务	2019 年职务变动
范云强	党委书记、董事长	无
王学书	党委副书记、总经理	无
万时云	党委副书记、工会主席	无
杨宗光	纪委书记	无

续表 2

姓名	职务	2019 年职务变动
王　岩	副总经理	无
孟　林	副总经理	无
陈凯鸣	财务总监	无
吕新宇	副总经理	无

（二）机构设置

职能部门：办公室、人力资源部、财务部、战略发展部、制造部、安环保卫部、党群工作部、纪检监察部/审计部。

运营中心：营销中心、技术中心、质量管理中心、生产保障中心。

二级单位：熔铸厂、板带厂、中厚板厂、离退休管理中心/后勤服务中心。

子公司：特材公司、龙翔包装公司、机电工程公司。

三、生产经营

2019年，东轻坚持以全面决胜本质脱困为主基调，连续12个月实现经营性盈利，一举扭转了8年的经营性亏损局面。

2019年主要生产经营指标一览表

表3

指标名称		2018年	2019年	同比增长（%）
主要产品产量	1. 商品产量（万吨）	13.7	14.9	9.0
	2. 加工材产量（万吨）	12.1	13.1	8.5
	3. 军品产量（万吨）	1.7	2.0	16.5
工业产值（亿元）		30.50	33.47	10
销售收入（亿元）		30.36	33.80	11
利润额（亿元）		0.37	−0.65	−276
纳税额（亿元）		1.22	0.88	−27
人身伤亡事故（起）		4	5	25
工亡人数（人）		0	0	—
重伤人数（人）		0	2	—
轻伤人数（人）		4	5	25

四、重大发展项目

2019年，东轻在建重点项目包括关键材料生产能力建设项目、高表面铝合金板带材横剪线建设项目、供电系统改造升级项目、研发创新中心建设项目等。完成了关键材料生产能力建设项目奥地利艾伯纳制造的气垫式淬火炉、引入了美国Wagstaff制造的15吨中试铸造线、新建5兆牛多向模锻中试线。气垫式淬火炉实现了高精板带产品淬火装备和工艺升级，淘汰落后盐浴淬火工艺；15吨铸造线和5兆牛多向模锻中试线引入，使东轻成为国内首家具备高端进口中试熔铸生产能力的企业、首家具有锻造中试线的企业，大大加强了东轻研发创新装备条件。

2019年重大项目情况一览表

表4

项目名称	设计规模	投资规模（万元）	当年完成投资额（万元）	年内项目建设形象进度
关键材料生产能力建设项目	新增淬火生产能力5万吨/年	35000	10374	气垫式淬火炉15吨中试铸造线建成试运行
高表面铝合金板带材横剪线建设项目	年新增3.5万吨高精剪切能力	6202	2422	2350毫米横剪建成试运行
研发创新中心建设项目	熔铸中试线具备了15吨及500千克的不同规格中试能力	2790	519	500千克熔铸中试线建成运行
老线供电系统基础设施改造项目		8515	1074	21PS配电站建设完成

五、企业管理

2019年，东轻重新划分管理制度、体系文件、技术文件管理界限，建立标准化管理体系，完成了执行文件分类分级、审批权限划分、扩大体系文件管理范围、执行文件集中换版，进一步清晰了管理线条。

完成CAHSE体系与HSE体系的融合，高标准完善和修订管理规范，HSE体系文件由D版换版为E版文件。顺利通过卓越新时代认证中心外审，安全环保整体管理能力得到提升。

顺利通过劳氏公司PED材料年度监督及换版审核，BV公司民用航空材料年度监督及换版审核，体系运行持续有效。通过内蒙古一机集团和无锡透平叶片有限公司等两方审核；Nadcap认证热处理和无损检测项目均获得审核周期延长至18个月奖励；通过中国商飞公司的供应商综合能力评估，为7055板材和7150型材获得中国商飞公司QPL奠定了基础。对20个主要管理过程设立26项质量目标，每季度对完成情况进行跟踪考评，质量目标完成率100%。

六、科技创新

2019年，东轻获批国家部委、省市及中铝集团科技创新项目共计14项。

东轻年度申请专利43项其中发明专利32件，实用新型专利11件；获得专利授权25项，其中发明专利15项、实用新型专利10项。截至2019年12月，东轻有效授权专利累计达到了122项，其中发明专利103项、实用新型专利18项。

2019年在研科研项目28项，全年完成科研项目验收5项。

2019年科技创新数据一览表

表5

科技创新投入（万元）	申请专利（件）	授权专利（件）	科技人员占比（%）
12351.85	43	25	14.80

七、深化改革

2019年东轻开拓路径“借助外脑”实施了全面管理提升改革，实施了管理资源的优化重组和战略整合。完成了机构调整、人员竞聘、管控模式、制度体系、流程优化等改革内容。

2019年，东轻重新梳理职能部门职责，深度调整了组织机构，二级机构减少3个，减少14.3%，取消科室建制，初步实现了扁平化管理架构。

修订《中共东北轻合金有限责任公司委员会管理的领导人员管理规定》，8位80后干部成功竞聘到中层管理岗位，14人退出中层管理岗位，总数减少13.6%；基层管理岗位总数减少17.3%，基本达到了“能上能下”的干部管理要求。

东轻全资子公司——哈尔滨东轻机电工程有限责任公司（以下简称东轻机电）探索混改新路径，通过在北京产权交易市场公开挂牌引入战略投资者，签订了增资扩股协议，并完成了工商登记备案。增资扩股后，东轻机电注册资本由2000万元增至5000万元。东轻增资550万元，持股51%；两家民营企业共计注资2450万元，分别持股29.4%和19.6%，资产负债率降至29%。

哈尔滨东轻特种材料有限责任公司（以下简称东轻特材）原有注册资本为8000万元，是东轻的控股子公司（东轻占股65%），2019年东轻以价值9015.96万元的4500吨挤压生产线实物增资，金川集团股份有限公司（以下简称金川集团）以价值4829.88万元的债权向东轻特材增资。增资后，东轻特材由8000万元注册资本增加到13839.07万元，其中：东轻增资后占股比65.05%；金川集团债转股后占股比20.50%。

八、党建与企业文化建设

2019年，东轻实现了党建与企业发展双支撑、双促进、双提升。391个“两带两创”项目与“党建＋经营”划等式深化了精品驱动效应，86个“联建共建”对子与“党建＋活力”划等式拓展了花香内外效应，千名党员“双提升”与“党建＋先锋”

划等式强化了创先争优效应。

认真贯彻落实中铝集团“四统一”文化建设要求，积极培育东轻特色文化，着力推进特色理念提炼总结，视觉标识统一规范、企业文化管理制度建立，编制完成中长期规划和年度计划，编制宣贯安全、质量、环保、廉洁专项文化手册。以中华人民共和国成立70周年为契机，开展“中铝楷模”“最美东轻人”评选，传播东轻好故事。

九、履行社会责任

2019年，东轻大力开展环保攻坚战，投资100万元进行雨水及污水管线改造，实现雨水、生活废水、生产废水分开排放，达到了雨污分流的目标，夯实了工业废水“零排放”的基础；开展固体废物“三化”（资源化、无害化、减量化）工程建设，解决了轧制过程过滤介质含油量大、污水处理污泥含水量大等问题，危险废物含油及含水率降低30%以上，实现了全年废水、废物达标排放。

2019年12月，组织3461名职工参加哈尔滨市职工医疗互助保障活动，参保金额达28.9万元，东轻出资16.5万元专款用于职工参保；落实260名内退女职工专项体检工作。

2019年，投入310万元实现了传统节日“送温馨”全覆盖、员工及家庭重大事件福利慰问全覆盖和职工温暖帮扶，改善了职工食堂质量和大学生公寓条件。

十、重要纪事

2月17日，国务院国资委主任、党委副书记肖亚庆一行到东轻调研。国务院国资委副主任、党委委员任洪斌参加调研；黑龙江省副省长沈莹，中国商用飞机有限责任公司董事长、党委书记贺东风，中铝集团党组副书记、总经理余德辉等陪同调研。

2月21日，黑龙江省委副书记、省长王文涛，副省长程志明，哈尔滨市委副书记、市长孙喆到东轻调研。

5月10日，东轻荣获“中国航天科工集团第二研究院2018年优秀供应方”称号。

7月12日，中铝集团党组副书记、董事敖宏到东轻开展“不忘初心、牢记使命”主题教育专题调研，并以“不忘初心、牢记使命，加快集团高质量发展步伐”为主题讲了党课。

7月30日，国家市场监督管理总局副局长唐军到东轻调研。

8月14日，继1月22日中央电视台《朝闻天下》和8月5日中央电视台《新闻联播》对东轻进行报道后，中央电视台新闻频道《共和国发展成就巡礼·黑龙江篇》对东轻进行了报道。

9月19日，东轻获得了中国商飞某7XXX系铝合金预拉伸板工程批准证书，成为国内唯一一家国产民机用机翼壁板铝材合格供应商。

10月15日，中铝集团党组成员、总会计师叶国华到东轻调研。

11月14日，中铝集团纪检监察组组长、党组成员许质武到东轻调研。

12月27日，长征五号遥三运载火箭成功发射、搭载实践20号卫星入轨。东轻为长征五号火箭箭体提供了所需的储箱材料、高强机体环形锻件、关键结构连接件型材以及承压导油管材等重要铝合金材料。

12月，东轻入选“2019年（第三届）中国铝板带材十强企业”榜单。

撰稿／文　广

中铝瑞闽股份有限公司

一、基本情况

中铝瑞闽股份有限公司（简称中铝瑞闽）位于福建省福州市马尾区罗星塔路8号（邮编350015）。

经营范围：铝压延产品加工；金属材料的销售；对外贸易；铝加工技术研发及技术咨询；对制造业的投资。

2019年基本情况数据一览表

表1

主要产品产能	资产总额（亿元）	负债率（%）	员工总数（人）	学历结构（在岗）	
板材5100吨/年	74.96	63.09	1554	大学专科及以下（人）	1221
带材27.31万吨/年				大学本科（人）	311
箔材300吨/年				硕士及以上（人）	22

二、组织机构

（一）领导班子

2019年领导班子成员一览表

表2

姓名	职务	2019年职务变动
蔡　峰	党委书记、董事长	依据中铝任字〔2019〕27号《关于蔡峰等同志职务任免的通知》，蔡峰任中铝瑞闽股份有限公司党委书记；张荣旺任中铝瑞闽股份有限公司党委副书记；李谢华不再担任中铝瑞间股份有限公司党委书记职务，调出。其他管理层保持不变
张荣旺	党委副书记、总经理	
李　铁	党委副书记、工会主席	
刘晓辉	纪委书记	
黄旭东	副总经理	
王学兴	副总经理	
夏　超	副总经理	
许　韧	副总经理	

（二）机构设置

行政职能部门：综合管理部、人力资源部、财务部、安全环境管理部、党群工作部/工会/团委、纪检监察部、审计部。

一体化管理部门：销售公司、国际贸易公司、采购部、制造一部、制造二部、制造三部、技术质量部、计划调度部、装备能源部。

项目指挥部：项目管理部、项目工程部、项目技术装备部。

三、生产经营

2019年，中铝瑞闽持续优化技术经济指标，提升生产经营水平。被中国有色金属加工工业协会授予“2019 年度（第三届）中国铝板带材十强企业”称号。

2019 年主要生产经营指标一览表

表 3

指标名称		2018年	2019 年	同比增长（%）
主要产品产量	板材（吨）	11347	5154	-54.58
	带材（吨）	270486	273075	0.96
	箔材（吨）	1188	356	-70.03
工业产值	（亿元）	46.89	45.44	-3.09
销售收入	（亿元）	51.75	49.37	4.59
利润额	（亿元）	0.32	0.21	-34.37
纳税额	（亿元）	0.59	0.56	-5.08
人身伤亡事故	（起）	0	0	—
工亡人数	（人）	0	0	—
重伤人数	（人）	0	0	—
轻伤人数	（人）	1	2	100

四、重大发展项目

2019 年重大项目情况一览表

表 4

项目名称	设计规模（万吨）	投资规模（亿元）	当年完成投资额（亿元）	年内项目建设形象进度
蓝园一期项目	29	14.4	2.48	一期项目已经完成投资，正在验收结算转固
蓝园二期项目	10	10.3	3.25	进入验收结算阶段，仅余集控中心正在建设
DSR 进口轧辊磨床	—	0.21	0.02	投入使用
高端铝合金功能材料智能制造项目	—	0.28	0.23	完成

五、企业管理

2019 年，中铝瑞闽坚持不懈加强内部管理，推动企业经营管理提升。一是强化成本管理，落实三年降本方案，对标先进，细化成本管控指标，明确成本管控重点，形成降本举措。二是坚持不懈地抓好三大攻坚战工作，推动产品质量提升，安全环保保持稳定良好局面。三是推进智能决策系统建设和应用，实时监控和分析企业经营完成情况，及时发现问题，解决问题。四是推进“马上就办、真抓实干”作风建设，推动工作形成闭环，事事有着落，件件有反馈，促进工作质量提升。

六、科技创新

2019 年，中铝瑞闽获得国家级技术中心、中国铝板带材十强企业（第三名）、全国质量标杆企业称号、福建省质量标杆企业称号、福建省科技成果产业化基地，获得省部级奖励 9 项。全年研发项目共计 47 项，投入研发费用计 1.7 亿元。

2019 年科技创新数据一览表

表 5

科技创新投入（万元）	申请专利（件）	授权专利（件）	科技人员占比（%）
17039.9	53	77	19.59

七、深化改革

2019 年，通过认证的质量、环境、职业健康安全、汽车板、两化融合、能源、船用板、品牌培育、海关认证等 10 个管理体系的进行融合运作，形成了统一的管理手册、流程图和过程管理表，提升企业内部体系化管理水平。

八、党建与企业文化建设

2019 年，中铝瑞闽党委开展“不忘初心、牢记使命”主题教育，落实党建工作责任制，加强干部队伍建设，强化政治舆论引导。以决战决胜的斗争精神，打赢了生产经营、厂区搬迁和项目建设3个攻坚战，企业经营保持平稳，经济效益超过预期，能力建设获得提升，规划蓝图进一步明确。

把“依靠员工办好企业、办好企业成就员工”落到实处，坚决贯彻落实群众路线，班子成员深入一线常态化。充分发挥工会、共青团组织作用，安排专项经费，推进基层班组建设和青年团队建设；加强企业文化建设，构建企业宣传队伍，创办《瑞闽信息》，营造良好的政治生态和舆论环境。

九、履行社会责任

2019年中铝瑞闽以“智慧制造，轻铝生活”为核心理念，秉持“五大发展理念”，推动科技创新，建设智慧工厂。坚持绿色发展，不断开发“铝”的绿色环保特性，用轻量化产品服务社会，为经济发展减负。创建国家绿色工厂，污染减量化和废油回收项目实现落地。在中铝集团CAHSE精准管理体系审核组审核中，中铝瑞闽职业健康安全体系得分81.21分（钻石），环保体系85.05分（钻石）。对外扶贫工作取得有效进展，派出驻村支书，帮扶村均实现了脱贫摘帽；其中驻村支书叶群生，倒在扶贫工作岗位上，为扶贫事业献出了年轻的生命，他的优秀事迹得到中铝集团和福建省委组织部的表扬和肯定。

十、重要纪事

5月17日，中铝集团党组书记、董事长葛红林到蓝园项目调研。

8月13日，国务院国资委党委书记、主任郝鹏一行到中铝瑞闽调研。福建省委副书记、福州市委书记王宁，福建省委常委、常务副省长张志南，国务院国资委秘书长彭华岗，中铝集团党组副书记、总经理余德辉一同调研。

8月22日，中铝瑞闽承办的工信部“新能源汽车材料示范平台中期推进会”在福州召开。工业和信息化部材料司原副司长常国武、吉林省和福建省工信厅、福州市工信局相关领导出席会议。中国一汽、北汽新能源、首钢、江苏亨睿、渤海汽车、中铝材料院、中汽中心、国创中心、北科大、哈工大等合作单位参加会议。

10月18日，中铝瑞闽召开产品推介会，邀请了来自全国乃至世界各地的客户代表及各级政府相关部门负责人、中铝集团相关单位代表230余人，共商协作、共谋发展。

10月24日，全国质量标杆福建行交流活动在福州举办，中铝瑞闽作为“2019年全国质量标杆”称号获得企业受邀参加会议。

11月18日，中铝瑞闽举办汽车轻量化铝合金板带材生产线项目设备性能考核验收仪式，汽车板项目进入全流程工艺试生产阶段。

11月25日，中央“不忘初心、牢记使命”主题教育第十二巡回督导组到中铝瑞闽就主题教育开展情况进行调研指导。

撰稿／蔡云峰

西北铝业有限责任公司

一、基本情况

西北铝业有限责任公司（简称西北铝）系中国铝业集团有限公司直属企业，地处甘肃省东南部陇西县西郊坪，始建于 1965 年 7 月，企业原代号 113 厂。

主导产品为铝及铝合金管、棒、型、线、排、铝粉、焊丝、铸造铝材和精深加工等近百种合金，产品以高精尖工业型材和中小管棒材为主。注册商标为“奔马”牌。

2019 年基本情况数据一览表

表 1

主要产品产能	资产总额（亿元）	负债率（%）	员工总数（人）	学历结构（在岗）	
挤压材 1.5 万吨 / 年	10.78	66.06	1503	大学专科及以下（人）	1307
				大学本科（人）	189
				硕士及以上（人）	7

二、组织机构

（一）领导班子

2019 年领导班子成员一览表

表 2

姓名	职务	2019 年职务变动
李　勇	执行董事、党委书记	—
胡　柯	总经理、党委副书记	—
张学平	副总经理、工会主席	—
张鸿弟	副总经理、安全总监	—
章　伟	副总经理	—

续表 2

姓名	职务	2019 年职务变动
郑跃堂	财务总监	—
武大学	纪委书记	—

（二）机构设置

机关处室：党群工作部、综合管理部、纪检审计部、规划发展部、财务部、销售部、科技管理部、质量监督部、生产运行部、安全环保部。

二级单位：挤压制造部、熔铸制造部、深加工中心、动力保障部、陇西西北铝九鼎粉材有限公司（参股单位）、陇西西北铝金桥焊材有限公司（参股单位）。

三、生产经营

2019年，西北铝以扭亏脱困转型升级为目标，提升经营效果，加强A品保供，生产经营迈上新台阶。

主要指标一览表

表3

指标名称			2018年	2019年	同比增长（%）
主要产品产量	1. 挤压材	（万吨）	0.8519	1.0491	23.15
	2. 铸造材	（万吨）	0.3482	0.2519	−27.66
工业产值		（亿元）	3.01	3.15	4.65
销售收入		（亿元）	2.88	3.03	5.21
利润额		（亿元）	−0.53	−0.55	−5.04
纳税额		（亿元）	0.15	0.06	−59.61
人身伤亡事故		（起）	0	0	—
工亡人数		（人）	0	0	—
重伤人数		（人）	0	0	—
轻伤人数		（人）	0	2	—

四、重大发展项目

2019年，西北铝完成项目建设总投资7441万元。

2019年重大项目情况一览表

表4

项目名称	设计规模	投资规模（万元）	当年完成投资额（万元）	年内项目建设形象进度
特种行业铝合金材料产业化项目	特材800吨/年	9966	4862	10月投入生产

五、企业管理

产品结构成品率70.62%，质量异议损失率0.14%，重大质量事故为零。接受了AS9100、GJB9001、Nadcap、PED和CPR等二、三方审核10次，启动了汽车行业IATF16949质量管理体系认证。西北铝“奔马牌管材”获甘肃省名牌产品称号。

持续强化全员安全“一岗双责”落实，完善安全风险分级管控，风险总值同比降低10.19%。集团CAHSE体系审核得分70.45分，同比提高10分，全年安全生产投入资金300余万元。

加强内部环保治理，规范危险废物处置程序，通过了甘肃省生态环境厅危险废物规范化管理考核。关停锅炉房，彻底清理煤渣场，并对粉煤灰堆场进行生态恢复。完善环保精准管理体系，各项排放指标均达标。

全面推行模拟连续生产方式，开展机与机、值与值的对标，设备完好率、可开动率、有效利用率分别为99.36%、98.55%、98.19%。先算后干，每周六召开排产会，生产计划执行率100%，到期合同执行率94.24%。

开展制度“立、改、废”，全年新建制度39项，修订制度75项，废止制度26项。开展了“强化制度执行，促进管理提升”专项活动，对基层制度执行情况进行专项督查。

六、科技创新

加速科研项目成果转化，开发新产品32项111种规格，W型材、大梁型材、变断面型材等重点产品实现重大突破，全年共完成482吨。开发杭氧、林德空分管材799吨，储氢管415吨，LNG管材23吨及高铁煨弯管材2416件。

2019年科研经费投入占主营业务收入的4.23%，完成国家、中铝集团和甘肃省重大科研任务11项，申报各级科研项目9项。

撰稿/田永红

中铝沈阳有色金属加工有限公司

一、基本情况

中铝沈阳有色金属加工有限公司（简称中铝沈加），位于辽宁省沈阳市金属新材料产业园区，北邻南四环路，西邻丁香街。

主营业务：有色金属压延加工及深加工制品加工；机械加工；有色金属新产品开发及技术咨询。

2019 年基本情况数据一览表

表 1

主要产品产能	资产总额（亿元）	负债率（%）	员工总数(人）	学历结构（在岗）	
1. 钛及钛合金 6045 吨 / 年	22.18	73.47	653	大学专科及以下（人）	444
2. 镍及镍合金 3000 吨 / 年				大学本科（人）	198
3. 铬锆铜　1000 吨 / 年				硕士及以上（人）	11

二、组织机构

（一）领导班子

2019 年领导班子成员一览表

表 2

姓名	职务	2019 年职务变动
汤　勇	执行董事、党委书记	—
王振有	总经理、党委副书记	—
赵广厦	副总经理、工会主席、安全总监	—
钱广传	财务总监	—
季海军	纪委书记	—

续表 2

姓名	职务	2019 年职务变动
王保成	副总经理	—
武大学	纪委书记	—

（二）机构设置

机关处室：党委工作部、纪检监察（审计）部、综合管理部、财务部、生产运行部、安全环保健康部。

二级单位：技术质量中心、装备能源中心、销售中心、采购中心、板带制造中心、板锭制造中心。

三、生产经营

2019 年，中铝沈加开展“加减乘除”，坚决停产镍材等无优势的高成本产品；改变生产组织方式，产品质量改善明显，产量大幅提升，综合成品率大幅提高。

主要指标一览表

表 3

指标名称			2018年	2019年	同比增长（%）
主要产品产量	1. 钛材	（万吨）	0.544	0.617	13.3
	2. 镍材	（万吨）	0.074	0.135	82
	3. 铜材	（万吨）	0.127	0.07	−45.3
工业产值		（亿元）	4.08	4.64	13.73
销售收入		（亿元）	4.29	4.67	8.86
利润额		（亿元）	0.17	0.20	17.65
纳税额		（亿元）	0.065	0.069	6.15
人身伤亡事故		（起）	2	1	−50
工亡人数		（人）	0	0	—
重伤人数		（人）	0	0	—
轻伤人数		（人）	0	0	—

四、企业管理

中铝沈加深入开展“三米以下见本色”“活完料净场地清”现场提档升级工程。持续推进安全、环保、现场管理工作，开展“两抓、两查、严监管”，强力推行 CAHSE 考核。

生产班组采取军事化管理，30% 绩效工资作为安全环保职业健康按月单独考核，中层及以上干部每周参加包保班组安全等活动，实现员工全覆盖。

开展劳动竞赛，实现了 EB 炉的稳产高产。完成了 10 吨自耗炉真空系统改造，不断提高运行效果。

五、科技创新

全面推进 TA15 钛合金大规格棒材研制，完成了《TA15 钛合金棒材试制总结暨主导工艺评审》《TA15 钛合金大棒材及锻件试制工艺阶段总结》《增加 TA15 钛合金锻件用棒材供应商考核任务书》。

围绕开发高端钛民品发展目标，10 月中旬与中国有色金属报社联合成功举办了“第三届中国钛民品高峰论坛”。成立了“食品级钛材料”开发研制及标准制定项目组，开展市场调研，着手“食品健康级钛材料”的研发及标准制定，推动科研成果尽快实现产业化。

2019 年科技创新数据一览表

表 4

科技创新投入（万元）	申请专利（件）	授权专利（件）	科技人员占比（%）
4075.9	0	0	19.8

六、深化改革

年轻干部培养提速，全年提拔使用“80 后”中层管理人员 7 人；实施项目主任师制，制定《项目主任师负责管理办法（试行）》，推进技术人员培养和产品研发；对年约客户取消“赊销”，采取“零信用额 + 保证金 + 年约量”的方式，对非年约客户全部实施“预付款排产、款清发货”。

七、党建与企业文化建设

中铝沈加党委全面落实管党治党责任，以党建引领高质量发展。一是坚定执行党的政治路线。学习贯彻习近平总书记对中铝集团的重要批示精神，贯彻落实党中央、集团党组重大决策部署，不断推进“两学一做”学习教育常态化制度化。通过开展“不忘初心、牢记使命”主题教育，提升了广大党员干部的思想觉悟和干事担当，凝聚了人心。二是强化管党治党政治责任，严格监督执纪问责，加强日常提醒、监督、检查、问责。三是开展“两带两创”活动，创效3300万元；开展“双提升”活动，一定程度上推动了广大党员的综合素质和工作业绩的提升。四是工会、群团活动丰富多彩，举办了春节联欢会、庆“三八”插花培训、摄影、书法、绘画、健步走比赛和安全知识竞赛，拍摄了《我和我的祖国》快闪和《我爱你中国》短视频，开展“快锻机质量提高”“废料改制”“冷轧产品提质上量”“自捆电极提产上量”等劳动竞赛。五是开展合理化建议征集评选活动，其中“一次锭车光去除铸锭杂质减少熔次”获得中铝集团“银点子”。

八、履行社会责任

开展“扶贫济困”“幸福工程”活动。员工为贫困地区助学捐款3.85万元；走访慰问困难职工34人，发放慰问金3.4万元。组织为病重员工献爱心捐款活动，共筹集捐款1.04万元。员工年收入增长2.4%，年内招聘新员工27人。开展安全环保职业健康能力提升行动，进行“废水零排放工程”的一期建设，实现工业废水达标排放。

九、重要纪事

2月15日，沈阳市副市长苗治民到中铝沈加现场办公。

10月10日，中铝沈加与中国有色金属报社共同主办“第三届中国钛民品高峰论坛”。

10月17日，中铝集团党组成员、总会计师叶国华到中铝沈加调研。

撰稿 / 谭　论

【荣誉篇】

List of Honors

集体荣誉

【国家级荣誉】

全国巾帼文明岗

中国铜业凉山矿业动力车间变电站班

全国民族团结进步模范

于金山（包头铝业）

全国工人先锋号

山西新材料电解二厂三车间一工区

广西分公司氧化铝厂溶出车间生产丙班

西南铝熔铸厂熔铸二部均热发送班

西南铜业分公司电解分厂艾萨工区

国家级技能大师工作室

杨红雷技能大师工作室（六冶）

【省部级荣誉】

福建省“五一劳动奖状”

东南铜业有限公司

广西壮族自治区“五一劳动奖状”

广西国盛公司

青海省劳动模范集体

青海分公司

山西省模范单位

山西新材料热电分厂

贵州省优秀企业

贵州铝厂

福建制造业企业 100 强

中铝瑞闽股份有限公司

中央企业先进基层党组织

宁夏能源六盘山热电厂党委

西南铜业分公司党委

西南铝动力计控中心计量检测部党支部

中央企业先进集体

包头铝业热电厂

山东华宇热电厂

山西新材料电解二厂

西南铝锻造厂模压制造部模压二班

2017—2018 年度中央企业青年文明号

六冶郑州科技重工铝天桥技术青年攻关小组

山西新材料电解二厂电解三车间电解三工区

山东新材料市场管理科

2017-2018 年度中央企业五四红旗团委

包头铝业热电厂团委

云南迪庆矿业选厂团支部

中铝矿业巩义分公司团总支

中央企业“百名杰出工匠”培养支持计划人选

赵雨厚（东轻）

普兴亮（中国铜业）

云南省“青年文明号”

西南铜业电解分厂艾萨工区阴阳极制作组

宁夏回族自治区“巾帼文明岗”

宁夏银星煤业有限公司机电队矿灯班
河南省“五一巾帼标兵岗”
长城铝业后勤中心、幼儿园

内蒙古自治区工人先锋号

包头铝业电解二厂

甘肃省工人先锋号

连城分公司电解一厂电解六班

贵州省工人先锋号

贵铝彩铝涂装班

甘肃省创新型班组

连城分公司炭素二厂成型煅烧检修班

上海市工人先锋号

上海铜业行政服务分公司安保大队乙班

山西省五四红旗团组织

山西新材料精细氧化铝事业部团支部
山西华兴团委

重庆市五四红旗团委

西南铝压延厂团委

山东省五四红旗团组织

山东铝业有限公司团委

贵州省五四红旗团支部

贵阳院建筑设计院团支部
贵阳院市政环保分院团支部

【集团级荣誉】

2019年度中国铝业集团有限公司先进集体

中铝山东氧化铝厂
河南中铝装备有限公司机装车间综合三班
山西新材料计划财务部
中州铝业中州新材料成品二车间高白二线运行乙班
山西中润电解铝生产部电解一车间
贵州贵铝华颐房地产开发有限责任公司
青海分公司阴极事业部
内蒙古华云新材料有限公司电解一厂
兰州铝业自备电厂
抚顺铝业炭素二厂
遵义铝业氧化铝厂溶出车间丁班
山东华宇铝加工事业部
甘肃华鹭企业管理部财务单元
郑州研究院炭素研究所
宁夏能源银星发电有限责任公司
广西国盛稀土开发有限公司
沈阳院氧化铝室
长沙院锌清洁冶炼与高效利用关键技术装备研发推广应用团队
中色科技设计管理部
长勘院深圳公司
山西铝业工贸公司
西南铝锻造厂
东轻中厚板厂
西北铝深加工中心
中铝瑞闽制造二部
中铝河南洛阳铝箔有限公司
中铝材料院清源铝合金白车身ET样车试制项目部
易门铜业有限公司
云南云铝泽鑫铝业有限公司

2019年度中国铝业集团有限公司青年文明号

山东山铝环境新材料有限公司一车间烧成工段
山西铝业山西中铝工服压力容器分公司压容六班
中州铝业第二氧化铝厂磨浮车间磨浮甲班
青海中铝铝板带有限公司生产管理部冷轧班
包头铝业动力厂供电中心五所
宁夏能源马莲台发电厂发电部运行四值

云铜股份西南铜业安全环境健康部安全管理组

中铝国际云南弥玉高速公路投资开发有限公司合约部

沈阳院电解室电解组

九冶第一工程公司安装分公司下料组

2019 年度中国铝业集团有限公司五四红旗团委

包头铝业华云电解一厂团委

宁夏能源王洼煤业有限公司团委

云铝股份云南文山铝业有限公司团委

郑州研究院团委

云铜股份易门铜业团委

华中铜业团委

中铝国际团委

贵阳院团委

东轻团委

中铝材料院团委

2019 年度中国铝业集团有限公司五四红旗团支部

长城铝业河南中铝装备有限公司团支部

山西铝业武装保卫部团支部

平果铝业广西中铝工业服务有限公司团总支

中州铝业资源管理站团支部

贵州铝厂职教学院行政团支部

兰州铝业机修厂团支部

连城分公司电解厂团总支

宁夏能源银星发电公司设备维护团支部

云铝股份云铝润鑫铝业有限公司电解团支部

迪庆有色供销信息团支部

洛阳铜加工保障联合团支部

长沙院第四团支部

中色科技工程设计团支部

六冶云南分公司宁永项目团支部

九冶宁夏能源风电项目团支部

中铝资本第一团支部

西南铝熔铸厂机关团支部

东轻中厚板厂团总支

西北铝动力保障部团支部

中铝瑞闽制造一部团总支

2019 年度中国铝业集团有限公司优秀青年志愿服务队

中铝山东青春铝氧青年志愿服务队

山西华兴氧化铝热电动力部志愿服务队

包头铝业生产指挥保障中心“锋刃”青年志愿者服务队

宁夏能源六盘星光志愿服务队

驰宏锌锗会泽冶炼青年志愿服务队

楚雄滇中有色青年志愿服务队

永昌硅业青年志愿者服务队

中色科技青年志愿服务队

六冶工业安装分公司志愿者服务队

中铝资本“大手拉小手”青年志愿服务队

个人荣誉

【国家级荣誉】

全国五一巾帼标兵

韦春庆　（广西分公司）

胡志梅　（青海分公司）

2018年度职业技术竞赛全国技术能手

张晓东　（广西分公司）

董鑫秀　（山西新材料）

石英超　（山西华圣）

龙　渝　（西南铝）

田　硕　（广西分公司）

刘　浩　（宁夏能源）

颜风梅　（广西华银）

韦春庆　（广西分公司）

朱雪兵　（西南铝）

何希家　（西南铝）

王庆云　（贵州分公司）

【省部级荣誉】

河南省劳动模范

韩建军　（长城铝业）

山西省劳动模范

王　明　（十二冶）

郭晋梅　（山西新材料）

青海省劳动模范

董　文　（青海分公司）

云南省“五一劳动奖章”

王　盛　（西南铜业）

李艳丽　（云铝股份）

重庆市“五一劳动奖章”

何希家　（西南铝）

陕西省“五一劳动奖章”

王会军　（九冶）

福建省“五一劳动奖章”

郭汉刚　（东南铜业）

河南省“五一劳动奖章”

王信华　（长城铝业）

河南省五一巾帼奖章

张　娜　（长城铝业）

广西壮族自治区“五一劳动奖章”

胡元海　（广西分公司）

贵州省五一劳动奖章

钱朝洪　（遵义铝业）

宁夏回族自治区“五一劳动奖章”

张彦成 （宁夏银星煤业）

中央企业劳动模范

陈晓静 （中州铝业）

贾春成 （东轻）

张旭东 （迪庆有色）

陶龙华 （西南铝）

普兴亮 （云南铜业）

梁吉清 （连城分公司）

汲洪民 （宁夏银仪）

王国军 （赤峰云铜）

最美巴渝工匠

刘永刚 （西南铝）

巴渝工匠

朱雪兵 （西南铝）

重庆市国资委优秀共产党员

廖志刚 （西南铝）

重庆市国资委优秀党务工作者

张正铃 （西南铝）

内蒙古自治区优秀共产党员

刘　森 （内蒙古华云）

中国勘察设计协会“优秀企业家”

廖从荣 （长勘院）

中国勘察设计协会“杰出人物”

张栋材 （长勘院）

陕西省三秦工匠

黄春波 （九冶）

山西省优秀共青团员

郭　欣 （山西华兴）

云南省万人计划“产业技术领军人才”

陈德斌 （云铝股份）

杨万章 （云铝股份）

云南省优秀共青团干部

王小钰 （西南铜业）

中央企业优秀共产党员

徐　志 （山东新材料）

王　帅 （中色科技）

岳东卫 （洛阳铜加工）

中央企业优秀党务工作者

崔超强 （广西分公司）

汪　滨 （东轻）

2017—2018 年度中央企业青年岗位能手

韩宝中 （中州铝业）

王贯修 （十二冶）

2017—2018 年度中央企业优秀共青团员

周　蒙 （山西华兴）

魏新民 （西北铝）

宋　婷 （中铝资本）

2017—2018 年度中央企业优秀共青团干部

陈俊钢 （宁夏能源）

王琦龙 （西南铝）

【集团级荣誉】

2019 年中国铝业集团有限公司劳动模范

王鹏山 山东铝业工服中心高压电器维修工

董　鹏 中铝山东第二氧化铝厂生产中心区域工程师

王建军 中铝矿业热电厂水处理运行班班长

李轶奎 中铝矿业氧化铝厂溶出车间溶出工

豆党性　山西新材料精细氧化铝事业部党总支书记、经理
梁　栋　广西分公司氧化铝厂厂长助理
石　勇　广西华磊电解二工区主任
陈向前　中州铝业生产管理中心安全生产科科长
刘学法　山西华兴氧化铝生产部主管工程师
穆义君　贵州华锦管控中心分解工序技术员
严天志　贵州分公司矿业公司经理、党委副书记
刘小宁　青海分公司电解厂工区长
吕　锐　包头铝业装备能源部高级业务主管
蔡　军　包头铝业电解三厂二工段工段长
师胜德　山西华圣电解厂电解一车间电解工区长
李　刚　遵义铝业电解一厂厂长
陈　荣　连城分公司电解二厂区域工程师
曹永峰　郑州研究院电解研究所成果转化组组长
姜伟宁　宁夏能源银星能源太阳山风电检修基地总经理、党支部书记
李　江　宁夏能源王洼煤业王洼二矿掘进队行政队长
周建芳　江苏稀土常熟公司副经理
刘　义　沈阳院国际业务部主任
李永升　贵阳院总承包业务部部长、工程承包有限公司总经理
王文君　中色科技建筑分院院长
杨　宇　六冶云南宁永高速项目部负责人
王玖宏　九冶第一工程公司总经理
王建平　十二冶安装公司太原项目部项目经理
李曙宏　山西铝业工服公司综合工程施工处队长
田红兵　西南铝压延厂机械车间工长
朱雪兵　西南铝热连轧制造中心热粗轧班长
任伟才　东轻技术中心主任工程师
毕苍兆　东轻板带厂 2100mm 冷轧机主操作手
向金泉　西北铝挤压制造部挤压机操作手
詹开严　中铝瑞闽制造二部主管工程师、热轧班班长
王宏岩　中铝沈加板带制造中心钳工班班长
刘　晟　中铝物流东南亚国际陆港有限公司纪委书记、副总经理
崔　啸　中铝资本金融市场部总经理
杨　旭　云铜科技机电高级工程师
刘俊锋　云南金鼎锌业生产运营部经理
侯金富　云冶集团昆明重工车工高级技师
王竹云　凉山矿业选矿车间磨浮工段长
罗吉辉　驰宏锌锗会泽矿业麒麟坑竖井作业区副拉长
刘月梅　洛阳铜加工工艺管理部业务副主管
王娟丽　华中铜业装备保障中心主管工程师
郭晓波　东南铜业注册安全工程师

2019 年度中国铝业集团有限公司青年岗位能手

李璐洁　中铝山东研究院理化检测中心分析工
王　鹏　中铝矿业热电厂生产管理科调度值长
杜佩玉　山西新材料矿业公司资源管理科资源管理员
潘　煜　广西分公司氧化铝厂设备科点检二组组长
唐　勇　遵义铝业氧化铝厂溶出车间高压溶出工
郎　红　贵州分公司矿业公司猫场铝矿掘进一班班长

侯　峰　包头铝业华云电解二厂生产运行工作室副主管

王　磊　中铝国贸中铝新材料有限公司运营管理部副经理

杨　柳　中国铜业金鼎锌业质检质管部二级技师

唐玉婷　西南铝锻造厂技术质量科支持工程师

2019年度中国铝业集团有限公司优秀共青团员

杜明静　中铝矿业氧化铝厂设备管理科综合管理员

李怡轩　广西分公司矿业公司二矿控制组调度员

杨柳青　中铝中州矿业三门峡分公司段村矿地质工程师

陈韦围　遵义铝业装备保障中心维修管理科检修工

薛军平　山西中润电解铝生产部组装车间质量员

周　凡　贵州分公司合金化事业部员工

文国强　青海分公司阴极事业部工艺员

宝亚萍　兰州铝业铝合金事业部综合员

史佳明　抚顺铝业炭素二厂焙烧车间支持工程师

白彦平　连城分公司炭素厂安全员

季鹏辉　云铝股份云铝涌鑫铝业有限公司党政办公室企业文化科科员

孟　晔　驰宏锌锗彝良驰宏矿业有限公司选矿厂安全环保室环保员

黄新将　广西国盛稀土技术部安全环保业务主办

邹嘉慧　中铝国际（天津）建设有限公司第四公司团支部书记、安阳项目一部预算员

胡思雨　沈阳院财务部会计

杜恺文　中色科技瑞闽项目部综合控制部副部长

陈靖昂　长勘院工程勘察与岩土工程专业工程师

解　飞　太原十二冶房地产开发有限公司财务部科员

姜明炎　中铝资本上海滇晟商贸公司投资经理

姜传龙　东轻熔铸厂机辅工区电气技术员

2019年度中国铝业集团有限公司优秀共青团干部

魏　冬　山东铝业职业学院团委书记、学生处副处长

贾晋英　山西新材料铝加工事业部团支部书记、综合政工科副科长

高丽雯　平果铝业分析检测中心直属团支部书记

慕江鑫　中铝中州新材料科技有限公司团总支书记

吴文纲　遵义铝业综合团支部书记

李　娜　青海分公司炭素厂团总支书记

包　桦　宁夏能源银星能源贺兰山风电检修基地团支部书记

顾瑞丽　云铝股份云铝泽鑫铝业有限公司团委书记

段李波　驰宏锌锗团委干事、总部职能团总支书记

牟小磊　中铝国际山东工程团委书记、纪检监察审计部区域主管

徐竹竹　贵阳院综合二团支部书记、振兴公司外事管理员

易　方　长沙院第一团支部副书记

王亚文　中色科技建筑团支部书记

罗苏东 长勘院深圳公司团支部书记、岩土部项目经理

邹　洁 六冶洛阳机电安装有限公司团委书记

张小锋 九冶第二工程公司机关团支部书记

何　媛 中铝资本云晨期货团支部宣传委员

田琳琳 西南铝机电公司团总支书记

王惠元 东轻特材公司团总支书记

陆红德 中铝瑞闽制造二部团总支书记

2019 年度中国铝业集团有限公司优秀青年志愿者

周绍芳 中铝山东氧化铝厂安全环保室环保管理员

赵　朋 山西中润化验车间质量检查班班长

柴　阳 包头铝业内蒙古华云新材料有限公司热电厂安监部资料员

曾泽凡 连城分公司综合服务中心治安护卫员、团支部书记

夏家禹 云铝股份云南源鑫炭素有限公司阳宗海生产区团支部书记

瞿海潮 郑州研究院技术员

平　原 昆明冶金研究院维保运营分公司员工

张　磊 华中铜业生产部综合组综合科科员

张羽萱 西南铝民生公司团支部书记、公共服务事业部（物管）主办

郭继伟 西北铝团委干事

2020

中国铝业集团有限公司年鉴

The Yearbook of Aluminum Corporation of China

【附　录】

Appendices

中国铝业集团有限公司所属企业规范简称（2019 年）

表 1

序号	企业（单位）全称	规范简称
一	中铝环保节能集团有限公司	中铝环保
二	中铝创新开发投资有限公司	中铝开投
三	中铝海外发展有限公司	中铝海外
四	中铝智能科技发展有限公司	中铝智能
五	中铝材料应用研究院有限公司	中铝材料院
六	中铝铁矿控股有限公司	中铝铁矿
七	中国铝业股份有限公司	中铝股份
	1. 中铝山东有限公司	中铝山东
	2. 中铝矿业有限公司	中铝矿业
	3. 中铝山西新材料有限公司	山西新材料
	4. 中国铝业广西分公司	广西分公司
	5. 中铝中州铝业有限公司	中州铝业
	6. 山西华兴铝业有限公司	山西华兴
	7. 包头铝业有限公司	包头铝业
	8. 山西华圣铝业有限公司	山西华圣
	9. 遵义铝业股份有限公司	遵义铝业
	10. 山东华宇合金材料有限公司	山东华宇
	11. 甘肃华鹭铝业有限公司	甘肃华鹭
	12. 云南铝业股份有限公司	云铝股份
	13. 中铝郑州有色金属研究院有限公司	郑州研究院
	14. 中铝宁夏能源集团有限公司	宁夏能源
	15. 中铝国际贸易集团有限公司	中铝国贸集团
	16. 中铝能源有限公司	中铝能源
	17. 中国铝业香港有限公司	中铝香港
	18. 中铝物流集团有限公司	中铝物流
	19. 中铝物资有限公司	中铝物资
	20. 抚顺铝业有限公司	抚顺铝业
	21. 山西中铝华润有限公司	山西中润
	22. 兰州铝业有限公司	兰州铝业
	23. 中国铝业青海分公司	青海分公司
	24. 中国铝业重庆分公司	重庆分公司
	25. 中国铝业连城分公司	连城分公司
	26. 贵州华锦铝业有限公司	贵州华锦

续表 1

序号	企业（单位）全称	规范简称
	27. 广西华昇新材料有限公司	广西华昇
	28. 广西华磊新材料有限公司	广西华磊
	29. 中铝集团山西交口兴华科技股份有限公司	兴华科技
八	中国铜业有限公司	中国铜业
	1. 云南铜业股份有限公司	云铜股份
	2. 中铝矿业国际	中矿国际
	3. 中铝矿产资源有限公司	中铝资源
	4. 中铜上海铜业有限公司	上海铜业
	5. 中铝洛阳铜业有限公司	洛阳铜业
	6. 中铝华中铜业有限公司	华中铜业
	7. 中铝昆明铜业有限公司	昆明铜业
	8. 云南铜业房地产开发有限公司	云铜地产
	9. 云南铜业科技发展股份有限公司	云铜科技
	10. 中国云南国际经济技术合作有限公司	云南国际
	11. 云南驰宏锌锗股份有限公司	驰宏锌锗
	12. 云南金鼎锌业有限公司	金鼎锌业
	13. 云南文山斗南锰业股份有限公司	斗南锰业
	14. 云南冶金昆明重工有限公司	昆明重工
	15. 昆明有色冶金设计研究院股份公司	昆明有色院
	16. 昆明冶金研究院	昆明冶研院
	17. 云南冶金资源股份有限公司	云冶资源
	18. 云南冶金集团投资有限公司	云冶投资
	19. 云南冶金集团金水资产经营有限公司	金水资产
	20. 云南冶金仁达信息科技产业有限公司	云冶仁达信息
九	中国稀有稀土股份有限公司	中国稀有稀土
	1. 中铝稀土（江苏）有限公司	中铝江苏稀土
	2. 中铝广西有色稀土开发有限公司	中铝广西稀土
	3. 中铝四川稀土有限公司	中铝四川稀土
	4. 中稀国际贸易有限公司	中稀国贸
	5. 中稀依诺威（山东）磁性材料有限公司	中稀依诺威
十	中铝国际工程股份有限公司	中铝国际
	1. 沈阳铝镁设计研究院有限公司	沈阳院
	2. 贵阳铝镁设计研究院有限公司	贵阳院
	3. 长沙有色冶金设计研究院有限公司	长沙院

续表 1

序号	企业（单位）全称	规范简称
	4. 中国有色金属长沙勘察设计研究院有限公司	长勘院
	5. 中国有色金属工业昆明勘察设计研究院有限公司	昆勘院
	6. 中色科技股份有限公司	中色科技
	7. 中国有色金属工业第六冶金建设有限公司	六冶
	8. 九冶建设有限公司	九冶
	9. 中色十二冶金建设有限公司	十二冶
十一	中铝资产经营管理有限公司	中铝资产
	1. 山东铝业有限公司	山东铝业
	2. 中国长城铝业有限公司	长城铝业
	3. 贵州铝厂有限责任公司	贵州铝厂
	4. 中铝山西铝业有限公司	山西铝业
	5. 包头铝业（集团）有限责任公司	包铝集团
	6. 中铝润滑科技有限公司	中铝润滑
	7. 中铝投资发展有限公司	中铝投资
	8. 中铝科学技术研究院有限公司	中铝科学院
十二	中铝资本控股有限公司	中铝资本
	1. 中铝财务有限责任公司	中铝财务
	2. 中铝融资租赁有限公司	中铝租赁
	3. 中铝商业保理（天津）有限公司	中铝商业保理
	4. 中铝保险经纪（北京）股份有限公司	中铝保险经纪
	5. 中铝建信投资基金管理（北京）有限公司	中铝建信基金
	6. 中铝创新发展股权投资基金管理（北京）有限公司	中铝创投基金
	7. 云晨期货有限责任公司	云晨期货
	8. 中铝财务有限责任公司	中铝财务
十三	中国铝业集团有限公司铝加工事业部	铝加工事业部
	1. 西南铝业（集团）有限责任公司	西南铝
	2. 东北轻合金有限责任公司	东轻
	3. 西北铝业有限责任公司	西北铝
	4. 中铝瑞闽股份有限公司	中铝瑞闽
	5. 中铝铝箔有限公司	中铝铝箔
	6. 中铝萨帕特种铝材（重庆）有限公司	中铝萨帕
	7. 中铝河南洛阳铝加工有限公司	洛阳铝加工
	8. 中铝沈阳有色金属加工有限公司	中铝沈加

中国铝业集团有限公司主要经济指标表（2001—2019 年）

表 2

序号	指标名称 \ 年份	2001	2002	2003	2004	2005	2006	2007	2008	2009	2010	2011	2012	2013	2014	2015	2016	2017	2018	2019
1	氧化铝产量（万吨）	469.70	541.00	604.70	681.00	787.00	962.00	1046.00	1100.00	846.67	1089.75	1179.40	1273.00	1372.00	1374.00	1454.30	1469.67	1437.00	1969	1719
2	电解铝产量（万吨）	70.70	75.10	96.40	106.70	142.00	297.00	356.00	340.00	346.67	431.73	442.50	421.95	422.00	384.00	362.20	303.37	360.70	574.7	613
3	铝加工材产量（万吨）	1.41	17.20	20.00	27.60	41.00	56.00	79.80	93.00	58.00	71.79	68.80	84.50	73.00	100.50	102.46	146.31	167.70	178	186
4	矿山铜金属含量（万吨）	—	—	—	—	—	—	—	8.95	9.52	9.18	9.08	9.40	9.40	8.60	26.79	24.92	27.98	31.82	30.38
5	精炼铜产量（万吨）	—	—	—	—	—	—	—	38.40	29.08	32.99	43.74	45.00	44.00	52.00	53.90	58.31	62.68	68.04	111.51
6	铜加工材产量（万吨）	—	—	—	—	—	—	—	—	—	—	16.52	31.00	31.00	32.00	29.10	26.23	30.41	28.52	28.55
7	铅精矿产量（万吨）	—	—	—	—	—	—	—	—	—	—	—	—	—	—	—	—	—	9.47	11.5
8	锌精矿产量（万吨）	—	—	—	—	—	—	—	—	—	—	—	—	—	—	—	—	—	27.48	36.6
9	电锌产量（万吨）	—	—	—	—	—	—	—	—	—	—	—	—	—	—	—	—	—	53.76	59.3
10	电铅产量（万吨）	—	—	—	—	—	—	—	—	—	—	—	—	—	—	—	—	—	7.57	9.8
11	稀土分离产品产量（万吨）	—	—	—	—	—	—	—	—	—	—	—	0.45	0.45	0.66	0.71	0.60	0.67	—	1.35
12	稀土矿产量（万吨）	—	—	—	—	—	—	—	—	—	—	—	0.08	0.07	0.07	0.19	0.25	0.25	—	0.11
13	稀土磁材（万吨）	—	—	—	—	—	—	—	—	—	—	—	—	—	—	—	—	0.19	0.16	0.17
14	销售收入（亿元）	169.45	207.92	310.04	465.53	611.78	1031.22	1063.60	1291.21	1356.07	1954.33	2317.02	2449.40	2794.19	2800.08	2387.79	2675.80	3155.15	3002	3568.17
15	上缴税金（亿元）	26.20	25.15	37.48	63.84	94.12	183.64	138.93	180.15	67.94	70.08	87.70	84.30	79.94	75.61	74.51	81.68	104.44	108.38	120
16	利润总额（亿元）	21.55	12.24	43.49	99.53	150.13	225.05	166.82	−67.57	−72.51	20.96	29.06	−96.60	−65.47	−197.46	−44.27	1.67	20.50	50.39	50.62
17	净利润（亿元）	−10.59	2.08	11.55	32.05	58.35	76.43	132.65	−68.16	−69.67	12.32	18.20	−99.86	−78.86	−212.16	−50.49	−5.80	0.0012	29.55	30.25
18	资产总额（亿元）	431.84	502.03	563.84	834.85	1078.52	1523.99	1776.46	3465.90	3548.50	3742.19	3966.20	4284.15	4662.85	4864.49	4868.44	5218.31	5313.37	6413.14	6544.11
19	资产负债率（%）	52.37	49.68	47.66	48.47	46.08	46.43	50.01	75.83	78.70	79.63	80.35	83.25	84.94	88.57	85.62	83.88	63.26	66.52	64.04
20	净资产收益率（%）	−8.52	1.57	8.06	20.71	22.71	22.10	15.39	−8.35	−8.81	14.82	2.37	−13.33	−11.11	−34.38	−8.53	−0.75	0.00	1.44	1.34
21	工业总产值（亿元）	174.58	285.29	404.85	496.24	682.33	1096.12	1208.54	1427.77	1049.36	1406.88	1439.67	1614.01	1682.29	1664.31	1543.12	1411.67	2134.14	2162.4	2783.58
22	国有资本保值增值率（%）	—	—	107.60	118.40	—	126.60	113.10	82.70	86.10	93.00	96.80	74.10	70.30	18.00	12.50	135.35	77.60	130.18	113.60

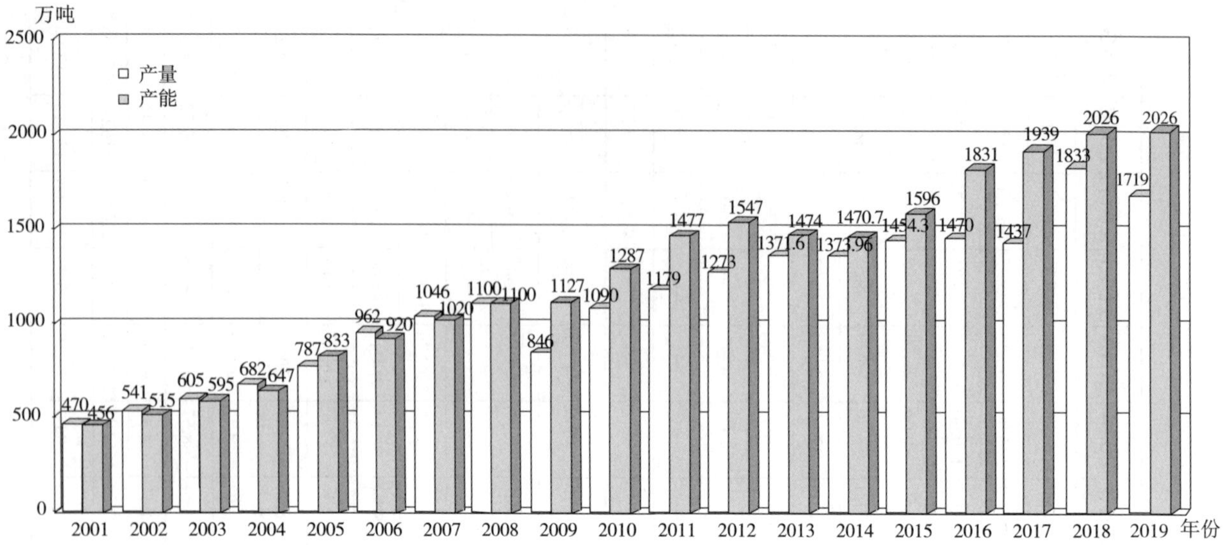

（a）氧化铝

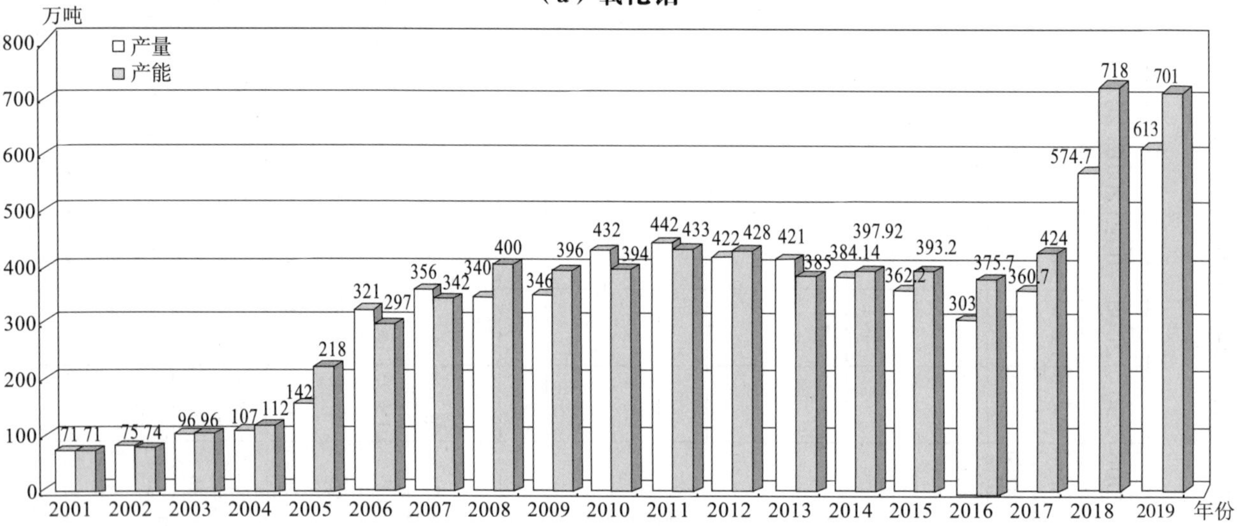

（b）电解铝

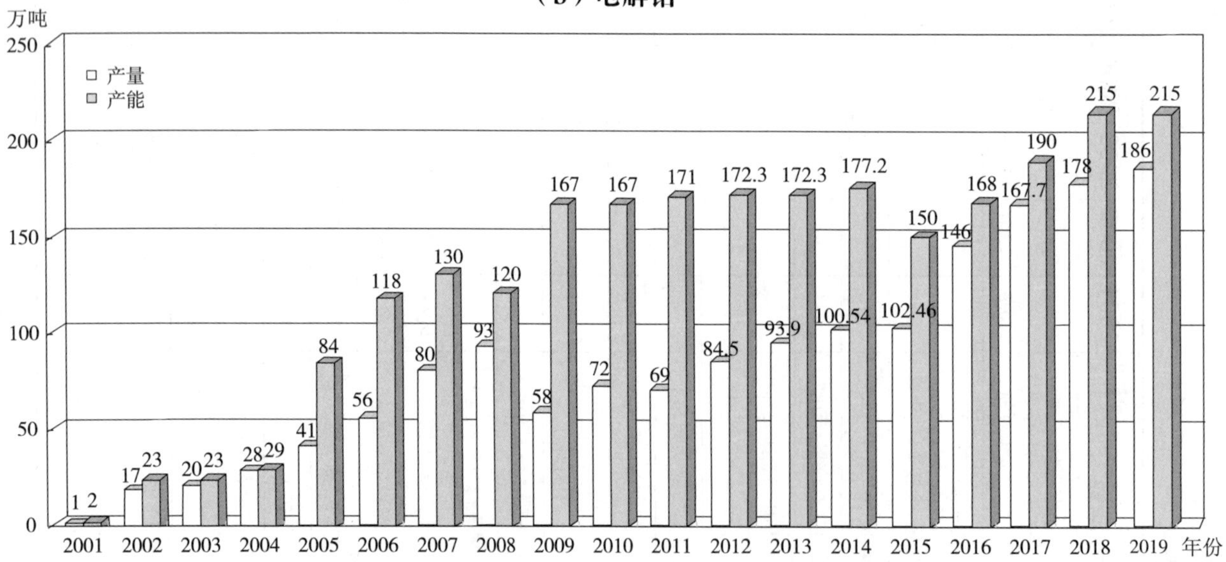

（c）铝加工材

图 1　中国铝业集团有限公司主要产品产能、产量图（2001—2019 年）

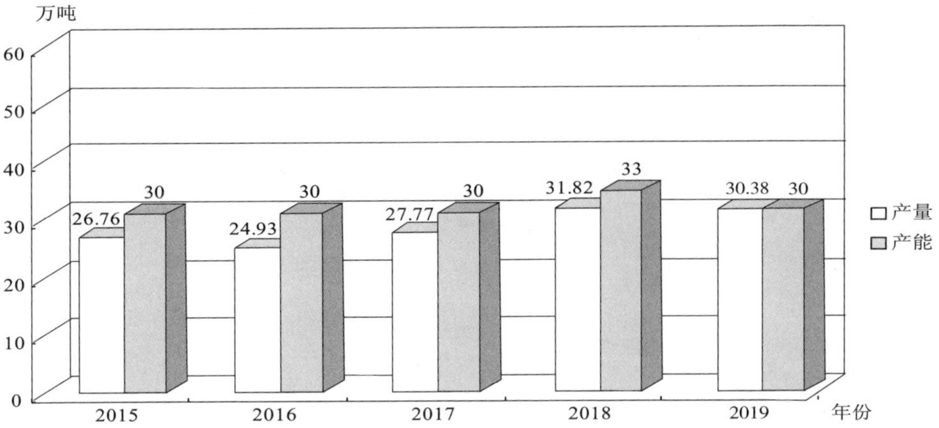

（d）铜精矿

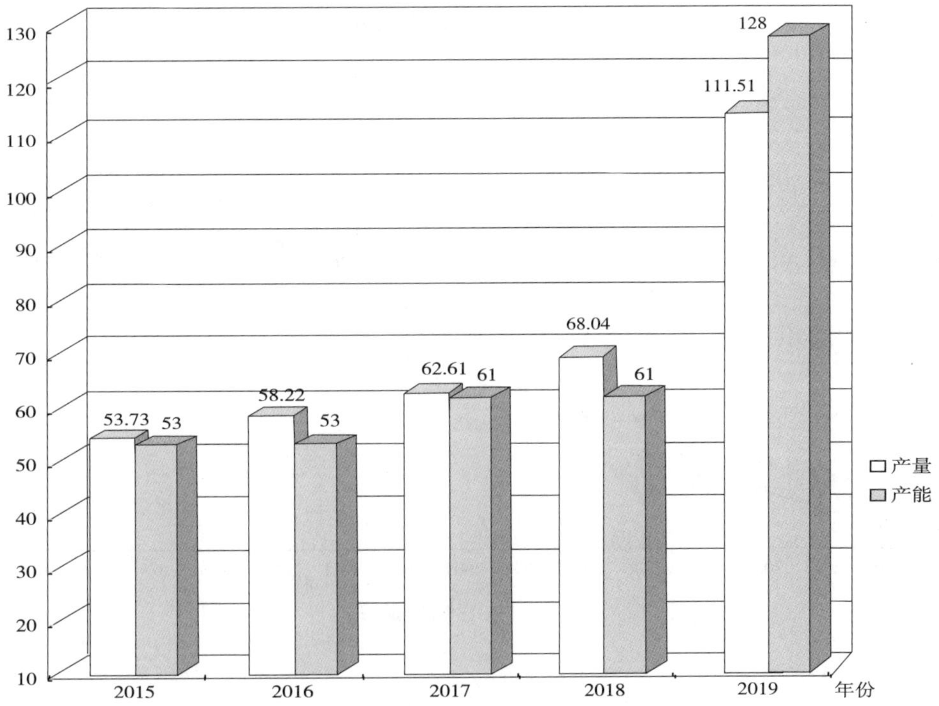

（e）电铜

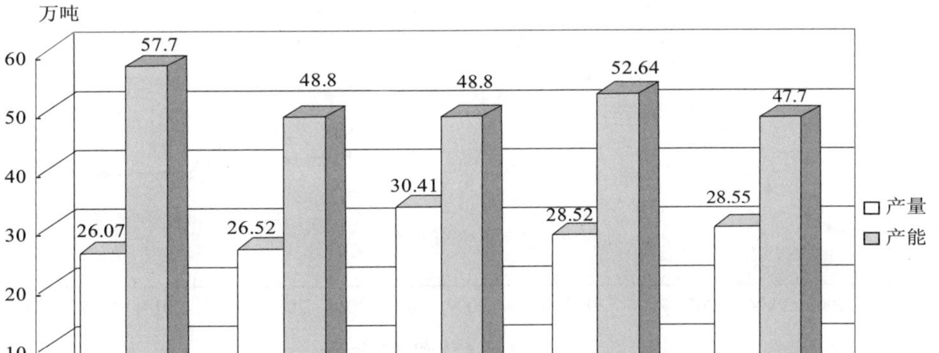

（f）铜加工材

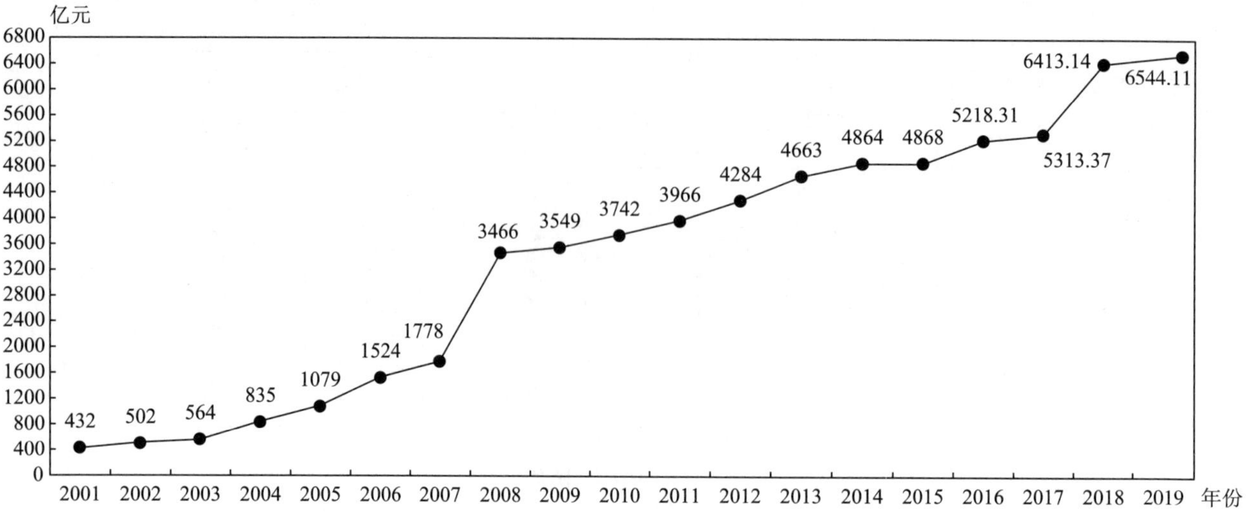

（a）资产总额

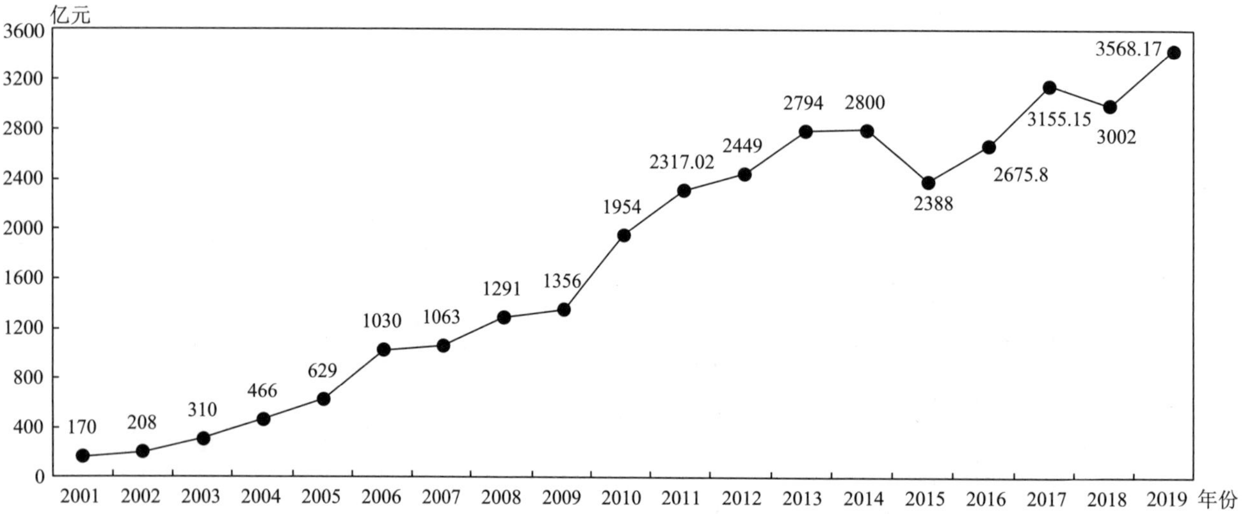

（b）销售收入

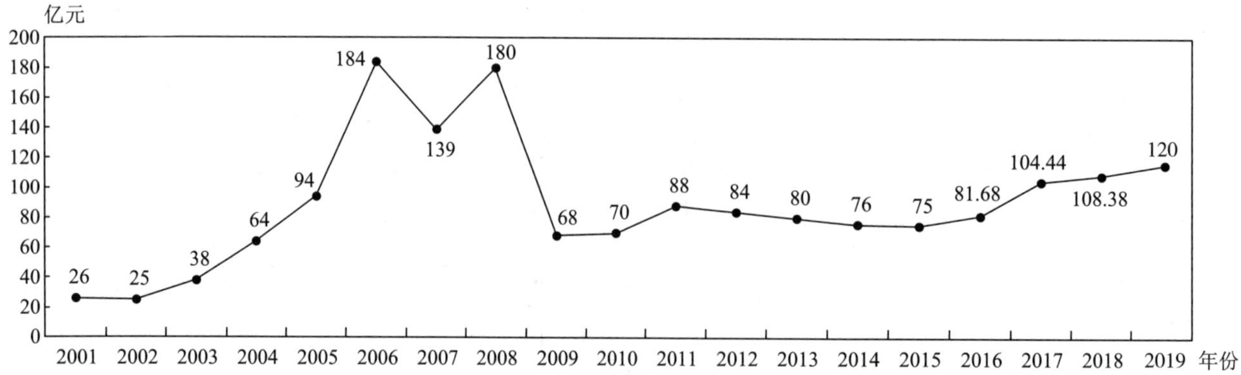

（c）上缴税金

图 2　中国铝业集团有限公司主要经济指标图（2001—2019 年）

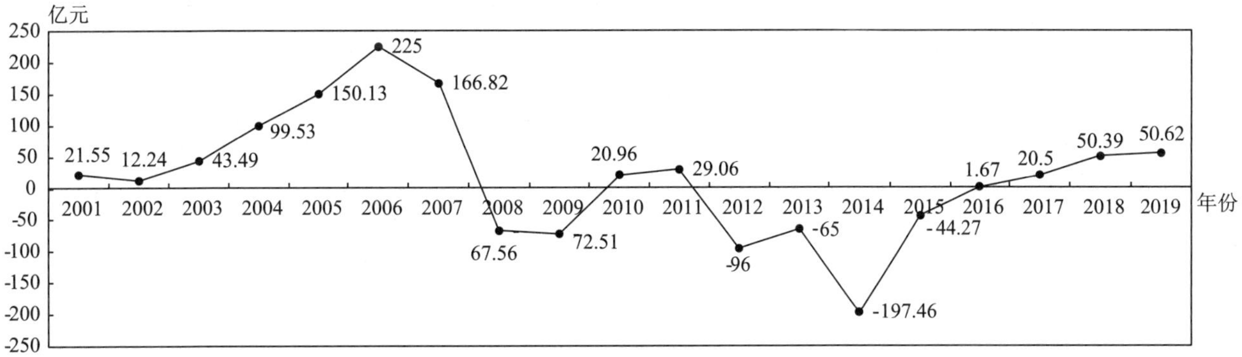

（d）利润总额

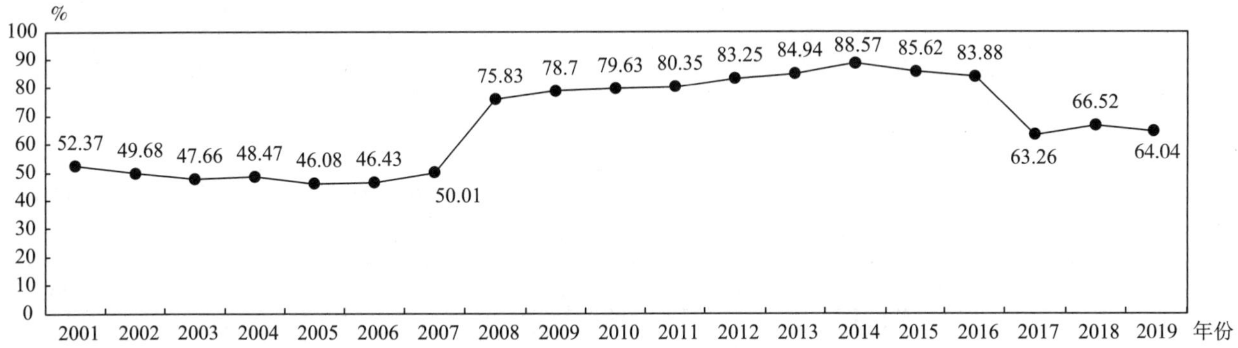

（e）资产负债率

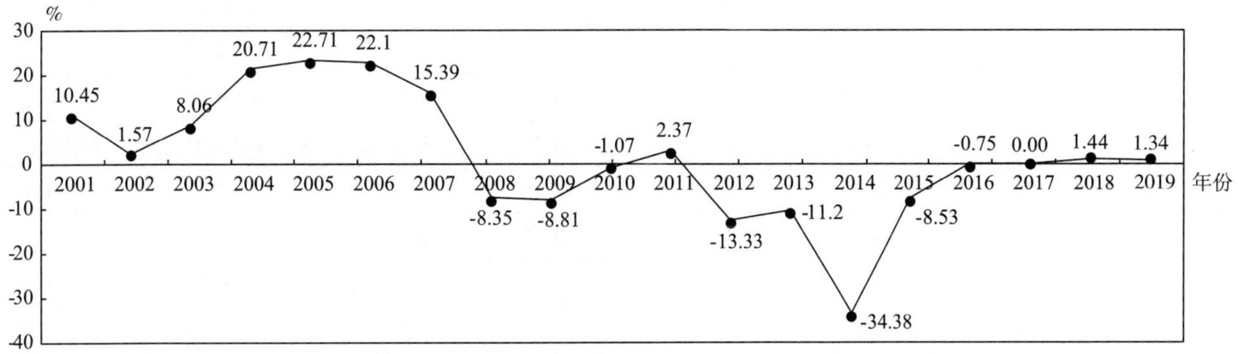

（f）净资产收益率

1953—2019 年全国氧化铝、电解铝、铝加工材产量表

表 3　　单位：万吨

年份	氧化铝	电解铝	铝加工材	年份	氧化铝	电解铝	铝加工材
1953	—	0.04	—	1987	113.51	61.62	37.4
1954	2.66	0.19	0.016	1988	126.48	71.81	41.61
1955	5,12	2.07	0.02	1989	131.81	75.83	42.69
1956	6.39	2.16	0.55	1990	146.38	85.43	39.38
1957	9.07	2.92	1.23	1991	152.22	96.25	50.51
1958	10.98	4.85	3.93	1992	158.3	109.64	65.74
1959	18.51	7.14	3.44	1993	182.39	125.45	77.26
1960	18.24	12.06	4.28	1994	184.69	149.84	85.52
1961	12.45	6.62	1.7	1995	219.94	186.97	174.23
1962	16.81	7.73	2.21	1996	254.62	190.07	162.01
1963	19.5	9.01	4.08	1997	293.61	217.85	176.12
1964	21.75	10.78	5.23	1998	334	243.53	147.15
1965	27.71	13.21	5.72	1999	383.74	280.89	176.55
1966	45.76	16.84	3.55	2000	432.81	298.92	217.15
1967	43.39	18.93	4.22	2001	474.65	357.58	234.16
1968	29.45	12.32	3.81	2002	544.96	451.11	298.79
1969	38.69	18.34	6.09	2003	611.21	596.2	399.74
1970	52.73	23.52	6.76	2004	699	669	440
1971	63.02	28.77	7.45	2005	851	781	596
1972	70.88	28.65	7.99	2006	1369.98	935.84	814.78
1973	60.13	28.56	8.67	2007	1945.65	1257.11	1176
1974	32.88	21.4	7.34	2008	2278.41	1317.66	1427.41
1975	56.37	22.13	7.09	2009	2379.23	1296.43	1650.35
1976	40.75	21.61	7.3	2010	2895.91	1619.45	2026.05
1977	55.86	21.46	8.13	2011	3407	1755.5	2345.5
1978	77.87	30.01	10.56	2012	3769.8	2026.7	3039.5
1979	80.43	36.6	13.63	2013	4460.48	2264.02	4086.53
1980	85.45	39.92	18.14	2014	4777.42	2438.2	4845.52
1981	85.94	39.5	24.16	2015	5897.84	3151.81	4426.9
1982	92.28	40.13	25.65	2016	6090.73	3187.32	5706.09
1983	95.03	44.48	28.14	2017	6901.67	3227.33	5832.39
1984	98.01	47.97	30.26	2018	7253.06	3580.19	4554.61
1985	102.49	52.47	30.98	2019	7247.4166	3504.3604	5252.2426
1986	106.55	56.15	33.54				

1953—2019 年全国铜精矿、电铜、铜加工材产量表

表 4 单位：万吨

年份	铜精矿	电铜	铜加工材	年份	铜精矿	电铜	铜加工材
1953	0.06	0.04	1.08	1987	27.82	51.64	44.39
1954	0.74	4.68	1	1988	28.18	52.5	44.26
1955	1.26	4.91	0.7	1989	29.91	56.16	44.33
1956	1.67	7.03	2.41	1990	29.59	55.87	45.19
1957	2.45	5.28	2.63	1991	30.4	56	47.45
1958	3.78	7.11	5.65	1992	33.42	65.92	61.59
1959	5.61	11.69	8.16	1993	34.57	73.03	72.04
1960	8.74	10.03	8.29	1994	39.56	73.61	77.82
1961	4.21	5.34	3.4	1995	44.52	107.97	157.19
1962	4.48	5.84	2.84	1996	43.91	111.91	135.1
1963	5.75	7.83	3.53	1997	49.55	111.94	146.32
1964	7.23	10.58	4.73	1998	48.68	121.13	125.2
1965	9.7	13.31	6.82	1999	52.01	117.42	128.19
1966	12.89	15.9	8.49	2000	59.26	137.11	159.66
1967	8.05	10.42	7.55	2001	58.74	152.33	184.88
1968	4.85	7.51	7.62	2002	56.81	163.25	251.16
1969	10.37	12.58	11.02	2003	60.44	183.63	319.6
1970	14.58	16.53	13.25	2004	74.22	219.87	471.61
1971	19.07	20.69	16.5	2005	76.16	260.04	502.48
1972	19.25	24.12	16.14	2006	87.29	300.32	532.44
1973	18.95	27.23	17.76	2007	92.8	349.94	630.21
1974	15.41	23.47	17.38	2008	93.08	377.93	748.6
1975	18.02	25.77	15.57	2009	96.74	411.08	888.42
1976	15.63	23.68	14.83	2010	115.58	457.35	1009.27
1977	17.65	26.45	15.15	2011	127.2	517.9	1028.2
1978	21.34	29.89	18.28	2012	162.6	582	1153.9
1979	21.7	33.71	21.15	2013	181.97	699.81	1573.96
1980	22.13	38.36	22.85	2014	192.33	795.86	1783.58
1981	19.84	38.62	23.03	2015	166.71	796.89	1618.83
1982	19.65	35.13	26.87	2016	185.07	843.63	2095.99
1983	19.8	37	26	2017	165.64	888.948	1861.67
1984	21.39	39.23	31.61	2018	150.6	902.86	1715.54
1985	23.97	41.26	38.38	2019	162.7751	978.4238	2017.1856
1986	25.35	45.6	42.74				